C·H·Beck
PAPERBACK

Wolfgang Bauer bietet einen Überblick über die chinesische Philosophie von ihren Anfängen im 6. Jahrhundert v. Chr. bis zum 20. Jahrhundert. Er entschlüsselt philosophische Begriffe von der Bildhaftigkeit alter Zeichen aus und geht dem engen Zusammenhang der chinesischen Philosophie mit den politischen und sozialen Verhältnissen nach. So entsteht ein eindrucksvolles Gesamtbild der Lehren des Konfuzianismus, des Daoismus und der buddhistischen Philosophenschulen.

Wolfgang Bauer, 1930–1997, war Professor für Ostasiatische Sprachen und Kulturwissenschaft an der Universität München. Sein weltweites Ronommee trug ihm zahlreiche Gastprofessuren in den USA, Australien und Japan ein. Zu seinen Hauptwerken zählen „China und die Hoffnung auf Glück" (3. Aufl. 1989) sowie „Das Antlitz Chinas" (1990).

Hans van Ess, geb. 1962, ist Professor für Sinologie und Vizepräsident der Ludwig-Maximilians-Universität München. Bei C.H.Beck erschienen von ihm u.a. eine kommentierte Neuübersetzung der „Gespräche" des Konfuzius (2023) sowie in der Reihe C.H.Beck Wissen „Der Konfuzianismus" (3. Aufl. 2023), „Der Daoismus" (2011) und „Chinesische Philosophie" (2021).

Wolfgang Bauer

Geschichte der chinesischen Philosophie

Konfuzianismus, Daoismus, Buddhismus

Herausgegeben von Hans van Ess

C.H.BECK

Dieses Buch erschien zuerst 2001 in broschierter Form
im Verlag C.H.Beck
1. Auflage in der Beck'schen Reihe 2006
2. Auflage in der Beck'schen Reihe 2009
3. Auflage in C.H.Beck Paperback 2018
4. Auflage in C.H.Beck Paperback 2023

5. Auflage in C.H.Beck Paperback 2025

Wilhelmstraße 9, 80801 München, info@beck.de

www.chbeck.de
Umschlaggestaltung: malsyteufel, Willich
(nach einem Entwurf von Fritz Lüdtke)
Umschlagabbildung: Shitao, „Landschaft", Tusche auf Papier,
Quing Dynastie, Los Angeles County Museum of Art
Satz: fbg · freiburger graphische betriebe
Druck und Bindung: Druckerei C.H.Beck, Nördlingen
Printed in Germany
ISBN 978 3 406 80110 5

verantwortungsbewusst produziert
www.chbeck.de/nachhaltig
produktsicherheit.beck.de

Inhalt

Anhang

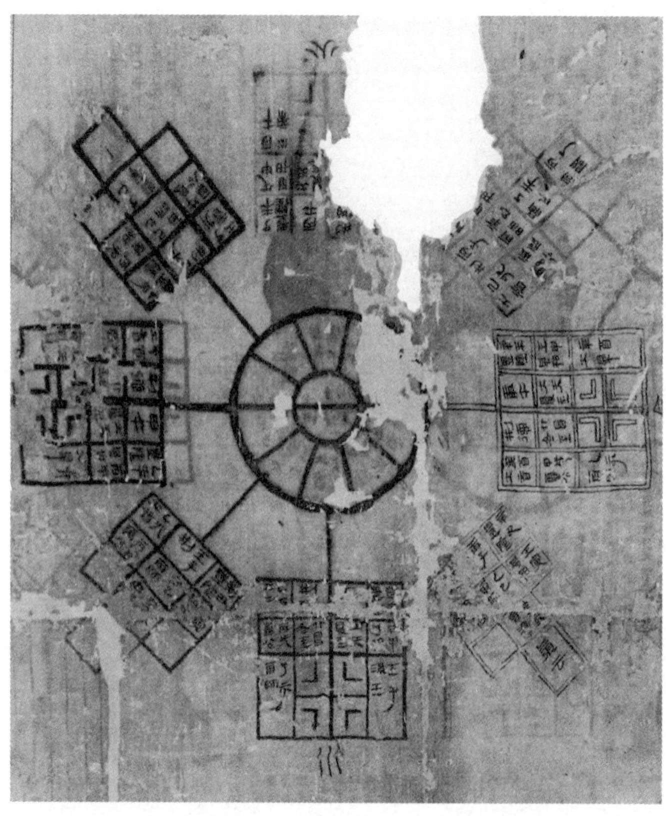

Illustration der sogenannten „Neun Hallen“ mit zyklischen Zeichen,
die in Divination und Kalenderkunde Verwendung fanden.
Aus den Funden von Mawangdui, frühes zweites Jahrhundert v. Chr.
(Mawangdui Han mu wenwu / The Cultural Relics
unearthed from Han Tombs at Mawangdui,
Changsha 1992, S. 134).

Vorwort des Herausgebers

Vor dreißig Jahren veröffentlichte der 1997 viel zu früh verstorbene Wolfgang Bauer seine herausragende Gesamtdarstellung chinesischer Utopievorstellungen „China und die Hoffnung auf Glück", ein Werk, das zahllose Leser in seinen Bann geschlagen hat. „China und die Hoffnung auf Glück" war nie als Philosophiegeschichte angelegt, auch wenn es immer wieder so gelesen worden ist. Bauer wollte seinerzeit ein Chinabild aufbrechen, das in fataler Weise fixiert war auf angeblich starre konfuzianische Werte, innerhalb derer kein Platz für ferne Ideale zu sein schien, da das chinesische Denken als pragmatisch und rein diesseitig orientiert galt – ein Klischee, das sich bis heute hartnäckig hält.

Wolfgang Bauer war bekannt dafür, daß er den Blick für ein über den engen Kreis seiner Fachkollegen hinausgehendes Publikum nie verloren hat. Er hat gesehen, daß Sinologen trotz aller Ungewißheiten auch die Aufgabe haben, ihren Gegenstand allgemeinverständlich zu präsentieren, um ihn nicht den selbsternannten Spezialisten zu überlassen. Unter Bauers unveröffentlichten Schriften befand sich ein fast fertiggestelltes Manuskript, mit dem er einlösen wollte, was ein großes Publikum weit über die Fachwelt hinaus seit „China und die Hoffnung auf Glück" von ihm erwartet hat: ein Buch über die Geschichte der chinesischen Philosophie.

Auf diesem Gebiet herrscht im deutschen Sprachraum ein besonderer Mangel: Wo die englischsprachige Sinologie immerhin mehrere Textsammlungen vorgelegt hat und auf französisch nun die bemerkenswerte „Histoire de la pensée chinoise" von Anne Cheng vorliegt, ist ein entsprechendes deutsches Werk seit Jahrzehnten nicht mehr geschrieben worden. Immer noch sind die veralteten Zusammenfassungen Alfred Forkes und Feng Youlans (in der englischen Übersetzung von Derk Bodde) Standard für den Leser, der sich einen Überblick über dreitausend Jahre chinesischen Denkens verschaffen möchte. Dieser Mangel an aktuellen Darstellungen ist insofern besonders schmerzlich, als verursacht durch den frappierenden Wirtschaftsboom Chinas in den neunziger Jahren des zwanzigsten Jahrhunderts gerade heute erstmals wieder das Interesse einer breiteren Öffentlichkeit auf China gerichtet ist, also Bedingungen vorherrschen, wie sie vielleicht den zwanziger und dreißiger Jahren vergleichbar sind, als der Sinologe Richard Wilhelm die chinesischen Klassiker einem deutschsprachigen Publikum zugänglich machte. Nachdem in den letzten Jahren wahrscheinlich mehr deutschsprechende Menschen denn je mit der gegenwärtigen chinesischen Realität in Kontakt gekommen sind, besteht trotz des Rufes nach praktischen Fertigkeiten und direkt umsetzbarem Wissen eine besondere Notwendigkeit, ostasiatische Geistigkeit in Deutschland bekannt zu machen.

Daß die jüngere europäische und amerikanische Sinologie so wenige Gesamtdarstellungen der chinesischen Geistesgeschichte hervorgebracht hat, hat natürlich seinen Grund: Die Sinologie ist ein junges Fach. Keine hundert Jahre sind vergangen, seit in Deutschland der erste Lehrstuhl für Sinologie eingerichtet wurde. Im Lauf der Jahre ist die Erkenntnis gewachsen, wie groß die weißen Flecken auf unserer westlich gezeichneten Landkarte des chinesischen Denkens noch immer sind. Keinem Sinologen würde es auch nur entfernt einfallen, sich hinsichtlich seiner Kenntnis des chinesischen Denkens mit dem Wissen eines westlichen Theologen oder eines Altphilologen auf dem Gebiet traditioneller europäischer Geistesgeschichte messen zu wollen. Zu groß sind unsere Lücken.

Im übrigen hat selbst das überkommene Bild der alten chinesischen Philosophie in den letzten dreißig Jahren erhebliche Risse erhalten, seit aufsehenerregende Funde in chinesischen Gräbern vor allem der Zeit des 3. und 2. Jahrhunderts vor Christus zahllose neue Schriften ans Tageslicht gebracht haben. Verwirrend war aber auch, daß bekannte Texte in veränderten Formen und in völlig neuen Zusammenstellungen gefunden worden sind. Vertraute Gewißheiten über den Zustand der alten chinesischen Philosophie sind dadurch erschüttert worden. Überdies hat die sinologische Forschung während der letzten Jahre überhaupt erst begonnen, bestimmte bisher brachliegende Textgattungen späterer Zeiten urbar zu machen. Dies trifft auf den Daoismus der Zeit der Sechs Dynastien ebenso zu wie auf den sogenannten Neokonfuzianismus des 11. bis 16. und auf die Klassikergelehrsamkeit des 17. bis 19. Jahrhunderts. Auf allen diesen Gebieten sind bisher nur Teilbereiche einer sinologischen, geschweige einer breiteren Öffentlichkeit vorgestellt worden.

Als der Verlag C. H. Beck mich als Lehrstuhlnachfolger Bauers bat, die Herausgabe der „Geschichte der chinesischen Philosophie" zu betreuen, habe ich spontan zugesagt, wohl wissend, daß unter Bauers Schülern namhafte Sinologen gewesen wären, die seine Gedanken besser kannten als ich. Allen beschriebenen Lücken zum Trotz ist eine neue Geschichte der chinesischen Philosophie ein Desiderat – nicht nur für die Studierenden der Sinologie, sondern auch für den interessierten Laien. Natürlich war Bauer mit diesem Band nicht daran gelegen, Forschungslücken zu schließen; die Detailstudien dafür liegen noch nicht vor – oder sie lagen noch nicht vor, als Bauer das dem Herausgeber vorliegende Manuskript verfaßte. Ein erheblicher Fortschritt ist z. B. seit Ende der 80er Jahre bei Studien zur Gelehrsamkeit der letzten Dynastie Qing (1644–1911) zu verzeichnen. Diese haben unsere Kenntnisse des konfuzianischen Denkens der Qing stark erweitert und hätten auch den Blick Bauers auf diese vernachlässigte Epoche wahrscheinlich verändert. Überhaupt ist dem Denken des späten Kaiserreichs, also außer der Epoche der Qing auch noch jener der vorangehenden Yuan und Ming, im vorliegenden Buch nur wenig Raum gegeben. Für die Darstellung dieser Perioden mußte Bauer, wie an den Zitaten deutlich zu sehen ist, auf ältere Zusammenstellungen wie die Philosophiegeschichte von Feng Youlan, die von de Bary herausgegebenen „Sources of Chinese Tradition" oder das „Sourcebook of Chinese Philosophy" von Wing-tsit Chan zurückgreifen, auf die auch der Leser verwiesen sei, der mehr ins Detail gehen möchte. Die letzten handschriftlichen Korrekturen an dem noch auf einer Schreibmaschine getippten Text dürfte Bauer im Jahr 1993 erstellt haben. Danach wurde der Band am Institut für Ostasienkunde der Ludwig-Maximilians-Universität München auf dem Computer erfaßt. Ob Bauer an dem vorliegenden Text zwischen 1994 und 1996 weiter gearbeitet hat, ließ sich leider nicht herausfinden, da die enstprechende Diskette nicht zugänglich war. Fest steht jedoch, daß Bauer in seinen letzten Lebensjahren intensiv an einer Fortsetzung des Bandes gearbeitet hat, in der er die chinesische Philosophie des zwanzigsten Jahrhunderts vorstellen wollte. Diese ist jedoch ein Fragment geblieben. Die vorliegende Geschichte der chinesischen Philosophie mußte daher zu Beginn des zwanzigsten Jahrhunderts abbrechen. Und doch ist Bauer ein Werk aus einem Guß gelungen, in dem viele Bereiche stärker konturiert werden, als dies in vergleichbaren älteren Büchern der Fall war. Für eine erste Information eignet sich die „Geschichte der chinesischen Philosophie" auch zu allen anderen Themen in einem Maß wie sonst im deutschsprachigen Raum kein anderes Buch.

Nicht an allen Stellen konnten die Auffassungen des Herausgebers denjenigen Bauers entsprechen – das liegt bei einem Werk von derart umfassendem Anspruch in der Natur der Sache. Der hier vorgelegte Text weicht jedoch nur minimal vom Manuskript des Autors ab. Nur an den ganz wenigen Stellen, an denen die Forschung in den letzten Jahren eindeutig weitergekommen ist, sind Korrekturen eingefügt – und auch nur in solchen Punkten, bei denen Bauer wohl selbst eingegriffen hätte. Das Manuskript lag in einer getippten Fassung vor, die aber noch eine Reihe von handschriftlichen Notizen aufwies: Es handelte sich also noch nicht um eine druckreife Vorlage. An einer Stelle klebte im Manuskript ein handschriftlicher Zettel, der Ergänzungen enthielt, die der Autor wohl gerne noch eingefügt hätte, an anderer waren stichwortartig Gedanken formuliert, die noch ausgeführt werden sollten. Die

Hinweise waren leider zu rudimentär, um diese Gedanken Bauers einzuarbeiten. Um so bewunderswerter ist die Tatsache, daß sich der Text dennoch so flüssig las, daß Eingriffe kaum nötig schienen. Wo dennoch sprachliche Änderungen nötig waren, stand mir Ulrich Nolte, der die Herausgabe von seiten des Verlags C. H. Beck betreut hat, mit seinem Sprachgefühl immer zur Seite.

Den Titel des Werkes hatte Bauer noch nicht festgelegt. Der Untertitel „Konfuzianismus, Daoismus, Buddhismus" soll andeuten, daß Bauer in diesem Werk Daoismus und Buddhismus in ihren philosophischen Aspekten neben dem Konfuzianismus behandelt. Da weder der Daoismus noch der Buddhismus als Religion thematisiert werden, schien es gerechtfertigt, diese drei Bezeichnungen nebeneinander zu stellen. Das Hauptanliegen bei der Herausgabe war es, einen Text vorzulegen, der ein nichtsinologisches Publikum in das chinesische Denken einführt und zugleich den Ansprüchen von Anfängerstudenten der Sinologie genügt, die ein Referenzwerk für die chinesische Philosophie benötigen: Bauers ursprünglicher Text entsprach diesen Anforderungen in idealer Weise. Die Zitate aus chinesischen Werken, die Bauer reichhaltig über den Text verteilt hat, geben der Darstellung besondere Plastizität. Aus ihnen spricht das Bauersche Textverständnis, in das der Herausgeber nicht eingreifen wollte. Ebenso hat der Herausgeber philosophische Termini, die nicht immer identisch übersetzt sind, nicht angeglichen. In einzelnen Fällen wäre dies zwar möglich gewesen. Bei durchgängiger Veränderung hätte indes die Gefahr bestanden, daß der von Bauer gewollte Sinn und Klang entstellt worden wäre. Eingegriffen wurde dagegen bei der Umschrift, die vereinheitlicht werden mußte. Bindestriche, die nach den offiziellen Umschriftregeln der in der Volksrepublik China gebräuchlichen und mittlerweile in allen internationalen Organisationen durchgesetzten pinyin-Umschrift nicht vorgesehen sind, wurden generell getilgt, sofern sie nicht einen besonderen, von Bauer vorgesehenen Sinngehalt hatten.

Chinesische Zeichen wurden nur da in den Text eingefügt, wo sie unbedingt zum Verständnis des Bauerschen Textes notwendig sind – dies trifft vor allem auf alte Zeichenformen zu. Der Sinologe wird sich bewußt sein, daß Zeichendeutungen umstritten und Gegenstand aktueller Forschung sind. Nicht jedes Zeichen, das Bauer gedeutet hat, ist deswegen als endgültig erklärt hinzunehmen. Bauers Handzeichnungen sind durch Kopien aus einschlägigen chinesischen Nachschlagewerken ersetzt worden. Moderne Zeichen, die nicht direkt für einen Sinnzusammenhang notwendig sind, wurden bei der Edition gelöscht, um das Schriftbild auch für den nicht sinologisch Vorgebildeten so lesbar wie möglich zu gestalten. Für Sinologen sind die Zeichen jedoch alle in Form eines Glossars dem Haupttext angehängt.

Bisweilen hat Bauer die Rekonstruktionen des „archaischen Chinesisch" von Bernhard Karlgren übernommen. Diese wurden an einigen wenigen Stellen stehen gelassen, wenn durch sie Sinnzusammenhänge deutlich werden. Bauer hatte überdies in seinem Manuskript noch keine Quellenverweise untergebracht – so weit war er nicht mehr gekommen. Der Herausgeber hielt dies für ein Manko, das zwar den nichtsinologischen Leser kaum gestört hätte, für das sinologische Publikum aber einen erheblichen Nachteil darstellte. Herrn Marc Nürnberger sei in diesem Zusammenhang herzlich gedankt für seine sorgfältige und nicht immer einfache Arbeit bei der Identifizierung der Zitate, die auf diese Art und Weise fast ausnahmslos im Original aufgefunden werden können. Ferner sei Herrn Nürnberger auch gedankt für die Erstellung des Glossars und der Bibliographie sowie für die Reproduktion alter chinesischer Zeichenformen. Dies alles sind Arbeiten, die dieses Buch zu einem nützlichen Nachschlagewerk machen werden. Mögen der „Geschichte der chinesischen Philosophie" vor allem aber auch viele Leser beschieden sein, die durch sie an die chinesische Kultur herangeführt werden wollen!

München, im Dezember 2000 *Hans van Ess*

I. Wesensmerkmale der chinesischen Philosophie

Termini

Zu den Grundschwierigkeiten vieler geisteswissenschaftlicher Disziplinen gehört es, daß die ersten Fragen vielfach zugleich auch die letzten sind. Diese Schwierigkeit stellt sich selbst dann ein, wenn man nur einen „Überblick" über ein Fachgebiet zu geben versucht, ja vielleicht tritt sie dann sogar besonders deutlich hervor.

Wenn wir uns im folgenden einen Überblick über die chinesische Philosophie zu verschaffen suchen, ist daher die erste Frage – die eben zugleich auch die letzte ist und ganz am Ende vielleicht neu gestellt werden sollte – diejenige, ob man überhaupt von einer „chinesischen Philosophie" sprechen kann. Hier geht es noch nicht einmal darum, daß es, zumindest in neuerer Zeit, auch in der westlichen Hemisphäre oftmals Unsicherheit in der Ortsbestimmung oder Zweifel an der Daseinsberechtigung der Philosophie gegeben hat. Das Problem liegt vielmehr darin, daß „Philosophie" schließlich ein abendländischer Begriff ist, der – so verschieden er im einzelnen auch aufgefaßt werden mag – bei uns doch auf einer festen Basis ruht; man wird allenfalls behaupten können, daß die Philosophie sich aufgelöst, nicht aber, daß sie niemals bestanden habe. Bei der „chinesischen Philosophie" jedoch darf man fragen, ob es sich dabei nicht um eine inhaltlich hybride Bildung handelt, um eine *contradictio in adjecto*. Denn Weisheit und „Weisheitsliebe" im technischen Sinne sind ja nicht dasselbe. Jeder Abendländer wird der chinesischen Gelehrsamkeit sozusagen blind (manchmal, wenn man das so formulieren kann, allzu blind) ein hohes Maß an „Weisheit" zuerkennen, nicht aber unbedingt auch die systematische Wahrheitssuche, die sich mit dem westlichen Philosophiebegriff verbindet.

Der heute im Chinesischen benutzte Ausdruck für Philosophie ist denn auch ein über das Japanische eingeflossener, übersetzter Fremdbegriff: *Zhexue* bedeutet, wörtlich wiedergegeben, „Weisheitslehre". Aber in dem Ausdruck *zhe* „weise" scheint, wenn man seiner Verwendungsweise in der alten Literatur nachgeht, die Idee des Kalküls, der „Cleverness" mitzuschwingen, wie es z. B. ein oft gebrauchtes Zitat aus dem „Buch der Lieder" (*Shijing*, 6. Jh. v. Chr.) zeigt, in dem dieser Ausdruck verwendet wird: „Ein weiser Mann (*zhe fū*) kann einen Staat aufbauen, eine weise Frau (*zhe fù*) kann einen Staat stürzen." Jedenfalls gehört diese Spielart der Weisheit nicht zu dem Kanon der überkommenen chinesischen Tugenden. Der Begriff war gewissermaßen frei und bot sich gerade deshalb für die Besetzung mit der im Westen geprägten „Weisheitslehre" an, in der offensichtlich das Kalkül eine größere Rolle spielt, als man es von der überkommenen chinesischen Weisheitslehre gewohnt war.

Bewußt neutral und modern (erkennbar schon an der binominalen Wortzusammensetzung) ist demgegenüber der etwas später gewählte Ausdruck *sixiang* „Denken". Er ist einerseits blasser, andererseits weiter, eher im Sinne einer Weltanschauungslehre zu verstehen. Er wurde aber, von wenigen Ausnahmen abgesehen (die bekannteste war das „Denken" Mao Zedongs), nur in Wortverbindungen, wie z. B. *sixiang shi* „Geistesgeschichte" verwendet; das Wort *sixiang* allein blieb etwas ungewöhnlich für den Begriff „Philosophie" (wenn auch nicht ganz so wie es in unserer Sprache das Wort „Geist" wäre). Bei dem Versuch, ein altetabliertes Äquivalent für „Philosophie" in der eigenen Geschichte zu finden, kamen moderne chinesische Philosophen freilich auch auf eine ganze Reihe von traditionellen Ausdrücken wie z. B. *Daoshu* „Kunst des Weges", *Xuanxue* „Lehre des Dunkeln" oder *Lixue* „Lehre des Prinzips". Aber all diese Ausdrücke benannten nur bestimmte Richtungen innerhalb der chinesischen Geistestradition, keine von ihnen konnte auf sie in ihrer Gesamtheit Anwendung finden.

Das Umgekehrte gilt von einem Ausdruck, der primär zwar nur als chinesische Entsprechung für den Begriff „Philosoph" angesprochen werden kann, sekundär aber (nämlich über Bibliographien seit etwa Christi Geburt) auch als ein, wenngleich sehr weiter, *terminus technicus* für „Philosophie“ diente: Es ist der Ausdruck *zi*, der sich latinisiert in der Endung *-zius* von Konfuzius und Menzius versteckt findet und in der Regel als „Meister“ (z. B. „Meister Meng“, Menzius für chin. *Mengzi*) übersetzt wird. Das Wort bedeutete ursprünglich (wie auch heute noch) „Sohn“, steht dann auch für einen niedrigen Adelstitel, häufig übersetzt als „Freiherr“, oder heißt eben „Meister“ im Sinne geistiger Herausgehobenheit. Er wurde mit oder ohne vorausgestelltem Familiennamen auch als ehrende Anrede verwendet, freilich nicht nur für Philosophen, sondern auch für andere Personen. Das gilt auch für die traditionell allgemein akzeptierte bibliographische Kategorie *zi* „Meister“, die den Platz drei innerhalb der viergliedrigen Einteilung von Bibliographien einnimmt, die damit auch die überkommenen Kategorien der Kultur überhaupt widerspiegeln: Den ersten Platz nehmen die vom Konfuzianismus entweder geschaffenen oder von ihm auserwählten „Klassiker“ (*jing*) ein, vergleichbar der Theologie im Westen; an zweiter Stelle steht die Geschichtswissenschaft im weitesten Sinn (*shi*) (einschließlich beispielsweise der Geographie); und an letzter Stelle die „Sammlungen“ (*ji*), worunter man sich den riesigen Bereich der Literatur vorzustellen hat. Innerhalb der Gruppe der „Meister“ findet man nun in der Tat vor allem Philosophen der verschiedenen Richtungen, soweit sie nicht, wie ein Großteil der Konfuzianer, bei den Klassikern Eingang gefunden und damit eine Art Elevation erfahren hatten. Es sind unter die „Meister“ aber auch Astronomen, Astrologen und Mantiker aufgenommen, andererseits Maler und Musiker bis hin zu Künstlern ganz anderer Art, wie etwa Geschichtenerzählern, Militärstrategen oder Köchen.

Trotz dieser etwas verschwommen wirkenden (aber auch unserem Begriff „Meister“ eigenen) Breite des Bedeutungsfeldes, aus dem sich überdies kein Abstraktum als Wissenschaft ableiten läßt, besitzt es in sich doch einige Aussagekraft: Philosophie wurde eben als eine „Meisterschaft“ begriffen, die zwar im Gegensatz zu anderen „Meisterschaften" durch ihr rein geistiges Arbeitsfeld herausgehoben war (was sich in Bibliographien in ihrer Einreihung ganz am Anfang niederschlug), sich im Prinzip aber nicht von der Tätigkeit des Künstlers oder Technikers unterschied. In diese Richtung weist auch, daß sich die frühesten Philosophen in der bunten Schar von Männern finden, die die verschiedenen kleinen und großen Fürstenhöfe seit der Mitte des ersten vorchristlichen Jahrtausends bevölkerten, und eben nicht nur aus Philosophen, sondern ebenso auch aus Künstlern und nicht zuletzt auch aus Taschenspielern, Gauklern, Haudegen und allem möglichen Gelichter bestanden. Einen hehren Anspruch erhielten die Philosophen erst relativ spät, und auch dann nur, wenn sie sich dem konfuzianisch geprägten Bereich des „Klassischen" näherten.

Einen anderen Hinweis darauf, daß die Philosophen der verschiedensten Couleur in China schon früh als Einheit aufgefaßt wurden, erhalten wir aus ihrer zusammenfassenden Behandlung in dem ersten grundlegenden Geschichtswerk Chinas, den „Historischen Aufzeichnungen" (*Shiji*). Sein Verfasser Sima Qian (?145-?86 v. Chr.), der Herodot Chinas, behandelte das Wirken der „Sechs Philosophenschulen" (wörtl. „Sechs Familien", *liu jia*) nicht nur gemeinsam, sondern er hob ihr gemeinsames Anliegen auch ausdrücklich hervor. Er zitiert erst den „Großen Kommentar" (*Dazhuan*) zum „Buch der Wandlungen" (*Yijing*): „Es gibt nur eine einzige Bewegungskraft, aber aus ihr entstehen hundert Gedanken und Pläne. Alle haben das gleiche Ziel, so verschieden ihre Methoden sein mögen." Dann fährt er fort:

> Die Yinyang-Gelehrten, die Konfuzianer, die Mohisten, die Logiker, die Legalisten und die Daoisten, sie streiten allesamt für eine gute Regierung [der Welt]. Ihr Unterschied besteht lediglich darin, daß sie unterschiedliche Wege verfolgen und lehren, und daß sie mehr oder weniger tiefschürfend sind.[1]

Diese Textstelle ist nicht zuletzt deshalb von Bedeutung, weil sie neben der Nähe der chinesischen Philosophie zur Kunst und Kunstfertigkeit, die aus dem Begriff *zi* „Meister" abgeleitet werden konnte, auch die Nähe zur Politik hervorhebt.

Charakterisierungen

Genau dieses Umfeld – Politik auf der einen, Kunst auf der anderen Seite – entdeckte der im Westen wohl bekannteste moderne chinesische Philosophiehistoriker Feng Youlan (1895–1990) als charakteristisch für die chinesische Philosophie. Die Politik bestimmt dabei, seiner Meinung nach, im Äußerlichen ihre praxisbezogene, gesellschaftsbetonte Zielrichtung, die Kunst im Innerlichen ihre mehr mit Andeutung als mit Systematik arbeitende Vortragsweise. Wie alle modernen chinesischen Philosophiehistoriker versucht auch Feng Youlan, die chinesische Philosophie mit der abendländischen in ein grundsätzliches Verhältnis zu bringen – eine Aufgabe, der sich, nebenbei bemerkt, zu Recht oder zu Unrecht, westliche Philosophiehistoriker kaum je mit der gleichen Ernsthaftigkeit gestellt haben. Bei ihnen figuriert die chinesische Philosophie, wenn überhaupt, als eine Art Vorstufe der „eigentlichen" Philosophie. Feng Youlan sieht nun die westliche Philosophie nicht weniger durch ihr Umfeld bestimmt als die chinesische, nur daß eben dieses Umfeld anders strukturiert sei: Auf der einen Seite finde man dort die Religion, auf der anderen die Naturwissenschaft. Dabei sei, wiederum analog, die Zielrichtung durch das Religiöse, die Vortragsweise durch die Naturwissenschaft bestimmt oder mindestens beeinflußt. Unausgesprochen, aber doch unübersehbar (und unter chinesischen Philosophen in den zwanziger und dreißiger Jahren auch offen diskutiert), steht dahinter der Gedanke, daß die westliche Philosophie im Gegensatz zur chinesischen etwas Menschenfernes, um nicht zu sagen: etwas Inhumanes an sich habe: Von ihrem Interesse an dem übermenschlichen Wesen Gottes habe sie sich seit Beginn der Neuzeit unmittelbar den sozusagen untermenschlichen Gesetzen der Natur zugewandt. Religion und Naturwissenschaft aber gäben, anders als die auf den Menschen bezogene Philosophie, „Informationen". Diese seien jedoch gegensätzlicher Art und führten unausweichlich zu einem Kampf, der einen fortschreitenden

Rückzug der Religion bewirke. Daraus entstehe die Gefahr, daß alle höheren Werte, die ausschließlich an das Religiöse gebunden seien, verlorengingen.

> Glücklicherweise aber gibt es neben der Religion auch die Philosophie, die dem Menschen Zugang zu höheren Werten eröffnet, einen Zugang, der direkter ist als der über die Religion, weil man in der Philosophie, um zu höheren Werten zu gelangen, nicht den Umweg über Gebete und Rituale zu nehmen braucht. ... In der Welt der Zukunft wird man Philosophie statt Religion haben. Das steht ganz im Einklang mit der chinesischen Tradition. Ein Mensch muß nicht religiös sein, aber es ist tatsächlich notwendig, daß er philosophisch ist. Ist er philosophisch, so besitzt er das Beste von den Segnungen der Religion.[2]

Unter „Philosophie" versteht Feng Youlan hier natürlich unausgesprochen die chinesische Philosophie, die eben in ihrer Zielrichtung praxisnah, in ihrer Methodik praxisfern ist, während für die westliche das Umgekehrte gilt. Sie ist seines Erachtens auch ganz auf den Menschen bezogen und frei von eigentlichen „Informationen", unabhängig von allen modernen Gefährdungen, die letztlich ja auf der rapiden Vermehrung von „Informationen" beruhen.

Diese Einschätzung der chinesischen Philosophie als einer vorwiegend menschenbezogenen – oder, wie es im Chinesischen genauer heißt: Menschenleben-bezogenen – Philosophie, die sich von der vorwiegend außermenschlich bezogenen westlichen abheben soll, wurde und wird von den meisten chinesischen Philosophiehistorikern, die auf dem Gebiet der chinesischen Philosophie arbeiten, geteilt. In einer „Problemgeschichte der chinesischen Philosophie", die der ebenfalls sehr namhafte Gelehrte Zhang Dainian 1937, nur wenige Jahre nach den großen Arbeiten von Feng Youlan, herausbrachte, werden neben den beiden Grenzbereichen „Politiktheorie" (*zhengzhi lun*) und „Selbstkultivierungstheorie" (*xiuyang lun*) die folgenden drei genannt: „Welttheorie" (*yuzhou lun*), „Menschenlebentheorie" (*rensheng lun*) und „Erkenntnistheorie" (*zhizhi lun*). Den weitaus breitesten Raum nimmt aber auch hier wieder die Menschheitsphilosophie ein: Ihr sind in Zhang Dainians Buch 330 Seiten gewidmet, der Kosmologie 163, der Erkenntnistheorie lediglich 90. Es scheint also tatsächlich wenig zweifelhaft zu sein, daß die chinesische Philosophie etwas andere Akzente aufweist als die westliche, daß sie besonders lebensnah und zugleich weniger theoretisiert ist. Chinesische Philosophiehistoriker unterstreichen das selbst mit Emphase, und das nicht erst seit neuerer Zeit, sondern schon seit dem 17. Jahrhundert, als die Kunde von der chinesischen Philosophie erstmals nach Westen drang. Die Jesuitenmissionare, die darüber berichteten, leiteten davon ja auch ihre Überzeugung ab, daß es sich bei der chinesischen Philosophie, speziell dem Konfuzianismus, um keine „Religion" handle, und daß sie deshalb mit dem Christentum nicht in Konkurrenz stehe.

In Wirklichkeit liegen die Dinge jedoch etwas komplizierter. Damals nämlich ebenso wie in der Moderne waren die chinesischen Philosophiehistoriker immer zugleich auch Philosophen, die (wie überall in der Welt) mit ihrer Definition der Philosophie bewußt oder unbewußt ihre spezifische Optik weiterzutragen versuchten. In China aber war das in den allermeisten Fällen die Optik des Konfuzianismus (wenngleich in den verschiedensten Spielarten), weil eben geistesgeschichtliche Gelehrsamkeit gerade zu den besonderen Interessen der Konfuzianer zählte. Die Auffassung also, daß die chinesische Philosophie als Ganze niemals und nirgends in den Bogen zwischen Mythos und Wissenschaft eingespannt gewesen sei, daß es Religion im Umkreis der Philosophie nicht, oder jedenfalls schon lange nicht mehr, gegeben habe (wie etwa Feng Youlan hervorhebt), diese Auffassung ist zumindest einseitig und in sich selbst Ausdruck einer ganz bestimmten philosophischen Überzeugung. Es spiegelt sich darin eine Art konfuzianischer Verdrängungsideologie: Von ihr wurde bereits sehr früh alles Mythologische und Metaphysische aus dem Gesichtsfeld verbannt, und das Gleiche widerfuhr in nur geringerem Maße allen auf Kosmologie und Natur gerichteten Interessen. Diese beiden Problemsphären waren damit aber nicht etwa völlig verschwunden, sondern sie wurden bloß zur Domäne eben anderer philosophischer Richtungen, die sehr allgemein und vorläufig als vorwiegend dem Daoismus zugehörend umschrieben werden können. Alle glatten Generalisierungen über die chinesische Philosophie sind demnach mit Vorsicht aufzunehmen. Am ehesten ließe sich sagen, daß nicht nur hinsichtlich der Methodik und Interpretation, sondern auch hinsichtlich der Thematik eine durchgängige Zweiteilung in der chinesischen Philosophie feststellbar ist: Der Mensch mit seiner Ethik und Sitte, seiner Gesellschaft und Geschichte beschäftigte die eine Strömung, das Nicht- oder Nicht-nur-Menschliche mit der ihm eigenen unberührten Natur und den sie bewegenden Kräften dahinter die andere.

Diese Zweiteilung, die nicht nur in der Geistesgeschichte, sondern auch in der politischen Geschichte feststellbar ist, wurde auf verschiedene Weise benannt: als „große" und als „kleine" Tradition oder als „helle" und als „dunkle" Seite der chinesischen Kultur. Diese Strömungen einfach auf den Nenner Philosophie versus Religion oder Wissenschaft versus Aberglauben bringen zu wollen, wäre allzu simpel. Denn so sehr sie sich gelegentlich bekämpften, so sehr konnten sie doch in ein und derselben Person wirksam sein, sobald diese nur auf verschiedenen Ebenen verschieden zu denken bereit war. Die totale Trennung, die von vielen mit China befaßten Philosophiehistorikern zwischen Philosophie und Religion (oft zur „Volksreligion" degradiert) vorgenommen worden ist, u. a. auch von Feng Youlan, der z. B. die Widersprüchlichkeit von daoistischer Religion und Philosophie anführt, ist auf jeden Fall riskant. Denn unzählige philosophische Ideen sind ohne die ihnen vorausgehenden, parallellaufenden oder nachfolgenden religiösen Vorstellungen gar nicht zu verstehen. Daß trotzdem der Mensch innerhalb der Gesellschaft (selbst wenn er sich der Gesellschaft verweigert) in der chinesischen Philosophie eine zentrale Stelle einnimmt, bleibt dabei unbestritten.

Das hier geschilderte Problem erhält in den seit 1950 erschienenen Arbeiten zur chinesischen Philosophiegeschichte, die z. T. auch wieder aus der Feder schon früher aktiv gewesener Gelehrter (wie z. B. des soeben genannten Feng Youlan und Zhang Dainians) stammen, eine interessante neue Nuance. Sie gehen jetzt alle mehr oder minder von der marxistischen These aus, daß in der Philosophiegeschichte der Widerstreit zwischen Materialismus und Idealismus seinen Niederschlag gefunden habe, und besitzen damit gegenüber den früher oder außerhalb der Volksrepublik erschienenen Untersuchungen einen sehr einheitlichen theoretischen Hintergrund. Dafür bereitet jedoch die Einordnung der einzelnen philosophischen Systeme nicht geringe Schwierigkeiten. Denn die Rubrizierung „materialistisch" und „idealistisch" läuft weitgehend quer zu den beiden geschilderten geistigen Hauptströmungen: Die aufgeklärte Grundhaltung des Konfuzianismus und die daoistische Tendenz zur Rückführung menschlicher Ereignisse auf Naturkräfte lassen sich beide eher als „materialistisch" einordnen, während umgekehrt die absolute Priorität des Menschen im Konfuzianismus und der Zug zum Mystischen im Daoismus als „idealistisch" interpretiert werden müssen. So mußte unausweichlich sehr oft Uneinigkeit darüber entstehen, ob ein bestimmter Philosoph nun eher als „materialistisch" oder als „idealistisch" anzusehen sei (mit der Tendenz während politisch sehr radikaler Perioden, wie während der „Kulturrevolution", möglichst viele als „idealistisch" zu verdammen, um sie dann in gemäßigteren Perioden doch wieder als „materialistisch" in Gnaden aufzunehmen). Manche Philosophen zerfallen so zwangsläufig am Ende auch in eine „materialistische" und eine „idealistische" Hälfte, je nach dem Aspekt ihrer Lehre, der gerade ins Auge gefaßt wird – ein Beweis mehr für die Tatsache, daß Philosophen nicht bloß Probleme lösen, sondern unentwegt auch neue schaffen.

Geographisch-soziale Voraussetzungen

In den unter marxistischem Einfluß entstandenen chinesischen Philosophiegeschichten wird, wie nicht anders zu erwarten, dem sozioökonomischen Hintergrund stets besondere Aufmerksamkeit geschenkt, was oft, aber nicht immer (und zwar wegen der eben doch polykausalen Bewegungsabläufe in der Philosophiegeschichte) wichtige Zusammenhänge offenlegt. Prinzipiell fragwürdig ist jedoch die letztlich nur aus legitimatorischen Gründen vorgenommene Periodisierung der chinesischen Geschichte – und damit auch Geistesgeschichte – nach dem bekannten von Marx aber aus der westlichen Geschichte abgeleiteten Modell: Urgesellschaft – Sklavenhaltergesellschaft – Feudalgesellschaft – kapitalistische Gesellschaft – kommunistische Gesellschaft. Obwohl sie bei Einzelfragen, wie etwa bei der Registrierung von Frühformen des Kapitalismus und ihren Folgen, sicherlich das Augenmerk geschärft hat, verstellt sie nicht selten auch das Verständnis für die Eigentümlichkeiten der chinesischen Kultur und nicht zuletzt auch für die der chinesischen Philosophie. Das ist um so bedauerlicher, als es tatsächlich einige Grundmomente in der geographisch-gesellschaftlichen Umgebung der chinesischen Philosophen gegeben hat, die ihr Denken sowohl bei ihren Fragestellungen als auch bei ihren – oft erst durch Projektion gewonnenen – Problemlösungen wesentlich mitbestimmten. Sie waren allesamt von statischer Natur, d. h. also weitgehend bis in die Moderne hinein unveränderlich wirksam, was ihre Bedeutung für den Gesamtcharakter der chinesischen Philosophie über alle Perioden hinweg nahelegt. Sie sind allerdings höchst allgemein, so daß man sie nur mit Vorsicht als Motive anführen darf. Obendrein sind sie schon so oft beschworen worden, daß man zögert, sich länger bei ihnen aufzuhalten. Trotzdem müssen sie wenigstens mit ein paar Worten in Erinnerung gerufen werden.

Da ist zunächst die Tatsache, daß China von sehr früher Zeit an bis weit in die zweite Hälfte des 20. Jahrhunderts ein nahezu reines Bauernland gewesen ist. Ein moderner chinesischer Philosoph, Wu Zhihui (1864–1954), hat einmal despektierlich geäußert, die ganze chinesische Philosophie sei nichts anderes als das einfältige Gerede von Bauern, die sich während der untätigen Winterzeit den Rücken von der tiefstehenden Sonne wärmen ließen und so vor sich hin sinniert haben. Wie dem auch sei – bestimmte Interessenrichtungen und Wertvorstellungen waren damit vorgegeben: Die Aufmerksamkeit für den Kreislauf der Natur vor allen Dingen; denn von ihm hing ja mit Saat und Ernte schließlich das gesamte Leben ab. Weiterhin die Wertschätzung der Geduld, des Wartenkönnens, da ja kein Wachstum beschleunigt werden kann: Bei Menzius findet sich die Geschichte von dem dummen Bauernsohn, der den jungen Kornsprößlingen beim Wachsen helfen will, indem er sie aus dem Boden zieht. Die zwar nicht in allen, wohl aber in den meisten autochthon chinesischen Philosophiesystemen erkennbare Tendenz zu zyklischen Vorstellungen, in denen es weder einen rechten Anfang noch ein rechtes Ende gibt, wie auch überhaupt die Tendenz zur Mäßigung, hat sicherlich genau hier ihre Ursache.

Eine zweite ebenfalls viel zitierte Grundvoraussetzung des chinesischen Denkens ist die patriarchalische Familie. Zwar scheinen sich für die früheste Periode, also das zweite vorchristliche Jahrtausend, noch vereinzelte Spuren von Mutterrecht nachweisen zu lassen (genauso wie sich dort natürlich auch noch Reste einer voraufgegangenen Jäger- und Sammlerkultur zeigen). Aber seit dem Beginn der historisch faßbaren Zeit, und mehr noch seit Beginn des Philosophierens um die Mitte des ersten vorchristlichen Jahrtausends war die patriarchalische Familie bereits so fest etabliert, daß sie eine Art Axiom darstellte und – was wesentlich und typisch ist – schon als Abbild einer höheren Ordnung, nämlich des Verhältnisses zwischen Himmel und Erde, empfunden wurde (so wie im jüdisch-christlichen Denken der Mensch als ein Abbild Gottes). Damit aber war eine hierarchische Grundstruktur nicht nur in der Gesellschaft, sondern auch im Kosmos scheinbar unwiderlegbar vorgegeben, mit allen Folgen, die sich daraus für die Philosophie ergeben. Man konnte sie nur erschüttern, wenn man ihre ewige Gültigkeit in Zweifel zog: indem man nämlich etwa behauptete, daß der Himmel früher „unten", die Erde „oben" gewesen sei, oder daß dieser Differenzierung ein höher zu bewertender Zustand der Indifferenz vorangegangen sei – Argumente, die dann auch tatsächlich nicht selten vorgebracht wurden. Trotzdem behielt die Übertragung des patriarchalischen Modells auf die Welt als Ganze, in welcher der Kaiser zugleich als Übervater der Menschheit und als Sohn des Himmels figurierte, etwas ungemein Suggestives. Die augenscheinliche „Evidenz" dieses Ordnungssystems legitimierte und inspirierte wesentliche Konzepte in der Philosophie, namentlich im Konfuzianismus.

Etwas problematischer ist eine dritte mögliche Grundvoraussetzung, die für die Herausbildung der chinesischen Gesellschaft und daher teilweise auch für die darauf aufbauende Philosophie bestimmend gewesen sein mag: die Wasserwirtschaft in Gestalt von Wasserbau und Bewässerung, die beide die Koordination sehr großer Menschenmassen erfordern, um erfolgreich zu sein. Auf diese besondere Situation hat erstmals 1931 K. A. Wittfogel hingewiesen (in seinem auch heute noch lesenswerten Buch „Wirtschaft und Gesellschaft Chinas") und sie dann in den fünfziger und sechziger Jahren zur Grundlage seiner umfassenderen Theorie von den „hydraulischen" Gesellschaften gemacht. Wittfogel verteidigte damit im Grunde das alte marxistische Konzept, das offiziell in der marxistischen Ideologie in den zwanziger und dreißiger Jahren allmählich aufgegeben und von chinesischen Historikern, speziell von marxistischen, durch die bereits erwähnten üblichen „Periodisierungen" konterkariert worden war. Für uns geht es hier jedoch um die Frage, ob eine, grob gesprochen, antiindividualistische, immer auf die Einbindung des einzelnen in die Gruppe bedachte Grundhaltung, die in der Tat für weite Bereiche der chinesischen Philosophie festzustellen ist, mit diesen „hydraulischen" Sachzwängen in Verbindung zu bringen ist. Man wird diese Frage schwer einfach mit ja oder nein beantworten können, es ist aber sicher lohnend, sich ihrer gelegentlich zu erinnern.

Als letztes muß in diesem Zusammenhang noch auf die betont kontinentale Lage Chinas hingewiesen werden, die in gewisser Weise natürlich als die eigentliche Verbindung aller drei gerade genannten gesellschaftlichen Strukturen aufgefaßt werden kann. Das europäische Weltbild ist sicherlich stark von der wohl einmaligen Situation eines „Mittelmeeres" geprägt, um das sich der *orbis terrarum*, der „Kreis der Länder", herumlegte. Dadurch ergab sich eine Art Isolierung im Zentrum (die freilich durchaus spannungsgeladen, ja spannungserhaltend und zugleich herausfordernd war), im Äußeren eine große Offenheit und Durchlässigkeit. China, das sich im Gegensatz dazu schematisierend als das „Land innerhalb der vier Meere" (*Si hai zhi nei*) betrachtete, bot dagegen eher das Bild einer Scheibe: ein geschlossenes Ganzes im Innern, dafür aber nach außen hin durch Meere und Gebirge ungewöhnlich isoliert. Trotzdem gab es natürlich auch offene Stellen, wie namentlich im Nordwesten, wo die Seidenstraßen einmündeten (genauso wie Europa umgekehrt im Westen mit dem Atlantischen Ozean eine vor Kolumbus als unüberwindlich geltende Grenze besaß). Aber diese Durchlässe waren vergleichsweise eng und nicht selten verbarrikadiert – am monumentalsten durch die Große Mauer.

Sprachlich-schriftliche Voraussetzungen

Die chinesische Kultur, und damit natürlich auch die Philosophie, war jedoch zusätzlich durch ein anderes Phänomen von äußeren Einflüssen weitgehend abgeschirmt, ein Phänomen, das nichts mit den bisher behandelten geographischen, wirtschaftlichen und sozialen Bedingungen zu tun hatte, sondern nun bereits mit der Kultur selbst: der chinesischen Schrift und der für sie verantwortlichen chinesischen Sprache.

Die chinesische Begriffsschrift, um mit ihr zu beginnen, erschwerte nämlich im gesamten schriftabhängigen Bereich, zu dem die Philosophie zweifellos in ganz hohem Maße gehörte, die Einschmelzung von Fremdworten und Fremdbegriffen. Sie konnten nur entweder höchst ungefüge phonetisch transliteriert werden (ungefüge, weil die kleinste Schrifteinheit, jeder „Buchstabe", bereits ein ganzes Wort bzw. eine ganze Silbe darstellte), oder sie mußten regelrecht übersetzt werden. „Aufheben" (im Hegelschen Sinne) wurde demgemäß mit *ao-fu-he-bian* wiedergegeben, „Humor" (nach dem Englischen) mit *you-mo*, „Utopie" mit *wutuobang*. Da aber jedes chinesische Zeichen immer in erster Linie eine

Bedeutung hat und erst in zweiter Linie einen phonetischen Wert, tauchen mit jeder Transliterierung unvermeidlich gleichzeitig auch damit hereingeschleppte Wortgruppen auf, die gerade wegen ihrer Sinnlosigkeit verdeutlichen, daß es sich um die Transliterierung eines Fremdwortes handelt. „Aufheben" *aofuhebian* transportiert auf diese Weise die Wortgruppe „dunkel-beugen-hell-verändern", „Humor" *you-mo* die Gruppe „zurückgezogen-schweigen", „Utopie" *wu-tuo-bang* „fehlen-Stütze-Land". Diese Neubildungen sind nicht nur amüsant, sondern auch aufschlußreich: Die meisten Transliterierungen ergeben, wie schon gesagt, ihrem Sinngehalt nach zwar lediglich Nonsens-Wörter wie das Äquivalent für „aufheben". Bei dem Äquivalent für „Humor" aber wird offensichtlich zugleich auch stark eine interpretierende Übersetzung versucht, noch mehr bei „Utopie", wo das denn auch besonders gut gelungen ist. Daß solche glücklichen Kombinationen von Übersetzung und Transliterierung überhaupt möglich waren, lag daran, daß angesichts der zahlreichen Homonyme im Chinesischen immer eine ganze Reihe von gleichlautenden Worten verschiedener Bedeutung zur Verfügung standen. Trotzdem bilden sie die krasse Ausnahme. Die meisten Fremdwörter bleiben in geschriebener Form penetrant als Fremdworte erkennbar, weil sie nach einem anderen – nämlich rein phonetischen – Prinzip gelesen werden müssen als die Schrift sonst. Dadurch hatten sie nicht nur größere Mühe, voll in die Kultur einzudringen, sondern wurden auch in vielen Fällen bald wieder eliminiert.

Das Verharren der chinesischen Schrift im Zustande einer Begriffsschrift, aus dem letzten Endes ja auch alle phonetischen Schriftsysteme hervorgegangen sind, war natürlich kein Zufall, sondern das Ergebnis einer besonderen Sprachstruktur. Da das Chinesische im Prinzip eine „isolierende" Sprache ist (oder jedenfalls in der Periode, als die Schrift geschaffen und ausgebildet wurde, war), in der ausschließlich bedeutungstragende Worte nebeneinander stehen und keine grammatikalischen Funktionselemente (Endungen u. ä.) existieren, begegnete man auch keinen selbständigen, bedeutungslosen Einzellauten (wie etwa einem *-e* beim Vergleich von „Tisch" und pl. „Tisch*e*"), die es schriftlich wiederzugeben gegolten hätte; über diese Hintertür haben sich sonst ja gerade Begriffsschriften in Lautschriften umgewandelt. Für die chinesische Philosophie aber war dieser besondere, grob gesagt flexionslose Zustand der Sprache noch viel folgenreicher als der von ihr erst sekundär bewirkte Zustand der Schrift. Durch ihn waren nämlich nicht nur bestimmte Methoden in der Problemlösung vorgeformt, sondern auch, was noch wichtiger ist, viele Probleme selbst. Das gilt durchaus auch im negativen Sinn: Manche Probleme tauchten einfach nicht auf oder konnten nicht mit der nötigen Präzision abgehandelt werden. Die relativ untergeordnete Bedeutung, die Erkenntnistheorie und Logik in der chinesischen Philosophie spielten, hat sicherlich hier ihre Ursache. Aber auch generell ist die durch die Sprache bewirkte besondere Strukturierung der Weltvorstellung überall zu spüren: Das Fehlen von Wortklassen beispielsweise, durch das Substantive, Adjektive, Verben etc. in eins zusammenfallen, verhindert oder erschwert die Konzeption des Gegensatzes von Substanz und Akzidentien wie auch überhaupt die Bildung von Abstrakta. Das Fehlen aller Tempora wie auch aller anderen Verbformen mildert die Vorstellung einer klaren, durch die Zusammenschnürung des Jetzt bewirkten Trennung von Vergangenheit und Zukunft; und das Fehlen der Kopula „ist" schließlich verschiebt die Grundauffassung vom Sein und von der Wahrheit. Dabei soll nicht geleugnet werden, daß diese Charakterisierung des Chinesischen als einer rein „isolierenden" Sprache heute nicht mehr voll gültig ist und auch, wie man hinzufügen darf, in den frühesten Perioden, für die man die Sprache noch rekonstruieren kann (das frühe 1. Jahrtausend v. Chr.), noch nicht voll gültig war; denn das Chinesische scheint sich während der zweieinhalb- bis dreitausend Jahre, die wir überblicken können, von der Endstufe einer flektierenden in die Anfangsstufe einer flektierenden (oder besser: agglutinierenden) Sprache hineinentwickelt zu haben: Es war in seiner rein isolierenden Phase also nicht „primitiv", sondern eher „abgeschliffen". Entscheidend aber ist wiederum, daß es sich eben gerade in dieser fast rein isolierenden Phase befand, als die Philosophie in China erstmals entstand.

Die Tatsache, daß es im Medium der chinesischen Sprache, wie aus dem eben Gesagten hervorgeht, einige Mühe bereitete, sehr abstrakte Gedankengänge verständlich und unmißverständlich zu formulieren, bedeutete nicht, daß sie deshalb gänzlich unter den Tisch fielen; sie wurden nur auf eine andere Weise zum Ausdruck gebracht. In erster Linie dienten diesem Zweck Geschichten und Anekdoten, die – meist historisch oder quasihistorisch – mit einem Namen oder einem Spruch in Erinnerung gerufen wurden und damit einen komplizierten Sachverhalt definierten. Ehe so etwas wie chinesische Philosophie Gestalt annahm, existierte offenbar bereits ein riesiges Reservoir solcher „Geschichten", auf die man sich jeweils sozusagen einen „Reim" gemacht, sie also auf ihre „Bedeutung" hin festgelegt hatte. Diese Geschichten wurden sicherlich lange Zeit mündlich tradiert und erst allmählich schriftlich niedergelegt. Manche werden charakteristischerweise noch in früheren Texten nur mit einigen Worten erwähnt, demnach also als bekannt vorausgesetzt, und erst in späteren Texten ausführlich erzählt. „Je später die chinesischen Philosophen und Historiker lebten, desto mehr wußten sie über das Altertum", sagte dazu einmal ein auf die Han-Zeit (206 v. – 220 n. Chr.) spezialisierter Sinologe etwas überspitzt. So konkret sich diese Geschichten nun aber ausnehmen, so abstrakt können sie letzten Endes in der Bedeutung sein, die sie ausdrücken. Sie wurden auch immer als durchaus gegenwärtig und nicht als total vergangen empfunden, ja man hat gelegentlich den Eindruck, als ob das vielgerühmte historische Interesse der Chinesen nicht so sehr auf die Kenntnis einmaliger geschichtlicher Vorgänge gerichtet war als vielmehr auf die Bereicherung eines Erfahrungsschatzes, der im Bereich der Philosophie einer Bereicherung des technischen Vokabulars und der komplexen Beweismodelle gleichkam. Geschichten haben jedenfalls in den philosophischen Texten Chinas meist nicht nur eine illustrierende Funktion, sondern sie bilden selbst Begriffe und Beweise – ein Grund, nebenbei bemerkt, weswegen sich die damit arbeitenden Argumentationen schwer in eine andere kulturelle Sphäre übertragen lassen.

Ein anderes Kommunikationsmittel, das in der Philosophie die reine Sprache ergänzte, waren (und sind bis heute) bestimmte numerologische und graphisch vorstellbare Strukturen. Es existiert wohl kaum eine andere Kultur, die eine solche Fülle von Begriffskomplexen hervorgebracht hat, die durch eine vorausgestellte Zahl nach dem Muster „die drei X" oder „die sieben Y" bestimmt ist. So gibt es z. B. eine ganze Enzyklopädie, in der ausschließlich derartige Gruppenbegriffe gesammelt sind. Wesentlich ist, daß dabei die Zahl wichtiger ist als das Gezählte, daß also, wenn man beispielsweise von „Fünf göttlichen Urkaisern" redet, ihre Namen durchaus unterschiedlich wiedergegeben werden können, die Zahl Fünf aber unverrückbar feststeht.

Die Bedeutung graphisch vorstellbarer Strukturen andererseits, die eng mit den numerologischen zusammenhängt, läßt sich an der bemerkenswerten Rolle ablesen, die Tafeln und Diagramme in der chinesischen Philosophie von jeher gespielt haben. In manchen Perioden und in manchen Bereichen der Philosophie waren Diagramme den verbalisierten Schriften im Wert nahezu ebenbürtig. Diese starke Betonung des Bildlichen könnte wiederum mit der Schrift zusammenhängen, die als Begriffsschrift im Prinzip das Gemeinte gleichfalls direkt und nicht, wie die phonetischen Schriften, indirekt auf dem Umweg über die Sprache zum Ausdruck bringt. Generell läßt sich also sagen: Die Struktur, in der sich ein Gedanke vorstellte, war für seine Überzeugungskraft in China oft ebenso wesentlich wie seine logische Schlüssigkeit.

Quellen

Bedeutsam für die Beurteilung der chinesischen Philosophie sind, wie sich von selbst versteht, schließlich auch die Texte, in denen sie tradiert wurde. Hier ist zunächst einmal festzuhalten, daß diese Texte trotz der in China an sich erstaunlich guten Überlieferung, die mit der frühen Erfindung des Buchdrucks und dem Philologenfleiß der Gelehrtenschaft zusammenhängt, alles andere als vollständig erhalten sind. Aus frühen Buchkatalogen, die seit dem Katalog der Palastbibliothek aus der Zeit um Christi Geburt ziemlich regelmäßig verfaßt wurden, geht hervor, daß im Bereich der Philosophie nicht nur unzählige Einzelwerke, sondern ganze Sachgebiete verlorengegangen sein müssen, ein Befund, der sich auch durch Funde von ganz unbekannten Texten in erst kürzlich geöffneten Gräbern von ganz anderer Seite her bestätigt. Besonders betroffen waren dabei einerseits Texte, bei denen die lebendige, d.h. eben mündliche Überlieferung abgerissen war, so daß sie einfach nicht mehr interessierten oder nicht mehr verstanden werden konnten (wie etwa bei denen der Mo Di-Schule), andererseits Texte, die der Obrigkeit aus Gründen der Ideologie oder der Staatsraison nicht genehm erschienen und deshalb unterdrückt wurden (wie z.B. die sogenannten „apokryphen" Klassiker [*weishu*]). Wir müssen also immer damit rechnen, daß unsere Vorstellung von der Entwicklung der chinesischen Geistesgeschichte in einer bestimmten Epoche oder auch allgemein durch die – oft ganz bewußt gesteuerte – Auswahl der auf uns gekommenen Quellen eingeschränkt und dadurch verfälscht ist. Nur gelegentlich, wenn durch Zufall Originaltexte auftauchen, kann sie blitzartig in Teilbereichen erhellt und erweitert und dadurch korrigiert werden.

Ein weiteres wichtiges Moment für die Quellensituation in der chinesischen Geistesgeschichte betrifft die inhaltliche Gestaltung der einschlägigen Texte selbst: Hier ist zunächst der geradezu verschwenderische Gebrauch von Zitaten zu nennen. Einflußreicher als die offen als solche gekennzeichneten sind dabei die versteckten. Durch sie nämlich konnten indirekt bestimmte eigene Denkformen immer wieder eingeübt und weiterübertragen werden. Genauso aber konnten auch gegnerische heimlich adaptiert, unmerklich durch das Eindringen in einen veränderten Zusammenhang verdreht und so zur Unterwanderung konkurrierender Schulen verwendet werden. Umgekehrt konnte man berühmten

Persönlichkeiten auch Aussprüche unterschieben, durch die sie aus Widersachern der eigenen Lehrmeinung, die sie in Wirklichkeit gewesen waren, plötzlich zu deren Anhängern wurden. Dieses Spiel trieben auf sehr trickreiche Weise Konfuzianer und Daoisten zwischen dem 3. und 5. Jahrhundert, und vor allem die Daoisten waren darin Meister, den Gegnern ihre Helden abzujagen. Da die Philosophie in China eben nur teilweise eine klar definierte Disziplin darstellte und viel eher enge Beziehungen zu Dichtung und Wahrheit in der Geschichtsschreibung pflegte, war solch ein Verwandlungszauber relativ leicht zu bewerkstelligen.

Eine ähnliche, wenngleich wissenschaftlich nachprüfbarere Funktion erfüllten die unzähligen Kommentare, die zu allen klassischen Werken der chinesischen Philosophie geschrieben wurden. Gerade weil in der chinesischen Philosophie, wie in der chinesischen Kultur überhaupt, von jeher die Tendenz bestand, die großen Vorbilder in der Vergangenheit zu suchen (und sich höchstens Gedanken darüber zu machen, wie weit man in diese Vergangenheit zurückgehen sollte), wuchs allen Kommentaren besonderes Gewicht zu. Diese Kommentare nahmen quantitativ und qualitativ nicht selten solche Ausmaße an, daß sie den „kommentierten" Text eigentlich nur noch als Ausgangspunkt und Legitimation für völlig eigene philosophische Systeme verwendeten. Von dem berühmten Kommentar des Philosophen Guo Xiang (312 n. Chr.) zu dem klassischen daoistischen Text *Zhuangzi* sagte denn auch einmal ein buddhistischer Mönch ironisch, Zhuangzi habe einen guten Kommentar zu Guo Xiangs Buch geschrieben. Diese Kommentare lassen sich im übrigen meist nur formal von der riesigen hermeneutischen Literatur abgrenzen, die die chinesische Philosophie generell beherrscht. Deren Auslegungen wuchsen aber gleichfalls wiederum sehr oft nicht bloß über die Texte hinaus, die sie zu interpretieren vorgaben, sondern sie stellten sie manchmal (nicht anders als die vorerwähnten, unterschobenen Zitate) inhaltlich direkt auf den Kopf. Das gilt freilich nicht nur für China. Gibt es doch eine spöttische Feststellung zu diesem Thema auch von einem zeitgenössischen deutschen Philosophen

(Odo Marquard), der da sagte: „Hermeneutik ist die Kunst, aus einem Text herauszukriegen, was nicht drinsteht." In China aber ist diese Kunst schon außerordentlich früh zu höchster Vollendung herangereift, was dort eben mit dem unbezweifelbaren Prestige aller alten Texte zusammenhing. Sie verboten es gleichsam, etwas zugestandenermaßen wirklich Neues zu Papier zu bringen.

Die chinesische Philosophie ist also, wenn wir zusammenfassen wollen, ein etwas schwer definierbares Gebilde, das letzten Endes aber doch mit unserem Begriff als „Philosophie" benannt werden kann, selbst wenn es mit ihm keineswegs voll zur Deckung zu bringen ist, sondern sich nur in seinen wesentlichen Teilen überschneidet. Ob chinesische und westliche Philosophie je zu einer Einheit zusammenfinden werden, zu der dann ja wohl auch noch die Philosophien anderer Hochkulturen hinzutreten müßten, um daraus so etwas wie eine „Weltphilosophie" entstehen zu lassen – diese Frage gehört nun ohne Zweifel wirklich zu den „letzten" Fragen, und zwar zu solchen, die man klugerweise vielleicht überhaupt nicht stellen sollte. Skeptiker werden wohl leicht der Meinung sein, daß, ehe solch eine große Vereinigung kommt (von der, nebenbei bemerkt, chinesische Gelehrte in den zwanziger und dreißiger Jahren unendlich viel erhofften), die Philosophie selbst sich unvermerkt aus dem Reich der Wissenschaften verabschiedet haben wird.

II. Ausgangspunkte der chinesischen Philosophie

Priester und Schamanen

Die Anfänge der chinesischen Philosophie reichen keineswegs bis zu den Anfängen der chinesischen Kultur zurück, sondern sie fallen genau in die Periode des späten 6. und frühen 5. Jahrhunderts v. Chr., die Karl Jaspers als die „Achsenzeit" in der Geistesgeschichte aller Hochkulturen festgestellt hat – ob es sich nun um die „Vorsokratiker" in Griechenland handelt, die Propheten im Judentum oder Buddha im indischen und Konfuzius im chinesischen Kulturkreis. Es hat den Anschein, als ob alle Kulturen erst ein gewisses Alter erreichen mußten, ehe sie mit dem Erwachsensein eine kritische Distanz zu sich selbst gewinnen konnten, die wohl (im Gegensatz zum religiösen Glauben) für das philosophische Denken notwendig ist. Vielleicht bedarf es aber erst eines bestimmten Schatzes an historischer Erfahrung, eines Materials, über das zu reflektieren ist, ehe eben philosophische Fragen auftauchen können. In China jedenfalls war die Kultur (soweit sich für ein solches Phänomen überhaupt eine Geburtszeit feststellen läßt) schon ein bis eineinhalb Jahrtausende alt, ehe mit Konfuzius der erste historisch faßbare Philosoph auftrat, alsbald gefolgt von einer ganzen Schar konkurrierender Denker. Was jedoch – in scharfem Gegensatz etwa zu den soeben erwähnten sehnsüchtig in die Zukunft blickenden Propheten des Alten Testamentes – die chinesische Philosophie darüber hinaus mit der Vergangenheit verband, war der rückwärts gewandte Blick, der sie von Anbeginn charakterisierte. Die chinesische Philosophie gab sich, so möchte man sagen, von vornherein nicht nur als erwachsen, sondern gleich auch als alt zu erkennen. Der Zweifel an der Vollendetheit des Hier und Jetzt ist wohl überall ein wesentliches Motiv für die

Philosophie. In China aber überwog generell offenbar das Heimweh nach der heilen vergangenen Welt die Sehnsucht nach der Erlösung in einer neuen. Gerade deshalb verdient die vorphilosophische Phase in China besondere Beachtung.

Dieser sehr allgemeinen, im einzelnen sehr qualifizierungsbedürftigen Feststellung widerspricht indessen nicht die Tatsache, daß wie überall in der Welt auch in China das Vorauserkennen der Zukunft mit Weisheit in Beziehung gesetzt, wenn nicht gar gleichgesetzt wurde. Das galt zumindest indirekt auf vielen Gebieten der Philosophie während der gesamten Entwicklungszeit, ganz unmittelbar aber für die Periode, die ihr vorausging. Die ersten Zeugnisse einer geistigen Auseinandersetzung mit der Welt, die wir von China besitzen – Zeugnisse, die gleichzeitig auch die ersten Schriftdokumente darstellen–, sind nämlich Niederschriften von Orakelfragen und Orakelantworten. Sie verdanken ihre Erhaltung seit der Mitte des zweiten Jahrtausends v. Chr. der besonderen Form des Orakels, die mit sehr beständigen Materialien arbeitete: nämlich mit Knochen und Schildkrötenschalen. Diese Knochen und Schildkrötenschalen wurden nach einem sehr komplizierten Verfahren präpariert und dann beim Orakeln selbst an bestimmten, durch Vorbohrungen verdünnten Stellen mit glühenden Metallstäben berührt. Aus den Sprüngen, die sich durch die plötzliche Erhitzung ergaben, wurden dann die Antworten auf die Orakelfragen abgelesen. Fragen und Antworten notierte man dann oft unmittelbar durch Einritzen auf den Knochen oder Schildkrötenschalen und stellte diese Materialien gleichsam zu Archiven zusammen.

Aus diesen sogenannten „Knocheninschriften", die seit der Jahrhundertwende zu vielen Tausenden gefunden wurden, entrollt sich uns ein recht lebendiges Bild nicht nur von der politischen und kulturellen, sondern auch von der geistigen Situation des ältesten China, das damals, zwischen etwa 1500 und 1050 v. Chr., von der Shang-Dynastie regiert wurde. Die Shang-Könige stützten sich in ihren Entscheidungen in hohem Maße auf die aus den Orakeln gewonnenen Ratschläge, die ihnen durch die Hilfe von Orakelpriestern vermittelt wurden. Diese Orakelpriester bildeten dadurch eine politisch, vor allem aber auch kulturell eminent einflußreiche Schicht, der (wie man u.a. an den liturgischen Assoziationen bei der Konzeption von Bildsymbolen erkennen kann) wahrscheinlich überhaupt die Erfindung der Schrift zu danken ist. Sie hießen chinesisch *shi*, ein Begriff, der mit dem Bildzeichen 事 wiedergegeben wurde, das auch für die ähnlich ausgesprochenen Worte für „Schreiber" (*li*), „Gesandter" (*shi*) und überhaupt „Geschäfte", „Ereignisse" (*shi*) verwendet wurde; es zeigt eine „Hand" und einen szepterartigen „Amtsstab". In der späteren Entwicklung erhielt der Begriff dann auch noch die Bedeutung „Geschichtsschreiber". Denn in der Tat konnte sich ja aus der Funktion des Orakelpriesters, der politische Entscheidungen zu treffen half und sie – wahrscheinlich zur Erleichterung künftiger Entscheidungen – mehr oder weniger regelmäßig notierte, leicht die Funktion des „Historikers" entwickeln. Genau das fand auch wirklich statt, mit dem Erfolg, daß einerseits der Beruf des Orakelpriesters nach der schon früh erfolgten Säkularisation in der Gestalt des Hofhistorikers weiterlebte, andererseits diese Hofhistoriker über die Aufgabe des Notierens geschichtlicher Vorgänge hinaus ihre Aufgabe immer auch in deren kritischer Beurteilung und Kommentierung sahen. Die eigentümliche Verquickung von Politik, Geschichtskritik und Ethik, die so typisch namentlich für die konfuzianische Philosophie ist, hat ihre Vorform also bereits in der Funktion der Orakelpriester der Shang-Zeit. Kein Wunder, daß sie von manchen modernen chinesischen Gelehrten als die direkten geistigen Vorfahren der Konfuzianer angesehen wurden. Alles, was wir an unmittelbaren Quellen für die geistig-religiösen Vorstellungen des ältesten China besitzen, stammt jedenfalls nicht nur von ihrer Hand, sondern wurde auch inhaltlich primär von ihnen geprägt – also nicht bloß notiert, sondern auch geschaffen.

Im Gegensatz zu den Orakelpriestern, die in ihren Selbstzeugnissen klar hervortreten und einen auch für die Zukunft noch bedeutsamen Aufgabenbereich erobert hatten, gab es noch eine andere Berufsgruppe, die gewissermaßen aus der Vergangenheit stammte und für die Vorbedingungen der Philosophie ebenfalls nicht ohne Einfluß blieb. Es waren die, einfach ausgedrückt, Schamanen, die gleichfalls, wenn auch mit ganz anderen Mitteln, die Entscheidungen bei Hofe beeinflußten. Über ihre Tätigkeit z. B. beim Regenzauber erfahren wir nur indirekt, nämlich eben durch die Schriften der Orakelpriester, die man in mancher Hinsicht als ihre Konkurrenten betrachten darf. Denn bei den Schamanen handelte es sich natürlich grundsätzlich um illiterate Personen (sehr oft auch Frauen), die ihre Erfahrungen nicht an die Nachwelt weiterüberliefern konnten. Die Epigraphik gibt uns interessante Einblicke in ihre Aufgaben und in ihr Erscheinungsbild. Sie wurden im Chinesischen als *wu* (*mi̯wo) bezeichnet und mit dem alten Zeichen 巫 geschrieben, das einen „Mann" und „Jade" (bzw. ein aus Jade gefertigtes Emblem) darstellt. Jade aber galt als ein zauberkräftiger Stein, der u. a. auch im Regenzauber eine bedeutende Rolle spielte. Genauso ausgesprochen wie *wu* „Schamane" wurde auch das Wort für „Tanz", „Tänzer", das man ebenfalls mit einem sehr sprechenden Zeichen schriftlich wiedergab: 舞. Mit an Sicherheit grenzender Wahrscheinlichkeit haben wir hier das Bild eines Schamanen vor uns – einen Tänzer mit irgendwelchen federartigen Gegenständen, die von seinen Armen herabhängen. Und ebenso wahrscheinlich ist es, daß die beiden Worte „Schamane" und „Tänzer" ursprünglich eben überhaupt nicht getrennt waren, daß der Schamane also einfach als „Tänzer" bezeichnet wurde. Schamanen haben in der chinesischen Kultur – am Hofe ebenso wie im Volk – bis in die Gegenwart hinein eine nicht unwichtige Rolle gespielt, bei der Geisterbannung und Geisterbeschwörung und anderen magischen Handlungen der verschiedensten Art. Man findet sie heute noch in chinesischen Siedlungsgebieten außerhalb der Volksrepublik China, z. B. in Taiwan; nach Zeitungsberichten zu urteilen, scheinen sie aber selbst auf dem chinesischen Festland noch nicht ausgestorben zu sein. Sie stehen heute der daoistischen „Volksreligion" nahe, und so ist es vielleicht auch nicht allzu abwegig, daß sie von manchen Gelehrten als die Vorläufer der Daoisten angesehen wurden, ebenso wie die Orakelpriester in mancher Hinsicht als die Vorläufer der Konfuzianer.

„Himmel“ und „Höchster Gott“

Die doppelte Kommunikation, die im ältesten China also zwischen der Sphäre des Hier und Jetzt und der Sphäre außerhalb davon ablief – zum einen auf eine sehr bewußte, gewissermaßen wissenschaftliche, zum anderen auf eine betont unbewußte, ekstatische Weise –, diese Kommunikation konnte natürlich nur dann einen Sinn haben, wenn sie sich an irgendwelche Empfänger richtete. In der Tat fühlten sich die Chinesen der damaligen Zeit geradezu von einer Wolke von Geisterwesen umgeben, deren Welt nicht so sehr als im „Jenseits“ liegend vorgestellt wurde, denn vielmehr als eine Sphäre, die die Wirklichkeit durchdrang. Diese Vorstellung war prinzipiell nicht verschieden von jener, die wir in anderen frühen oder noch nicht weiter entwickelten Kulturen finden. Sie besaß aber dennoch einige besondere Akzente, die hervorzuheben sich lohnt. Die übernatürlichen Wesen teilten sich nämlich grundsätzlich in zwei Kategorien auf, die zwar gelegentlich ineinander verschwammen, aber trotzdem deutlich voneinander geschieden waren: nämlich in Naturgeister und Ahnengeister. Es wäre sicherlich zu schematisch, wollte man, auf das Vorhergesagte aufbauend, die Kommunikation mit den Naturgeistern als die Aufgabe der Schamanen, die mit den Ahnengeistern als die Aufgabe der Orakelpriester ausmachen. Denn selbst wenn tendenziell hier sicherlich etwas Wahres liegt, so wandten sich doch die einen wie die anderen je nach Anlaß an beide Bereiche. Welche Vorstellungen man sich im einzelnen von den Geistern machte, läßt sich für die früheste Zeit kaum sagen. Erst spätere Schriften haben die Geisterwelt dann im Detail beschrieben und häufig auch bildlich dargestellt. „Geister sind leicht zu malen“, sagte dazu einsichtsvoll einmal ein chinesischer Künstler – womit er meinte, daß ihre Darstellung eben nicht an der Realität zu kontrollieren sei. Immerhin haben wir auch hier wieder als Anhaltspunkte alte chinesische Schriftzeichen: „Geist“, „Gespenst“, *gui* 鬼, „Furcht“, *wei* 畏 und „merkwürdig“, „wunderbar“, *yi* 異. Sie alle zeigen Wesen mit auffallend dicken (vielleicht auch schon, wie in späteren Darstellungen, oben „hörnerartig“ gespaltenen) Köpfen.

Wichtiger als das Aussehen der Geister ist für das Verständnis der vorphilosophischen Grundlagen der chinesischen Philosophie jedoch die Feststellung, daß die vielfältige Geistersphäre offensichtlich als hierarchisch strukturiert vorgestellt wurde, wobei die Stränge der Ahnen- und der Naturgeister miteinander verknüpft sein konnten und die Ahnen der eigenen Familie natürlich grundsätzlich als wohlwollend angesehen wurden. Am interessantesten innerhalb der gesamten Hierarchie ist der Spitzenplatz, weil er letztlich das System als ganzes bestimmt. Hier tritt uns bereits in den frühesten Schriften ein Wesen entgegen, das als *shangdi,* übersetzt als „Höchster Gott“ oder „Gott in der Höhe“, bezeichnet wurde. *Di* ist dabei das geläufige Wort für einen vergotteten Ahn (das alte Zeichen zeigt ein nicht deutbares – wenn man sehr kühn ist, ein an einen Totempfahl gemahnendes – Emblem 帝), *shang* einfach das Wort für „Oben“, wobei unklar bleibt, ob „oben“ im übertragenen Sinn als „höchst“ oder im einfachen Sinn als „oben in der Höhe“ (etwa im Himmel) zu verstehen ist (das alte Zeichen zeigt, nebenbei bemerkt, einfach einen kleineren Strich über einem sozusagen die Orientierungsebene abgebenden größeren: 上). *Shangdi* war also die oberste Autorität, an die man sich um Rat und Hilfe wenden konnte und auch tatsächlich wandte; der Name besagt noch keineswegs, daß man ihn sich als im Himmel thronend vorstellte.

In denselben Orakeltexten, in denen von *shangdi* die Rede ist, taucht aber auch (wenngleich, soweit man bisher ausmachen kann, vorwiegend in relativ späten Texten dieser Art) ein anderes göttliches Wesen auf, das die gleiche höchste Autorität besitzt, offensichtlich aber aus einer anderen Traditionslinie stammt. Es trägt den Namen *tian.* Das alte Schriftzeichen gibt unverwechselbar ein riesenhaftes Wesen wieder mit großem (und daher aufs Übernatürliche hinweisenden) Haupt: 天. Die heute geläufige und nahezu beim ersten Auftreten auch bereits nachweisbare Bedeutung dieses Wortes ist dann allerdings „Himmel", und zwar sowohl im kultischen als auch (wenngleich erst allmählich) im physikalischen Sinn, nämlich beispielsweise der Ort, von dem der Regen kommt. Auch der wichtige Ausdruck für das „Reich" *tianxia,* der wörtlich mit „unter dem Himmel" zu übersetzen wäre, ist mit diesem Wort zusammengesetzt.

Diese Bedeutungsentwicklung des Wortes *tian,* das allmählich mit dem Wort *shangdi* in Konkurrenz trat und es verdrängte, ist in mehrfacher Hinsicht aufschlußreich: Sie zeigt erstens, daß Naturgeister und menschliche Ahnengeister sich nur unter einer ursprünglich anthropomorph vorgestellten und dann doch als „Himmel" bezeichneten Wesenheit gleichermaßen gut einordnen ließen. Sie zeigt zweitens, daß der Himmelskult, der für den chinesischen Staatskult, aber auch generell für die chinesische Philosophie grundlegende Bedeutung gewinnen sollte, sich erst sekundär herausbildete; vielleicht geschah das tatsächlich, wie oft behauptet worden ist, endgültig erst unter dem Einfluß der Zhou-Stämme, die vom Westen her in China eindrangen und um 1050 v. Chr. die Shang stürzten, um ihre eigene Dynastie aufzurichten. Und drittens zeigt diese Bedeutungsentwicklung von *tian* einen klaren Trend vom Religiösen zum Rationalen, der für die Herausbildung der Philosophie entscheidend gewesen ist; denn hier wurde offensichtlich nicht etwa der „Himmel" vergöttlicht, sondern genau umgekehrt ein Gott zu dem viel neutraleren, distanzierteren Begriff „Himmel" „heruntersäkularisiert" (wenn man das einmal so salopp sagen darf). Alles das ging sicherlich nicht zufällig Hand in Hand damit, daß die Orakelpriester von der gerade erwähnten Zhou-Dynastie ihrer kultisch-religiösen Funktion entkleidet wurden, indem nämlich der Zhou-König sich selbst an die Spitze des stark vereinfachten Opferrituals stellte, das nun auf höchster Ebene vorwiegend auf den „Himmel" bezogen war, während an die Stelle der Priester Verwaltungsbeamte traten.

Schriftliche Überlieferung und „Klassiker"

Dieser Rationalisierungsprozeß bei der Umformung des *tian*-„Himmel"-Begriffs war also nicht eine isolierte Erscheinung. Er war vielmehr symptomatisch für einen tiefgreifenden Umschwung in der geistigen Einstellung, der die gesamte chinesische Bildungsschicht seit dem Beginn des ersten vorchristlichen Jahrtausends erfaßte. Verglichen mit anderen Hochkulturen setzte er zu einem erstaunlich frühen Zeitpunkt auf breiter Front ein, und er hinterließ seine Spuren auch bereits in dem gesamten frühen normal überlieferten Schrifttum, mit dem die eigentliche chinesische Kulturtradition überhaupt erst beginnt; denn die Orakelinschriften, die über dieses Schrifttum hinaus noch weiter in die Vergangenheit zurückgreifen, umfaßten ja bloß eine Art technisches Spezialisten-Schrifttum, das niemals für die Kultur als solche repräsentativ gewesen war. In diesen frühen überlieferten Schriften, die letztlich alle aus der Hand der schmalen schreibenden Gelehrtenschicht stammten, die in gewisser Weise die Nachfolge der Orakelpriester angetreten hatte, ist es ein besonderes, immer wieder diskutiertes Merkmal, daß man Mythen dort unmittelbar kaum findet. Sie wurden entweder völlig gelöscht und dabei, wie man hinzufügen darf, in mündliche Traditionen abgedrängt, aus denen sie später dann mehr oder weniger verformt wieder auftauchen konnten; oder sie wurden ins Rationale umgestaltet, „euhemerisiert" (nach dem griechischen Philosophen Euhemeros, der an der Wende vom 4. zum 3. Jahrhundert v. Chr. Ähnliches mit der griechischen Göttermythologie versuchte). So treten z. B. die Lenker des Sonnenwagens (*xihe*) in klassischen chinesischen Texten als Hofastronome auf u. ä. mehr. Es ist gerade diese Erscheinung, die moderne chinesische Wissenschaftler zu der Meinung gebracht hat, daß das Religiöse in China niemals eine besondere Rolle gespielt habe. Wahr daran ist jedoch bloß, daß das religiöse Grundmuster bei vielen Ideen schon sehr früh übermalt wurde, so daß es nur gelegentlich noch durchschimmert. Es muß erst künstlich wieder freigelegt werden, wie eben beispielsweise mit der Epigraphik bei dem Wort *tian* „Himmel“ oder mit Hilfe später notierter, längere Zeit nur mündlich tradierter Texte bei umfangreicheren, sich scheinbar rational-historisch gebenden Schriften.

Der nüchterne Grundzug, den man der Lehre des Konfuzius, mit der die chinesische Philosophie beginnt, zu Recht nachsagt, war also nicht seine alleinige Erfindung, sondern er war schon von der Gelehrtenschicht, in deren Tradition er stand, weitgehend vorgeprägt. Das Gleiche gilt entsprechend für die konfuzianischen „Klassiker“, die sicherlich nicht von Konfuzius persönlich redigiert oder gar verfaßt worden sind, wie es eine fromme Überlieferung bei der Mehrzahl von ihnen annahm, sondern die, schon lange vor ihm existierend, seine Lehrmeinung bereits von vornherein bis zu einem gewissen Grade repräsentierten und sich deshalb besonders gut dazu eigneten, sie davon abzuleiten oder daran zu demonstrieren. Sie stellten zwar nur einen Ausschnitt aus der frühen vorkonfuzianischen Literatur dar, aber keineswegs einen untypischen. Es ist daher, wenn wir den Grundlagen nachgehen wollen, auf denen die chinesische Philosophie aufbaute, nicht unwesentlich, sich rasch ein Bild von der damals bestehenden Literatur im allgemeinen und den daraus später zu „Klassikern“ erhobenen Schriften im besonderen zu machen. Denn der „rückwärts gewandte Blick“, mit dem die chinesische Philosophie tatsächlich begann, war ja schließlich bestimmt von dem, was er zu sehen bekam.

An erster Stelle zu nennen wäre hier das historische Material, das schon in der vorkonfuzianischen Zeit in reicher Fülle vorlag. Es handelte sich um die verschiedensten, natürlich meist an den Fürstenhöfen geführten Chroniken, annalistische oder auch zeitübergreifende, die kunterbunt auch Anekdoten, Legenden und Berichte über Naturerscheinungen enthielten. Möglicherweise reichen die Wurzeln hier zurück bis zu den „Knochenarchiven“ der Orakelpriester. An zweiter Stelle standen die schriftlich niedergelegten Regelungen für den riesigen Bereich des kultischen und profanen Zeremoniells, einschließlich der Entwürfe für den Gesetzes- und Personalaufbau. In einer schon früh stark bürokratisierten Verwaltung besaßen sie erhebliche praktische Bedeutung. An dritter Stelle zu erwähnen wären die Niederschriften von politisch oder kultisch motivierten Ansprachen bedeutender Könige oder Minister. In sie konnten, ja mußten bereits Gedanken einfließen, die eine philosophische Konnotation im allgemeinsten Sinne enthielten. An vierter Stelle kamen Sammlungen von lyrischen Stücken, namentlich von Liedern, bei denen es sich sowohl um einfache Volkslieder als auch um Zeremonialgesänge handelte, letztere standen dann wieder in Beziehung zu den Kultschriften. An fünfter Stelle endlich zu nennen wären Wahrsageschriften, die – wenn wir die Herkunft der Zeichenschrift aus dem Milieu der Orakelpriester bedenken – von jeher einen besonderen Platz eingenommen haben müssen.

Die spätestens in der Han-Zeit vom Konfuzianismus zu „Klassikern" erhobenen fünf Schriften, die „Fünf Klassiker" (*wu jing*, wörtl. „Fünf Leitfäden"), entstammten genau den fünf hier aufgeführten Bereichen: Es waren 1. ein historisches Werk, nämlich das *Chunqiu* („Frühlings- und Herbstannalen"), bei dem es sich um die Chronik des Kleinstaates Lu handelte, aus dem Konfuzius gebürtig war; 2. ein Ritualwerk, nämlich vermutlich das *Yili* („Zeremonien und Riten") sowie weitere im Zusammenhang mit diesem Text tradierte Ritualaufzeichnungen; 3. ein Konvolut von – sicherlich fast durchweg fiktiven – politischen Reden, die verschiedentlich ins Weltanschauliche ausgreifen und den Sammeltitel *Shujing* („Buch der Urkunden") tragen; 4. eine Liedersammlung namens *Shijing* („Buch der Gedichte") und schließlich 5. ein Wahrsagebuch, nämlich das *Zhouyi* („Wandlungen der Zhou") oder kurz *Yijing* („Klassiker oder Buch der Wandlungen"), ein Werk, das von allen chinesischen Büchern wohl das bekannteste geworden ist.

Das Yijing

Diese hohe Einschätzung des *Yijing* bei uns ist wohl eher eine Modesache und verdankt sich dem vagen Gefühl, daß das chinesische Denken dem stark deduktiven westlichen irgendwie komplementär und daher im intuitiven Bereich des Mystischen besonders überlegen sein müsse. Sie hat aber auch tatsächlich einige Berechtigung. Denn in China wurden, anders als wir es gerade getan haben, die Klassiker seit Mitte der Han-Zeit beginnend mit dem „Buch der Wandlungen" aufgezählt, und insoweit die Abteilung der „Klassiker" bibliographisch immer am Anfang stand, begann jede Betrachtung der chinesischen Literatur, und damit auch der Kultur, mit diesem Werk. Auch für die chinesische Philosophie bildet das „Buch der Wandlungen" einen bedeutsamen Ausgangspunkt, und zwar nicht nur für die konfuzianische Denkrichtung, sondern für alle anderen ebenso. Denn nicht so sehr in seiner Funktion als Wahrsagetext als vielmehr als Zeugnis der dahinterstehenden Weltauffassung rückte es bald in die Position eines geradezu naturwissenschaftlich unanfechtbaren, über allem philosophischen Meinungsstreit stehenden, allgemein verbindlichen Weltentwurfes auf. An dem Wahrheitsgehalt des *Yijing* hat kaum je ein chinesischer Philosoph gezweifelt, und es ist charakteristisch, daß es auch 213 v. Chr. bei der Bücherverbrennung des berühmt-berüchtigten Kaisers Qin Shihuangdi (über den noch zu reden sein wird) ausdrücklich von der Vernichtung ausgenommen wurde.

Dabei ist es seiner Anlage nach alles andere als einheitlich und daher in mancher Hinsicht auch widersprüchlich. Zunächst einmal soll es der Überlieferung nach nicht das erste und einzige, sondern das bereits dritte „Wandlungsbuch" gewesen sein; vor ihm gab es während der Shang-Dynastie angeblich ein anderes mit Namen *Guicang* (vielleicht: „Hinwendung zum Verborgenen") und davor, in der (bisher noch nicht historisch gesicherten) Xia-Dynastie, ein weiteres namens *Lianshan* (vielleicht: „Anreihung von Bergen"). Wesentlich ist daran bloß, daß man offenbar nicht so ohne weiteres (wie das vielfach geschah) davon ausgehen kann, daß das Knochen-Orakel der Shang-Dynastie von dem Wandlungsorakel der Zhou-Dynastie abgelöst wurde, sondern daß Vorformen des Wandlungsorakels auch schon früher existiert haben könnten. Auch später ist zumindest einmal ein weiteres

Wandlungsbuch geschrieben worden, das von dem gleichen Grundprinzip, aber von einer anderen Grundordnung (nämlich von einer Trinität statt von einer Dualität) ausging. Das „Buch der Wandlungen" bietet in seiner uns heute vorliegenden Form das Bild eines Textes, um dessen Kern sich jahresringartig allmählich immer mehr Textschichten angelegt haben. Im Kern befindet sich ein graphisch-numerologisches System, das sich aus durchgezogenen, geraden und gebrochenen Strichen aufbaut. Die geraden Striche repräsentierten dabei eine helle „männliche" Urkraft (Yang), die gebrochenen eine dunkle „weibliche" (Yin). Ob dieses System ursprünglich auf die Orakelantworten „Ja" und „Nein" zurückgeht, die dem Ratsuchenden durch ein ganzes bzw. gebrochenes Schafgarbenstengelchen mitgeteilt wurden, ist unsicher. Jedenfalls wurde, soweit man zurückgehen kann, die Bestimmung des Orakels durch die komplizierte Auszählung von 50 Schafgarbenstengelchen vorgenommen, bei der die der Schafgarbe zuerkannte magische Kraft ebenfalls eine Rolle spielte. Im ganzen gab es 64 Orakel-Grundsituationen, deren jede durch eine der 64 Strichkombinationen symbolisiert wurde, die bei einer Zusammenstellung von Sechser-Strichgruppen numerologisch möglich sind. Diese sogenannten „Hexagramme", die als aus jeweils zwei Dreier-Strichgruppen (Trigramme) aufgebaut vorgestellt wurden, bildeten das Grundgerüst. Jedes Hexagramm wurde zunächst durch einen zusammenfassenden Spruch charakterisiert, den der geistige Gründer der Zhou-Dynastie, der König Wen, bereits formuliert haben soll. Dieser Spruch wurde später ergänzt durch einen neu hinzutretenden weiteren Spruch. Außerdem kamen aber Sprüche hinzu, die nun auch jeden einzelnen der sechs Striche eines jeden Hexagramms (*yao*) kommentierten, insgesamt 64 x 6 = 384 Sprüche, die dem Sohn des Königs Wen, dem Herzog von Zhou, zugeschrieben wurden. Als letztes schließlich schlossen sich eine Reihe von Kommentaren an, die den Status von orthodoxen Erklärungen erhielten, teilweise angeblich von Konfuzius stammten und zusammenfassend als die „Zehn Flügel" (*shi yi*) bezeichnet wurden. Die Zahl späterer, freier Kommentare, war

Legion; sie gehörten meist zu jener Gruppe von „hermeneutischen" Schriften, in denen völlig eigene Ideen auf dem Umweg über den Kommentar aus der Autorität des *Yijing* Nutzen zu ziehen suchten.

Die besondere Eigentümlichkeit des „Buches der Wandlungen", die ihm nicht nur seinen Namen gab, sondern ihm auch eine Sonderstellung unter allen anderen Wahrsagebüchern in der Welt einräumte und es letztlich auch erst zu einem philosophischen Werk machte, war jedoch die Grundidee, daß jede der 64 durch Hexagramme symbolisierten existentiellen Grundsituationen in „Wandlung" auf eine andere hin begriffen wurde. Die Idee des Gegensatzes von Hell und Dunkel als der Bewegungskraft jeglichen Wandels scheint auch schon in dem Bildzeichen für „Wandel" zu stecken, das auf den Wechsel der Mondphasen hinweist (易). Graphisch stellte sich dieser Wandel von Konstellation zu Konstellation dergestalt dar, daß ein oder mehrere Striche eines gegebenen Hexagramms sich in ihr Gegenteil umwandelten. Aus der Konstellation „Umwälzung" (Hexagramm Nr. 49, ䷰, *ge* 革) konnte also ebenso die Konstellation „Zersplitterung" (Hexagramm Nr. 23, ䷖, *bo* 剝) hervorgehen wie die Konstellation „Friede" (Hexagramm Nr. 11, ䷊, *tai* 泰), je nachdem welche Striche umschlugen. Dieser bewegliche Charakter der Schicksalsanalyse ließ Raum für die menschliche Entscheidung, und damit auch eine gewisse Freiheit; denn die Grundkonstellation und die Zielkonstellation gaben zusammen im Grunde kein unverrückbares Schicksal, eine Entwicklungs*tendenz* an, auf die man verschieden zu reagieren vermochte. Damit war aber auch die Ethik ohne weiteres mit dem System kombinierbar, wie auch überhaupt durch die numerologisch festgelegte Endlichkeit der Grundkonstellationen der Willkürlichkeit von Schicksalsbestimmungen (und damit auch einer Willkürlichkeit des Schicksals selbst) bestimmte Grenzen gesetzt waren.

Die Aussagen, die das „Buch der Wandlungen" zu machen hat, sind freilich immer noch recht mysteriös – mysteriös genug, um gerade wegen ihrer Rätselhaftigkeit und Vieldeutigkeit die Phantasie der Ratsuchenden bis auf den heutigen Tag zu beschäftigen. Sie stellten jedoch, wie moderne Untersuchungen allmählich ans Licht gebracht haben, keine frei erfundenen dunklen Aussagen dar. Sie sind vielmehr ebenfalls wieder nichts anderes als bruchstückhafte Anspielungen auf alte Mythen und gelegentlich auch auf alte historische Ereignisse, die sehr kunstvoll gerade ihrer Einmaligkeit (so besonders aller Namen) entkleidet und dadurch gewissermaßen zu archetypischen Situationen abstrahiert wurden. So scheint z. B. der Spruch in Hexagramm 63 *ji ji* „Nach der Vollendung": „Der Nachbar im Osten, der einen Ochsen schlachtet, bekommt nicht so viel wirkliches Glück wie der Nachbar im Westen mit seinem kleinen Opfer" auf eine konkrete geschichtliche Legende aus der Übergangszeit zwischen der Shang- (Osten) und der Zhou-Dynastie (Westen) zurückzugehen. Untersuchungen, die solchermaßen die innere Struktur des „Buches der Wandlungen" entschleiern, nehmen ihm dabei nichts von seiner, gerade wegen der Zersplittertheit der Einzelteile, bewundernswürdigen Geschlossenheit und Aussagekraft. Das *Yijing* ist gerade in dieser seiner Janusköpfigkeit – die aus Mythen stammenden Inhalte stehen neben ihrer rationalen Abstrahierung und numerologischen Einordnung – beispielhaft für jene Epoche in China, in der für die Bildungsschicht die Philosophie sich langsam an die Stelle der Religion zu schieben begann.

III. Konfuzius und der Beginn der chinesischen Philosophie

Das Ende charismatischer Herrschaftslegitimationen

Die große Rolle, die Gesellschaft und Staat in der chinesischen Philosophie stets gespielt haben, mag neben anderen Gründen, die bereits kurz behandelt worden sind, auch darin ihre Ursache haben, daß die Philosophie aus einer politischen Gesamtsituation heraus geboren wurde, die ihr einen ganz bestimmten Stempel aufprägte. Selbst wenn wir hier versuchten, uns im Interesse der Kürze der Darstellung auf das rein Geistesgeschichtliche zu konzentrieren, kommen wir nicht umhin, bei der Schilderung der Anfänge der chinesischen Philosophie mit einigen Worten auf ihren historischen Hintergrund einzugehen. Denn in der Tat ist die starke politische Motivation des aufkeimenden philosophischen Denkens bis in die Terminologie hinein überall gegenwärtig.

Den Anstoß zu einer neuen rationalen Auseinandersetzung mit Welt und Umwelt bildete nämlich die fortschreitende Auflösung des harmonischen Weltbildes der Shang-Zeit, das einst in der Zentralfigur des Königs mit seinen als Helfer figurierenden Priestern und Schamanen die Sphäre des Hier und Jetzt und die Sphäre der Totengeister und Naturgeister zu einer Einheit verbunden hatte. Diese Auflösung begann noch nicht mit der Verdrängung der Shang- durch die Zhou-Dynastie gegen Ende des zweiten vorchristlichen Jahrtausends – obwohl die Anfänge eines distanzierteren Bewußtseins sich schon zu dieser Zeit feststellen lassen –, wohl aber mit dem Verlust der faktischen Herrschaft der Zhou gegen 770 v. Chr. nach der Eroberung ihrer Krondomäne im Westen durch einfallende Barbarenstämme. Bis dahin war das Reich von den Zhou nach den Regeln des Familienfeudalismus regiert worden, d. h. sie verteilten die von ihnen nicht direkt verwalteten Gebiete an Verwandte oder verbündete Familien, die ihnen botmäßig waren. Danach aber, als sie ihr Stammgebiet verloren hatten und als heimatlose Flüchtlinge in einem kleinen Lehen im Osten des Reiches Unterschlupf finden mußten, entstand eine merkwürdig verquere Situation, die im Laufe der Zeit nicht nur zu einer politischen, sondern auch zu einer geistigen Krise führte: Der Verlust der Macht resultierte nämlich nicht, wie beim Untergang der Shang, in der Gründung einer neuen Dynastie, sondern in einer Pattsituation, weil die mächtigsten Feudalherren, die auf den Titel eines neuen Herrschers Anspruch hätten erheben können, sich gegenseitig blockierten. Was sie allein durchzusetzen vermochten, war, sich nacheinander zu sogenannten „Reichsprotektoren" (chin. *bawang* „Machtkönige") aufzuschwingen und als solche den Fortbestand des ohnmächtigen Zhou-Königshauses garantierten, das bald nur mehr eine kultische Funktion – nämlich vor allem den Vollzug der Himmelsopfer – auszufüllen in der Lage war. Auf diese Weise ergab sich von der Spitze her eine eigentümliche Spaltung des gesamten Weltbildes: Auf der einen Seite stand eine Dynastie ohne Macht, aber mit noch weiterbestehender, wenngleich lädierter Legitimation; auf der anderen Seite gab es eine Reihe unterschiedlicher Herrscher ohne Legitimation, aber ausgestattet mit genügender Machtfülle, um wenigstens kurzfristig die Führung des Landes zu übernehmen. Durch diese schizophrene Konstellation erlitt sowohl die Legitimation der Macht als auch die Legitimation des Kultes, die sich vorher gegenseitig gestützt hatten, tiefgreifenden Schaden: Der Kult wurde zur Farce, die Macht zur puren Gewaltherrschaft. Beide verlangten somit unabweisbar nach einer neuen Legitimation.

Diese unhaltbare, sich aber trotzdem über mehr als ein halbes Jahrtausend hin weiterschleppende Situation schuf auch äußerlich die Vorbedingungen für ein zwar chaotisches, aber trotzdem unerhört reges geistiges Leben, das die Periode des 5. bis 3. vorchristlichen Jahrhunderts zur „Ära der Philosophen" werden ließ. Die immer mehr an Schärfe zunehmenden Kämpfe zwischen den ehemaligen Lehnsfürsten der Zhou führten nämlich einerseits zu einer fortschreitenden Dezimierung der einzelnen Fürstentümer und damit zur Freisetzung vieler entwurzelter Adliger, die nun von Hof zu Hof zu ziehen begannen; andererseits bewirkten sie ein gesteigertes Interesse der noch verbliebenen Fürsten an Ratschlägen zur Erringung der Herrschaft über das gesamte Reich, von der sie alle insgeheim auf diese oder jene Weise träumten. Konfuzius (551–479 v. Chr.), der aus einer niederen Adelsfamilie eines bedeutungslos gewordenen Kleinstaates namens Lu (im heutigen Südwest-Shandong) stammte, gehörte ebenfalls zu diesem fluktuierenden Personenkreis, der (wie schon früher erwähnt) freilich nicht nur aus verarmten Adligen und schon gar nicht nur aus Intellektuellen bestand, sondern zu einem Gutteil auch aus heimatlos gewordenen Kriegern und anderen, noch viel weniger ehrenwerten Gesellen.

Konfuzius als „Reformator“

Betrachtet man die Lehre des Konfuzius (des „Meisters Kong“) in seiner Gesamtheit, so fällt es nun allerdings schwer, an ihr auf den ersten Blick irgend etwas so Außergewöhnliches zu entdecken, daß ihr eminenter Einfluß über zweieinhalb Jahrtausende verständlich würde. Das gilt sowohl absolut als auch im Vergleich zu anderen Lehren, die wenig später aufzutauchen begannen und eigentlich jede für sich vielfach ein profilierteres Bild boten. Auch die Tatsache, daß Konfuzius eben der „erste“ chinesische Philosoph war, erklärt zunächst wenig. Denn Spuren philosophischen Denkens lassen sich durchaus schon vor ihm nachweisen; seine „Primogenitur“ beruhte einfach auf seinem Erfolg, den er selbst zwar nicht erlebte, langfristig aber eben doch auf irgendeine Weise begründet hatte. Jedenfalls war er der erste chinesische Philosoph, dem es gelang, eine Schule zu gründen und eine Kette von Anhängern dazu zu inspirieren, seinen Namen und seine Gedanken weiterzutragen.

Das Geheimnis dieses Erfolges trägt bei näherer Betrachtung paradoxe Züge: Es lag einerseits nämlich in der starken Unausgeprägtheit der Lehre oder genauer gesagt darin, daß die Aussprüche des Konfuzius trotz (oder wegen) ihrer Prägnanz so allgemein gehalten waren, daß sie Raum für die verschiedensten Interpretationen ließen; mehr noch aber war das Erfolgsgeheimnis darin zu sehen, daß Konfuzius sich selbst ausdrücklich nicht als Verkünder neuer, sondern bloß als Überlieferer und Erneuerer uralter Wahrheiten bezeichnete. Wie viele andere Reformatoren, so verlieh er seinem Programm dadurch, daß er es gewissermaßen in die Vergangenheit zurückklappte, eine tiefere historische Dimension und zugleich eine schwer anfechtbare Legitimation. Diese Selbsteinschätzung als „Reformator" im eigentlichen Wortsinn – als eines Menschen also, der nur Verschüttetes wieder bewußt machen will – läßt sich bei Konfuzius an verschiedenen Zitaten nachweisen, so etwa an diesen:

> Beschreiben und nicht [selber] machen, treu sein und das Altertum lieben – darin wage ich mich mit alten [Heroen wie] Peng zu vergleichen.[3]

> Ich bin keiner, der mit Weisheit geboren wurde, sondern ich liebe bloß das Altertum und bemühe mich ernstlich, ihm nachzustreben.[4]

Dieses „Altertum", nach dem er strebte und das er wiederzuerwecken suchte, ist jedoch nicht allgemein zu verstehen, sondern als zeitlich genau definiert. Es ist der erste Abschnitt der Zhou-Dynastie zwischen etwa 1050 und 770 v. Chr., als die Macht- und die Kultausübung in der Politik noch nicht in zwei Hälften auseinandergefallen waren. Die Idealfigur unter den Herrschern dieser frühen Zhou-Zeit ist dabei für Konfuzius bezeichnenderweise nicht ein regulärer König, sondern der „Herzog von Zhou" (Zhou gong), der als eine Art Regent oder Ratgeber den jungen Gründungskönig bei seiner Regierungstätigkeit unterstützt hatte. „Mit mir geht es abwärts", soll Konfuzius einmal geäußert haben, „seit langer Zeit habe ich den Herzog von Zhou nicht mehr im Traum gesehen."[5]

Es gibt verschiedene Anzeichen dafür, daß Konfuzius selbst sich mit diesem ungekrönten König (chin. *suwang* „weißer" oder

„reiner König“) identifizierte und damit die Hoffnung verband, genauso wie dieser zu einer „grauen Eminenz“ hinter einem neuen Gründungsherrscher aufzusteigen. Für die Zeit nach ihm läßt sich jedenfalls eine Überlieferung nachweisen, welche behauptete, daß periodisch alle 500 Jahre ein geistiger König, ein geistiger Erneuerer, im Reiche auftrete – so wie eben Konfuzius nach einem halben Jahrtausend auf den Herzog von Zhou gefolgt sei; und es ist immerhin nicht auszuschließen, daß diese Überlieferung schon zu Lebzeiten des Konfuzius bestand. Aus vielen seiner Aussprüche ist jedenfalls herauszulesen, daß er trotz seines bescheidenen Zurücktretens in ein freiwilliges Epigonentum von seiner weltgeschichtlichen Mission überzeugt war. Das wird gerade dort am deutlichsten, wo er an der Tatsächlichkeit dieser Mission gelegentlich zu zweifeln beginnt, darüber in Klagen ausbricht und seinen Hoffnungen Ausdruck verleiht.

Diese eigentümlich zwiespältige Selbsteinschätzung ist wohl auch dafür verantwortlich, daß Konfuzius selbst in den Augen seiner eigenen Schule eher als Kopiator alter Schriften denn als Verfasser eigener neuer auftritt. So soll er namentlich die schon kurz beschriebenen „Klassiker“ in ihre endgültige Form gebracht haben. Darunter befanden sich als für ihn wichtigstes Werk die „Frühlings- und Herbstannalen“ seines Heimatstaates Lu, in die er durch eine besondere Wortwahl sein persönliches Urteil über historische Vorgänge eingebaut haben soll, indem er z. B. beim gewaltsamen Tode eines Fürsten von „Ermordung“ oder von „Hinrichtung“ sprach, je nachdem, ob der Getötete selbst Schuld auf sich geladen hatte oder nicht. Von der eigentlichen Lehre des Konfuzius aber erfahren wir nur aus den Niederschriften seiner Schüler, die in einem Sammelwerk (verschiedener Redaktionen, von denen sich die des Zengzi durchsetzte) auf uns gekommen sind. Dieses Werk trägt den Titel „Gespräche“ (*Lunyu*), und zwar zu Recht; denn in der Tat finden wir hier fast ausschließlich epigrammartige Sprüche des Meisters, die meist durch die Frage eines Schülers provoziert werden. Sie wirken auf uns in der Regel ziemlich hölzern, was nur teilweise an ihrem archaischen Stil liegt. Ebenso dafür verantwortlich ist nämlich der Umstand, daß immer wieder Begriffe, die offenbar allgemein bekannt waren, definiert, einander gegenübergestellt oder zu Gruppen zusammengeschlossen werden. Es wird also nicht eigentlich etwas Neues geschaffen, sondern nur gleichsam Inventur gemacht. Es wird aus alten Trümmern ein neues Ordnungsgefüge aufgebaut, ein Ordnungsgefüge freilich, das als das Ureigentliche ausgegeben wird.

Hier liegt auch der Grund für die enorme Wertschätzung des „Lernens", des „Studierens" (*xue*), die für den Konfuzianismus seither typisch gewesen ist, und zwar eines Lernens, das ausdrücklich dem „Denken" (*si*) als Pendant gegenübergestellt wird. „Lernen ohne zu denken ist sinnlos", lautet eines der Epigramme aus dem Munde des Konfuzius, „aber Denken ohne Lernen ist gefährlich."[6] Und aus seiner eigenen Erfahrung wußte er hinzuzufügen:

Ich habe oft den ganzen Tag nicht gegessen und die ganze Nacht nicht geschlafen, nur um zu denken. Es nützte nichts. Es ist doch besser zu lernen.[7]

Wie sehr diese Einstellung auch mit dem praktischen Lebensbezug zusammenhängt, also mit der Auffassung, daß das „Denken" leicht ins rein Spekulative abgleiten könne, geht aus einer Bemerkung hervor, die Konfuzius machte, als man ihm von einem alten Weisen erzählte, der immer dreimal überlegt habe, ehe er etwas tat: „Wenn er zweimal überlegt hätte, wäre es auch schon gut gewesen"[8], meinte er dazu lakonisch. Diese Praxisnähe mag mit zu dem Erfolg der konfuzianischen Lehre beigetragen haben. Man müsse erst seine Theorien in die Tat umsetzen, ehe man sie zum Maßstab mache, dem andere folgen sollten, sagte Konfuzius einmal an anderer Stelle. Und in die gleiche Richtung geht der eigentümliche, nicht so leicht auflösbare, gerade deshalb interessante Ausspruch:

Der Wissende freut sich am Wasser, der Menschliche am Gebirge. Der Wissende ist in Bewegung, der Menschliche ist in Ruhe. Der Wissende hat Freude, der Menschliche hat langes Leben.[9]

„Menschlichkeit" und „Edler"

Mit dem Ausdruck „Menschlichkeit" (*ren*), der hier (in personalisierter Form) mit dem „Wissen" (*zhi*) kontrastiert wird, ist der konfuzianische Zentralbegriff angesprochen, unter den sich alle anderen konfuzianischen Ideale einordnen lassen. Das Wort ist ursprünglich mit dem Wort „Mensch" (*ren*) absolut identisch und auch in der Schrift erst relativ spät als Abstraktum von dem konkreten Begriff „Mensch" abgehoben (das Zeichen in der Zhou-Inschrift 𡰥 wird zu 仁). In vorkonfuzianischer Zeit (so z. B. im *Shijing*) bedeutete es einfach „freundlich", „menschenfreundlich". Bei Konfuzius aber erhält es plötzlich eine eminente Bedeutung; wenn überhaupt, so können wir hier seine eigentliche schöpferische Leistung ausmachen. Die Entdeckung der „Menschlichkeit" aber war natürlich kein isolierter Vorgang, sondern das Ergebnis eines neuen Menschenbildes – oder besser wohl: der erstmaligen wirklichen Konzipierung eines eigenen Menschenbildes überhaupt.

Bis in die frühe Zhou-Zeit hinein war der Mensch, wie wir gesehen haben, als Wesen weder von dem Bereich der Toten noch von dem der Natur, die beide durch Geister repräsentiert waren, klar abgegrenzt. Der Herrscher stand als Vertreter der Menschheit mit beiden in engster Beziehung und erfüllte in beiden eine wichtige Funktion. Mit der Abspaltung des Kultes von der faktischen Regierung aber verengte sich gewissermaßen das Augenmerk auf die reale Welt: Der Mensch wurde nicht mehr länger als eines unter unzähligen, anthropomorph gedachten, geistbegabten Wesen begriffen, sondern es dämmerte allmählich die Erkenntnis, daß er in der Welt eine exponierte Ausnahmestellung einnehme. Sie verlieh ihm unversehens eine hohe Würde, aber eine ebenso hohe Verantwortung, nicht nur für sich, sondern auch für die gesamte ihn umgebende Welt. Hier lag tatsächlich so etwas wie eine kopernikanische Wende im umgekehrten Sinne vor: Hatte sich der Mensch bis dahin in seinem Denken weitgehend um die Geister der Ahnen und der Natur gedreht, so drehte sich in der neuen Vorstellung nun alles um den Menschen. Konfuzius war vielleicht nicht der eigentliche „Erfinder" dieses Gedankens (denn Ansätze dazu finden sich schon in früheren Werken wie etwa dem *Shujing*), wohl aber dessen machtvollster Vertreter. Die bewußte Ablösung von der Geisterwelt kommt an vielen Stellen im „Buch der Gespräche" zum Ausdruck, am deutlichsten aber vielleicht in der folgenden:

Der Schüler Jilu [d.i. Zilu] fragte nach [dem Wesen] des Dienstes an Geistern und Göttern (*gui shen*). Der Meister antwortete: „Wenn man noch nicht den Menschen dienen kann, wie sollte man da den Geistern dienen können?" [Und als Jilu darauf sagte:] „Darf ich dann nach [dem Wesen] des Todes fragen?" antwortete der Meister: „Wenn man noch nicht das Leben kennt, wie sollte man dann den Tod kennen?"[10]

„Humanismus" und „Aufklärung" gingen also bei Konfuzius Hand in Hand; das Zurücktreten der Geisterwelt erhöhte den Menschen – und zwar im Prinzip jeden Menschen – und verlieh ihm einen naturgegebenen Adel, freilich nur soweit er sich wirklich nach den Regeln der „Menschlichkeit" verhielt. Dieser Gedankengang ist ablesbar an der Umdeutung des Wortes „Fürstensohn" (*junzi*) im Konfuzianismus. Dieser Begriff hatte ursprünglich tatsächlich bloß den Adligen bezeichnet. Er nahm bei Konfuzius aber (vergleichbar mit dem Ausdruck „gentleman") die Bedeutung „Edler" im ethischen Sinne an; sein Gegenbegriff war der „kleine Mensch" (*xiao ren*), der ursprünglich analog den Nichtadligen bezeichnet hatte. In unzähligen Aussprüchen stellte Konfuzius das Verhalten des „Edlen" dem Verhalten des „kleinen Menschen" gegenüber und verlieh ihm dadurch eine völlig neue Definition. Ein Kapitel des „Buchs der Gespräche", das hier ausnahmsweise *keine* Gespräche enthält, schildert aber auch einfach Konfuzius' angebliches Verhalten im täglichen Leben selbst, ein Verhalten, das gleichzeitig leicht als das ideale Verhalten des „Edlen" überhaupt erkennbar ist. Dahinter steckt nichts anderes als abermals ein Hinweis auf den inhärenten

Thronanspruch, den Konfuzius allein durch seine mustergültige Verwirklichung der „Menschlichkeit" gehabt haben sollte.

Der Adelsstand, in den sich jeder Mensch durch sein pures Menschsein emporgehoben fühlen durfte, verlangte nämlich umgekehrt auch nach einer Neudefinierung des wirklich etablierten Adels und nicht zuletzt des Königtums. Die rein charismatische, zunächst nicht weiter spezifizierte, nur an den „Befehl des Himmels" gebundene Legitimation, die wahrscheinlich ganz zu Anfang in einer Art „Gottesgnadentum" bestanden hatte, war ja unter diesen neuen Bedingungen nicht mehr zu halten. Schon vor Konfuzius, mit ihm dann aber immer entschiedener, setzt sich vielmehr die Auffassung durch, daß das himmlische Mandat des Herrschers an besondere moralische Qualitäten gebunden sei, daß also idealiter der moralisch Beste zugleich auch der vom „Himmel" ausgewählte (oder besser vielleicht: spontan begünstigte) König sei. Es brauchte allerdings einige Jahrhunderte, ehe sich diese konfuzianische Auffassung in China völlig durchsetzte, und sie hat in der Folgezeit dann noch die verschiedensten Verwandlungen erfahren. Im Prinzip aber blieb sie bis in die Moderne hinein bestehen und sie beeindruckte sogar noch zutiefst die Vertreter der europäischen Aufklärung, vor allem in Frankreich, wo man schon seit dem 17. Jahrhundert durch Jesuitenmissionare Kunde vom Konfuzianismus erhalten hatte. Die Abwendung vom übernatürlichen Glauben und die Hinwendung zum Humanismus machte Konfuzius für sie zum vielgefeierten Kronzeugen eigener Ideale.

Hierarchie und Ritual

Ebenso charakteristisch wie die hier geschilderten, in gewissem Sinne als progressiv anzusprechenden Züge waren bei Konfuzius jedoch die konservativen, durch die er sich eben als ein *Wieder*erneuerer zu erkennen gab; gerade sie haben sich ja für den Konfuzianismus als besonders typisch eingeprägt. Letztlich lassen sie sich alle auf ein einziges Grundprinzip zurückführen, nämlich auf das Bestreben, die alten Ordnungsgefüge, die genaugenommen durch die neuen Gedanken ja eigentlich obsolet geworden waren, nicht aufzulösen, sondern nach Möglichkeit unangetastet zu lassen. Entweder sollten sie mit neuem Sinn gefüllt werden (der als ihr „ursprünglicher" ausgegeben wurde) oder in ihrer erbaulichen Schönheit per se eine Konservierung erfahren.

Diese Tendenz zeigt sich bereits in der „Füllung", die dem Allgemeinbegriff „Menschlichkeit" durch einen weit aufgefächerten Tugendkatalog zuteil wurde. Er weist nämlich nicht – wie man angesichts des demokratisch anmutenden Menschlichkeitsbegriffs vielleicht glauben könnte – egalistische Merkmale auf, sondern ganz und gar hierarchische. Am deutlichsten wird das an dem in Einzelkomponenten aufgelösten Liebesbegriff, der für die „Menschlichkeit" (die oft auch einfach als „Menschenliebe" übersetzt wird) am wichtigsten war. Als Ausgangspunkt und Kernpunkt wird die „kindliche Pietät" (*xiao*) herausgestellt, die (selbst wenn das von Konfuzius noch nirgends gesagt wird und auch erst viel später als Problem auftaucht) im Gegensatz zur nicht einfach naturgegebenen, aber gerade deshalb eben in besonderem Maße eine menschliche Errungenschaft ist. Auch die übrigen Formen der Liebe, die Liebe zum älteren Bruder (*ti*), die Loyalität zum Fürsten (*zhong*) und die damit korrespondierende herabwirkende Fürsorge des Fürsten (*shu*) haben dieselbe positionsbezogene (und vorwiegend von unten nach oben zeigende) Ausprägung. Die überkommene Hierarchie wurde also nicht etwa gemildert oder gar aufgehoben, sondern lediglich anders, nämlich ethisch, damit aber oft auch auf eine viel angreifbarere Weise begründet. Es ist merkwürdig, daß die im Ansatz verborgene Unaufrichtigkeit, unter der der Konfuzianismus zeit seines Lebens leiden sollte, nicht von seinen eigenen Anhängern von vornherein erkannt wurde. Auf der einen Seite gehörten nämlich zu der Ausstattung des Menschlichkeitsbegriffes auch die Tugenden „Zuverlässigkeit" oder „Ehrlichkeit" (*xin*), „Direktheit" oder „Aufrichtigkeit" (*zhi*; das alte Zeichen zeigt ein Auge und einen geraden Strich 𠃊), und großen Wert legte Konfuzius angeblich auch auf die „Justierung der Begriffe" (*zheng ming*). So soll er einmal darüber geklagt haben, daß ein bestimmtes Bronzegefäß namens *gu* (*kwo) immer noch genauso wie „Kürbis" *gua* (*kwå) ausgesprochen werde (von dem es etymologisch abstammt) und überdies in der Schrift als die Kombination der Bildzeichen für „Kürbis" und „(Trink-)horn" 觚 erscheine (so, als wollten wir darüber klagen, daß unser Bleistift immer noch „Bleistift" heiße, obwohl die Mine nicht mehr aus Blei sei). Auf der anderen Seite aber steht im „Buch der Gespräche" auch eine Anekdote, die ein bezeichnendes Licht auf die konfuzianische Ethik wirft und im modernen China mit *gusto* gegen den Konfuzianismus als ganzes ins Feld geführt wurde:

Der Fürst von She sagte zu Konfuzius: „Bei uns zulande gibt es sehr aufrichtige (*zhi*) Menschen. Wenn der Vater von einem ein Schaf gestohlen hat, so legt der Sohn Zeugnis ab [gegen ihn]." Da sprach Konfuzius: „Bei uns zulande sind die Aufrichtigen anders. Der Vater deckt den Sohn, der Sohn deckt den Vater. Erst darin liegt ihre Aufrichtigkeit."[11]

Die Wahrheitsliebe – und damit, etwas überspitzt ausgedrückt, auch die Wahrheit selbst – mußte also zurücktreten gegenüber anderen Werten, wie hier der Elternliebe. Dasselbe tat sie aber in bezug auf altüberkommene Rituale, die ihre Wurzeln gerade in einem noch vor-humanistischen Weltbild besaßen, das Konfuzius selbst mit aufzulösen am eifrigsten bestrebt war. Sehr sprechend ist hier eine andere Anekdote aus dem „Buch der Gespräche", in der zufälligerweise ebenfalls ein Schaf eine Rolle spielt:

[Der Schüler] Zigong wollte das Schafopfer bei der Zeremonie der Verkündung des Monatsbeginns abschaffen. Da sagte Konfuzius: „Mein lieber Si [d. i. Zigong], Dir tut es leid um das Schaf, mir tut es leid um das Ritual."[12]

Die eher vorsichtig ausweichende als wirklich aufklärerische Haltung, die Konfuzius bei seinen Stellungnahmen zu der Welt der Götter, Geister und Toten einnahm, hatte ihre Ursache unzweifelhaft in diesem „Leidtun" um die damit verbundenen Zeremonien. Bei einer anderen Gelegenheit soll Konfuzius, als er mit dem Spruch „Opfern ist gleich Dasein" und auch mit der dazugehörigen gängigen Interpretation „Götteropfer ist gleich Dasein der Götter" konfrontiert wurde, korrigierend gesagt haben: „Wenn wir nicht [selber] beim Opfer mit dabei sind, ist es gleich keinem Opfer."[13] Auch hier kam es ihm wieder darauf an, das Ritual als solches zu retten, seine Bedeutung aber vom übernatürlichen auf den rein menschlichen Bereich zurückzuverlegen.

Diese merkwürdige Haltung, die von außen betrachtet wiederum etwas Unaufrichtiges an sich hat, da sie ja ein völlig sinnentleertes Ritualsystem aufrechtzuerhalten sucht, gründet sich nicht allein auf nostalgische oder ästhetische Motive. Sie ist vielmehr offensichtlich mit der Überzeugung verbunden, daß es im Ritual im weitesten Sinn – angefangen bei den Essensmanieren bis hin zu einem Gottesdienst, bei dem es im Grunde der Existenz eines Gottes gar nicht bedarf – um mehr geht als um eine reine Äußerlichkeit. Das Benehmen ist für den Menschen, um ein Bild zu gebrauchen, aus dieser Sicht nicht das Kleid, sondern die Haut des Menschen, ohne die er nicht zu leben vermag, und von der aus man auch sehr wohl auf seinen Körper Einfluß nehmen kann. Die Überzeugung, daß jegliche Erziehung und Bildung genauso von außen nach innen wie von innen nach außen laufen müsse, ist sicherlich nicht bloß vom Konfuzianismus, sondern auch von vielen anderen chinesischen Philosophen (und sicherlich auch von Philosophen außerhalb Chinas) vertreten worden. Sie hat aber vielleicht in keiner anderen Weltanschauung eine so hervorragende Rolle gespielt. Das Zeremoniell in Wort und Gebärde konnte sich verselbständigen und über weite Strecken ein Eigenleben führen und blieb doch unauflöslich mit einer bestimmten inneren Grundhaltung verbunden, ob es nun um Fragen der Etikette ging, hinter denen das „Gesicht" nicht selten auf dem Spiele stand, oder um die Trauergebräuche, die am unmittelbarsten ursprünglich religiöse Liturgien weiterführten und deshalb vielleicht eine zentrale Stellung in dem vielfältigen Komplex der chinesischen Rituale einnahmen. Für Europa war dieses offenbar so stark von der Etikette bestimmte konfuzianische China – und nur dieses „offizielle" China lernte man ja ursprünglich kennen – gleichermaßen ein Anlaß der Bewunderung wie der Belustigung: Man begeisterte sich für die vorbildliche Ordnung ebenso wie man sich über das marionettenhaft Gezierte amüsierte, obwohl oder gerade weil das Rokoko, das sich am meisten mit China beschäftigte, sehr viel Verständnis fürs Zeremonielle besaß. In China selbst haben die Daoisten nie aufgehört, die Konfuzianer eben wegen ihres Rituals als automatenhaft dahertrippelnde und agierende Gestalten zu verspotten. Was aber nicht übersehen werden darf, ist die Tatsache, daß der Konfuzianismus seine unglaubliche Lebensfähigkeit nicht zuletzt eben dieser Betonung des Rituals verdankte. Rituale, die ihren ursprünglichen Sinn schon verloren hatten, als Konfuzius sie gleichwohl zu bewahren begann, konnten ihren Sinn, kraß gesagt, gar nicht mehr verlieren, sondern sie trugen ihn einfach in sich. Diese Rituale waren somit vielleicht von Anfang an trockene Hülsen, aber Hülsen, die dennoch einen gewissen Halt verliehen und manchmal eben doch, und erstaunlicherweise immer wieder, zu Kristallisationspunkten für neue Strukturen zu werden vermochten. Und es ist keineswegs sicher, ob die in den letzten hundert Jahren schon so oft als tot vermeldete Lehre des Konfuzius tatsächlich für immer gestorben ist.

IV. Mo Di und seine Nachfolger

Liebe und Sparsamkeit

Ein Hauptcharakteristikum der Lehre des Konfuzius war, wie wir gesehen haben, ihre Ausgewogenheit und Gemessenheit, ihre Vermeidung jeglicher Extreme. Da mit ihr die chinesische Philosophie ja begann, kann man nicht gut sagen, daß sie bestehende Gegensätze im Denken der Zeit auszugleichen versuchte. Die chinesische Philosophie entstand mit Konfuzius tatsächlich aus einer Position der Mitte. Die Reaktionen aber, die diese Anfänge sehr bald hervorriefen, waren gerade aus diesem Grunde alle vom Ansatz her sehr viel radikaler. Soweit sie gegen den Konfuzianismus Front machten – und bis zu einem gewissen Grade mußten sie das alle, weil er ein System von Grundthesen etabliert hatte –, warfen sie ihm denn auch weniger vor, völlig falsche Meinungen zu vertreten, als vielmehr, nicht konsequent genug zu sein. Hinter der Mäßigung entdeckten sie ein Stück Unlauterkeit, die, von der Theorie her betrachtet, im Konfuzianismus ja auch wirklich angelegt ist. Vom praktischen Leben her gesehen, pflegten die Konfuzianer diesen Vorwurf in späteren Diskussionen freilich zurückzureichen, indem sie ihrerseits radikale Konzepte als unehrlich verwarfen, weil sie, eben wegen ihrer Radikalität, letztlich gar nicht zu verwirklichen seien.

Der erste Denker, der dem Konfuzianismus als Gegner erwuchs, nahm an der Gemessenheit des konfuzianischen Liebesbegriffes Anstoß. Es war der Philosoph Mo Di (?479–381), der in China eigentlich erst seit der Mitte des vergangenen Jahrhunderts voll wiederentdeckt wurde und zuerst christlichen Missionaren als eine Art Proto-Christ, progressiven Chinesen später als ein Proto-Sozialist erschien. Letztere konstruierten aus seinem Familiennamen Mo „Tusche“ oder „schwarze Farbe“ sogar die interessante Hypothese, daß Mo Di ein tätowierter Straf- oder Schuldsklave gewesen sei (so daß sein Name eigentlich als „Di, der Tätowierte“ gedeutet werden müsse); nur das mache die Eigentümlichkeit seiner Lehre überhaupt verständlich.

In der Tat hat er alles andere als den eher aristokratischen Ansatz des Konfuzius mit seinem Gentleman-Ideal des moralischen „Edlen“. Auch er griff jedoch bei der Suche nach Kronzeugen für seine Lehre auf das Altertum zurück, aber nicht auf das gewissermaßen „mittlere“ Altertum der früheren Zhou-Zeit wie Konfuzius, sondern auf das älteste (und daher nun wirklich nur noch sagenhafte) Altertum, in dem die Kultur durch „Heilige“ geschaffen worden sein sollte. Auf dieser *tabula rasa* konnte Mo Di ungehindert und (wegen des Nimbus der angeblich zum Vorbild genommenen Urzeit) auch ziemlich unanfechtbar seine Gedanken aufbauen. Es galt nicht mehr, auf irgend etwas Überliefertes Rücksicht zu nehmen, weder auf patriarchalische Familienstrukturen noch auf ein (davon abgeleitetes) Erbkönigtum noch auch auf ein Ritualsystem, um die drei für den Konfuzianismus wichtigsten Vorgaben zu nennen. Mo Di brauchte sich auch nicht in die Lage eines „Herzogs von Zhou“ zurückzuversetzen wie Konfuzius, der eine aus den Fugen geratene Kultur gleichsam wieder zusammenzuleimen versuchte. Er sah sich viel eher in der Lage der Heiligen selbst, die nach, wie Mo Di meinte, rein rationalen Gesichtspunkten die Kultur überhaupt erst schufen, oder, in Mo Dis Falle, in ihrer Rationalität wiederherzustellen hatten.

Die große Entdeckung Mo Dis war der Begriff der „allumfassenden Liebe“ (*jian ai*), der seine ganze Lehre beherrscht ebenso wie der Gedanke der „Menschlichkeit“ jene des Konfuzius. Im Gegensatz zum konfuzianischen gestaffelten Liebesbegriff, der ja für „Liebe“ (soweit man nicht fälschlich einfach *ren* „Menschlichkeit“ damit übersetzt) charakteristischerweise nicht einmal ein einziges Wort besitzt, sollte diese Liebe nicht aus der „kindlichen Pietät“ (*xiao*) entspringen noch überhaupt durch die Familie strukturiert sein. Während die Konfuzianer (wie sie in späteren

Diskussionen häufig darlegten) die Menschenliebe als eine Art Baum sahen, der aus der Kindesliebe zu den Eltern aufkeimte und in seinem weiteren Wachstum dann allmählich immer größere Bereiche der Menschheit – die entfernteren Verwandten, die Bewohner des Heimatdorfes, die Angehörigen des eigenen Landes und schließlich auch die Angehörigen aller anderen Länder, selbst der Barbaren-Länder – mit einschloß, sah Mo Di in dieser Abstufung selbst bereits eine Pervertierung des ursprünglichen, eben von vornherein auf *alle* Menschen gerichteten Liebesgefühls. Denn die angeblich von der Liebe zu den eigenen Eltern erwachsende Liebe sei ja im Grunde, wenn man ihre Wurzel nur um einen Schritt weiterverfolgt, doch nichts anderes als pure Eigenliebe.

Wenn man [dagegen umgekehrt] alle Menschen in der Welt dazu bringen könnte, sich in allumfassender Liebe zusammenzutun und andere ebenso zu lieben wie sich selbst, würden sie dann noch eine pietätlose Einstellung zeigen? ... Wenn man seinen Sohn, seinen jüngeren Bruder oder seine Untertanen wie sich selbst betrachtete, würde man dann noch unfreundlich gegen sie sein? ... Wenn man das Haus anderer wie sein eigenes ansähe, wer würde dann noch stehlen? Und wenn man fremde Personen seinem eigenen Ich gleichstellte, wer würde dann noch Gewalttaten verüben? ... Wenn also in der Welt alle einander liebten, die Staaten sich nicht untereinander bekriegten, keine Diebe und Räuber mehr existierten, Fürsten und Untertanen, Väter und Söhne Liebe und Zuneigung zueinander zeigten, so würde am Ende die ganze Welt in Ruhe und Ordnung sein![14]

Kein Wunder, daß sich christliche Missionare an solcher Rede begeisterten, die ja förmlich die christliche Nächstenliebe zu schildern schien. Sie merkten allerdings auch an, daß diesem Liebesbegriff bei aller Ähnlichkeit doch noch jene „Poesie und Wärme" fehle, die dem christlichen eigen sei. Hinter dieser Bemerkung steckte zwar auch, jedoch nicht nur, ein christlich-abendländischer Chauvinismus, aber sie enthielt auch etwas Wahres. Denn die Begründung für die „allumfassende Liebe" fällt bei Mo Di sehr utilitaristisch und damit ziemlich trocken aus: Sie ist nach seiner Meinung (bzw. nach der der von ihm bemühten alten Heiligen) einfach die für alle Menschen beste Grundlage des Zusammenlebens. Mo Di geht auch bei allen seinen anderen Maximen stets von Nützlichkeitserwägungen aus und hat folgerichtig auch das Wort „Nutzen" (*li*) ins Zentrum seiner Lehre gestellt. Man muß aber seinen Begriff der „allumfassenden Liebe" nicht unbedingt, wie es meist geschieht, auf seinen Begriff des „Nutzens" zurückführen; das Ganze gibt auch umgekehrt einen klaren Sinn. Der Begriff *ai* „Liebe", der im Konfuzianismus überhaupt keinen ethischen Stellenwert besitzt, umfaßt nämlich nicht nur „Liebe" im erotischen Sinn, sondern auch, was hier entscheidend ist, „Liebe" im Sinne von „sparsam", „vorsichtig" oder sogar „geizig mit etwas umgehen". Mit dieser Doppelbedeutung, die auch den „Nutzen" mit einschließt, hat man den Drehpunkt von Mo Dis Lehre im Griff.

Gegen Krieg und Ritual

Die enge Verzahnung von Liebe und Sparsamkeit bei Mo Di kommt am deutlichsten in seinen Schriften gegen den Krieg zum Ausdruck, die in der Konsequenz des Begriffs der „umfassenden Liebe" liegen und sicherlich zu dem Schlagendsten gehören, was für den Pazifismus je geschrieben worden ist. Diese Schriften existieren in verschiedenen, in die gleiche Richtung, aber mit unterschiedlichen Begründungen argumentierenden Versionen, von denen uns die erste eindeutig vorrangig, die zweite nachrangig erscheint, beide aber für Mo Di gleichermaßen wichtig sind. In der ersten Version heißt es z. B.:

Wenn jemand in eines anderen Obst- oder Gemüsegarten eindringt und ihm Pfirsiche und Pflaumen stiehlt, so verurteilen ihn die Leute, wenn sie es erfahren, und die Obrigkeit bestraft ihn, wenn sie seiner habhaft wird. Warum? Weil er andere geschädigt hat, um sich selbst zu nützen. … Läßt jemand sich nun gar dazu hinreißen, einen Unschuldigen zu töten, ihn seiner Kleider und seines Pelzes zu berauben und sich seinen Speer und sein Schwert anzueignen, dann ist seine Ungerechtigkeit noch viel größer, … und die Strafe muß entsprechend härter sein. ... Wenn nun aber die Sache im Großen gemacht und ein Staat angegriffen wird, dann spricht man nicht mehr ein Verdammungsurteil, sondern ist im Gegenteil voll des Lobes und nennt es Gerechtigkeit. Kann man da noch von Recht und Unrecht reden? ... Wenn einer, solange er ein bißchen Schwarzes sieht, es weiß nennt, dann werden wir annehmen, daß er den Unterschied zwischen Schwarz und Weiß überhaupt nicht kennt. ... Und wenn einer geringes Unrecht erkennt und verurteilt, großes Unrecht wie das Bekriegen eines Staates aber nicht, können wir dann noch von ihm behaupten, daß er den Unterschied zwischen Recht und Unrecht kennt? So sehen wir denn, daß die [sogenannten] „Edlen" im Reiche das Unterscheidungsvermögen zwischen Recht und Unrecht verloren haben.[15]

In der zweiten, für uns wohl weniger attraktiven Version heißt es dagegen unter anderem:

Berechnen wir, was ein Heer alles verlangt: Bambuspfeile, Wimpel, Standarten, Zelte, Panzer und Schilde, die [am Ende] zahllos umhergeworfen, geraubt, zerbrochen und verschleudert werden und auf Nimmerwiedersehen verschwinden! Dazu kommen Lanzen, Hellebarden, Speere, Schwerter und Kriegswagen, die in riesiger Zahl hinausgehen, zerhauen und zersplittert werden und nie wieder zurückkehren. Pferde und Ochsen werden wohlgenährt hinausgetrieben und kehren abgemagert heim, wenn sie nicht zahllos überhaupt in den Tod gehen und niemals wiederkehren. ... Zahllose Heere verlieren den größten Teil der Mannschaft, und sehr viele werden vollständig aufgerieben. Groß ist auch die Zahl der Geister, deren Verehrer getötet werden. Was bezweckt die Regierung damit, daß sie das Volk in dieser Weise des Nötigsten beraubt und ihm alle Vorteile nimmt? Sie antwortet: „Wir streben nach Siegesruhm und wollen Vorteile erringen. Deswegen handeln wir so." Meister Mo Di aber entgegnet dem: „Was man erobert, ist nicht zu gebrauchen, und was man erwirbt, ist nicht soviel wert wie das, was man verliert."[16]

In der ersten Argumentationskette steht unverkennbar der ethische Aspekt der „umfassenden Liebe" im Vordergrund, in der zweiten der utilitaristische, beide zusammen aber werden für Mo Di erst zu einem vollgültigen Beweis für seine Sache. Wie sehr auch er, mehr noch sogar als Konfuzius, darüber hinaus auch die praktische Seite seines pazifistischen Anliegens im Auge behielt, geht aus der auf den ersten Blick etwas irritierenden Tatsache hervor, daß sich in seinen Schriften umfangreiche Kapitel über die militärische Abwehrtechnik – also Anweisungen über den Mauerbau, die Abwehr von Sturmwagen, von Leitern, von unterirdisch vorgetriebenen Stollen etc. – finden. Seine Idee war dabei, die kriegerische Abwehrtechnik so machtvoll zu entfalten, daß dadurch jeder Krieg für den Angreifer zu einem aussichtslosen Unterfangen würde – ein, wie man wohl betrübt feststellen muß, von vornherein aussichtsloser Versuch. Immerhin wurde damit aber Mo Di für China auch zum ersten Gelehrten, der das Naturwissenschaftliche trotz gleichzeitiger Betonung humanistischer Werte in sein System einbezog und zugleich auch der Arbeit im ganz handfesten Sinn einen hohen Wert zumaß.

Diese, wenn man will, utilitaristische Praxisnähe Mo Dis steht in scharfem Gegensatz zum konfuzianischen Wertsystem, das sich ja nicht zuletzt in der Betonung des Rituals niederschlug. Es ist daher in gewissem Sinne folgerichtig, daß Mo Di gerade gegen das Ritual entschieden Front machte, auch hier wieder vor allem aus ökonomischen Gründen. Mit puritanisch anmutender Strenge wettert er gegen den sinnlosen Aufwand an Menschen und Material bei den von Konfuzius so sehr geliebten Bräuchen, vor allem wenn es um Begräbnisfeiern geht, die in der Tat ja auch heute noch in Ostasien nicht selten ein Vermögen verschlingen. Auch gegen die Musik, die im Konfuzianismus einen wichtigen Platz im Rahmen des Rituals einnahm, brachte er Einwände vor. In seinen antikonfuzianischen Schriften erscheinen die Konfuzianer förmlich als pompliebende Nichtstuer, die dem Volk das Geld aus den Taschen ziehen. Diese ritualfeindliche Haltung der Mohisten ist um so erstaunlicher, als Mo Di, wenigstens nach außen hin, fest an die Existenz von Geistern und eines an ihrer Spitze stehenden, persönlich waltenden und richtenden „Himmels" glaubte, in dieser Hinsicht also tatsächlich auf vorkonfuzianische Glaubensvorstellungen zurückgriff. Während Konfuzius das Ritual erhalten wollte, auch wenn es keinen metaphysischen Bezug mehr hatte, versuchte Mo Di also einen solchen metaphysischen Bezug zu konservieren oder wiedereinzuführen und gleichzeitig das Ritual dafür bis auf einige rudimentäre Elemente abzuschaffen. Auch hier dachte er ökonomisch: Das Bewußtsein, allüberall von Geistern umgeben zu sein und vom Himmel stets mit Lohn und Strafe bedacht zu werden, schien ihm die beste Gewähr für die Einhaltung moralischer Grundregeln zu sein, ebenso wie er umgekehrt immer den alles nivellierenden Glauben an ein vorbestimmtes Schicksal zu bekämpfen suchte, da er seines Erachtens die persönliche Bemühung des einzelnen unterminierte. Bei den späten Mohisten trat der Glaube an übernatürliche Wesen dann allerdings immer mehr in den Hintergrund.

Rhetorik und Logik

Im Gegensatz zu der in etwas inkohärenter Weise von Schülern überlieferten Lehrmeinung des Konfuzius liegt die von Mo Di in einem übersichtlich angelegten, nach dem Inhaltsverzeichnis zu urteilen allerdings nicht mehr ganz vollständigen Gesamtkorpus vor. Er ist letzten Endes die Leistung nicht nur von Mo Di allein (der freilich, anders als Konfuzius, zumindest Teile dieses Korpus selbst geschrieben zu haben scheint), sondern auch seiner straff organisierten, über 200 Jahre nach seinem Tod noch tätigen Schule. Da Mo Di bewußt nicht, wie die Konfuzianer, auf die natürlich gewachsene Familienorganisation zurückgreifen mochte, um so die damit bereits vorgegebenen aristokratischen Hierarchien zu vermeiden, baute er eine Art Kaderorganisation auf, die eher an dem Muster einer militärischen Gleichheitsidee orientiert war, mit einem gewählten Leiter (*juzi* „Großmann") an der Spitze, der nach Mo Dis Tod seine Führungsfunktion ausübte. Zu den Aufgaben der Kaderausbildung gehörte nicht zuletzt ein intensives Training in der Rhetorik, das der Verteidigung der Lehre dienen sollte. Ihm ist auch die wohlüberlegte Gliederung der Schriften des Mo Di zu verdanken, in denen es regelmäßig, wie schon im Zusammenhang mit den pazifistischen Kapiteln erwähnt, parallel angelegte, „synoptische" Schriften gab, die ganz offenbar das Ziel verfolgten, im Hinblick auf den jeweiligen Gegner die eigene Position auf einer anderen Ebene zu verteidigen.

Im Laufe etwa eines Jahrhunderts baute die Schule des Mo Di, von diesen Anfängen ausgehend, ihre ganze philosophische Lehre mit der Idee der „umfassenden Liebe" im Kern zu einem bis ins letzte durchkonstruierten ethischen Gedankensystem aus, in dem jeder einzelne Begriff präzise definiert, mit anderen, ähnlichen oder kontrastierenden in Beziehung gesetzt und, was das wichtigste war, auch in seinen verschiedenen Anwendungsformen und Funktionen durchexerziert wurde. Die Definitionen, die wir in konfuzianischen Schriften finden, verblassen demgegenüber zu höchst schwammigen und wolkigen Gebilden. Die einschlägigen Kapitel in dem mohistischen Gesamtwerk sind nur sehr unvollständig und zudem höchst fehlerhaft überliefert aus dem einfachen Grunde, weil sie von der Nachwelt nach dem Versickern der mohistischen Tradition gar nicht mehr verstanden wurden. Erst in den 1960er Jahren hat sich eine ganze Phalanx von ostasiatischen und auch einigen westlichen Sinologen (wobei unter den letzteren der britische Sinologe A. C. Graham besondere Erwähnung verdient) mit diesen Texten herumgeschlagen, sie – teilweise recht kühn – rekonstruiert und ihnen ihren ursprünglichen Sinn wieder entlockt. Es fällt auf, daß diese Texte auch eine Entwicklung in ihrer Problemstellung und Problemlösung zeigen, daß sie mit höchster Wahrscheinlichkeit also selbst aus verschiedenen Perioden stammen. In den älteren Textschichten (d. h. in dem „Kanon" und den „Erklärungen" dazu) kreisen die Überlegungen noch vornehmlich um die Frage, wie die verschiedenen „Realitäten" (*shi*) mit „Namen", d. h. „Begriffen" (*ming*), verbunden werden sollen und – in einem zweiten Schritt – inwieweit eine solche Verbindung prinzipiell überhaupt besteht. Konfuzius hatte sich ja ebenfalls, aber auf eine viel naivere Weise, mit der „Richtigstellung von Begriffen" beschäftigt, wie seine Klage über die graphisch als „Trinkhorn-Kürbis" bezeichnete Bronzeschale (S. 61) beweist, daneben aber auch seine in vielen Aussprüchen erkennbare Neigung zum Definieren überhaupt. Auch die Mohisten definierten in ihren älteren Texten Einzelbegriffe, mit

Vergnügen auch konfuzianische, die dadurch natürlich plötzlich eine ganz andere, eben mohistische Färbung erhielten, so z. B.: „‚Menschlichkeit' (*ren*) ist ‚individuelle Liebe'"[17] (*ti ai* im Gegensatz zur „allumfassenden Liebe"), „‚Rechtlichkeit' (*yi*) ist ‚nützen' (*li*)", oder „‚Kindliche Pietät' (*xiao*) ist ‚den Eltern nützen'"[18] (*li qin*).

Viel wichtiger aber war die prinzipielle Frage nach der Natur des Wechselverhältnisses zwischen „Realitäten" und „Namen". Diese Frage beschäftigte in der damaligen Zeit auf diese oder jene Weise auch andere Philosophen, nur die Mohisten aber machten sich ernstlich an ihre Lösung. Weder postulierten sie einfach die durchgängige Existenz eines solchen Wechselverhältnisses, um dann auf dieser Grundlage auftauchende Brüche als Verfallserscheinungen zu diffamieren, noch nahmen sie solche Brüche zum Anlaß, die Existenz eines Wechselverhältnisses überhaupt zu leugnen. Vielmehr begannen sie auf höchst subtile Art zu differenzieren, eine Leistung, die angesichts der geringen Präzision der Sprache besondere Bewunderung abnötigt.

„Namen" und „Realitäten" müssen nicht unbedingt aufeinander passen. Wenn [man sagt]: „Dieser Stein hier ist weiß", und er wird auseinandergebrochen, so gilt für alle [seine Teile] die Aussage „weiß" gleichermaßen [weiter]. Wenn man aber sagt: „Dieser Stein ist groß", [und er wird auseinandergebrochen] so gilt die Aussage „groß" nicht für [alle seine Teile] gleichermaßen [weiter]. Außer in den Fällen, wo man mit der Benennung ein Maß oder eine Zahl zum Ausdruck bringt, ist [die „Realität"] dem Namen [immer noch] entsprechend, auch wenn man [den betreffenden Gegenstand] auseinandergebrochen hat.[19]

Mit Hilfe einer großen Zahl von Beispielen verdeutlichten die Mohisten auf diese Weise, daß Realitäten nur innerhalb ihrer eigenen Klasse verglichen und daß Aussagen über sie ebenfalls nur auf gleiche Klassen übertragen werden dürfen – eine Unterscheidung, die die Sprache zwar manchmal ebenfalls, keineswegs jedoch immer trifft (und das Chinesische, wie wir hinzufügen dürfen, eben sogar relativ selten). Andersherum ausgedrückt: Die gleiche Oberflächenstruktur zweier Sätze sagt also noch nichts über ihre Gültigkeit aus. Der eine kann stimmen, der andere nicht, wenn ihre Aussage unterschiedlichen Klassen angehört. In mühevoller Kleinarbeit stießen die Mohisten so – die in dieser Hinsicht weitgehend hilflose chinesische Sprache gewissermaßen transzendierend – bis zur klaren Unterscheidung von Substantien und Akzidentien vor (ohne freilich analoge Termini aufzustellen). Hinter all dieser Mühe stand nicht mehr allein das Motiv, im Wortstreit mit weltanschaulichen Gegnern die Oberhand zu gewinnen, sondern zumindest in einzelnen Bereichen etwas spezieller auch die Absicht, die „allumfassende Liebe" für sich selbst und für die eigene Schule zu begründen. Schwierigkeiten ergaben sich nämlich zum einen aus dem Problem des Infiniten, an das der Begriff des „Allumfassenden" rührte. Konkreter gesagt: Konnte man von „allumfassender Liebe" sprechen, ohne „alle Menschen" überhaupt zu kennen, ohne also zu wissen, was es hier zu lieben galt? Zum anderen ergab sich das Problem der Ausnahmen, denn die Mohisten kannten eine sehr strenge Gerichtsbarkeit mit Todesurteilen. Diese Ausnahmen aber mußten, um den Begriff des „Allumfassenden" nicht aufzulösen, durch Einführung von differenzierenden Bedeutungsklassen ausgegrenzt werden, was eben logische Unterscheidungen anregte. Wie die Argumentation hier lief, zeigt die folgende Stelle aus den mohistischen Schriften:

Räuber sind Menschen. Aber zu viele Räuber haben, heißt nicht, zu viele Menschen haben. Räuber lieben heißt nicht, Menschen lieben. Räuber töten heißt nicht, Menschen töten.

Diese Passage ist aber nur Teil eines recht langen, mit vielen Beispielen aus anderen Sphären gespickten Kapitels (betitelt *Xiao qu* „Nehmen des Kleinen"), das relativ gut überliefert ist und u. a. einen Aufriß von verschiedenen Aussagemöglichkeiten gibt. In dem im folgenden zitierten Auszug sind die Beispiele der besseren Klarheit wegen, anders als im chinesischen Text, immer gleich an die Beschreibung der Aussagemöglichkeit angehängt:

[Aussagen über] Dinge können so sein,
[1] daß sie definitorisch richtig (*shi*) sind und auch funktionsmäßig stimmen (*ran*), z. B.: Ein weißes Pferd ist ein Pferd; ein weißes Pferd reiten ist [auch] „so seiend" ein Pferd reiten.
[2] daß sie definitorisch richtig sind, aber funktionsmäßig nicht stimmen, z. B.: Ein Boot ist Holz; aber: ein Boot besteigen ist nicht Holz besteigen. (Unter mehreren anderen Beispielen findet sich hier auch das bereits zitierte über die Räuber.)
[3] daß sie definitorisch unrichtig (*bu shi*) sind, aber funktionsmäßig stimmen, z. B.: Bücherlesen ist nicht Bücher, aber Bücherlesen lieben ist Bücher lieben.
[4] daß sie im einen Falle umfassend gelten, im anderen nicht. Die Aussage z. B.: „Er liebt die Menschen" erwartet von dem Betreffenden, daß er alle Menschen liebt; erst dann „liebt er die Menschen". Die Aussage dagegen: „Er liebt die Menschen nicht" erwartet von dem Betreffenden nicht, daß er überhaupt keinen Menschen liebt, sondern, weil er sie nicht alle liebt, ist er eben einer, der „die Menschen nicht liebt".
[5] daß sie im einen Falle richtig sind, im anderen Falle falsch, z. B.: Bewohnt man [ein Haus] in einem Land, so wohnt man in dem Land; aber: besitzt man ein Haus in einem Land, so besitzt man nicht das Land.[20]

So bewunderungswürdig die logischen Unterscheidungen der Mohisten gewesen sein mögen (die zwar nicht mit Mo Di selbst gleichgesetzt werden dürfen, wohl aber aus seiner auf „Nutzen" ausgerichteten Grundeinstellung mit einer gewissen inneren Konsequenz hervorgingen), so sehr blieben sie doch nach außen hin in zunehmendem Maße wirkungslos und trugen wahrscheinlich sogar zu dem letztlichen Mißerfolg der Schule des Mo Di in nicht unerheblichem Maße bei. Selbst wenn sie in der Diskussion wohl alle ihre Gegner überwanden, erwiesen sich die Mohisten eher als „übertrainiert" und isolierten sich dadurch mit ihren einsamen Fertigkeiten selbst. Erst als man in China die westliche Logik kennenzulernen begann, zuerst durch die Übersetzung von John Stuart Mills *System of Logic* (nur erste Hälfte, publ. 1902, übers. von Yen Fu), glaubte man zu ahnen, welche Möglichkeiten China vielleicht mit der Vernachlässigung der mohistischen Lehre verpaßt hatte. Denn schien es nicht tatsächlich so, als wären in Mo Dis Lehre all jene Eigenschaften vereinigt gewesen, die das moderne westliche Denken aus chinesischer Sicht ausmachten: die utilitaristische Grundgesinnung und zugleich doch auch die „umfassende Menschenliebe", die sich im Christentum ebenso ausdrückte wie im Sozialismus; der religiöse Glaube an einen Gott im Himmel mit den ihn unterstützenden Geistern, und doch auch wieder das Interesse für technische Dinge, zu dem letzten Endes eben auch der Ansatz zur Logik gehörte? Diese Gleichsetzungen waren zwar etwas fragwürdig, weil sie eher Ergebnisse als Ursachen miteinander verglichen; aber sie enthielten vielleicht auch ein Körnchen Wahrheit. Nur wäre eben ein stärkeres Hervortreten der mohistischen Lehre, die ein eigentümlich erratisches Moment in der chinesischen Geistesgeschichte bildet, ohne eine totale Umgestaltung oder gar Auflösung aller anderen großen philosophischen Systeme Chinas kaum vorstellbar gewesen. Und dafür fehlte ihr eben doch die nötige Kraft, da sie genaugenommen zwei vorgegebenen Grundmächten in China zuwiderlief: dem Familiensystem und der Struktur der Sprache – nicht zu reden von jenen Mächten, die sich für den Krieg stark machten.

V. Die Daoisten und ihre Vorläufer

Hedonisten und Quietisten

Mo Di und seine Anhänger hatten die ethischen Verpflichtungen des einzelnen gegenüber der Gesellschaft, die die Konfuzianer in konzentrischen Kreisen von der Familie allmählich auf die Menschheit als ganzes ausdehnten, ohne eine solche Differenzierung gleich von vornherein auf alle Menschen übertragen und von dort aus auch ihre pazifistischen Forderungen abgeleitet. Und sie hatten im Sprachlichen nicht nur den Wert von Definitionen bei der Formulierung philosophischer Gedanken entdeckt wie Konfuzius (bei dem die „Richtigstellung der Begriffe" noch die Eierschalen magischen Denkens mit sich herumträgt), sondern sie hatten die Argumentation zu einem vollendeten Instrument ausgebaut, das freilich am Ende nur noch von ihnen allein gehandhabt und daher auch nur noch von ihnen selbst wirklich geschätzt werden konnte. In vieler Hinsicht führten die Mohisten also die Denkansätze der Konfuzianer in einer bestimmten Richtung bis zu ihrer letzten Konsequenz weiter; sie waren „Radikalkonfuzianer", was freilich insofern einen Widerspruch in sich selbst darstellt, als die Einhaltung eines „Mittelweges" immer gerade das Typische am Konfuzianismus gewesen ist.

Es gab aber durchaus auch Geistesströmungen, denen der konfuzianische Eifer grundsätzlich bereits viel zu weit ging. Sie waren zunächst einmal von recht verschiedener Art; denn die „Verweigerung" gegenüber diesen plötzlich von Konfuzius in die Welt gesetzten moralischen Ansprüchen von Staat, Gesellschaft und einer mehr oder weniger fiktiven „Menschheit" konnte ja unterschiedlich artikuliert werden. Phänomenologisch sind diese Reaktionen alle „älter" als der Konfuzianismus, formuliert wurden sie aber erst lange nach seinem ersten Auftreten. Insofern ist es verständlich, daß die Schriften dieser „Verweigerer", unter denen hier im allgemeinsten Sinne die „Daoisten" angesprochen sein sollen, von der chinesischen Tradition zeitlich teilweise vor den konfuzianischen eingeordnet wurden, obwohl sie sich sprachlich und gedanklich eindeutig als wesentlich später ausweisen.

Eine Strömung, die augenscheinlich bereits vor Konfuzius existierte und möglicherweise religiöse Konnotationen besaß (die hier nicht weiter verfolgt werden können), aber eigentlich erst durch den Konfuzianismus bewußt wurde, war die des „Quietismus". Unter diesem etwas unscharfen (von A. Waley übernommenen) Ausdruck ist eine Art Einsiedlerideologie zu verstehen, die davon ausgeht, daß jede Einflußnahme auf die Gesellschaft, ja auf die Welt überhaupt, von Übel sei. Alles Tun sei letzten Endes ein Verderben des Natürlichen und aus diesem Grunde zugleich Beunruhigung und Befleckung. Schon im „Buch der Gespräche" des Konfuzius, und zwar durchaus auch in den ältesten Teilen, finden sich verschiedentlich Hinweise auf diese Grundhaltung, die von Konfuzius auch durchaus nicht abgelehnt, sondern eher einfach „stehengelassen" wird. Mit ihr verbunden waren gelegentlich bestimmte Meditationsübungen, die den Körper still und starr wie zu „dürrem Holz" oder „toter Asche" werden ließen, um mit den Worten zu reden, die wir darüber in älteren daoistischen Texten finden. (Der *terminus technicus* für Meditation ist *zuo wang* „sitzen in Vergessenheit".) Der Gedanke, Reinheit und Kraft der Person durch innerliche und äußerliche Ruhe bewahren zu können, bestand also schon vor der Ausformulierung einer daoistischen Lehre, selbst wenn er dann zu einer ihrer wichtigsten Komponenten werden sollte.

Eine andere, ebenfalls alte verwandte, aber davon abzuhebende Strömung war die hedonistische (um wieder einen griffigen Terminus zu gebrauchen). Sie wandte sich nicht so sehr gegen die gesellschaftliche Aktivität als vielmehr gegen die gesellschaftliche Verplanung des Menschen. Anders als der mehr anonyme Quietismus verband sich der Hedonismus mit einem Namen, nämlich mit dem des Philosophen Yang Zhu (ca. Anfang 4. Jh. v. Chr.). Von diesem zweifellos historischen Philosophen sind allerdings nur noch einige Kernsätze überliefert, während längere Ausführungen über seine Lehre, die wir in dem daoistischen Text Liezi finden, (wie dieser Text selbst) erst vom Ende des 3. Jahrhunderts *nach* Chr. stammen. Diese Kernsätze lassen aber immerhin erkennen, daß es Yang Zhu, wie den chinesischen Hedonisten überhaupt, darauf ankam, das ohnehin viel zu kurze individuelle Leben einerseits voll auszuleben, andererseits es für nichts und niemanden aufzuopfern. Die einschlägigen Begriffe für diese beiden Maximen sind *quansheng*, das „Unversehrterhalten des Lebens", und *wei wo*, das „Für-Mich-[Prinzip]". Beide umschreiben im Grunde dieselbe Sache, nämlich das Ziel, sich durch keinen von außen herangetragenen Grund von der (modern gesprochen) eigenen Selbstverwirklichung abhalten zu lassen. Der berühmteste, sicherlich originäre Ausdruck von Yang Zhu war, daß er nicht bereit sei, auch nur „ein einziges seiner Haare herzugeben, selbst wenn so die ganze Welt gerettet werden könnte".[21] Dieser Spruch wurde wahrscheinlich deswegen weiterüberliefert, weil er mit seiner extremen Aussage auch und gerade den Gegnern Yang Zhus zupaß kam. In Wirklichkeit wissen wir jedoch nichts über seine ursprüngliche Begründung, und selbst die spätere in dem gerade erwähnten Text aus dem 3. Jahrhundert n. Chr. vorgebrachte Begründung ist sehr zurückhaltend und vernünftig, obwohl diese spätere geistesgeschichtliche Periode sonst eher provozierende Ausdrucksweisen liebte. Sie verweist nämlich darauf, daß die Devise „kein Haar für die Welt!" lediglich ein *principiis obsta* darstelle; gehe man davon ab, so würde man bald gezwungen werden, sehr viel mehr für sehr viel weniger herzugeben. Es ist interessant festzustellen, daß Yang Zhu und Mo Di schon früh als die Exponenten der zwei Extrempositionen beiderseits des Konfuzianismus erkannt wurden; in den Reden des Konfuzianers Menzius (von dem noch zu sprechen sein wird) werden sie des öfteren als die beiden in sich konträren Erzhäretiker erwähnt, die den Konfuzianismus von zwei entgegengesetzten Positionen aus bekämpften.

Sophisten von zweierlei Couleur

Die Mohisten und in geringerem Maße auch die Konfuzianer hatten sich jedoch nicht nur auf dem Gebiet der Ethik, sondern auch auf dem der Logik mit Widersachern auseinanderzusetzen, die ebenfalls in mancher Hinsicht als Vorläufer der Daoisten betrachtet werden können. Es waren das die „Sophisten“, chinesische Angehörige der „Namens- (oder Begriffs-) Schule“ (*mingjia*, hanzeitlicher Ausdruck). Weil sie zu dem insgesamt ja kleinen Kreis von Philosophen gehörten, die sich überhaupt mit Fragen der Logik beschäftigten (und mit diesen auch die Allgemeinbezeichnung „Dialektiker“ *bianzhe* teilten), wurden sie manchmal in die Nähe der bereits behandelten späteren Mohisten gerückt oder gar mit ihnen gleichgesetzt. In Wirklichkeit hatten sie mit diesen jedoch allenfalls die Probleme gemein, die durch gewisse Schlagworte angesprochen wurden, nicht aber die Lösungen; und selbst innerhalb der „Namensschule“ gab es noch zwei scharf voneinander abgegrenzte Richtungen. Was die Vertreter der „Namensschule“ prinzipiell von denen der späteren Mo Di-Schule unterschied, war, daß sie nicht die Kluft zwischen Sprache und Wirklichkeit zu überbrücken suchten (was die Mohisten ja durch ihre fortwährende Bildung von Analogiengruppen erreichen wollten), sondern daß sie umgekehrt nicht müde wurden, diese Kluft immer wieder aufzuzeigen, um nicht zu sagen: aufzureißen.

Der Tradition nach stammten die Sophisten von dem Rechtsgelehrten Deng Xizi ab, der nicht nur einen Gesetzeskodex (den „Bambuskodex“ *zhuxing*) verfaßte, sondern auch so erfolgreich als Anwalt arbeitete, daß er seine Klienten nach Belieben durch die Prozesse brachte, auch wenn sie durchaus schuldig waren. Weil dadurch der Staat angeblich in Unordnung geriet, soll er von der Obrigkeit 501 v. Chr. kurzerhand hingerichtet worden sein. Am engsten in seiner Nachfolge steht der Sophist Gongsun Long (ca. 320–250 v. Chr.), der wohl der bekannteste aller Vertreter dieser Richtung ist. Berühmt, fast im Sinne eines Warenzeichens, war sein Ausspruch: „Ein weißes Pferd ist kein Pferd", eine Behauptung, die er der Legende nach aufgestellt haben soll, als er den Bestimmungen gemäß beim Passieren eines Passes für den Schimmel, den er ritt, Wegezoll entrichten sollte. In Wirklichkeit war diese paradox erscheinende Behauptung für ihn jedoch bloß der Einstieg in eine feinsinnige Differenzierung zwischen Begriffen und Realitäten. Der Traktat über das weiße Pferd ist in Dialogform gehalten: Ein anonymer Frager gibt Gongsun Long das Stichwort:

[Frage:] „Ein weißes Pferd ist kein Pferd – kann man das [wirklich sagen]?" Antwort: „Allerdings." Frage: „Und inwiefern?" Antwort: „‚Pferd' bezeichnet die Gestalt, ‚Weiß' bezeichnet die Farbe. Was die Farbe bezeichnet, ist nicht das, was die Gestalt bezeichnet. Deshalb gilt: Ein weißes Pferd ist kein Pferd." Frage: „Aus Pferden, die eine Farbe haben, macht Ihr also ‚kein Pferd'. Auf der Welt gibt es aber überhaupt kein Pferd ohne Farbe. [Demnach] gäbe es auf der Welt gar keine Pferde [mehr] – kann man das [wirklich sagen]?" ... Antwort: „‚Pferd' noch nicht mit ‚Weiß' verbunden ist ‚Pferd', ‚Weiß' noch nicht mit ‚Pferd' verbunden ist ‚Weiß'. Wenn aber ‚Pferd' und ‚Weiß' verbunden werden, so ergibt sich der Doppelbegriff ‚weißes Pferd'. Das Verbundene jedoch mit dem Nichtverbundenen zu bezeichnen, ist unzulässig."[22]

Der Dialog geht noch weiter, fördert aber keine grundsätzlich neuen Argumente mehr zutage. Worauf es jedoch ankommt, wird bereits ganz deutlich: nämlich die große Sprachabhängigkeit dieser sophistischen Überlegungen. In westlichen Sprachen wirkt die Behauptung Gongsun Longs ziemlich an den Haaren herbeigezogen, weil „Pferd" und „weiß" bei uns eben grammatikalisch zwei völlig verschiedenen Wortkategorien angehören. Im Chinesischen aber, das keine Wortklassen kennt, wirkt der diskutierte Satz grammatikalisch tatsächlich genauso wie: „Pferd" *und* „Weiß" ist „Pferd", und damit ebenso „falsch" wie: „Pferd" und „Rind" ist „Pferd". Die Differenzierung zwischen Substantiv und Adjektiv, die uns die Sprache bereits als Vorgabe leistet, mußte in China erst mühevoll errungen werden. Die späteren Mohisten taten das, indem sie einfach in der Sprache nicht enthaltene Regeln sekundär für sich postulierten. Die Sophisten vom Schlage eines Gongsun Long hingegen ließen diese Regellosigkeit bewußt stehen, ohne dabei aber, wie man ihnen oft vorgeworfen hat, wirklich destruktiv zu sein.

In einem anderen berühmten Traktat namens „Über Bedeutungen und Dinge“ (*Zhiwu lun*) beschäftigt sich Gongsun Long wieder einmal, wie so viele seiner Zeitgenossen, mit dem Verhältnis von Begrifflichkeiten und Realitäten und führt dabei das kniffIige Wort „Bedeutung“ (*zhi*, Grundbedeutung: „Finger“, „zeigen“) ein. Er führt darin (auf eine sophistisch etwas künstlich verdrehte Weise) aus, daß zwar alle „Bedeutungen“ auf „Dinge“ verweisen, daß aber bei Aussagen im Grunde nur „Bedeutungen“ anderen „Bedeutungen“ zugeordnet oder (bei negativen Aussagen) nicht zugeordnet werden, und nicht etwa reale „Dinge“ bestimmten „Bedeutungen“. Es ist also beispielsweise nicht das Rind selbst, das nicht die „Bedeutung“ Pferd hat, sondern erst die „Bedeutung“ Rind. Das Denken spaltet sich also zunächst einmal auf, einerseits in das Wahrnehmen der realen Dinge und andererseits in das prinzipiell ungebundene Hantieren mit ihren „Bedeutungen“, und genauso spaltet sich das ganze Sein in eine Real- und eine Denkebene. Gongsun Long aber bleibt bei dieser Beobachtung nicht stehen. Vielmehr weist er selbst darauf hin, daß „die Welt“, sozusagen nach Konvention, Verknüpfungen (*jian*) zwischen den realen „Dingen“ und den „Bedeutungen“ vornehme, die die Konsequenz hätten, daß reale Dinge *verbunden* mit Bedeutungen dann in der Tat auf der Denkebene bedeutungsmäßig festgelegt seien. Anders ausgedrückt: Weder von einem realen Rind allein noch von der Bedeutung (d. h. dem Begriff oder Wort) „Rind“ allein kann man sagen, daß es sich nicht der Bedeutung „Pferd“ zuordnen ließe; sondern es ist das reale Rind (konventionell) verbunden mit der Bedeutung „Rind“, die sich nicht mehr der Bedeutung „Pferd“ zuordnen läßt.

Neben den paradoxen Sätzen des Gongsun Long, die eigenständig sind und in langen Diskursen verteidigt werden, gibt es – verstreut über sehr unterschiedliche, meist aber daoistische Texte –

noch ganz andere, epigrammartige Paradoxe, bei denen die Erklärung fehlt. Sicherlich ist die Erklärung bei manchen von ihnen verlorengegangen, bei manchen scheint jedoch eher eine Erklärung (wie bei einem absurden Witz) gerade nicht beabsichtigt gewesen, sondern als Ziel eher angestrebt worden zu sein, den Geist zu zwingen, die Verstandesebene zu transzendieren. Exemplarisch für solche Paradoxa sind diejenigen des Sophisten Hui Shi (ca. 380–300), der etwa ein Menschenalter vor Gongsun Long wirkte. Während wir bei Gongsun Long den Zug zum Trennen, Unterscheiden, Differenzieren finden, der eben bis zum Haarspalterischen geht, begegnet uns bei Hui Shi das genaue Gegenteil: die (um es der chinesischen Tradition nach zu formulieren) „Vereinigung von Gleichem und Verschiedenem" (*he tong yi*) z. B.:

Der Himmel ist so niedrig wie die Erde; Berge sind so glatt wie Moore. Das Zentrum der Welt liegt nördlich des [nördlichsten] Staates Yan und südlich des [südlichsten] Staates Yue.

Heute gehe ich nach Yue und bin gestern dort angekommen.

Die Sonne am Zenith ist die untergehende Sonne; das Wesen, das geboren wird, ist das Wesen, das stirbt.[23]

Es ist offensichtlich, daß es bei diesen Aussagen nicht eigentlich mehr um Fragen der Sprachlogik geht, sondern um rein philosophische Fragen. Einige der angeblichen „Paradoxe", die in einer Reihe mit den soeben zitierten aufgeführt werden, tragen diesen Namen denn auch überhaupt zu Unrecht. So z. B.:

Das Allergrößte hat kein Außen; es heißt das „große Einzige". Das Allerkleinste hat kein Innen; es heißt das „kleine Einzige".

[Festzustellen], daß Gleichheiten im großen und Unterschiede im kleinen [bestehen], das heißt: „kleine Unterscheidung". [Festzustellen], daß alle Dinge gleich und alle Dinge auch ungleich sind, das heißt: „große Unterscheidung".

Ich liebe überfließend (*fan ai*) alle Dinge. Himmel und Erde sind ein einziger Körper.[24]

Hui Shi versucht also durch seine Paradoxe oder Schein-Paradoxe, das Denken zu erhöhen und ihm Würde und Größe auch durch eine überbegriffliche Zielrichtung zu verleihen. Gongsun Long dagegen, dessen Argumentation so viel spielerischer wirkt, bemüht sich, das Denken durch das Verstehen der inneren Zusammenhänge zu befreien (wie das „Spiel" ja immer mit „Freiheit" verbunden ist). Beide waren, obwohl selbst keine Daoisten, jeder für sich für den Ausgangspunkt des daoistischen Denkens und damit indirekt auch noch für seine späteren Entwicklungen maßgebend, selbst wenn dieser bestimmende Einfluß nicht immer offen zutage liegt.

Zhuangzi

Vier Komponenten also – Hedonismus und Quietismus, die die Fesselung des Menschen in ethischer Hinsicht, und die beiden Formen der Sophistenschule, die die Fesselung des Menschen in sprachlich-begrifflicher Hinsicht zu verhindern suchten – waren an der Herausbildung des Daoismus als des Pendants zum Konfuzianismus beteiligt. Hinzu trat als fünfte, aber weniger spezifische Komponente die von allen chinesischen Weltanschauungen akzeptierte Grundauffassung von einer dualistischen Teilung der Welt in eine Sphäre des weiblichen Yin und des männlichen Yang, wie sie sich im „Buch der Wandlungen" niedergeschlagen hatte. Die Anfänge des Daoismus sind demnach auch viel schwieriger faßbar als die des Konfuzianismus oder des Mohismus. Der Daoismus ist wie ein Negativabzug aktiverer Schulen allmählich hervorgetreten. Es gibt weder historisch klar umrissene Gründerfiguren noch eine fest etablierte Schule, und auch die Urtexte sind noch um einiges schwerer zu definieren als die konfuzianischen Klassiker. Der in seinen ältesten Teilen früheste daoistische Text, das Buch *Zhuangzi*, enthält Schriften, die etwa in der Periode zwischen der Mitte des 4. und dem Anfang des 2. Jahrhunderts v. Chr., wenn nicht noch später, entstanden sind. Sein vorgeblicher Autor, nach dem es seinen Namen bekam, Zhuangzi „Meister Zhuang" oder genauer Zhuang Zhou, war eine um etwa 350 v. Chr. wirkende historische Figur, von der allerdings kaum etwas Nennenswertes bekannt ist. Es erscheint jedoch als einigermaßen gesichert, daß er große Teile des Buches wirklich geschrieben hat. Dafür spricht gerade ihre in dieser Form wahrhaftig einmalige Sprachgewalt, Bildhaftigkeit und ironische Wandlungsfähigkeit; Zhuangzi und seine Nachahmer, die sich in dem Buch verewigt haben, waren fast mehr noch Dichter als Philosophen. Gerade deshalb aber ist es um so komplizierter, so etwas wie eine klar definierbare „Lehre" aus dem Buch herauszudestillieren. Es besteht aus Anekdoten, Gesprächen sowie aus allegorischen Geschichten, in denen (für China unerhört) immer wieder philosophische Eigenschaften oder gar Begriffe Gestalt annehmen und miteinander sprechen. Das Buch ist in Aufbau und Aussage denkbar unsystematisch, aber (man ist versucht zu sagen: gerade deshalb) von einer unmittelbar überzeugenden Weisheit. So wirkt es fast wie eine Vergewaltigung, den Text von irgendeiner Seite aus systematisch aufzurollen, selbst wenn das, um ihn zu schildern, dennoch letztlich eben unvermeidlich ist.

Eine Zentralidee Zhuangzis ist die Überzeugung von einer „unveränderlichen Einheit, die die sich ständig verändernde Pluralität der Dinge durchgreift, gleichzeitig aber jede Form von Leben und Bewegung verursacht" (Waley). Er veranschaulicht diesen Gedanken u. a. am Bild eines Sturms, der über die Landschaft braust und allen Ecken und Höhlungen je nach ihrer Gestalt ein anderes Heulen und Pfeifen entlockt, ohne jedoch selbst sichtbar in Erscheinung zu treten. Diese bewegende und Leben verleihende Kraft ist – selbst wenn wir in den älteren Teilen des Buches noch keine solche direkte Gleichsetzung finden – das „Dao", ein Kernbegriff der chinesischen Philosophie, den die nach ihm benannten „Daoisten" erst relativ spät okkupierten. In der alten Schriftform finden wir die Kombination von „Kopf" und „Weg" (bzw. „Kreuzung" 道), und da das Zeichen bzw. Wort auch graphisch und lautlich zu dem Wort „führen" (導) in Beziehung steht, mag das

Schriftzeichen auch ursprünglich für das Wort „führen" benutzt worden sein. Der Begriff wurde schon im Konfuzianismus gebraucht, dort aber eher pluralistisch im Sinne der – jeweils verschiedenen – Aufgabe, die dem einzelnen in seinem Leben gestellt ist. Erst im Daoismus macht der Begriff jedoch – nach einigen allerdings schon früheren Ansätzen, vor allem in dem unter dem Namen des Staatsmannes Guan Zhong (7. Jh. v. Chr.) laufenden Text *Guanzi*, auf den in seiner ganzen Komplexität hier jedoch nicht eingegangen werden kann – eine Drehung in dem Sinne durch, daß er nicht mehr den „Weg" bedeutete, den jedes Wesen für sich zu gehen hat, sondern eine einheitliche „Führungs- und Lebenskraft", die alle Dinge gemeinsam durchpulst.

Was bei Zhuangzi jedoch zunächst herausgearbeitet wird, ist die sich aus dem letztlich entscheidenden, einheitlichen Wirken dieser Urkraft ergebende Gleichheit und – was nur dieselbe Sache von einer anderen Seite aus betrachtet ist – die Relativität aller Dinge. Im Bereich der Sprache und der Logik führt das für Zhuangzi zu einer skeptischen Einstellung, die sicherlich durch die Lehren der Sophisten angeregt, nicht aber mit ihnen identisch war:

Angenommen ich disputiere mit dir, und du besiegst mich: Hast du nun wirklich recht? Oder aber ich besiege dich: Hab ich nun wirklich recht? Hat einer von uns recht und einer unrecht, oder haben wir beide recht oder beide unrecht? Wir beide können das nicht wissen, und wen sollte man hinzuziehen, um zu entscheiden? ... Richtig (*shi*) ist nicht richtig, stimmig (*ran*) ist nicht stimmig. Wenn richtig wirklich richtig wäre, so würde es sich von unrichtig so deutlich unterscheiden, daß es keiner Disputation mehr bedürfte, und das gleiche gilt für stimmig. ... So vergiß denn die Jahre, vergiß die Interpretationen (*yi*), wirf dich ins Grenzenlose, auf daß du hausen kannst im Grenzenlosen![25]

Gleichheit und Relativität entdeckt Zhuangzi nicht nur bei allen Aussagen, sondern auch in der Wirklichkeit; selbst Wachsein und Träumen können austauschbar werden. Gleichzeitig kommt Zhuangzi jedoch alles Große und Unverplanbare der brausenden Urkraft irgendwie kongenialer und daher höherwertiger vor. Er illustriert das mit der Beschreibung des gewaltigen Fluges, der den Riesenvogel Peng zum Himmel führt, einer kleinen Wachtel aber, die emsig ihr winziges Revier abfliegt, nur ein verständnisloses, mißbilligendes Staunen abnötigt; oder mit der Beschreibung eines Riesenbaumes, der mit seinem Holz aber so krumm und verwachsen ist, daß er für nichts taugt und eben deshalb zu seiner vollen Riesenhaftigkeit gedeihen konnte. Nur das Festhalten an Zwecklosigkeit garantiert Langlebigkeit und Unversehrtheit.

Auf der anderen Seite gehören die zahlreichen Stellen, in denen Zhuangzi umgekehrt gerade von Kranken, Krüppeln und von Sterbenden spricht und an ihnen die Relativität von Tod und Leben und auch die darin eingeschlossene Möglichkeit der Todesüberwindung aufzeigt, zu den eindrucksvollsten des ganzen Buches. Eine lautet so:

Vier Männer sprachen zueinander: „Wer es vermag, das Nichttun zum Kopf, das Leben zum Körper und das Sterben zum Schwanz zu machen und somit erkannt hat, daß Tod und Leben einen einzigen Körper bilden, der soll unser Freund sein!" Sie sahen sich gegenseitig an, lachten und waren seither Freunde. Nach einer Weile wurde einer von ihnen, Ziyu, krank, und ein anderer, Zisi, ging hin, ihn zu besuchen. „Wahrlich, der Schöpfer ist groß", sagte der Kranke, „schau, wie er mich zugerichtet hat: Mein Rücken ist so krumm, daß meine Gedärme ganz oben liegen ... und meine Körperfunktionen alle durcheinander sind. ... Und er schleppte sich zu einem Brunnen, worin er sich sehen konnte, und rief abermals: „Ach, wie der Schöpfer mich zugerichtet hat!" „Hast du Angst?" fragte sein Freund Zisi. „Nein", erwiderte Ziyu, „was habe ich schon zu fürchten? Bald werde ich aufgelöst werden. Meine linke Schulter wird ein Hahn werden, der den Morgen ankündigt, meine rechte Schulter eine Armbrust, mit der ich mir Enten jagen kann zum Braten. Mein Hintern wird ein Räderpaar abgeben, und mit meiner Seele als Pferd davor werde ich so in meinem eigenen Wagen daherfahren, was brauche ich da noch sonst? Ich erhielt das Leben, weil es meine Zeit war, und ich nehme jetzt Abschied davon nach demselben Gesetz. Zufrieden mit diesem natürlichen Ablauf berühren mich weder Freude noch Kummer. Ich hänge nur gerade, wie es im Altertum hieß, in der Luft, unfähig mich selbst zu befreien, gebunden durch die Fäden der Dinge. Aber die Dinge sind seit eh und je dem Himmel [auf die Dauer] unterlegen. Warum sollte ich da Angst haben?"[26]

Den Gleichmut, den Ziyu gegenüber dem Sterben zeigt, bezieht er aus der rückhaltlosen, ja ekstatischen Annahme der Auflösung, die nur eine Veränderung der Form, nicht aber einen Verlust des Seins bedeutet, das eben in der Urkraft des Dao begründet ist. „Der Unwissende weiß nicht", heißt es an einer anderen Stelle in dem Buch, „daß, solange er kleine Dinge, wie gut auch immer, in größeren versteckt, sie immer verlorengehen können. Doch wenn man das All im All versteckt, hat es keinen Platz mehr verlorenzugehen."[27] So ist eben auch der daoistische Weise, wenn er den Kosmos seiner Person mit dem Kosmos des Alls gleichzusetzen vermag, gegen die Schrecken des Todes gefeit.

Diese Haltung setzt gegenüber dem Wirken der Natur, hinter der das Dao steht, eine völlig ergebene, ja man möchte beinahe sagen: vegetative Einstellung voraus. Und tatsächlich finden wir bei Zhuangzi an prominentem Platz (am Ende des 1. Abschnitts des 1. Kapitels) auch den lapidaren Ausspruch: „Der höchste Mensch hat kein Selbst, der geistige Mensch hat keine Leistung, der heilige Mensch hat keinen Namen."[28] Diese drei, hier daoistisch definierten Typen von Idealmenschen entstammen terminologisch an sich einem nichtdaoistischen (teilweise konfuzianischen) Vokabular und sollten gerade damit natürlich in den daoistischen Bereich eingebracht werden. Der originär daoistische Idealmensch dagegen hieß bezeichnenderweise der „wahre Mensch" (*zhenren*). Damit war der natürliche, ursprüngliche, unverbildete Mensch gemeint, an dem nichts „gemacht" ist, eben weil er dem „Nichttun" (*wu wei*) huldigt, dem unbewußten, nicht zielgerichteten Handeln. Aus konfuzianischer Sicht mochte sich solch ein „Naturmensch" vielleicht einfach als ein Wilder ausnehmen, aus daoistischer Sicht aber erschien er in ausgewogener Weise sowohl dem Menschen als auch der Natur verpflichtet. In einem langen Abschnitt heißt es darüber bei Zhuangzi:

Zu erkennen, was die Natur (wörtl. Himmel) vollbringt, und [zugleich auch] zu erkennen, was der Mensch vollbringt, das ist höchste [Erkenntnis]. Die Erkenntnis des Wirkens der Natur wird durch die Natur erzeugt, die Erkenntnis des menschlichen Wirkens dadurch, daß man das Erkennbare erkennt und sich vom Unerkennbaren nähren läßt. Seine Lebensjahre zu vollenden und nicht auf halbem Wege zu sterben, das ist die Fülle der Erkenntnis. Indessen, es gibt hier eine Schwierigkeit: Die Erkenntnis hängt von etwas ab außer ihr, um sich als richtig zu erweisen. Da nun aber gerade das, wovon sie abhängig ist, ungewiß bleibt, woher kann man dann wissen, ob das, was wir Natur nennen, nicht menschlich ist, und das, was ich Mensch nenne, nicht in Wirklichkeit naturzugehörig? Es bedarf eben des „wahren Menschen", ehe es wahre Erkenntnis geben kann. Was aber ist unter einem „wahren Menschen" zu verstehen? ... Nun, (es folgt eine lange Erklärung, in der es u. a. heißt:) die wahren Menschen der Vorzeit kannten nicht die Lust am Geborensein noch den Abscheu vorm Sterben. ... Gelassen gingen sie, gelassen kamen sie. ... So beeinträchtigten sie nicht durch ihre Bewußtheit das Dao und suchten nicht durch ihr Menschentum der Natur zu helfen. So wurde ihr Herz fest, ihr Antlitz unbewegt und ihre Stirne einfach-heiter. Waren sie kühl, so war es wie die Kühle des Herbstes, waren sie warm, so war es wie die Wärme des Frühlings. Allen Wesen begegneten sie, wie es ihnen entsprach, und niemand konnte ihr Letztes durchschauen. ... Darum / gilt für die wahren Menschen / : Was sie lieben ist eines; was sie nicht lieben, ist auch eines. Womit sie sich eins fühlen, ist eines, womit sie sich nicht eins fühlen, ist auch eines. Wo sie sich eins fühlen, sind sie Gefährten der Natur, wo sie sich nicht eins fühlen, sind sie Gefährten der Menschen. Darin also, daß sich Natürliches und Menschliches bei ihnen die Waage hält, erweisen sie sich als „wahre Menschen".[29]

Der daoistische Idealmensch löst sich also nicht unbedingt aus der Gesellschaft, aber er empfindet sich ihr weniger eng verbunden als der Natur, nach deren Gesetzen er auf ebenso unpersönliche und ausbalancierte Weise handelt wie eben der Frühlingswind. Die späteren Teile des Buches *Zhuangzi* haben diese Grundgedanken Zhuangzis, die hier mit den Begriffen Einheit, Relativität, Spontaneität und Ichaufgabe nur andeutungsweise umschrieben sind, mit geradezu überschäumender Phantasie und gelegentlich mit umwerfendem Humor weitergesponnen. Der Daoismus enthielt so eine ungemein lebendige, einem fruchtbaren Ursumpf nicht unähnliche, weich verformbare Grundlage, aus dem die bizarrsten poetischen Gebilde entstehen konnten, ebenso aber klar durchkonstruierte Lehren, die dem Daoismus allmählich auch eine systematischere Form verliehen.

Laozi und das Daode jing

Eine solche systematischere Form besaß die andere der beiden großen alten daoistischen Schriften, das *Daode jing,* das „Buch vom Weg und von der Tugend". Obwohl es zweifellos jünger ist als die ältesten Teile des Buches *Zhuangzi,* wurde es von der chinesischen Tradition in eine frühere Periode eingeordnet; in den späteren Hinzufügungen zum Buch *Zhuangzi* taucht denn auch der angebliche Verfasser des *Daode jing,* Laozi, bereits verschiedentlich auf. Hinter diesem unverbindlichen Namen – er bedeutet nichts anderes als „alter Meister" – kann sich natürlich jede beliebige Persönlichkeit verstecken. Durch das Epitheton „alter" wurde aber von vornherein der Anspruch erhoben, daß er der eigentliche Urvater des Daoismus sein sollte. Wer immer dieser Laozi gewesen ist (falls bei ihm überhaupt ein historischer Kern existiert) – ein solcher Urvater und der Verfasser des *Daode jing* zugleich kann er nicht gewesen sein. Eine andere Frage ist, ob es einen wirklichen „Verfasser" des *Daode jing* gegeben hat. Sie muß man wohl eher mit ja beantworten; denn in der späten ersten Hälfte des 3. vorchristlichen Jahrhunderts muß es eine konkrete, wenngleich historisch nicht wirklich faßbare Persönlichkeit gegeben haben, die unter Verwendung älteren, oft gereimten Materials das Buch kompiliert oder ihm jedenfalls eine letzte, (im Gegensatz zum *Zhuangzi*-Text) relativ einheitliche Form gegeben hat. Vom Inhaltlichen her könnte man meinen, daß diese Persönlichkeit aus dem Ausland stammte; denn der Text wendet sich zumindest teilweise auch an den Fürsten und gibt, anders als das Buch *Zhuangzi,* Anweisungen zum Regieren.

In der heutigen Form besteht das – mit gut 5000 Zeichen erstaunlich kurze – Buch aus 81 Kapitelchen. Die Einteilung genügt damit einer heiligen Zahl (9x9 bzw. 3^4). Im übrigen sieht sie eine Halbierung in zwei Bändchen vor, von denen das eine mehr vom *Dao,* das andere mehr vom *De* handelt. Aber abgesehen davon, daß in beiden Teilen beide Termini eine Rolle spielen, scheinen die beiden Bände, nach neueren Textfunden in Gräbern aus dem 2. Jahrhundert v.Chr. zu urteilen, gelegentlich auch vertauscht worden zu sein. Die 81 Kapitelchen erwecken den Eindruck, als ob in jedem von ihnen ein einziger Gedanke abgehandelt werde. In Wirklichkeit handelt es sich aber bei dem Inhalt des Buches um knapp 200 Kernsätze und Merksprüche (ohne irgendwelche Dialoge, Geschichten oder Anekdoten), die eben einfach über 81 Abschnitte verteilt werden. Die erwähnten jüngeren Textfunde haben bisher keine umstürzend neuen Versionen zutage gefördert, selbst wenn hier (wie auch schon in den vor längerer Zeit entdeckten Texten) manchmal inhaltlich bedeutsame Varianten stehen (so z.B., wenn statt des Wortes *wang*, „König", das Wort *sheng*, „Leben", auftaucht).[30]

Die relative Kürze des Buches und seine vielen mysteriösen Passagen haben in China schon sehr früh zu den verschiedensten Kommentaren angeregt und im Westen zu zahlreichen, z.T. sehr laienhaften Übersetzungen (heute ca. 200–300!), die häufig nur Paraphrasen darstellen und damit, ähnlich wie manche chinesischen Kommentare, das Buch nur als Aufhänger für völlig selbständige Ideen benutzten.

Der Gegensatz zwischen dem Buch *Zhuangzi* und dem *Daode jing* hat schon früh die Chinesen selbst beschäftigt. So finden wir am Ende des Buches *Zhuangzi* eine nicht uninteressante Charakterisierung von beiden:

Unfaßbar weit und ohne Form, sich ändernd und wandelnd ohne Beständigkeit, Tod und Leben vereinend, Himmel und Erde verbindend, für göttliche Erleuchtung erreichbar – aber wohin geht es, selbstvergessen, worauf trifft es, unversehens? – die Zehntausend Dinge verbindend, so daß man sich nichts [besonderem] mehr zuzuwenden vermag: Darin bestand die *eine* Lehre vom *Dao* im Altertum. Zhuangzi hörte von dieser Art und hatte seine Freude daran. Und mit merkwürdig-ausgreifenden Reden, mit wild überwuchernden Worten, mit unergründlich-grenzenlosen Sprüchen ließ er sich treiben in der Zeit ohne Gefährten und schaute, ohne sich zu halten an [feste] Perspektiven. Die Welt erachtete er für versunken im Trüben, so daß man ihr mit klaren Worten nicht beikommen könne. ... [Auf der anderen Seite aber gab es da die Vorstellung], den Urgrund für das Reine zu halten und die Dinge als seine Vergröberungen, angehäuften Reichtum als Mangel zu betrachten und in stiller Heiterkeit allein in göttlicher Erleuchtung zu hausen: Darin bestand die *andere* Lehre vom *Dao* im Altertum.... Laozi hörte von dieser Art und hatte seine Freude daran. Er errichtete [ein System] aus dem ewigen Nichtsein und Sein und stellte an seine Spitze die Große Einheit. Sanfte Schwäche und hingebungsvolle Bescheidenheit machte er zu dem äußeren Merkmal [seiner Lehre], Leerheit und Nichtverderben der Zehntausend Wesen zu ihrem wirklichen Kern.[31]

Man könnte dieser (wohl aus dem 2. oder 1. vorchristlichen Jahrhundert stammenden) Beschreibung noch hinzufügen, daß Zhuangzi mehr hedonistische, Laozi mehr quietistische Akzente in seiner Lehre setzte. Bei Laozi findet sich auch ein stärkerer Einfluß der dualistischen Yin-Yang-Philosophie und damit von vornherein ein deutlicherer theoretischer Unterbau. Auch ist das *Daode jing* bereits ziemlich polemisch; ein zunehmend streitbarer Ton ist ja typisch für die Entwicklung des chinesischen Denkens im Zeitalter der Philosophen zwischen dem 6. und 3. vorchristlichen Jahrhundert. Aus diesem Grunde ist das *Daode jing* aber auch mehr mit der Herausarbeitung von Gegensätzen befaßt als das Buch *Zhuangzi*, das ja die Gleichheit, Relativität und stete Veränderung aller Dinge beschrieb. Im *Daode jing* lesen wir denn auch die erste mühevolle Definition des *Dao*, des „Weges“:

Da ist ein Wesen, aus Trübem gemacht, entstanden vor Himmel und Erde. So trüb, so leer, steht es allein ohne Veränderung, geht es im Kreise ohne Gefährdung. Man kann es nennen die Mutter der Welt. Wir wissen seinen Namen nicht und so bezeichnen wir es mit „Weg“. Will man es mit Gewalt benennen, so heißt man es „groß“. „Groß-sein“ heißt: „fortgehend“; „fortgehend“ heißt „fernsein“, „fernsein“ heißt „wiederkommend“. Deshalb: Der „Weg“ ist groß, der Himmel ist groß, die Erde ist groß, und auch der König ist groß. In den Grenzen [des Alls] gibt es [diese] Vier Großen, und der König befindet sich unter ihnen. Der Mensch hat als Gesetz die Erde, die Erde hat als Gesetz den Himmel, der Himmel hat als Gesetz den „Weg“, und der „Weg“ hat als Gesetz das Selber-so-Sein.[32]

Hier erscheint der „Weg“ als dem Himmel und der Erde vorangehend. Betrachten wir jedoch das (nach der üblichen Anordnung) berühmte erste Kapitel des Buches, so erscheint er auch als der Ursprung von Sein und Nichtsein:

Der „Weg“, den man als „Weg“ [bezeichnen] kann, ist nicht der ewige „Weg“, [denn] der Name, den man nennen kann, ist nicht der ewige Name. Was namenlos ist, ist der Anfang von Himmel und Erde, was Namen hat, ist die Mutter der Zehntausend Dinge. Deshalb: Durch das ewige Nichtwollen erblickt man sein Geheimnis, durch das ewige Wollen erblickt man seine Konturen. Diese beiden gehen aus dem Gleichen hervor, aber haben verschiedene Namen. Gemeinsam benannt heißen sie Dunkles (*xuan*). Des Dunklen noch größeres Dunkle aber ist das Tor aller Geheimnisse.[33]

An anderer Stelle heißt es entsprechend: „Die Welt und die Zehntausend Dinge entstehen aus dem Sein, das Sein [aber] entsteht aus dem Nichtsein.“[34] Alles Seiende entspringt also aus dem Sein, das Sein wiederum aus dem Nichtsein. Beiden voraus geht aber eine als „Uranfang“ bezeichnete Konstellation, in der Sein und Nichtsein enthalten sind, hinter der wiederum – schwer davon trennbar – noch der „uranfänglichere“ Uranfang steht, unter dem wir uns wohl das *Dao*, den „Weg“ vorstellen dürfen. In diese Richtung weist auch der Anfang der folgenden, allerdings etwas arg schematisierten und dadurch für die verschiedensten Interpretationen offenen Stelle:

Der „Weg“ erzeugte die Eins, die Eins erzeugte die Zwei, die Zwei erzeugte die Drei, die Drei erzeugte die Zehntausend Dinge. Die Zehntausend Dinge tragen hinten auf dem Rücken das dunkle Yin und vor sich in den Armen das helle Yang und vereinigen sie mit ihrer brodelnden Lebensessenz (*qi*).[35]

Die Begriffe „Sein“ und „Nichtsein“, die korrekt eigentlich zunächst mit „Haben“ und „Nicht-haben“ übersetzt werden müßten, wurden vom *Daode jing* erstmals als philosophische Begriffe systematisch problematisiert. Eine gewisse Verständnisschwierigkeit liegt darin, daß einerseits Sein und Nichtsein (ebenso wie die an sich unabhängig davon konzipierten, aber doch ein wenig in Parallele dazu stehenden Begriffe Yang und Yin) zwar als beide aus dem „Weg" entstanden – und damit eigentlich als gleichwertig – begriffen wurden, daß aber andererseits das Nichtsein (ebenso wie das dunkle Yin) logisch (und in gewissem Sinne auch chronologisch) dem Sein (bzw. dem hellen Yang) vorausgeht. Das Nichtsein (ebenso wie das Yin mit allen ihm eigenen „weiblichen" Charakteristika) steht dadurch dem „Weg" prinzipiell näher, und zwar in einem solchen Maße, daß es in den Grenzbereichen mit dem „Weg" selbst zu verschwimmen beginnt. Manche Eigenschaften, die sich mit dem Nichtsein und dem Yin verbinden, werden unmittelbar auf den „Weg" übertragen: auf der einen Seite seine Undefinierbarkeit, Leerheit und Flüchtigkeit, auf der anderen Seite seine Milde, Schwäche, Unscheinbarkeit und Zurückhaltung.

Auf ethischem Gebiet ist Laozis Daoismus den Moralvorstellungen der Konfuzianer und Mohisten natürlich genauso entgegengesetzt wie der Daoismus Zhuangzis. Im Gegensatz zu Zhuangzi, der seine Aussagen immer wieder relativiert, finden wir im *Daode jing* jedoch Verhaltensregeln für den Menschen im allgemeinen und den Herrscher – den „Großen" in der Welt – im besonderen. Dieses Verhalten wird beschrieben als eine Nachahmung des „Weges" oder vielleicht besser: als ein Wirkenlassen des „Weges" in der eigenen Persönlichkeit. Für diese Einstellung führt das *Daode jing* den Begriff *De* „Tugend" ein, der ja den zweiten Bestandteil des Buchtitels und auch das Thema des zweiten Bandes des Buches ausmacht. Das Wort, das in der alten Schriftform so 德 aussieht und ein Auge mit einem geraden Strich davor (einer Art „Bannstrahl") und „Herz" (das wir schon bei der konfuzianischen „Aufrichtigkeit", *zhi* 直 kennengelernt haben) zeigt (in einer Variante zusätzlich noch „Fuß", jedoch unsicher), hatte ursprünglich die Bedeutung „bannen" (von bösem Zauber etc.) und erhielt, davon abgeleitet, die Bedeutung „Zauberkraft", „geistige Kraft" und dann im Rahmen der moralischen Umwertung aller Werte im Konfuzianismus die Bedeutung „Tugend". Im *Daode jing* schimmert die alte magisch-charismatische Bedeutung aber noch deutlich durch. Das erste Kapitelchen im zweiten Bändchen, das ein bißchen an das erste, schon zitierte Kapitel des ersten Bändchens anklingt, in dem vom „ewigen Weg" die Rede war, verdeutlicht das mit seiner Schilderung von *de* und seiner Kontrastierung mit den konfuzianischen Tugenden:

Höhere „Tugend" weiß von Tugend nicht, daher hat sie Tugend. Niedere Tugend läßt nicht von Tugend, daher hat sie keine Tugend. Höhere Tugend handelt nicht und hat nichts, wofür sie handelte. Niedere Tugend handelt und hat [auch] etwas, wofür sie handelt. Höhere Menschlichkeit handelt zwar [bereits], aber hat [noch] nichts, wofür sie handelte. Höhere Rechtlichkeit handelt und hat [auch] etwas, wofür sie handelt. Höhere Höflichkeit (Ritual) [schließlich] handelt [ebenfalls], doch wenn man ihr nicht folgt, so krempelt sie die Ärmel hoch um anzugreifen. Deshalb: Verliert man den „Weg", so hat man die „Tugend"; verliert man die „Tugend", so hat man die Menschlichkeit; verliert man die Menschlichkeit, so hat man die Rechtlichkeit, verliert man die Rechtlichkeit, so hat man die Höflichkeit (das Ritual). Wahrhaftig aber, die Höflichkeit (das Ritual) ist nur noch die Verkümmerung von Zuverlässigkeit und Treue und der Anfang der Rebellion, ebenso wie vorausberechnendes Kalkül nur noch der Abglanz des Weges ist und der Ursprung der Dummheit. Aus diesem Grund wohnt der große erwachsene Mann im Vollen und haust nicht im Kümmerlichen, wohnt im Wirklichen und haust nicht im Abglanz.[36]

Für Gesellschaft und Politik ergibt sich daraus die Forderung nach einer Art anarchistischen Ordnung mit kleinen Gemeinwesen, in denen man, wie Laozi an einer berühmten Stelle sagt, zwar die Hähne des Nachbardorfes krähen und die Hunde von dort bellen hört, aber niemand mehr das Bedürfnis verspürt, Besuche abzustatten, so daß die Wagen und Schiffe verfaulen und die Wege verwehen. „Gebt auf die Weisheit, werft weg das Wissen", heißt es an einer anderen Stelle im *Daode jing*, „und der Nutzen des Volkes wird hundertfach sein! Gebt auf die Menschlichkeit, werft weg die Rechtlichkeit, und das Volk wird zurückkehren zu Pietät und Freundlichkeit! Werft weg die Kunstfertigkeit, gebt auf den Gewinn, und Räuber und Diebe werden verschwinden!"[37] Denn es sind gerade diese so typisch menschlichen Errungenschaften, die den Menschen auch in seinem sozialen Leben zugrunde richten. „Himmel und Erde (also die Natur)", meint das *Daode jing*, „sind nicht ‚menschlich', für sie sind die Zehntausend Dinge wie ‚stroherne Hunde'. Und [deshalb] ist auch der heilige Mensch nicht ‚menschlich', für ihn sind die ‚Hundert Familien' wie ‚stroherne Hunde'."[38] Auch für Laozi verhält sich also der Idealmensch, der hier nur mit dem konfuzianisch gestimmten Ausdruck „heiliger Mensch" bezeichnet wird, der eher auch an eine Herrscherfigur denken läßt als an den „wahren Menschen" bei Zhuangzi (der im *Daode jing* nicht auftritt), auf eine etwas unpersönliche Weise wie eben alle nicht menschlichen Dinge und Wesen in der Natur. Gerade dadurch aber erst bringt er die Welt zur vollen Entfaltung.

Der Daoismus mit seinen beiden Wurzeln in den Büchern *Zhuangzi* und *Daode jing* verkündete also, wie wir zusammenfassend sagen können, die große Gegenthese zum Konfuzianismus, nicht nur in dieser frühen Periode, sondern in der gesamten nachfolgenden Zeit. Um das zu behaupten, müssen wir freilich den Ausdruck „Daoismus" sehr weit fassen und auch Teile seiner (hier nicht zu behandelnden) religiösen Entwicklung und seiner späteren buddhistischen Mischformen mit einbeziehen. Wesentlich ist jedenfalls, daß die chinesische Philosophie als ganze durch die machtvolle Erwiderung des Daoismus auf den Konfuzianismus eine Art dualistische Grundstruktur erhielt, die sich ganz hübsch mit der dualistischen Yin-Yang Weltanschauung in Parallele setzen läßt und sicherlich auch von ihr mitgetragen wurde. Das will natürlich weder besagen, daß es in China nur zwei philosophische Traditionen gegeben hätte, noch auch, daß Konfuzianismus und Daoismus in sich nicht in den verschiedensten, einander oft heftig befehdenden Richtungen aufgetreten wären. Viel eher gilt das Umgekehrte: daß nämlich einerseits die beiden Grundströmungen – eine menschheits- und eine gesellschaftszugewandte und eine mit Natur und Anonymität verbundene – sich durchgängig fast eher ergänzten als ausschlossen und daß sie sich in den hunderterlei Veränderungen, die sie einzeln für sich durchmachten, immer wieder in neuen Konfigurationen begegneten, bis sie manchmal zu so etwas wie einer Art Doppelphilosophie fanden. Und andererseits gilt, daß alle anderen philosophischen Systeme, selbst die von außen kommenden wie der Buddhismus, in das Kräftefeld dieses dialektischen Gefüges gerieten und über kurz oder lang selbst dazu tendierten, entlang dieser Linie in zwei analog aufgeteilte Grundrichtungen zu zerfallen.

VI. Polarisierungstendenzen im Konfuzianismus

Menzius und die Gutheit der menschlichen Natur

Polarisierungstendenzen, die sich durch den Gegensatz von Natur und Kultur in der philosophischen Bewertung auftaten, lassen sich aber nicht nur zwischen Konfuzianismus und Daoismus feststellen, sondern auch innerhalb ihrer eigenen Lehrtraditionen selbst. Sie tauchten zuerst im Konfuzianismus auf in einer Zeit gut ein Jahrhundert nach Konfuzius' Tod, als sich der Konfuzianismus in einer äußerst schwachen Position befand und deshalb vielleicht auch äußere Anlehnung suchte. Jedenfalls gewinnt man den Eindruck, daß der vom Daoismus geäußerte Vorwurf, „Menschlichkeit" bedeute im Grunde nichts anderes als Abkehr von der Natur, die Konfuzianer (soweit man in dieser Phase bei ihnen überhaupt schon von einer „Schule" sprechen kann) nicht unbeeindruckt ließ. Der in unserer Sprache sehr breite und vielschichtige (und deshalb manchmal sehr praktische) Begriff „Natur" besaß im alten Chinesischen allerdings kein eindeutiges Äquivalent, sondern er existierte in einer ganzen Reihe von Ausdrücken, die in einem bestimmten Zusammenhang alle als „Natur" übersetzt werden müssen, obwohl sie dabei jeweils eine ganz andere Färbung besitzen. Da ist erstens der Begriff „Himmel" (*tian*), der, wie das (schon vorgestellte) Schriftzeichen ausweist, ursprünglich anthropomorph gedacht gewesen war, im Laufe der Zeit aber seinen Persönlichkeitscharakter verloren hatte. In unzähligen Fällen, wo von Manifestationen die Rede ist, die der Himmel bewirkt, ohne daß er eben noch als ein bewußtes Wesen auftritt, kann er nur mit „Natur" wiedergegeben werden. Zweitens haben wir da den schon einmal bei der Beschreibung des Verhaltensgesetzes des „Weges" gefallenen Ausdruck des „Selber-so-Seins" (*ziran*). Er ist ein in viel höherem Maße abgeleiteter, eben abstrakterer Begriff, der „Natur“ im Sinne von „Natürlichkeit“ bezeichnet. Vergleichen wir ihn aber mit dem analog nicht weniger abgeleiteten, mit dem Wort „Himmel“ arbeitenden Begriff *tianran*, der wörtlich mit „[Vom] Himmel-[her]-so-Sein“ zu übersetzen wäre und ebenfalls die Bedeutung „natürlich“ (etwa im Sinne einer „natürlichen Schönheit“) hat, so stellen wir fest, daß bei der „Selber-so-Sein“-Natürlichkeit eben doch das „selber“ eine gewichtige Rolle spielt: Es handelt sich hier um eine „Natürlichkeit“, die spontan von innen kommt und etwas unbewußt Lebendig-Aktives an sich hat, so wie es etwa eine rasche Bewegung haben kann. Drittens aber gab es den Begriff *xing*, der die „Natur“ im Sinne der Natur einer Sache oder eines Wesens bezeichnet, im Grunde also die von der „großen“ Natur verliehene Grundlage in einem Einzelwesen. Dieser Begriff ist dem westlichen insofern etymologisch am nächsten, als er ebenfalls sowohl graphisch als auch lautlich mit dem Wort „geboren werden“, „leben“ (*nasci*) verwandt ist (生 *sĕng > *sheng*; 性 si̯ĕng > *xing*). Dieser letztgenannte Begriff ist es, der – indirekt sicherlich angeregt durch die plötzliche Herausstellung der „Natur“ bei den Daoisten – ein Auseinandertreten der Lehrmeinung im Konfuzianismus deutlich werden ließ.

Die „Natur“ als naturgegebene Anlage wurde erstmals von Meng Ke (372–289), dem „Meister Meng“ (Mengzi, latinisiert: Menzius), ins Zentrum gerückt. Er stammte aus ähnlichem gesellschaftlichem Milieu wie Konfuzius, also aus dem niedrigen Adelsstand, und soll bei dem Konfuzianer Zisi, einem leiblichen Enkel des Konfuzius (eigentlicher Name: Kong Ji) studiert und, im Gegensatz zu dem Meister, tatsächlich viele Schüler gehabt haben. In gewisser Hinsicht kann man ihn als den „Paulus“ des Konfuzianismus ansprechen: Er verteidigte die Lehre gegen andere (vor allem, wie schon früher einmal erwähnt, gegen die Mohisten und die Hedonisten in der Nachfolge des Yang Zhu diffamierten Daoisten) und verlieh ihr dadurch erst ihr wirkliches Gepräge. Seine Äußerungen sind, wie die des Konfuzius, in den gut überlieferten Niederschriften seiner Schüler festgehalten, nicht aber, wie dort, in epigrammartiger Kürze, sondern in Dialogen und Ansprachen von oft ausladender Breite.

Der Grundgedanke der Interpretation des Konfuzianismus durch Menzius bestand darin, daß er die Verankerung der „Menschlichkeit" in der Natur nachzuweisen suchte. Als Ausgangspunkt diente ihm das „Mitleid" (wörtl. „ein Herz, das anderer Menschen [Leiden] nicht aushält" *bu ren renzhi xin*). Er argumentierte dabei folgendermaßen:

Alle Menschen empfinden, wenn sie ein kleines Kind sehen, das im Begriff ist, in einen Brunnen zu fallen, Angst und Mitleid – nicht, weil sie engere Beziehungen zu den Eltern des Kindes anknüpfen wollen oder Lob von Nachbarn und Freunden ernten möchten. Hier sieht man: Kein Mensch ist ohne Mitleid, keiner ohne Schamgefühl, keiner ohne Bescheidenheit und keiner ohne Unterscheidungsvermögen. Mitleid aber ist der Keim von Menschlichkeit, Schamgefühl der Keim von Rechtlichkeit, Bescheidenheit der Keim von Höflichkeit, Unterscheidungsvermögen der Keim von Weisheit. Diese vier Keime besitzen alle Menschen, genauso wie sie ihre vier Glieder besitzen. Wer diese vier Anlagen besitzt und von sich behauptet, er sei unfähig, sie zu üben, ist ein Räuber an sich selbst. Und wer von seinem Fürsten behauptet, er könne sie nicht üben, ist ein Räuber an seinem Fürsten. Jeder aber, der diese vier Keime in seinem Ich besitzt, erkennt, wie sie sich alle entfalten und erfüllen: wie Feuer, das begonnen hat zu brennen, wie Wasser, das begonnen hat zu fließen. Wer sie zu erfüllen versteht, kann nicht einmal seinen eigenen Eltern dienen.[39]

Die Beweisführung des Menzius ist natürlich etwas brüchig; denn er leitet ja nur die „Menschlichkeit", die bei ihm eine starke Drehung zur Liebe hin gewinnt, von einem natürlichen Gefühl, nämlich dem Mitleid, ab, nicht dagegen auch die anderen drei „Keime". An anderen Stellen des Buches versucht er denselben Gedanken jedoch durch unzählige Analogiebeweise plausibel zu machen. Sie alle laufen darauf hinaus, daß der Mensch seiner natürlichen Anlage (*xing*) nach gut sei. Sein Widerpart ist verschiedentlich ein kleinerer Philosoph namens Gaozi aus einer Randgruppe der Sophisten, am ehesten, soweit erkennbar, in seiner Lehre noch mit Gongsun Long vergleichbar, aber nicht identisch. Er hält die menschliche Natur prinzipiell für indifferent, nach allen Seiten lenkbar wie das Wasser in einem Bewässerungssystem; Menzius verweist demgegenüber auf die trotzdem gleichzeitig bestehende Neigung des Wassers, nach unten zu fließen, und nimmt sie als Gleichnis für die Neigung des Menschen zum Guten. An sich ist Gaozi dem Menzius in der logischen Argumentation beträchtlich überlegen, selbst wenn der Text das selbstverständlich zu verschleiern sucht und sozusagen „unfair" Menzius immer das letzte Wort behalten läßt. Gaozi hakt nämlich genau bei der Lücke ein, die Menzius in seiner Beweisführung offengelassen hatte: Die Menschlichkeit oder Liebe, meint er, mag ja etwas Naturgegebenes sein; sie sei „innerlich". Schon für die Rechtlichkeit (die ja aus dem Schamgefühl erwachsen soll) gelte das aber nicht mehr; sie sei etwas „Äußerliches":

„Wenn ein anderer älter ist, so behandle ich ihn als einen älteren. Diese Achtung vor dem Alter aber entspringt nicht in mir. Sie ist gerade so, wie ich, wenn etwas weiß ist, es eben als weiß bezeichne, indem ich mich nach der äußerlichen Tatsache richte, daß es weiß ist. Deshalb nenne ich [die Rechtlichkeit] etwas Äußerliches." Menzius erwiderte: „Es ist aber anders als beim Weißen. Das Weißsein eines Pferdes ist von dem Weißsein eines Menschen nicht verschieden. Ich frage mich aber: Ist das Altsein eines alten Pferdes [tatsächlich auch] nicht verschieden von dem Altsein eines alten Menschen? Und außerdem: Reden wir nun eigentlich über die Rechtlichkeit des Altseins oder die Rechtlichkeit der Achtung vor den Alten?" Gaozi entgegnete: „Meinen eigenen jüngeren Bruder liebe ich, den jüngeren Bruder eines Mannes aus [dem fernen Weststaat] Qin aber liebe ich nicht. Das zeigt, daß solche Zuneigung aus mir selber entspringt; deshalb nenne ich sie ‚innerlich'. Dagegen achte ich die älteren Angehörigen eines Mannes aus [dem fernen Südstaat] Chu genauso wie meine eigenen Angehörigen. Das zeigt, daß solche Zuneigung aus dem Altsein entspringt; deshalb nenne ich sie ‚äußerlich.'" „Mir schmeckt aber der Braten eines Mannes aus Qin auch nicht anders als mein eigener Braten", antwortete Menzius. „Mit den [von Euch angeführten] Dingen verhält es sich aber genauso. Oder wäre demnach auch der Braten etwas Äußerliches?"[40]

Menzius' Antwort ist zwar witzig, aber unsachlich und polemisch und in dieser Hinsicht typisch für viele seiner Argumentationen.

Manche Fragen blieben dadurch einfach offen und tauchten später erneut auf. Für Menzius selbst war jedoch die wohlmeinende Absicht seiner These vom Gutsein des Menschen letztlich wichtiger als ihre logische Schlüssigkeit. Im gesellschaftlich-politischen Bereich leitete er aus ihr auch seine bis dahin unerhörte Wertschätzung des Volkes ab. Obwohl er lapidar feststellte, daß es eben Regierende und Regierte geben müsse, die ersteren Kopfarbeiter, die letzteren Muskelarbeiter, so betonte er doch, daß im Staat alle Vertreter, wenn sie nicht guttäten, ausgetauscht werden könnten – der Herrscher, die Beamten, ja selbst noch die Schutzgötter –, nicht aber das Volk; seine Stimme sei darüber hinaus auch gewissermaßen Gottes Stimme, oder eben: die Stimme des Himmels, auf die letztlich am meisten Rücksicht genommen werden müsse.

Vergleicht man den Begriff *xing* „Natur“, „natürliche Anlage“ in seinem Verhältnis zu *tian* „Himmel“ oder „Natur“ so, wie er uns bei Menzius entgegentritt, mit dem Verhältnis zwischen *de* „Tugendkraft“ und *dao* „Weg“, wie er bei Laozi geschildert wird, so entdecken wir bestimmte Parallelen: Die gut geartete menschliche Natur ist gewissermaßen die Eingießung der ebenfalls gut gearteten, mit „Himmel“ bezeichneten großen Natur im Menschen, ebenso wie die Tugendkraft eine Eingießung des „Weges“ im Menschen darstellt. Der wesentliche Unterschied besteht jedoch darin, daß bei Menzius der Mensch durch diese Eingießung privilegiert ist, während er nach daoistischer Auffassung dieser Eingießung gerade verlustig geht, wenn er irgendwo eine Privilegierung gegenüber den anderen Dingen anzumelden oder durchzusetzen sucht. Trotzdem bewirkte die positive Einstellung zur Natur – mochte sie bei Menzius auch etwas ganz anderes sein als bei den Daoisten – die Entstehung eines fast religiös-mystischen Glaubens innerhalb des Konfuzianismus Menziusscher Prägung, der sich ebenfalls, bei aller Gegensätzlichkeit, mit dem des Daoismus und seiner „quietistischen“ Unterströmung in eine gewisse Parallele setzen läßt.

Es gibt nämlich in dem Buch des Menzius einen sehr langen und komplizierten Dialog zwischen Menzius und einem Schüler, in dem es um so etwas wie die *Ataraxie*, also die Gewinnung der Seelenruhe geht, das „nichtbewegte Herz" (*bu dong xin*), wie es im Chinesischen heißt. Zunächst wird über deren Fähigkeit zur Steigerung der Tapferkeit gesprochen und angedeutet, daß sie bei manchen Menschen eng mit dem Bewußtsein zusammenhänge, selbst im Recht zu sein. Dann wird ausgeführt, daß der „Wille" (*zhi*), der Teil des „Herzens" ist, stets der Herrscher der „Lebensessenz" (*qi*) sein müsse, selbst wenn beide einander immer beeinflußten. Und schließlich sagt Menzius von sich selbst, daß er es besonders gut verstehe, seine „flutende Lebensessenz" (*haoran zhi qi*) zu nähren. Als der Schüler weiterfragt, was es denn damit auf sich habe, gibt Menzius zur Antwort:

Das ist schwer in Worte zu fassen. Diese Lebensessenz ist von höchster Größe und Härte. Wird sie durch Aufrichtigkeit (*zhi*) ernährt und nicht geschädigt, so füllt sie den Raum aus zwischen Himmel und Erde. Diese Lebensessenz paart sich mit Rechtlichkeit und mit dem „Weg", ohne diese verkümmert sie. Sie ist etwas, was durch dauernde Rechtlichkeit [allmählich] wächst, nicht sich durch eine Rechtlichkeitsattacke erobern läßt. Wenn man sich bei seinem Handeln nicht froh fühlt, dann verkümmert sie. Sie benötigt zwar sicherlich Arbeit, aber nicht Korrektur; das Herz darf sie nicht vergessen, ihr aber auch nicht beim Wachsen helfen [wollen]. … Es gibt wenige Leute auf der Welt, die ihr nicht beim Wachsen helfen wollen. Andere wiederum, die einfach meinen, es helfe ja doch nichts und sich gar nicht um sie kümmern, gleichen Bauern, die die Saat nicht von Unkraut befreien. [Sie verhalten sich aber weniger schlimm als] die, die ihr beim Wachsen helfen wollen; denn diese helfen ihr nicht nur nicht, sondern sie schaden ihr sogar.[41]

Wichtig an dieser Stelle ist, daß also diese Lebensessenz durch immer wieder ausgeübte Akte der „Rechtlichkeit" genährt wird, und daß diese Rechtlichkeit mit Aufrichtigkeit, wörtlich: mit „Direktheit", „Unmittelbarkeit" gleichgesetzt wird, nicht aber mit „Korrektur". Hier taucht auf versteckte Weise wieder der Wahrheitsbegriff auf, der in der chinesischen Philosophie so zersplittert ist, daß er leicht übersehen wird. Die Daoisten sprachen von der „Wahrheit" (*zhen*), nämlich der natürlichen Unverfälschtheit des

„wahren Menschen". Die Konfuzianer – und besonders eben Menzius – aber sprachen 1. vom „Korrigieren", d.h. vom „(wieder) richtig stellen" (*zheng*) z.B. der Begriffe, 2. von der „Aufrichtigkeit" und „Unmittelbarkeit" (*zhi*) und 3. schließlich von der „Wahrheit" im Reden (*cheng*) – Ausdrücke, die möglicherweise etymologisch alle miteinander verwandt waren und somit vielleicht doch auf ein gemeinsames Wort für „Wahrheit" verweisen. Bei Menzius ist jedenfalls eine Annäherung an die daoistische Liebe zur Unverfälschtheit der Natur erkennbar oder zumindest der Wunsch, wieder Frieden mit der Natur zu machen und den Menschen, bei aller Zustimmung zur von Konfuzius entdeckten Menschlichkeit, wieder in die Natur einzuschmelzen, freilich auf eine andere Weise als bei den Daoisten: nämlich nicht, indem er den Idealmenschen nicht-menschlich werden ließ, sondern indem er umgekehrt die Menschlichkeit, das menschlich Gute, in der menschlichen Naturanlage entdeckte, die ihm die „große" Natur, der Himmel, verliehen hatte, nicht ohne sich dadurch selbst als gleichfalls irgendwie „menschlich" zu erkennen zu geben.

Xunzi und die Schlechtheit der menschlichen Natur

Die optimistische Auffassung von der Natur des Menschen bei Menzius, die zu einer Akzentuierung der inneren konfuzianischen Tugenden – der „Menschlichkeit" mit ihren verschiedenen Formen der Liebe – führte und überdies eine überschwengliche Verherrlichung der „flutenden Lebensessenz" bewirkte, eine Art mystische Seinsgewißheit, die mit unserem „guten Gewissen" viel gemein hat – diese optimistische Auffassung wurde jedoch keineswegs von allen Konfuzianern des 4. und 3. vorchristlichen Jahrhunderts geteilt. Wir wissen aus historischen Quellen, daß die konfuzianische Tradition sich im 3. Jahrhundert bereits in acht verschiedene Richtungen aufgeteilt hatte. Menzius nahm also nur eine Position unter mehreren ein, freilich eine nach einer Seite hin extreme, und es ist nur natürlich, daß er von einer anderen Seite Widerspruch erfuhr, die die entgegengesetzte, nicht weniger extreme Gegenposition vertrat. Ihr Wortführer war der Philosoph Xunzi (eigentlich Xun Kuang, 313–238), der wegen der hohen Ämter, die er gelegentlich einnahm, auch Xun Qing „Minister Xun" genannt wurde. Aus dem kultivierten Norden des Reiches stammend, verbrachte er die meiste Zeit seines Lebens in dem noch etwas urtümlicheren Südstaat Chu, ein Umstand, der seine philosophische Grundeinstellung mitgeprägt zu haben scheint. Jedenfalls mochte er nicht an Menzius' Überzeugung von der Gutheit der menschlichen Natur glauben, sondern vertrat das genaue Gegenteil: Der Mensch ist von Natur aus böse (*e*). In der unter seinem Namen überlieferten Schriftenkollektion, die aller Vermutung nach tatsächlich von ihm selbst zu Papier gebracht worden ist und ihn als den vielleicht am schärfsten denkenden Philosophen dieses Zeitalters der Philosophen ausweist, herrscht ein ähnlich nüchternes intellektuelles Klima wie in den Schriften der Schule des Mo Di. Hier finden sich die zentralen Sätze, die ihm zum Gegenstück des Menzius machen:

Die Natur des Menschen ist böse, seine Gutheit ist gemacht. Denn der Mensch besitzt schon von Geburt die Gier nach Gewinn, und folgt er der, so entstehen Zank und Streit, während Nachgiebigkeit und Freundlichkeit zugrunde gehen. Von Geburt besitzt er Neid und Haß, und folgt er denen, so kommt es zu Mord und Räuberei, während Treu und Glauben zugrunde gehen. Von Geburt besitzt er die Begierde von Aug und Ohr, die Lust an sinnlichem Genuß, und folgt er denen, so entstehen Unzucht und Unordnung, während die Unterschiede von Ritual und Rechtlichkeit zugrunde gehen. ... Darum bedarf es des Einflusses der Erziehung, des Weges von Ritual und Rechtlichkeit, auf daß Nachgiebigkeit und Freundlichkeit entstehen, Ordnungen befolgt werden und alles den Regeln nach verläuft.[42]

Xunzi nennt an einigen Stellen Menzius namentlich und kritisiert an ihm, daß er einen falschen Begriff von der „Natur" (d. h. der Naturanlage *xing*) gehabt habe. „Natur" sei gerade das, was sich weder durch Übung weiterbilden, noch durch Vernachlässigung verlieren lasse. Alle Ethik könne nur versuchen, den Menschen gewissermaßen neu und besser zu erschaffen. Der Ausdruck „gemacht" in dem Satz „die Gutheit des Menschen ist gemacht" hat die gleiche Doppelbedeutung wie in unserer Sprache: Er meint gleichzeitig „künstlich", ja selbst noch „verlogen", er ist aber auch mit dem Wort „machen" aufs engste verwandt.

Die naheliegende Frage, wie denn die Gutheit in die Welt gekommen sei, wenn doch alle Menschen von Natur aus schlecht seien, beantwortet Xunzi gleich auf dreierlei Weise: Erstens hätten die Heiligen ein gutes Beispiel gegeben, zweitens bringe gerade die Schlechtigkeit Gutheit hervor, und drittens habe die Entwicklung der Gesellschaft die Herausbildung der Gutheit erzwungen. Das erste Argument, in dem die „Heiligen" als *dei ex machina* auftauchen, darf übergangen werden. Das zweite ist in seiner Rabulistik schon interessanter: „Alles, was der Mensch nicht in sich hat", behauptet Xunzi, „sucht er sich von außen zu beschaffen. Daraus läßt sich erkennen, daß der Mensch gut sein will, gerade weil er von Natur aus böse ist."[43] Wirklich ernst zu nehmen ist jedoch das dritte Argument, das einen nahezu wissenschaftlichen Ansatz erkennen läßt:

> Wenn die Menschen zusammenleben wollen, so müssen sie eine gesellschaftliche Organisation aufbauen. Wenn sie dabei aber keine sozialen Abstufungen einrichten, so gibt es Streit, aus dem Unordnung und Zersplitterung hervorgehen. Kommt es aber zu Zersplitterung, so sind die Menschen geschwächt und können nicht mehr über andere Lebewesen herrschen und keine Paläste und Häuser mehr bauen. Daraus geht hervor: Die Menschen können ohne Ritual und Rechtlichkeit gar nicht existieren.[44]

Der Hinweis auf die sozialen Abstufungen, die zur inneren Befriedung der Gesellschaft dienen sollen, und der Hinweis auf die „Paläste", die das äußere Zeichen dafür sind, deuten bereits an, daß auch auf sozialpolitischem Gebiet Xunzi das Gegenstück zu Menzius darstellt: Für ihn ist der Herrscher (der freilich nach Möglichkeit ein „Heiliger" sein soll) ebenso wichtig wie es für Menzius das „Volk" war. Viel wesentlicher aber ist vielleicht, daß das Schlechtsein der menschlichen Natur bei näherer Betrachtung überraschenderweise gerade *nicht* bedeutet, daß der Mensch schlecht ist, sondern im Gegenteil: Mit einer geradezu heroischen Kraftanstrengung hat er das Gute überhaupt erst erschaffen, er und nur er allein ist auf geradezu einsame Weise „gut" in der Welt. Denn im Gegensatz zu Menzius und bei dieser Frage im Einklang mit Laozi kann Xunzi an der „Natur", die er als „Himmel" oder „Himmel und Erde" bezeichnet, nichts Menschliches entdecken. Die Menschlichkeit ist die Errungenschaft des Menschen. Er betont immer wieder, daß zwischen guter oder schlechter Regierung auf der einen Seite und gutem oder schlechtem Wetter auf der anderen nicht der geringste Zusammenhang bestehe; ob es regne oder nicht, sei unabhängig davon, ob die Menschen nun um Regen beteten oder nicht. Deshalb sei es „gerade der Heilige, der den Himmel *nicht* zu erkennen suche"[45]. Diese naturalistisch-kritische Einstellung einem wohlwollenden Himmel gegenüber ist folgerichtig; denn ebenso wie Menzius sieht auch Xunzi in der Naturanlage des Menschen (*xing*) eine „Eingießung" der Natur, und eben weil die große Natur keine moralischen Qualitäten besitzt, kann auch eine natürliche Gutheit bei ihm nicht vorausgesetzt werden. Nur wenn der Mensch sich von der Natur abwendet, vermag er seine in Ethik gegründete Menschlichkeit zu vollenden.

Eine um so entschiedenere Betonung erfahren daher die äußeren Erziehungsmittel, die der Konfuzianismus von Anfang an für die Bildung des Menschen bereithielt: Rechtlichkeit und Ritual als die Exponenten der ethischen Kultivierung schlechthin natürlich an erster Stelle, im einzelnen darüber hinaus aber auch Musik und „Lernen". Was das „Lernen" angeht, so vollzieht Xunzi eine charakteristische Einschränkung hinsichtlich dessen, was gelernt und damit zum Vorbild gemacht werden sollte. Er war es nämlich, der als erster darauf hinwies, daß nicht alles, was alt sei, deshalb auch unbedingt gut sein müsse – ein Argument, das deutlich gegen die Mohisten und die Daoisten ging, die sich ja in dem Rückgriff aufs Altertum gegenseitig geradezu überboten hatten:

Es gab viele heilige Könige [im Altertum], welchen sollen wir nun folgen? Wenn die Riten allzu alt sind, so ist ihre Form unpassend. Daher gilt: Willst du die Fußstapfen der heiligen Könige sehen, so schau dort hin, wo sie noch am klarsten sind, d. h. auf die der späteren [heiligen] Könige. Die späteren heiligen Könige aufzugeben, um denen des höchsten Altertums zu folgen, ist genau so, als ob man den eigenen Herrscher aufgäbe, um einem fremden Herrscher zu folgen.[46]

Unter diesen „späteren heiligen Königen" verstand Xunzi, ganz im Sinne des Konfuzius, die Herrscher der Zhou-Dynastie: Ihre Riten, ihre Rechtlichkeit und ihre Reden sollten die von außen ansetzende Veränderung des Menschen zum Guten hin bewirken; nur hier bot das „Lernen", das von ihm als eine Art einfühlende Nachahmung der gesamten Persönlichkeit aufgefaßt und an vielen Stellen hymnisch gepriesen wurde, einen wirklichen Sinn.

Die Betonung des „Lernens" als eines Mittels zur Neugestaltung des Menschen lenkte Xunzis Aufmerksamkeit auf einen Fragenkomplex, der die chinesische Philosophie (im Gegensatz zur westlichen) weder vorher noch nachher sonderlich interessierte: die Erkenntnistheorie. Die wesentliche, für seine Zeit nicht etwa selbstverständliche, sondern revolutionäre Leistung bestand in der Differenzierung zwischen „Wissen" oder „Weisheit" (*zhi*) auf der einen Seite und „Wissensfähigkeit" (*zhi* 知) auf der anderen: Wissen ist nicht einfach ein Bestandteil des menschlichen Geistes. Es muß vielmehr erst „gemacht" werden durch das Zusammenwirken der Sinnesorgane und des „Wissensorgans". Von dieser Voraussetzung ausgehend, tritt Xunzi auch den verschiedenen Sophisten und mohistischen Logikern, denen ja ebenfalls eine gewisse Sophistik nicht fremd war („Räuber töten ist nicht Menschen töten"), entgegen, wobei er unter dem konfuzianischen Schlagwort „Richtigstellung der Begriffe" erneut die Frage des Verhältnisses zwischen Begriffen und Realitäten aufgreift. Er führt zunächst aus, daß in etwa gleich organisierte Lebewesen (wie eben z. B. die Menschen) gleiche Dinge gleich erleben und demzufolge auch gleich begrifflich fassen und bezeichnen. Die sprachliche Prägung erfolgt dann sekundär und rein konventionell: Die Worte für „Hund" und „Rind" könnten beispielsweise ohne weiteres vertauscht werden, wenn man sich darauf einigen würde. Einfache und zusammengesetzte Worte müßten daher zunächst definiert werden, um dann in Sätzen zusammengefügt höhere Erkenntnisinhalte ausdrücken zu können. In Disputationen und sprachinhaltlichen Erklärungen müßte aber weiterhin die prinzipielle Getrenntheit von Begriffs- und Realitätenebene bewußt bleiben, damit man nicht am Ende den „Weg", das *Dao*, d. h. das eigentlich Gemeinte, in der Diskussion verfehle und sich durch sophistische Scheinwahrheiten in die Irre führen lasse. Begrifflichkeit und Sprachlichkeit sind für Xunzi also vor allem ein Instrument, wenngleich ein so unerhört kostbares, daß die Herstellung dieses Instruments, nämlich die Prägung von Begriffen, mit zu den Aufgaben der heiligen Könige gehört. Denn nicht anders als Ritual und Recht setzen auch die Begriffe Regeln, schaffen sie Ordnung nicht zuletzt auch im sozialen Sinne. Und der Angriff auf die – wiewohl ursprünglich bloß konventionelle – Bedeutungssicherheit in Begriff und Sprache ist zugleich ein Angriff auf diese Ordnung im Staat und in der Welt.

Mit der Philosophie Xunzis erhielt der Konfuzianismus eine rationale Verankerung ebenso wie er durch Menzius eine eher religiöse Verankerung bekommen hatte. Eigentümlicherweise konnte aber diese stark intellektuell geprägte, wenngleich etwas kalte Denkrichtung sich auf die Dauer nicht halten. Sie teilte ein ähnliches Schicksal wie die Schule des Mo Di, mit der sie – trotz der wiederholt gegen sie geäußerten Polemik – sowohl inhaltlich als auch formal (nämlich vor allem im wohlgeordneten sprachlichen Vortrag) einiges gemein hatte. Aber auch kurzfristig gesehen förderte sie den Konfuzianismus keineswegs, sondern züchtete selbst gerade seine schärfsten Feinde heran. Die zwei profiliertesten Schüler Xunzis, der Politiker Li Si und der Philosoph Han Feizi wurden am Ende zu Vertretern des „Legalismus", also jener Weltanschauung, die alle daneben konkurrierenden rücksichtslos bekämpfte, am meisten aber ausgerechnet den Konfuzianismus, die Weltanschauung der Gelehrten.

VII. Die Legalisten und das Ende der Ära der Philosophen

Die Wurzeln des Legalismus

Die Philosophie des Legalismus (chin. *fajia* „Gesetzesschule") wirkt auf den ersten Blick innerhalb der chinesischen Geistesgeschichte wie ein etwas isoliertes Phänomen: War sie doch eine in ganz China akzeptierte Ideologie nur während der berühmt-berüchtigten Qin-Dynastie (221–206 v. Chr.), nach deren dramatischem Untergang aber eine allgemein geächtete Un-Philosophie. Bei näherer Betrachtung zeigt sich jedoch, daß sie während ihrer kurzen Blütezeit trotz der vehementen Abkehr von allen anderen Traditionen mit diesen doch vielfach eng verflochten war, und daß sie nach ihrer Ächtung (die im übrigen gar nicht so abrupt und total ausfiel, wie es die konfuzianischen Geschichtsschreiber glauben machen wollten) unterschwellig weiterhin einen beachtlichen Einfluß ausübte. Der Kuriosität halber sei angemerkt, daß der amerikanische Sinologe H. G. Creel den Legalismus einmal vollmundig als „the philosophy of counter revolution" bezeichnete, während er in China Mitte der siebziger Jahre während der Endphase der „kulturrevolutionären" Periode umgekehrt als (relativ) fortschrittlichste Weltanschauung des traditionellen China angesehen und zum hartnäckigen Gegenspieler des reaktionären Konfuzianismus über zweitausend Jahre hin hochstilisiert wurde.

Die Wurzeln des Legalismus sind von sehr verschiedener Natur, im Grunde schon sehr alt und weit verästelt, so daß sich Querverbindungen zum Daoismus (namentlich dem *Daode jing*) ebenso nachweisen lassen wie zum soeben beschriebenen Konfuzianismus Xunzischer Prägung. Noch eher als mit den Namen von Philosophen, von denen leider entweder keine genuinen oder nur fragmentarische Schriften erhalten sind, kann man diese Wurzeln durch einige Begriffe fassen, die mit den Lehren dieser Philosophen verbunden wurden. Bei ihnen allen geht es um Termini der politischen Philosophie, die ja für die Legalisten generell noch viel mehr als für die übrigen altchinesischen Philosophen im Mittelpunkt des Interesses standen. Den Legalisten interessierte jedoch nicht allgemein die Frage, wie die Welt am besten regiert werden solle, sondern viel spezieller und mit geradezu machiavellistischer Direktheit, wie der König allein und ungehindert von fremden Interessen und Maximen die Herrschaft erringen und bewahren könne.

Der erste Begriff – man könnte auch sagen: der erste legalistische Grundsatz – verrät sein hohes Alter durch die charismatischen, ja beinahe magischen Vorstellungen, die hinter ihm stecken. Es handelt sich um das sehr komplexe Wort *shi* < *śi̯ad, 勢, das gleichermaßen die Bedeutung „Lage", „Situation" besitzt wie auch die Bedeutung „Autorität", „Macht" und das überdies mit einem Zeichen geschrieben wird, das für das (wahrscheinlich verwandte) Wort *yi* < *ngi̯iad 埶 „pflanzen" Verwendung findet. Gemeint ist offensichtlich ursprünglich die natürliche Wuchskraft der Pflanzen, die eben von den Umständen abhängt, unter denen sie keimen. Im politisch-philosophischen Sinn verwies das Wort indessen auf die charismatische Kraft, Macht und Autorität, die ganz einfach aus der gesellschaftlichen Position eines Menschen, und besonders aus der Position des Fürsten und Königs, entspringt, oder, etwas banaler in unseren Worten ausgedrückt, auf die Kompetenzen, die mit einem Amt kommen. Die Entdeckung dieses Zusammenhangs wird von der Tradition dem angeblichen Ahnvater der Legalisten, dem Philosophen und Wirtschaftspolitiker Guan Zhong (gest. 645 v. Chr.?), zugeschrieben. Die unter seinem Namen laufenden Schriften stammen allerdings aus einer sehr viel späteren Zeit (4. Jh. v. Chr. und später); sie enthalten aber in der Tat legalistisches Gedankengut, in dem auch die „Autorität" *shi* an hervorragender Stelle figuriert:

Wenn ein kluger Herrscher an der Spitze des Staates stehend „Autorität" besitzt, durch die er mit unbedingter Sicherheit regiert, so wird

> die Masse seiner Untertanen nicht wagen, etwas Falsches zu tun, … nicht, weil sie ihn liebt, sondern weil sie seine ehrfurchtseinflößende Autorität scheut.[47]

Ein anderer Vorläufer der Legalisten, der ebenfalls den Begriff „Autorität" erläuterte, war der Philosoph Shen Dao (ca. 350–275 v.Chr.), der eher einem Zhuangzi nahestehenden daoistischen Nebenzweig angehörte. In seinen nur noch fragmentarisch erhaltenen Schriften wird die „Autorität" mit Luft und Wolken verglichen, die selbst ein Drache brauche, um fliegen zu können. Umgekehrt hätten selbst die schlechten Könige ebensoviel „Autorität" besessen wie die guten, eben einfach vermöge ihrer Stellung und offensichtlich nicht aufgrund ihrer Tugend.

Ein zweiter, etwas weniger klar faßbarer Begriff, der ebenfalls mit dem Legalismus in Zusammenhang gebracht wird, ist *shu*. Er bedeutet „Weg" im Sinne von „Methode", zugleich aber auch „Kunstgriff", „Trick" u.ä. Angeblich geht er auf den Philosophen und Politiker Shen Buhai (Mitte 4. Jh. v. Chr.) zurück. Das Shen Buhai zugeschriebene Buch ist jedoch mit Sicherheit eine sehr viel spätere Fälschung oder Nachempfindung. In den Schriften des Han Feizi, des schon erwähnten Schülers von Xunzi, findet sich aber ein – allerdings nicht besonders sprechendes – Zitat. Dort heißt es, daß Shen Buhai unter „Methode" verstanden habe, „Begriffe und Realitäten zusammenzubringen, die Macht über Leben und Tod in der Hand zu behalten und die Untertanen nach ihren Fähigkeiten einzusetzen"[48]. Im Legalismus spielte der Begriff am Ende jedoch eher eine untergeordnete Rolle, vielleicht gerade wegen seiner Affinität zu dem schließlich so viel wichtigeren Begriff *fa* „Gesetz".

Shang Yang

Fa „Gesetz" (dessen alte Schriftform einige Rätsel aufgibt:) bedeutete in China im wesentlichen „Strafgesetz" und stand in erklärtem Gegensatz zu *li* („Sitte", „Ritual", „Höflichkeit"), dem schon Konfuzius, ganz besonders aber Xunzi, eine so eminente

Bedeutung beigemessen hatte. Der Verfall des Lehnssystems und die parallel dazu laufende Ausdehnung des Reiches in ehemals „barbarische" Gebiete ohne jede Tradition brachte es jedoch mit sich, daß die „Sitte", worunter man sich so etwas wie ein ungeschriebenes Gesetz vorzustellen hat, allmählich immer weniger bekannt und auch immer weniger verbindlich war. Als Ausgleich entwickelten sich die Strafgesetze, und zwar gerade in den relativ traditionslosen, aber ungehindert nach außen wachsenden und dadurch rasch an Macht gewinnenden Staaten im Süden und Westen. Der Erfolg des Legalismus im allgemeinen und seiner wirklich gesetzesbezogenen Ausprägung in dem Weststaat Qin (dem Vorläufer der Dynastie gleichen Namens) war also schon von vornherein angelegt. Er war nicht unbedingt das Verdienst des aus einem anderen Staat eingewanderten Adligen Shang Yang (andere Namen: Yang aus Wei, Gongsun Yang, gest. 338 v. Chr.), der ihn in Qin eingeführt haben soll. Die Legende erzählt, daß der König von Qin, als er bei drei früheren Audienzen den üblichen moralisch gefärbten Ratschlägen zur Neuordnung des Staates zuhören mußte, regelmäßig einschlief, dafür bei der vierten Audienz aber, als Shang Yang seine legalistischen Pläne entwarf, so hingerissen war, daß er von seiner Matte zu derjenigen Shang Yangs hinüberrutschte.

Diese legalistischen Lehren gehören natürlich nur teilweise in das Gebiet der Philosophie. Sie müssen aber dennoch stichwortartig genannt werden, um ihre sich daraus ableitenden philosophischen Konnotationen zu verstehen. Kernpunkte des Legalismus sind: 1. Verwaltungszentralisierung und Bürokratisierung, 2. Betonung von Landarbeit und Militärdienst sowie Maßnahmen zur Steuerung und Kontrolle des Handels, 3. Auflösung der Großfamilie und Einführung wechselseitig verantwortlicher Wohnteilgruppen und 4. Auflösung des Erbadels und des Feudalsystems unter alleiniger Beibehaltung der ganz herausgehobenen Herrscherfamilie. Zur Erreichung dieser Ziele rät Shang Yang zur rigorosen Bekämpfung aller ethischen Tugenden, die die Konfuzianer (aber nicht nur sie allein) nicht müde geworden waren zu propagieren; für ihn sind sie, je nach ihrer Zusammenstellung, nichts anderes als die „zehn Übel" oder die „sechs Läuse" am Körper des Staates. Denn sie verbessern nicht nur nicht die Einhaltung des Gesetzes, sondern sie verschlechtern sie sogar. In einem Textkonvolut, das obwohl unter Shang Yangs Namen firmierend, sicherlich nicht direkt von ihm, wohl aber aus der legalistischen Schule stammt, lesen wir darüber die bemerkenswerten Sätze:

Wenn tugendhafte Beamte angestellt werden, so kann das Volk weiter seine Anverwandten lieben; werden aber böse eingesetzt, so wird das Volk die Gesetze lieben. ... Wenn Tugendhafte in leitender Stellung sind, dann bleiben die Übertretungen eher verborgen; wenn es dagegen Böse sind, dann werden die Verbrechen bestraft. Im einen Fall wird das Volk stärker sein als die Regierung, im anderen die Regierung stärker als das Volk. Daher heißt es: Regieren durch gutherzige Menschen führt zu Gesetzlosigkeit und Auflösung; Regieren durch böse Menschen führt zu Ordnung und Stärke.[49]

Diese absolute Herrschaft des Gesetzes, die gerade durch die Niederträchtigkeit ihrer Vertreter gewährleistet ist, wird aber auch durch eine andere Eigenart gesichert, nämlich durch ihre Undifferenziertheit. Shang Yang betont, daß jede Abstufung des Gesetzes das Gesetz selbst schädige:

In der Strafanwendung sollte auch ein leichtes Vergehen als ein schweres behandelt werden, denn wenn das nicht geschieht, werden leichte Vergehen nie aufhören und in der Folge auch schwere hervorrufen. Wenn umgekehrt dagegen die kleinsten Verfehlungen ernst genommen werden, so werden schließlich alle Strafen selbst aufhören.[50]

Han Feizi

Dieser letzte Satz deutet zusätzlich eine interessante Wendung an, die eine unerwartet enge Verbindung des Legalismus mit dem Daoismus ergibt. Denn es zeigt sich, daß nach der hier geäußerten, Shang Yang zugeschriebenen Auffassung das Gesetz nicht auf die Dauer mit zähnefletschender Brutalität regieren soll, sondern auf eine ganz stille, passive, äußerlich überhaupt nicht erkennbare Weise. Das bis zur extremen Strenge getriebene Gesetz übt sich im Nichttun. Was dabei freilich nicht direkt gesagt wird, aber ganz deutlich herauskommt, wenn man nur etwas weiterfragt, ist der Hintergrund dieses Nichttuns des Gesetzes: Es ist die pure Angst, die, jede individuelle Regung lähmend, über der ganzen Gesellschaft, über dem ganzen Lande liegt und das Leben nur scheinbar zwanglos wie ein Uhrwerk ablaufen läßt.

Diese Gedanken wurden von dem letzten und profiliertesten legalistischen Philosophen Han Feizi (gest. 233 v. Chr.) weitergeführt und zur Vollendung gebracht. In ihm, der ja ein Schüler Xunzis war, aber auch einen Kommentar zum *Daode jing* verfaßte, flossen auf eigentümliche Weise daoistische und konfuzianische Strömungen zusammen. Auch er wirkte im Weststaat Qin und fand, wie übrigens auch Shang Yang, selbst einen unnatürlichen Tod unter der Herrschaft des von ihm verherrlichten Gesetzes; unter irgendeiner Anklage ins Gefängnis geworfen, wurde er gezwungen, Selbstmord zu begehen. Er soll interessanterweise ein Stotterer gewesen sein und deshalb mehr durch das geschriebene als durch das gesprochene Wort gewirkt haben. Die unter seinem Namen laufenden Schriften scheint er tatsächlich selbst verfaßt zu haben. Seine Hauptleistung bestand weniger in der Konzipierung neuer legalistischer Ideen als vielmehr in deren großer Synthese, die die Voraussetzung für die – wenngleich auch nur kurz dauernde – Alleinherrschaft des Legalismus während der Qin-Dynastie bildete.

Von Xunzi übernahm Han Feizi nicht bloß die Betonung des Herrschers, sondern auch die Überzeugung von der bösen Natur des Menschen, selbst wenn sie bei ihm nicht absolut, sondern sozusagen eher statistisch angelegt ist; d. h. es mag wohl gute Menschen geben, aber sie sind Ausnahmen, mit denen man nie rechnen kann. Eine entschiedenere Abkehr von Xunzi bei Han Feizi besteht ferner darin, daß er nicht auf die Besserung der Menschen mit Hilfe von Rechtlichkeit und Ritual bedacht war, sondern lediglich auf ihr reibungsloses Funktionieren unter dem Druck des Gesetzes:

Wenn ein Heiliger den Staat regiert, rechnet er nicht mit Leuten, die von selbst Gutes tun, sondern trifft Maßnahmen, die einen jeden vom schlechten abhalten. Denn entschiede er anders, so gäbe es kaum zehn Menschen im Land, auf die er rechnen könnte. ... Da der Herrscher als Verwalter sich mit den Vielen und nicht mit den Ausnahmen zu beschäftigen hat, hält er sich eben nicht an ethische Maximen, sondern an Gesetze – genauso, wie man ja auch nicht auf ganz gerade gewachsene Hölzer wartet, wenn man Pfeile braucht, oder auf ganz rund gewachsene, wenn man Räder benötigt.[51]

Auch die Abkehr vom Altertum, die Xunzi bereits vorsichtig begonnen, wenngleich nur hinsichtlich des „ganz fernen" Altertums auch wirklich vollzogen hatte, übernahm Han Feizi; er steigerte sie aber in solchem Maße, daß er jede Orientierung am Vergangenen ablehnte. Am Altertum vermag er nüchtern nur einen einzigen Vorteil zu erkennen: die geringere Bevölkerungszahl, die das Leben generell erleichtert haben dürfte. In einer ganzen Reihe von Gleichnissen prangert er an, wie dumm es ist, sich immer an das Alte zu halten. Das beginnt mit der Parabel von dem einen Dummkopf, der an seinem im Fluß fahrenden Boot eine Kerbe macht, als ihm sein Schwert ins Wasser fällt, um es dann nach seiner Landung unterhalb der Kerbe im Wasser zu suchen; bis hin zu dem anderen, der eine Umrißzeichnung von seinem Fuß anfertigt, ehe er zum Schuster geht, dann aber, als er beim Schuster feststellt, daß er diese Zeichnung zu Hause vergessen hat, wieder zurückgehen will, um sie zu holen, statt gleich von seinem Fuß Maß nehmen zu lassen.

Eher daoistische Einflüsse sind dagegen in Han Feizis Kombination der drei Schlüsselbegriffe „Autorität", „Kunstgriff" und „Gesetz" erkennbar. Die „Autorität" bezeichnet er als die innere Kraft des Herrschers; sie ist, wie er sich ausdrückt, sein „Muskel". „Kunstgriff" und „Gesetz" dagegen sind seine äußeren Kräfte, „unentbehrlich wie Essen und Kleidung". Ein Herrscher, der alle diese Kräfte auf sich vereinigt hat, vermag sich völlig von der Regierung zurückzuziehen: Wie eine neue, menschengeschaffene Naturkraft waltet das Gesetz ganz von alleine. Er „lauscht dem Vortrag seiner Minister als sei er betrunken"[52], „macht sein leeres Herz zur Wohnstätte des ‚Weges'"[53] und wird schließlich „zu einem ‚Götterwesen' (*shen*) zwischen Himmel und Erde"[54].

Eine Apotheose vom segensreichen Wirken des Gesetzes in Han Feizis Werk, die diese Ideen glorios weiterführt, stammt zwar wahrscheinlich nicht von seiner Hand, sondern ist vermutlich ein späterer Zusatz. Aber sie verdeutlicht trotzdem zu Recht die generelle Nähe des Legalismus zum Daoismus, die sich, nebenbei bemerkt, auch aus in den 1970er Jahren in Gräbern entdeckten, bisher unbekannten legalistischen Texten nachweisen läßt. In dieser Apotheose ist vom „Zeitalter des ‚höchsten Friedens'" die Rede, „in dem das Gesetz wie Morgentau über dem Lande liegt, ... das Volk nicht sein Leben im Kampf gegen Räuber verliert, und tapfere Krieger sich nicht Unsterblichkeit zu erringen versuchen". Die kurze Epoche der Qin-Dynastie aber, die das vom Legalismus gepriesene „Gesetz" tatsächlich einführte, war in Wirklichkeit alles andere als eine friedliche Zeit. In ihren hektischen Maßnahmen verglühten die letzten Reste des alten Feudalreiches und kurzfristig zunächst auch die vielen Geistesschulen, die in der Ära der Philosophen entstanden waren – symbolisiert in der vielleicht doch nicht bloß legendären Bücherverbrennung von 213 v. Chr. Als die Qin-Dynastie 207 v. Chr., nach dem Tod ihres ersten Kaisers 210 v. Chr., unterging, hinterließ sie eine völlig verwandelte Welt, in der sich auch das Geistesleben völlig neu formierte.

VIII. Der Konfuzianismus als Staatsideologie

Der Sieg des Konfuzianismus

Die Ära der Philosophen in China, die mit der Qin-Dynastie und damit zugleich der Gründung des Kaiserreiches 221 v. Chr. zu Ende ging (bis dahin hatte es ja nur einen einzigen „König" als Herrscher über ein Feudalreich gegeben und dann, nach dessen Zerfall, eine Mehrzahl von Staaten, deren Herrscher nach und nach alle die Königswürde annahmen), diese Ära war in eine Periode der politischen Zersplitterung gefallen, die sich auch im Geistesleben widerspiegelte, dort aber in fruchtbarer Weise: Erst durch die vielen nebeneinander liegenden Machtzentren konnten sich die verschiedenen philosophischen Systeme ungehindert nebeneinander entwickeln. Die Einrichtung eines zentralistischen Reiches erst durch die Qin- (221–206 v. Chr.) und dann durch die Han-Dynastie (206 v. Chr. – 220 n. Chr.) zog jedoch, analog dazu, auch eine Zentralisierung im ideologischen Sinne nach sich, aus der sich zwangsläufig eine völlig andere geistige Grundeinstellung, ein völlig anderes geistiges Klima ergab. Diese Zentralisierung und Vereinheitlichung, die in der Qin-Dynastie mit großer Brutalität, aber auch noch in der Han-Dynastie nicht ohne starke staatliche Eingriffe vor sich ging, hatte einen doppelten Effekt: Auf der einen Seite verdrängte sie eine ganze Reihe von Philosophien, die aus diesem oder jenem Grunde nicht genehm waren, so in der Qin-Zeit alle außer dem Legalismus, in der Han-Zeit (wenigstens nach außen hin) den Legalismus, aber auch den Mohismus, der mit seiner selbständigen Kaderorganisation sicherlich nicht das Wohlwollen des Staates erregte. Auf der anderen Seite konnte eine solche Vereinheitlichung eben nur gelingen, wenn möglichst viele Elemente der um der Einheit willen verdrängten

Weltanschauungen mit in die privilegierte Weltanschauung eingeschmolzen wurden. Das ließ sich bereits bei der Alleinherrschaft des Legalismus beobachten, dessen Ausformung in der Lehre des Han Feizi ebensoviel konfuzianisches wie daoistisches Gedankengut aufgenommen hatte. Es galt aber entsprechend nicht minder für die Han-Zeit, in der es dem Konfuzianismus gelang, zum Rang einer Art Staatsideologie aufzusteigen; auch in ihm finden sich Elemente anderer Weltanschauungen, die seit der Qin-Ära in den Hintergrund getreten waren. Eine „reine" konfuzianische Philosophie gibt es freilich ebensowenig wie irgendeine andere namentlich definierte Philosophie; wesentlich ist aber trotzdem die ungewöhnliche Variationsbreite des Konfuzianismus während der Han-Dynastie, eine Variationsbreite, die fast das gesamte Spektrum der vielen alten originären philosophischen Systeme umfaßte.

Die Frage, weswegen der Konfuzianismus sich in der Han-Zeit als Ideologie durchsetzte und damit eigentlich auch in der gesamten chinesischen Geschichte – insofern als die Han-Dynastie, dem Römischen Reich vergleichbar, die grundlegendste aller chinesischen Dynastien war und den Chinesen bis heute ihre Selbstbezeichnung gegeben hat – diese Frage ist alles andere als leicht zu beantworten. Ein Grund mag gewesen sein, daß er unter den Qin besonders erbittert bekämpft worden war und daher hinterher besonderes Prestige genoß. Wesentlicher aber war vielleicht, daß das Konzept des durch „Menschlichkeit" regierenden Herrschers die beste Möglichkeit bot, das Kaiserhaus der Han, das keinerlei Adelshintergrund besaß, zu legitimieren. Mit diesem Streben nach Legitimation hing zusammen, daß schon 196 v. Chr., also kurz nach der Dynastiegründung, der erste Han-Kaiser verfügte, für den Beamtenapparat sollten im ganzen Reiche Männer von hoher Bildung und integrer moralischer Haltung empfohlen werden – eine Maßnahme, aus der sich allmählich Vorformen der konfuzianisch geprägten und gesteuerten Staatsexamina entwickelten. In dem Augenblick aber, da Gelehrsamkeit als Voraussetzung für politische Macht angesehen wurde, konnten die Konfuzianer triumphieren; denn die Gelehrsamkeit war ihr Metier. Nannten sie sich selbst ja nicht etwa nach Konfuzius, sondern einfach „Gelehrte" – ein Ausdruck übrigens, der einer frühen chinesischen Etymologisierung zufolge mit dem Begriffsfeld „schwach" (im Gegensatz zum „starken" Krieger) in Zusammenhang steht. Auch was Gelehrsamkeit hieß, bestimmten die Gelehrten bald selbst: vor allem nämlich die Kenntnis der fünf Klassiker, die schon einmal kurz erwähnt worden sind („Wandlungen", „Urkunden", „Gedichte", „Ritualschriften", „Frühlings- und Herbstannalen"), neben die anfangs angeblich auch noch ein sechster, jedoch kaum belegbarer „Klassiker der Musik" getreten sein soll. Der Zugang zur Macht wurde also von einem ganz bestimmten Wissen abhängig gemacht. Im Jahr 136 v. Chr. wurden diese kanonischen Schriften dann tatsächlich offiziell zum verbindlichen Gegenstand der staatlich alimentierten Ausbildung erhoben, die den wichtigsten Zugang zur Bürokratie darstellte. Anhand der sechs Klassiker wurde in der Folge auch der Staatskult ausgebildet, der die zentrale Form der Selbstrepräsentation der Dynastie war.

Durch diese Entwicklung gewannen geschriebene Texte im Gegensatz zu dem gesprochenen Wort, das in der Ära der Philosophen ja noch in erster Linie gegolten hatte, eine eminente Bedeutung. Es kam zu einer regen Betriebsamkeit bei der Abfassung von Büchern aller Art, vor allem auch solchen mit philosophischer Relevanz: Zum einen wurden Texte, die während der Qin-Zeit vernichtet worden waren, neu aufgezeichnet; zum anderen wurden Überlieferungen, die bis dahin nur mündlich weitergegeben worden waren, erstmals schriftlich niedergelegt; und schließlich begann auch mit Macht die Abfassung von Kommentaren, Erweiterungen und Ergänzungen zu verehrten Texten, die seither so charakteristisch für die chinesische Geistesgeschichte gewesen ist. Die geistige Auseinandersetzung entzündete sich also mehr an der Interpretation von bereits Vorhandenem als an der Begegnung mit wirklich Neuem, mehr an der Synthese von fertigen Ideen als an der Konzipierung vorher unbekannter. Wegen der Verschiedenheit der möglichen Lösungen ist es verständlich, daß diese Synthesen am Ende oft auch etwas widersprüchlich ausfielen oder, um es in den Worten des amerikanischen Sinologen Creel zu sagen: „somewhat confused". Trotzdem läßt sich auch eine ganz klare Tendenz im hanzeitlichen Konfuzianismus ausmachen, nämlich das erhöhte Interesse an kosmologischen und ontologischen Fragen, die bis dahin im Hintergrund gestanden hatten. Allerdings gab es auch hier wieder zwei prinzipiell verschiedene Antworten, in denen sich in etwas veränderter Form die Polarisierung zwischen Menzius und Xunzi widerspiegelte, die sich noch mehr mit der Naturanlage des Menschen als mit der Natur oder dem Sein als solchem beschäftigt hatten. Nach der einen Auffassung nämlich, die indirekt die Gedanken von Menzius fortsetzt, sollte zwischen Mensch und All eine enge Wechselbeziehung bestehen, nach der anderen, in der man eben noch Xunzi wiedererkennen kann, sollten beide völlig verschiedenen Gesetzen gehorchen. Die erste bestimmte im wesentlichen die Frühere Han-Dynastie in den beiden Jahrhunderten v. Chr., die zweite die Spätere Han-Dynastie in den beiden Jahrhunderten danach.

Ergänzungen zu den „Frühlings- und Herbstannalen" und Dong Zhongshu

Das Faszinosum der Früheren Han-Zeit bildeten also unverkennbar die konfuzianischen Klassiker, in denen sich Wissen und Weisheit schlechthin zu konzentrieren schienen. Zwei von ihnen aber zogen besondere Aufmerksamkeit auf sich und bildeten den Ausgangspunkt für ganz selbständige Spekulationen, obwohl sie sich nach außen hin bloß als ergänzende Erklärungen darboten. Das eine Werk waren die „Frühlings- und Herbstannalen" (*Chunqiu*), das andere das „Buch der Wandlungen" (*Yijing*).

Die „Frühlings- und Herbstannalen" des Kleinstaates Lu, die einen ganz knappen, trockenen Bericht von politischen Ereignissen und z. T. auch von ungewöhnlichen Vorgängen in der Natur enthalten und von Konfuzius selbst verfaßt worden sein sollen, sind an sich auf den ersten Blick relativ uninteressant und in jedem Falle alles andere als ein philosophisches Werk. Überraschenderweise boten sie aber gerade wegen ihrer Unausgeführtheit einerseits und ihrer prestigeträchtigen Verfasserschaft andererseits einen besonders günstigen Ansatzpunkt für kühne Spekulationen. Es wurden nämlich etwa in der zweiten Hälfte des 2. Jahrhunderts v. Chr. zwei Kommentare schriftlich fixiert, von denen der erste nach seinem Autor Gongyang Gao als „Gongyang-Kommentar" (*Gongyang zhuan*), der zweite nach seinem Autor Guliang Chi als „Guliang-Kommentar" (*Guliang zhuan*) bezeichnet wurde. Beide sahen in den „Frühlings- und Herbstannalen" so etwas wie einen verschlüsselten Text, in dem in der Wortwahl (etwa „töten", „hinrichten", „ermorden" für einen mehr oder weniger berechtigten Fürstenmord) eine Geschichtskritik verborgen sei, die diese Kommentare nun durch ein katechismusartiges Frage- und Antwortspiel ans Licht zu bringen versuchten. In Kommentaren, die nun wiederum zu diesen Kommentaren, vor allem zum „Gongyang-Kommentar" geschrieben wurden (z. T. noch viel später: am wichtigsten war hier nämlich der Kommentar des He Xiu, 129–182 n. Chr.), suchte man dann auch noch diese Geschichtskritik über die in den „Frühlings- und Herbstannalen" berichteten Vorgänge hinaus ins Exemplarische zu erweitern und in ihnen eine umfassende Geschichtskritik, ja sogar so etwas wie eine Vision vom Ursprung und Ziel der Geschichte zu entdecken. Konfuzius erschien dadurch plötzlich nicht mehr nur bloß als ein moralisch-kritischer Geschichtsschreiber, sondern als ein weiser Seher, um nicht zu sagen als ein Messias, der den Sinn der Menschheitsgeschichte durchblicken und eben dadurch auch in seiner Grundrichtung nach einer langen Zeit des Verfalls wieder in eine gute Richtung zu lenken vermochte.

Es existierte aber auch ein wirklich selbständiges Werk, in dem diese Gedanken teils vorgeprägt, teils weiterentwickelt, in jedem Falle aber zu einem größeren System zusammengefaßt wurden, das sich durch seinen merkwürdigen Titel „Üppiger Tau der

'Frühlings- und Herbstannalen'" (*Chunqiu fanlu*) ebenfalls als abhängig von den Geheimnissen der Annalen von Lu zu erkennen gibt. Es soll auf das Denken des Dong Zhongshu (179–104 v. Chr.), des wichtigsten Philosophen der Früheren Han-Dynastie, zurückgehen bzw. von ihm selbst stammen. Dong Zhongshus wesentliche Leistung bestand darin, daß er, wiederum gestützt auf die Tatsache, daß die „Frühlings- und Herbstannalen" eben nicht bloß Geschehnisse aus dem Bereich des Menschen, sondern auch solche aus dem Bereich der Natur berichtet hatten, eine Analogiebeziehung zwischen Himmel, Erde und Mensch (und in besonderem Maße zwischen Mensch und Himmel) herausarbeitete. Er behauptete, das Schriftzeichen für *wang* „König" zeige diese Beziehung durch einen vertikalen Strich, der diese drei Seinsebenen miteinander verbinde. Unter den vielen Stellen in seinem Werk, die diese Beziehung im einzelnen schildern, seien nur die folgenden, recht typischen Sätze zitiert:

Der Heilige dupliziert in seiner Regierungsführung die Bewegung des Himmels. Mit den Freundlichkeiten dupliziert er seine Wärme und entspricht so dem Frühling; mit den Wohltaten dupliziert er seine Hitze und entspricht so dem Sommer; mit den Strafen dupliziert er seine Kühle und entspricht so dem Herbst; und mit seinen Hinrichtungen dupliziert er seine Kälte und entspricht so dem Winter. Seine Freundlichkeiten, Wohltaten, Strafen und Hinrichtungen sind zwar von anderer Art, aber in ihrem Wirken sind sie gleich. … Deswegen sage ich, daß der König ein Äquivalent zum Himmel darstellt in dem Sinne, daß der Himmel in seinem Walten die Vier Jahreszeiten besitzt ebenso wie der König in seinem Walten die vier Regierungsmaßnahmen.[55]

Um diese Beziehungen zwischen Himmel und Mensch im einzelnen zu demonstrieren, greift das *Chunqiu fanlu* auf Vorstellungen zurück, die uns im Zusammenhang mit der Skizzierung des „Buches der Wandlungen" als pseudo- oder protonaturwissenschaftlich schon einmal kurz begegnet sind, nämlich die Vorstellungen von den Urkräften Yin und Yang, aber auch die Theorien von den fünf Elementen (*wu xing*) – Erde, Holz, Metall, Feuer, Wasser – und überhaupt die Vorstellung vom Wirken bestimmter

„Essenzen" oder „Fluida" (*qi*) in Himmel, Erde und Mensch. Was die „Fünf Elemente" oder besser „Fünf Wirkkräfte" angeht, so werden sie von der Tradition auf einen älteren Philosophen namens Zou Yan (340–260 v. Chr.?) zurückgeführt. Sie spielten aber bis zur Han-Zeit, ebenso wie die Yin-Yang-Theorien, viel mehr im Daoismus als im Konfuzianismus eine Rolle, und zwar deswegen, weil die Daoisten im Menschen eben letztlich ein ganz „natürliches", durch nichts, am wenigsten durch seine „Menschlichkeit" besonders herausgehobenes Geschöpf sahen, das wie alle anderen durch Naturgesetze bestimmt war. Bei Dong Zhongshu begegnet uns nun dieselbe Gleichsetzung unter umgekehrten Vorzeichen: Der Mensch ist ein Partner des Himmels, beide sind gleichermaßen menschlich wie natürlich ansprechbar. Der Mensch reagiert auf Äußerungen des Himmels – etwa Regen oder Dürre – ebenso wie der Himmel auf Äußerungen des Menschen, wie etwa gute oder böse Taten, speziell solche, die vom Herrscher, dem höchsten Exponenten der Menschheit, vollzogen werden. Charakteristischerweise erscheint deswegen auch die menschliche Naturanlage bei Dong Zhongshu janusköpfig und nicht einfach gut oder schlecht: Sie zerfällt nämlich einerseits in eine „Naturanlage" im engeren Sinn, die nach alter Weise mit *xing* benannt und im Menziusschen Sinne als „menschlich", d.h. in diesem Falle als liebevoll bezeichnet wird, und andererseits in eine „Gefühlsanlage" *qing*, welche durch „Gier" (*tan*) charakterisiert und daher natürlich eher schlecht besetzt ist. Das hier mit „Gefühlsanlage" übersetzte Wort *qing* hat nicht bloß die Bedeutung „Emotionen", „Wünsche", sondern interessanterweise auch die Bedeutung „(Begleit)umstände". In jedem Falle sieht sich der Mensch in dem Weltbild Dong Zhongshus hineingestellt in ein ungemein verwickeltes Bezugssystem von wechselseitig aufeinander einwirkenden Kräften, unter denen allerdings auch ihm selbst eine reale Beeinflussungsmöglichkeit zufällt. Das All, sagt er an einer Stelle, gründet sich auf zehn Wesensbestandteile: Himmel und Erde, Yin und Yang, die Fünf Elemente und eben den Menschen – eine wahrhaftig heterogene Mischung, die aufs deutlichste zeigt, mit welcher Entschlossenheit Dong Zhongshu die verschiedensten, auf ihn überkommenen Gedankenrichtungen zu einer Einheit zusammenzuschweißen versuchte.

Ausgehend von der Prämisse einer Korrespondenz zwischen allen Phänomenen in der Natur einschließlich des Menschen baute das *Chunqiu fanlu* auch die großen z. T. bereits seit früherer Zeit bestehenden Entsprechungssysteme innerhalb der Yin-Yang- und der Fünf-Elementen-Lehre zu einem System von verwirrender Komplexität aus, das ein wenig an ähnliche Entsprechungssysteme im europäischen Mittelalter erinnert. Die Fünf Elemente wurden beispielsweise mit fünf Farben, fünf Tierarten, fünf Feldfrüchten, fünf Himmelsrichtungen (einschließlich Mitte), fünf Planeten, fünf Körperorganen, fünf Haustieren, fünf Musiknoten etc. in Beziehung gesetzt, bezüglich des Menschen aber ebenso mit fünf Tugenden, fünf Ministern, fünf Geschmacksrichtungen, fünf Gerüchen u. ä. In diesem gigantischen Beziehungsnetz erhielt dadurch jede Erscheinung über sich selbst hinaus eine auf unzählige andere Erscheinungen hinweisende Bedeutung, was nicht zuletzt in der Politik weitreichende Folgen hatte: Konnte man nun doch nicht nur aus den Sternen, sondern praktisch fast aus jedem Ereignis Rückschlüsse auch auf die Qualität der Regierung ziehen. Genau dies wurde in der Tat während der Han-Dynastie, aber auch später noch, in reichem Maße getan – nicht selten begreiflicherweise zum argen Mißvergnügen der Herrscher, die ihre Aktionen solchermaßen ständig von Reaktionen des Himmels begleitet sahen, die zu deuten die konfuzianischen Beamten als eine Art neu erstandener Orakelpriester übernommen hatten. Der Niedergang dieser konfuzianischen Entsprechungsphilosophie ist denn auch nicht zuletzt durch Bekämpfung von außen (oder besser: von oben) vor sich gegangen, da sie zwangsläufig allzusehr in politische Entscheidungen eingriff.

Das galt besonders deswegen, weil ihr Beziehungssystem auch die Zeit nicht aussparte. Das begann andeutungsweise schon früher bei der zeitlichen Reihung der fünf legendären Urkaiser, die – wie an ihrer Zuordnung zu den fünf Grundfarben erkennbar (Huangdi, der „Gelbe Kaiser" ist der bekannteste unter ihnen) – von vornherein in enger Beziehung zu den Fünf Elementen standen. Mit ihr war bereits ein bestimmtes, oft allerdings neu diskutiertes Ablaufsystem (z.B. „Hervorbringung" nach Jahreszeiten: Wasser, Feuer, Erde, Metall, Holz, oder „Überwindung": Erde, Holz, Metall, Feuer, Wasser) vorgegeben, das in der legendären Periode zwar noch keine praktische Bedeutung besaß, wohl aber eine solche bekam, wenn man sich darüber Gedanken machte, ob die Han nun unter der Herrschaft „Erde" oder „Feuer" regierten, ob sie als Nachfolger der Zhou oder der (oft nicht als legitim betrachteten) Qin anzusehen seien, u.ä. Seit Dong Zhongshu gab es die unterschiedlichsten Zuordnungen und Ablaufsysteme, die alle durch angeblich eindeutige Vorzeichen bewiesen wurden. Der brisante Punkt bei all diesen Spekulationen war jedoch der Aspekt der Zukunft, der sozusagen wissenschaftlichen Vorhersage, der damit unversehens hereinkam und zumindest immer eines aussagte: die Endlichkeit auch der mächtigsten Dynastie. Bei Dong Zhongshu stand dieser Aspekt allerdings noch im Hintergrund. Er entwickelte stattdessen eine breiter angelegte, abstraktere – und daher für die Obrigkeit weniger unmittelbar gefährliche – Vorstellung von vergangenen und künftigen geschichtlichen Zeitaltern, die nicht an der Zahl Fünf, sondern an der Zahl Drei mit den Farben Schwarz, Weiß, Rot orientiert waren. Auch die von den „Frühlings- und Herbstannalen" umfaßte Periode unterteilte er in drei Abschnitte, die bis zur Lebenszeit des Konfuzius hin eine stete Verschlechterung anzeigen sollten. Er legte damit den Grund für spätere Geschichtsphilosophien, wie z.B. die des gerade erwähnten He Xiu, die diese Abwärtsbewegung der Vergangenheit nun in die Zukunft als eine allmähliche Aufwärtsbewegung spiegelten. Konfuzius erscheint somit als ein Welterlöser, der den Verfall der Geschichte zum Halten brachte und ihr eine neue Bewegungsrichtung zum Guten hin verlieh. In der Tat tritt Konfuzius denn auch schon bei Dong Zhongshu als ein universeller Heiliger auf, der alle menschlichen Fähigkeiten transzendiert und damit nahe an eine Gottheit herangerückt wird. Wenn irgendwann, so hat der Konfuzianismus auf diese Weise in der Früheren Han-Zeit trotz seines rationalistischen Ursprungs eine starke Tendenz zum Religiösen besessen.

Ergänzungen zum „Buch der Wandlungen" und die Chenwei-Bücher

Dasselbe gilt, nur mit einer etwas anderen Akzentsetzung, für jene Kommentare und Ergänzungen, die sich an das „Buch der Wandlungen" anschlossen. Diese frühen Kommentare bildeten im Gegensatz zu der Unzahl späterer Kommentaren einen festen Bestandteil des Buches und liefen unter dem Namen „Zehn Flügel" im Sinne einer Ausbreitung des ursprünglichen Gedankens. In diese Kommentare ist noch unmittelbarer als in das Werk Dong Zhongshus daoistisches Gedankengut (namentlich aus der Version des *Daode jing*) mit eingeflossen, erkennbar bis hinein in Ähnlichkeiten bei der sprachlichen Formulierung. Was jedoch hinzutritt, ist der Wille zu einer einheitlichen Ordnung, der typisch für das Geistesleben der Han als Ganzes ist. Die Schwierigkeit beim Verständnis dieser Kommentare besteht darin, daß sie auf zwei Ebenen kommentieren: auf der Ebene der Erklärung des Orakelbuchtextes und auf der Ebene der Erklärung des dahinter stehenden ontologischen Systems. Eine Zusammenschau erreicht man am besten dadurch, daß man sich den Begriff „Abbild", „Symbol", „Emblem" (*xiang*), der in den Kommentaren wiederholt als Bezeichnung für die Grundbeschreibungen der Hexagramme gebraucht wird, als Schlüsselwort für die Betrachtung des „Buchs der Wandlungen" in diesen Kommentaren überhaupt bewußt macht. Denn in der Tat wird das „Buch der Wandlungen" von ihnen weder als bloßes Orakelbuch noch als rein philosophisches Werk aufgefaßt, sondern direkt als ein Abbild der Welt, dessen Grundstruktur einen Einblick in den Bau und die Entstehung des Seins erlaubt. Es ist eine Art Weltformel, ein Weltmodell, mit dem man das Funktionieren des Seins, das sich eben in Wandlungszuständen äußert, gewissermaßen aus der Nähe beobachten kann, indem man dieses Sein *en miniature* in der Hand trägt. „Das ‚Buch der Wandlungen‘ enthält das Maß von Himmel und Erde; darum kann man damit den ‚Weg‘ (*dao*) von Himmel und Erde umfassen und gliedern“[57], heißt es an einer Stelle noch recht allgemein. An einer anderen steht dann aber schon sehr viel konkreter:

> Im „Buch der Wandlungen“ befindet sich das „Höchste Letzte“ (*taiji*). Dieses bringt die Urzustände (*yi*) hervor, diese wiederum die Vier Abbilder (*si xiang*), und diese endlich die Acht Trigramme (*ba gua*).[56]

Hier ist unzweifelhaft zunächst einmal die graphische Aufbausystematik der Strichkombinationen des „Buchs der Wandlungen“ beschrieben, die ja nach dem Modell 2–4 – 8 – (64) läuft.

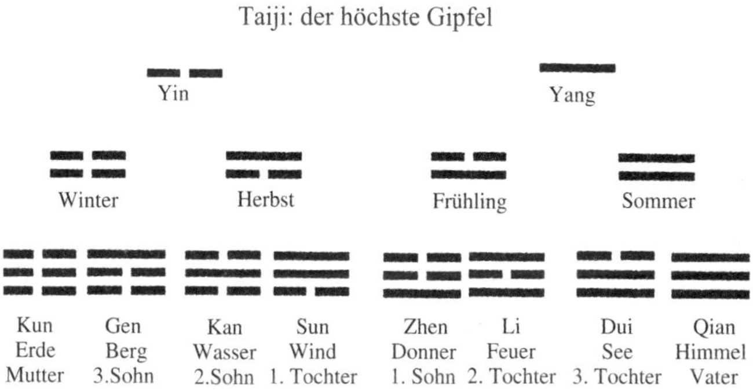

Taiji: der höchste Gipfel

Yin | Yang

Winter | Herbst | Frühling | Sommer

Kun	Gen	Kan	Sun	Zhen	Li	Dui	Qian
Erde	Berg	Wasser	Wind	Donner	Feuer	See	Himmel
Mutter	3.Sohn	2.Sohn	1. Tochter	1. Sohn	2. Tochter	3. Tochter	Vater

Gleichzeitig wird aber auch der tatsächliche Aufbau des Seins geschildert: Das „Höchste Letzte“, das im Daoismus natürlich eine Parallele im „Weg“ besitzt, bezeichnet hier eine Art indifferenten Seinszustand vor der (logischen und/oder chronologischen) Polarisierung, aus der die Welt entstanden ist; dieser Begriff sollte im späteren Konfuzianismus noch eine große Rolle spielen. Die zwei

„Urzustände" wurden immer mit Yin und Yang, die „Vier Abbilder" mit den vier Jahreszeiten identifiziert, und die „Acht Trigramme" mit Himmel, Erde, Donner, Wasser, Berg, Wind (oder Holz), Feuer und See, bzw. gleichzeitig auch (was typisch ist für die konfuzianische Vereinnahmung) mit Vater, Mutter sowie drei in der Altersreihenfolge aufgezählten Söhnen und ebenso vielen Töchtern. Die Ineinanderschiebung der Wertigkeiten von Natur und Menschheit kommt aber auch in der folgenden Stelle zum Ausdruck, in der Kernbegriffe von Menzius und Laozi gleichzeitig auftauchen:

Ein Yin und ein Yang sind die Bestandteile dessen, was man den „Weg" nennt. Das, wodurch er beständig ist, ist das Gute, das, wodurch er vollendet ist, ist die Natur (*xing*). Der Menschliche sieht ihn und heißt ihn „Menschlichkeit", der Weise sieht ihn und heißt ihn „Weisheit", der einfache Mann bedient sich seiner jeden Tag, aber er merkt ihn gar nicht, wie ja auch der Edle nur wenigen erkennbar ist. [Der Weg] äußert sich in Akten der Menschlichkeit und häuft sich auf zu brauchbaren Dingen. Er treibt alle Wesen an, ohne dabei die Sorgen des Heiligen zu kennen. Vollkommen ist sein Besitz der Tugendkraft (*de*) und die Größe seiner Leistung. Seine stete Erneuerung ist es, die man nennen kann: ein Höchstmaß an Tugendkraft![58]

Der Weltmodellcharakter, den man dem „Buch der Wandlungen" beimaß, wurde unterstrichen durch die Zahlensymbolik, die ebenfalls von den Kommentaren aufgegriffen und weiterentwickelt wurde, nachdem sie ja von Anfang an im *Yijing* angelegt gewesen war; schließlich wurden doch die einzelnen Orakel durch ein kompliziertes Wurf- und Abzählverfahren ermittelt. Es bildeten sich jedoch – gewiß angeregt durch das „Buch der Wandlungen", aber schließlich abgelöst von ihm und auch von seinen Kommentaren – in der Han-Zeit ganze Geistesdisziplinen heraus, die durch numerologische Spekulationen dem Geheimnis der Welt auf die Spur zu kommen versuchten. Es ist schwer zu entscheiden, wie hoch der eigentliche philosophische Gehalt dieser Schriften war, die sich daranmachten, die Wahrheit (in *dieser* Hinsicht ähnlich der modernen Wissenschaft) nur mit Zahlen,

Formeln, graphischen Strukturen wiederzugeben statt mit Wort und Schrift. Denn fast alle Erzeugnisse dieser Bemühungen sind heute verloren. Nach den Titeln in noch erhaltenen Buchkatalogen zu urteilen, in denen immer wieder das Wort „Tafel", „Karte" (*tu*) auftaucht, müssen sie jedoch tatsächlich großenteils aus Tafeln bestanden haben, die vielleicht magischen Quadraten ähnelten, angereichert durch Zeichensymbole. Diese Tafeln wurden, gerade *weil* sie *nicht* verbalisiert waren, als um so direktere Manifestationen der Natur aufgefaßt, die einfach spontan irgendwo auftauchten, so z. B. von Flüssen an Land gespült wurden. Zwei berühmte solche Tafeln (die möglicherweise sogar noch aus der Vor-Han-Zeit stammen, aber sicherlich einen ungefähren Begriff von diesen Tafeln überhaupt geben können) haben sich nach tradierter Ansicht erhalten, vermutlich deshalb, weil sie mit dem „Buch der Wandlungen" in Beziehung gesetzt wurden. Dies sind die „Tafel des Gelben Flusses" (*Hetu*) und die „Schrift des Flusses Luo" (*Luoshu*).

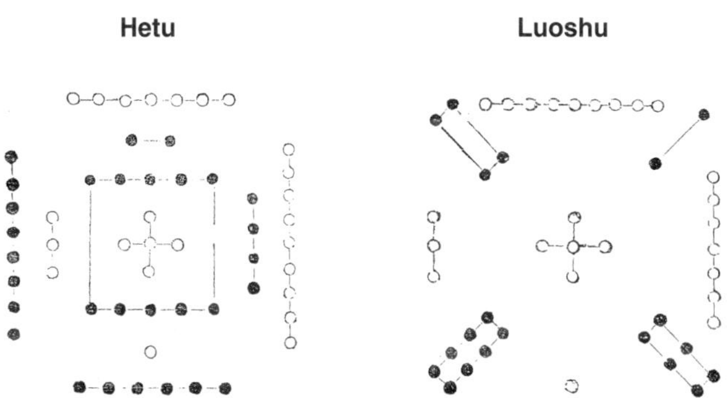

Solche numerologischen Spekulationen hatten ihren Platz natürlich mindestens ebenso in der Religion wie in der Philosophie. Den beiden hier genannten Tafeln beispielsweise wurde später in der daoistischen Religionspraxis ein großer magischer Wert beigemessen, und zwar praktisch bis auf den heutigen Tag. Darüber hinaus wurden solche Schriften, zu denen dann allerdings auch wirklich verbalisierte Texte traten, als unter medialem Einfluß zustande gekommen angesehen und als Weissagungen aufgefaßt oder auf jeden Fall als Dokumente, aus denen auch die Zukunft herausgelesen werden konnte. Sie liefen unter der Sammelbezeichnung „prognostische Schriften" (*chenshu*) und füllten trotz mehrmaliger Vernichtungen und Verbote noch bis um die Mitte des ersten Jahrtausends n. Chr. ganze Bibliotheken.

So schlug also die vom „Buch der Wandlungen" ausgehende Entwicklung einen merkwürdigen Kreis: Das mit Emblemen im tatsächlichen und im übertragenen Sinn arbeitende Buch ließ sich als Weltformel auffassen, so daß dann seine vorrangige Bedeutung bald nicht mehr in der Zukunftsdeutung gesehen wurde. Die von ihm angeregten Texte regredierten dann jedoch trotzdem nicht selten wieder zu Aussagen, die abermals die Zukunft ins Auge faßten, wenngleich nicht mehr als formalisierte, immer wieder verwendbare Wahrsageschriften, sondern als Weissagungen, die sich auf einmalige bevorstehende Ereignisse beziehen sollten.

Ergänzungen und Erweiterungen völlig selbständiger Art wurden jedoch in der Han-Zeit nicht bloß zu den „Frühlings- und Herbstannalen" und zum „Buch der Wandlungen" abgefaßt, sondern auch zu anderen konfuzianischen Klassikern, und zwar in geradezu überwältigender Zahl. Diese Schriften, die meist mit den prognostischen in einem Atemzug genannt werden, obwohl sie eher vom Typ des „Üppigen Taus der ‚Frühlings- und Herbstannalen'" waren, nannte man *Weishu*, d. h. wörtlich „Kettfaden-Bücher", im Gegensatz zu den eigentlichen Klassikern (*jing*), ein Terminus, der wörtlich mit „Leitfaden-Bücher" übersetzt werden könnte. Auch von diesen „Kettfaden-Büchern", die – wie man aus Fragmenten weiß – genau wie die prognostischen Schriften einen starken Trend zum Religiösen hin besaßen, ist nicht viel übriggeblieben, weil sie als apokryphe Schriften immer wieder verboten, verfolgt und vernichtet wurden. Die bloße Tatsache aber, daß sie existiert haben, beweist, daß die aufgeklärte Grundhaltung, die für die Entstehung des Konfuzianismus sicherlich in mancher Hinsicht charakteristisch war, nicht unbedingt auch in allen seinen Ausformungen und in allen seinen Entwicklungsperioden wirksam blieb und keineswegs für sie alle als selbstverständlich vorausgesetzt werden kann.

Die Alttext-Schule

Die über 400 Jahre währende Regierung der Han-Dynastie stellt sich nicht als eine ganz einheitliche Periode dar, sondern sie war fast genau in der Mitte unterbrochen durch die Zwischenherrschaft einer niemals als legitim anerkannten Dynastie namens Xin (8–25 n. Chr.). Ihr erster und letzter Herrscher Wang Mang wurde zwar in einem blutigen Aufstand gestürzt und getötet, er legte aber trotzdem den Keim für eine ganz neue Entwicklung im Konfuzianismus und, im weiteren Verfolg, auch in der gesamten chinesischen Geistesgeschichte. Obwohl nämlich Wang Mang sich unter sehr geschickter Benutzung und Manipulierung von „günstigen Vorzeichen“ selbst auf den Thron geschwungen hatte, stemmte er sich bald energisch gegen die Beschneidung seiner eigenen Macht durch eben diese Vorzeichen. Er tat das unter dem Zeichen des Widerstandes gegen die Amalgamierung des Konfuzianismus mit anderen Traditionen, die von Dong Zhongshu so geschickt in die Wege geleitet worden war und schließlich zu so merkwürdigen Erscheinungen wie den prognostischen Schriften und den „Kettfaden-Büchern“ geführt hatte. Sein Ziel war – jedenfalls nach außen hin – die Wiedererweckung der ursprünglichen Lehre des Konfuzius und die Rückkehr zu den politischen Verhältnissen der frühen Zhou-Zeit, die ja prinzipiell auch von Konfuzius angestrebt worden war. Zu diesem Zweck verließ er sich nicht nur auf Gewaltmaßnahmen, sondern auch auf die Unterstützung eines ähnlich denkenden konfuzianischen Gelehrtenstabes. Auf wissenschaftlich-bibliographischem Gebiet wirkten in ihm ganz besonders der Palastbibliothekar Liu Xin (46 v. – 23 n. Chr.) und sein schon vor

Wang Mang aktiver Vater Liu Xiang (79–8 v. Chr.). Es besteht der begründete Verdacht, daß diese beiden Liu in der Manier von Propagandachefs bestimmte „heilige" Texte akzentuierten, manipulierten, lancierten und sogar ganz neue Texte inspirierten, die die Interessen Wang Mangs unterstützten. Jedenfalls nutzte Wang Mang alte Texte, die im Laufe der Han-Zeit neu zutage getreten waren, insbesondere einen sensationellen Fund von klassischen Texten in einer altertümlichen Schriftform, wie sie angeblich noch zu Konfuzius' Lebenszeit Verwendung gefunden haben sollte, der beim Abriß einer Mauer des Familienheims von Konfuzius gemacht worden war. Ihr Inhalt differierte teilweise beträchtlich von den bis dahin kursierenden klassischen Texten.

Der Disput darüber, ob diese Texte echt waren, nahm gegen Ende des 19. Jahrhunderts heftige Formen an. Worum es dabei ging, waren nicht so sehr einzelne Passagen in den Klassikern als vielmehr bestimmte Akzentsetzungen in der Interpretation. Nach Meinung der Klassiker-Exegeten des 19. Jahrhunderts stand im Zentrum der hanzeitlichen Diskussionen die Frage, ob Konfuzius nur eine normale, wenngleich erhabene historische Figur und bestenfalls der Erneuerer alter Ideale gewesen sei, so wie er sich selbst in seinem Verhältnis zu dem 500 Jahre vor ihm lebenden Herzog von Zhou gesehen hatte (und wie der 500 Jahre nach ihm lebende Wang Mang nachweislich gerne sich selbst gesehen hätte). Dies sei die Position der Anhänger der mit Liu Xin neugeschaffenen Alttext-Schule gewesen. Oder war er – wie die frühhanzeitlichen Vertreter der (im Kontrast zu der „Alttext-Schule") nun als „Neutext-Schule" bezeichneten Richtung meinten – tatsächlich doch eine messianische, ans Göttliche grenzende monumentale Persönlichkeit, die in einem einmaligen Kraftakt die Menschheit erlöst hatte? Spielte sich also, etwas überspitzt ausgedrückt, die Menschheitsgeschichte nicht nur unter Menschen, sondern auch und sogar eigentlich im Zusammenspiel zwischen Himmel und Erde ab?

Schon in der Han-Zeit wurde der Schulenstreit sowohl durch Texte als auch vor allem durch Textkommentare ausgetragen. Bezeichnend dafür ist, daß die Anhänger der „Alttext-Schule" (die, um das noch einmal klarzustellen, *jünger* war als die „Neutext-Schule") statt der esoterischen Guliang- und Gongyang-Kommentare zu den „Frühlings- und Herbstannalen" ebenfalls einen Kommentar vorwiesen, nämlich den sehr umfangreichen, geschichtlich hochbedeutsamen, angeblich von einem gewissen Zuo Qiuming verfaßten Zuo-Kommentar (*Zuozhuan*). Bei ihm handelte es sich nun nicht mehr um eine terminologische Ausdeutung des Annalentextes, sondern um eine absolut reine historische Schrift, die eben dadurch – und das war ihr Sinn! – auch die „Frühlings- und Herbstannalen" indirekt wieder in einen bloß historischen Text zurückverwandelte. Dabei war der „Zuo-Kommentar" in seinen Bestandteilen unzweifelhaft ein genuiner alter, etwa aus dem 5. bis 4. vorchristlichen Jahrhundert stammender Text; neu an ihm war jedoch seine Aufbereitung als „Kommentar", die unter gewöhnlichen Umständen als ebenso unsinnig erscheinen müßte, als würde man eine Geschichtsdarstellung Europas in ihre Bestandteile zerlegen und einer Geschichtsdarstellung Luxemburgs als „Kommentar" anhängen. Nirgendwo zeigt sich die Bedeutung der Kommentare deutlicher als hier an diesem Beispiel, wo ein selbständiger Text erst künstlich in einen Kommentar verwandelt wurde, um ihn dadurch selbst einerseits an Einfluß gewinnen zu lassen und um andererseits, was noch viel wichtiger ist, den solchermaßen kommentierten heiligen Text in seinem Stellenwert von Grund auf umzuwandeln.

Offener, und eben deshalb etwas weniger wirkungsvoll, waren demgegenüber die Schriften von Philosophen, die – ohne daß sie direkt an den Aktionen Wang Mangs beteiligt gewesen wären – von Feng Youlan ebenfalls als Alttext-Anhänger bezeichnet worden sind. Gerade dadurch, daß sie sich nicht hinter irgendeinem klassischen Text verschanzten, wie es seit dem Beginn der Han-Zeit Mode geworden war, isolierten sie sich allerdings selbst ein wenig und wurden deshalb in der Geistesgeschichte eher als tote Äste am Baum der lebendigen Tradition angesehen. Das gilt bis zu einem gewissen Grade für den Gelehrten Yang Xiong (53 v. – 18 n. Chr.), dem von den Konfuzianern im übrigen auch mangelnde Distanz zu der unrechtmäßigen Regierung Wang Mangs vorgeworfen wurde. Seine beiden Hauptwerke sind charakteristischerweise gerade keine „Kommentare" oder Variationen von klassischen Texten, sondern sie treten erklärtermaßen (und fast peinlicherweise) als Gegenstücke zu solchen Texten auf. Das eine von ihnen, die „Musterworte" (*Fayan*), in denen *Yang Xiong* anonyme Fragen beantwortet, ist nämlich den „Gesprächen" des Konfuzius (*Lunyu*) nachempfunden, und das andere, nämlich der „Klassiker vom Höchsten Dunklen" (*Taixuan jing*), ist eine Nachahmung des „Buchs der Wandlungen".

In dem „Höchsten Dunklen" kann man ein Epitheton des *Dao*, des „Weges", bei Laozi wiedererkennen, und in der Tat sieht Yang Xiong darin etwas, was mit dem „Weg" des *Daode jing* wenigstens das eine gemeinsam hat, daß es der Schöpfung, dem Seienden, vorausgeht. Es wird aber gerade nicht als *Dao* bezeichnet; denn für Yang Xiong ist – wie für alle Konfuzianer vor ihm – *Dao* eher ein pluralistischer Begriff in dem Sinne, daß jedes Wesen sein besonderes *Dao* besitzt. „Das Dunkle", so lesen wir an einer Stelle, „ist das *Dao* des Himmels, das *Dao* der Erde und das *Dao* des Menschen." Das „Dunkle" bringt also eine Dreiheit hervor, diese Dreiheit, wenngleich von ganz anderer Art, bildet das „Dunkle" aber, wie es an einer anderen Stelle heißt, auch dadurch, daß es mit den aus ihm selbst heraus entstandenen Yin und Yang in eine Beziehung tritt. Aus dieser Betonung der Dreiheit – im Gegensatz zur Zweiheit, die für das „Buch der Wandlungen" bestimmend war – ergibt sich für Yang Xiongs „Klassiker vom Höchsten Dunklen" ein Trinärsystem als Grundlage. Genauer gesagt gibt es nicht nur zwei, sondern drei Strichsymbole (⚊ ⚋ 𝌀) und nicht Hexagramme, sondern Tetragramme mit insgesamt 81 (3^4) verschiedenen Möglichkeiten, die ihrerseits noch einmal in neun Untergruppen eingeteilt sind. Eine weitere Besonderheit besteht darin, daß der Urkraft Yang für die Herausbildung der Geschöpfe eine herausragende Funktion zuerkannt wird. Denn mit dem Yang beginnt die Sequenz des Schöpfungsprozesses, durch es erhalten die „Zehntausend Dinge" ihre Gestalt. Das „Höchste Dunkle" aber ist davon abgesetzt: „Ruhig (eigentlich: zahm) wirkt das Dunkle auf unbestimmte Weise, ohne zu enden."[59] Präziser noch heißt es an einer anderen Stelle des Buches:

> Das Dunkle breitet sich geheimnisvoll aus in den Zehntausend Arten, ohne dabei doch seine [eigene] Gestalt (*xing*) sehen zu lassen. Ist sein Stoff die Leere und seine Form das Nichtsein, so daß es deshalb Leben geben [kann]? [Nun,] es nimmt als Muster, mit ihm in Beziehung tretend, den Geist (*shenming*), um Modelle festzulegen, es verbindet zu Gleichheiten Vergangenes und Gegenwärtiges, um Arten entstehen zu lassen, und es entfaltet Yin und Yang, um die Essenzen (*qi*) hervorzubringen.[60]

Am interessantesten an dieser Passage ist der Hinweis auf den „Geist" (oder: „geistige Erleuchtung"), mit dem das „Dunkle" erst in Kontakt tritt, um die Geschöpfe zu formen. Es wird dadurch nämlich wieder eine abstraktere Ebene angedeutet, die vom Seienden abgelöst ist, nachdem seit Beginn der Han-Zeit diese Trennung, die zumindest im *Daode jing* bereits durchaus bestanden hatte, nahezu in Vergessenheit geraten war.

Die Herausarbeitung dieser Sphäre geht bei Yang Xiong Hand in Hand mit der Bekämpfung der seit Dong Zhongshu herrschenden Auffassung von einer ständigen Wechselbeziehung zwischen menschlicher und nichtmenschlicher Welt. In den „Musterworten", wo er vor allem in diese Richtung polemisiert, vergleicht er sich mit Menzius, der streitbar gegen Mo Di und Yang Zhu aufgetreten sei. In Wirklichkeit kann man jedoch bei Yang Xiong eher Parallelen zu Xunzi ziehen, insofern nämlich, als auch er gegen den Glauben zu Felde zieht, der Mensch könne den Himmel irgendwie zum Günstigen oder Ungünstigen hin durch seine Aktionen beeinflussen oder aus „Vorzeichen" die Zukunft ablesen. Stattdessen glaubte er an ein unverrückbares Schicksal, das es einfach hinzunehmen gelte.

Die gleiche Auffassung von der Allmacht des Schicksals – nicht ganz im Sinne eines absoluten Fatalismus, wohl aber im

Sinne der Ablehnung einer festen Wechselbeziehung zwischen menschlichen Taten und ihrem „Lohn" im persönlichen Glück oder Unglück – finden wir auch bei dem im Vergleich zu Yang Xiong noch wesentlich prononcierteren, fruchtbareren und selbständigeren Denker Wang Chong (27–97?). Auch er ist von Feng Youlan in die Tradition der spät-hanzeitlichen „Alttext-Schule" gestellt worden, obwohl er – Skeptizist und Ikonoklast, der er war – gleichzeitig auch eine etwas isolierte Position einnimmt, von der aus er auch den Konfuzianismus nicht ungeschoren ließ. Er wurde deswegen denn auch, nebenbei bemerkt, genauso wie Xunzi im heutigen China wiederholt als eine besonders fortschrittliche, „materialistische" Figur gefeiert. In der Tat schritt er auf dem nun nach Xunzi zum zweiten Male neu eingeschlagenen Weg zur Emanzipation des Menschen vom Himmel (oder von der Natur) konsequent weiter fort. Er tat das in seinem Hauptwerk, das den Titel „Theorienabwägung" (*Lunheng*) trägt, anhand einer überwältigenden Fülle von Quellenmaterial, das in sich selbst oft fast ebenso wichtig und originell ist wie die vorgetragenen Gedanken selbst. Am bedeutsamsten ist bei ihm die Betonung eines Begriffs, der zwar keineswegs neu war, sich mit Wang Chong jedoch (wie übrigens teilweise auch schon bei Yang Xiong) allmählich in den Vordergrund schiebt und wenig später ins Zentrum vieler Überlegungen rücken sollte: der Begriff „Von-selber-so-Sein" (*ziran*). Er ist uns das erste Mal im *Daode jing* begegnet, als dort von dem „Gesetz" die Rede war, unter dem der „Weg" stehe; und wir haben ihn darüber hinaus auch in einer etwas blasseren Form als „Natürlichkeit", „Spontaneität" kennengelernt, als wir von den verschiedenen Ausdrücken für den komplexen Begriff „Natur" im Chinesischen sprachen. Bei Wang Chong lesen wir nun folgende Stelle, in der er die natürliche Selbständigkeit aller Naturvorgänge besonders unterstreicht:

Wenn die Lebensessenzen von Himmel und Erde zusammenkommen, so werden die Zehntausend Wesen „von selber" geboren, wie die Kinder „von selber" geboren werden, wenn die Lebensessenzen von Mann und Frau sich miteinander vereinen. Die Wesen mit Blut in den Adern aber empfinden Hunger und Kälte, und sobald sie merken, daß man [Gewebe aus] Hanf und Seide anziehen kann, machen sie Kleider daraus. Manche Leute aber beharren darauf, daß der Himmel die fünf Kornarten eigens hervorgebracht habe, um den Menschen damit zu ernähren, und den Hanf und die Seide, um ihn zu kleiden. So aber macht man aus dem Himmel einen Bauern und eine Maulbeerblattpflückerin, was sich mit dem Prinzip des „Von-selber-so-Seins" in keiner Weise verträgt.[61]

So weitet sich denn mit Wang Chong nicht nur der Abstand zwischen Himmel und Mensch, die Dong Zhongshu mit seinen Yin-Yang- und Fünf-Elementen-Spekulationen in eins zu verweben gesucht hatte, sondern es weitet sich bei ihm auch bereits der Abstand zwischen den einzelnen Wesen, die sich „von selber" entwickeln, aber auch nur für sich selber da sind. Die gleichzeitige Bejahung des „Schicksals" und „Von-selber-so-Seins", die wir bei Wang Chong finden, ist weder zufällig noch gar ein Widerspruch, sondern sie ist – wie sich bei späteren, ganz anderen Philosophen dann zeigen sollte – innerlich völlig folgerichtig. Was für Wang Chong jedoch besonders charakteristisch war, war die realistische, völlig tatsachenorientierte Betrachtungsweise der Dinge, die etwas geradezu Unphilosophisches an sich hat, oder, positiv ausgedrückt, etwas Naturwissenschaftliches. So schreibt er über eine Unzahl von Naturphänomenen wie etwa die Sonne, den Donner u. ä. und versucht (was angesichts der meist ziemlich „abergläubischen" Berichte, von denen er ausgehen mußte, gar nicht so einfach war), diese nüchtern, manchmal sogar unter Hinweis auf experimentelle Erfahrungen, zu erklären. Zu diesen Phänomenen gehört für ihn auch der Tod, dem er ein eigenes Kapitel widmet. Er leugnet, daß Menschen nach dem Tod zu Geistern werden können, selbst wenn er die Existenz von Geistern als solchen noch nicht anzuzweifeln vermag, und stellt fest: „Der Mensch erhält sein Leben durch die Samenessenzen (*jingqi*), wenn er stirbt, sind diese Samenessenzen vernichtet. Sie können ihre Wirkung [nur] im Blutkreislauf ausüben. Wenn aber der Mensch stirbt, so hört sein Blutkreislauf auf, wenn er aufhört, so werden die Samenessenzen vernichtet, wenn sie vernichtet werden, so zerfällt der Körper, und wenn er zerfällt, so verwandelt er sich in Staub und Asche – wie sollte da ein Geist entstehen?“[62]

Der Charakter des Geisteslebens der Han-Zeit

Die Vorstellung Wang Chongs vom Tode könnte kaum in einem schärferen Kontrast zu einer anderen Todesidee stehen, die uns schon früher begegnet ist, nämlich zu der von Zhuangzi, der seine Weisen den Tod mit wirklich philosophischer Gelassenheit als Auflösung akzeptieren, gleichzeitig aber durch den Gedanken an das Weiterwirken der einzelnen, aus dieser Auflösung hervorgehenden Energien überwinden ließ. Die nüchtern trockene Argumentation Wang Chongs dagegen wurde wahrscheinlich herausgefordert durch die nicht weniger handfeste, nur eben unter dem entgegengesetzten Vorzeichen stehende Vorstellung, die gerade die hanzeitlichen Daoisten entwickelt hatten.

Die Han-Zeit steht zwar, zumindest äußerlich, ganz im Zeichen des Konfuzianismus, und insofern ist es gerechtfertigt, sie geistesgeschichtlich vorwiegend aus dem Blickwinkel des Konfuzianismus zu betrachten, weil er eben wie ein Magnet die heterogensten weltanschaulichen Systeme an sich zog und in einem komplizierten Kräftefeld um sich vereinigte. Auf der anderen Seite darf man sich aber fragen, ob das besondere geistige Klima der Han-Dynastie, genauer: ihre allgemeine Interessenrichtung, wirklich mit dem Begriff „Konfuzianismus“ abgedeckt wird. Im Zeitalter der Philosophen hatte sich das Denken, mit dem die chinesische Philosophie ja dann auch tatsächlich begann, fast ausschließlich um die Frage gedreht, wie das Reich regiert, d. h. wie die Gesellschaft in Ordnung gebracht werden könnte. In der Han-Dynastie, in der diese Frage zunächst als faktisch gelöst betrachtet werden durfte, verschob sie sich dann jedoch (teilweise vielleicht aus Gründen der Herrschaftslegitimation) auf die Frage nach der Struktur des Kosmos, nicht aber im gedanklichen, sondern im ganz realen Sinn. Kosmologie und Kosmogenese (unter die gewissermaßen auch noch die Entstehung der menschlichen Kultur fiel) zogen die meiste Aufmerksamkeit auf sich.

Diese Interessenverschiebung läßt sich aber im Daoismus der Han-Zeit genausogut beobachten wie im Konfuzianismus. Sie beginnt bereits unübersehbar mit der sehr vielgestaltigen, am ehesten aber doch unter dem Oberbegriff „Daoismus" einzuordnenden Schriftensammlung *Huainanzi* („Meister von südlich des Huai-Flusses"). Das Buch verdankt seine Entstehung der seit der Qin-Zeit eigentlich obsolet gewordenen Hofhaltung eines kaiserlichen Prinzen namens Liu An, bei dem sich viele Philosophen versammelten, ehe ihr Mentor, angeblich in eine Verschwörung gegen den Thron verwickelt, 122 v. Chr. zum Selbstmord gezwungen wurde. Das Buch *Huainanzi* gehört zu den Schriften, in denen sicherlich ältere mündliche Überlieferungen erstmals ihre schriftliche Form fanden oder auch nach der Unterdrückung durch die Qin-Dynastie erneut schriftlich fixiert wurden. Es offenbart darüber hinaus aber in seinem ganzen Tenor quer durch die einzelnen Aussagen eine ganz neue Grundhaltung, die eben grob am besten als „kosmologisch" zu umschreiben ist. Manche Passagen, die sich beispielsweise mit der Entstehung des Alls beschäftigen, ließen sich mit den Aussagen zur Ontogenese, also der Entstehung des Seins und des Seienden im *Daode jing* parallel lesen. Aber sie haben miteinander ebensoviel oder ebensowenig zu tun wie (um einen etwas gewagten Vergleich zu gebrauchen) etwa der Anfang des Johannes-Evangeliums mit modernen wissenschaftlichen Theorien über die Entstehung des Universums in einem „Urknall". Analoge Umsetzungen findet man nun eben auch bei der Beschäftigung mit Leben und Tod. Die ganz reale physische Langlebigkeit wurde innerhalb des Daoismus zu einem eminent wichtigen Ziel, das durch die verschiedensten Körperübungen (in der Nach-Han-Zeit auch durch Alchemie) erreicht werden sollte, ebenso wie das „Fliegen" nicht mehr bloß als eine Metapher für die Ablösung von der Erde galt, sondern als eine ganz konkret erreichbare Möglichkeit. Es gibt allerdings Anzeichen dafür, daß wir es bei diesem „religiösen" Daoismus, der in leibhaftigen Akademien gelehrt wurde, wie so oft in China bereits mit einer Reprise zu tun haben, daß also der philosophische Daoismus erst aus einem noch älteren religiösen Daoismus hervorgegangen ist, der ebenfalls diese ganz realen Ziele wie Unsterblichkeit, Unverletzlichkeit und Überwindung der Naturgesetze, für welche das Fliegen exemplarisch stand, verfolgte. Worauf es jedoch ankommt, ist lediglich, daß eben diese Richtung sich in der Han-Zeit wieder in den Vordergrund schob. Ihr verdanken wir übrigens auch einen Gutteil unserer Kenntnisse von der materiellen Kultur der Han-Zeit. Denn der über den Daoismus weit hinaus verbreitete und von ihm letztlich unabhängige, intensive Glaube an ein reales Weiterleben des Menschen nach dem Tode in einem ebenfalls ganz real vorgestellten Jenseits verlieh dem Grab und den Grabbeigaben höchste Bedeutung.

Die rationale Betrachtungsweise von Welt und Mensch, die in Wang Chong einen etwas isolierten Höhepunkt fand, war dieser religiösen Betrachtungsweise zwar entgegengesetzt, sie blieb aber auf ihre Weise nicht weniger tatsachenbezogen. Auch sie paßt also in das Bild einer Epoche, der an einer Beherrschung der Welt mehr gelegen war als an ihrer geistigen Durchdringung. Der moderne chinesische Philosophiehistoriker Feng Youlan, der die westliche Philosophie im Gegensatz zur rein humanistisch geprägten chinesischen als bestimmt von Religion einerseits und Naturwissenschaft andererseits charakterisiert hat, sah das Geistesleben der Han-Dynastie (ausnahmsweise?) gleichfalls von eben diesen beiden Komponenten bestimmt. In seinem Buch über den „Geist der chinesischen Philosophie" schreibt er recht apodiktisch:

Genaugenommen besaß die Han-Ära Religion und Wissenschaft, aber keine eigentliche Philosophie. ... Sie legte ihr Hauptgewicht auf die Wirklichkeit. Ihre Denker waren entweder nicht willens oder nicht in der Lage, sich auf ein abstraktes Denken einzulassen, und sie waren unfähig, jenes Element bei den früheren Philosophen zu verstehen, das sich in den Worten [Laozis] von „des Dunklen noch größerem Dunklen" ausdrückt. ... Gleichgültig, ob die Denker dieser

Ära sich als Konfuzianer oder als Daoisten bezeichneten, ihre Betrachtungsweisen repräsentierten die Betrachtungsweise der Yin-Yang-Schule und deren darin eingeschlossenen Geist. … Dieser Einfluß [der Yin-Yang-Schule] kam im wesentlichen in zwei Zügen, als wissenschaftlicher und als religiöser, wobei der wissenschaftliche einen großen Einfluß auf die Daoisten, der religiöse einen großen Einfluß auf die Konfuzianer ausübte, … die den Hauptstrom des Denkens bestimmten.

IX. Die „Dunkel-Schule"

Hintergrundphänomene

Diese zu Ende des letzten Kapitels zitierte Charakterisierung Feng Youlans mag etwas übertrieben sein, prinzipiell aber trifft sie wohl zu. Das wird indirekt auch aus dem totalen Klimawechsel erkennbar, der sich nach dem lang hingestreckten Untergang der Han-Dynastie 220 n. Chr. abzeichnete. Man ist versucht zu sagen, daß die darauffolgende Zersplitterung des Reiches und die damit verbundene allmähliche Auflösung der inneren Ordnung ebenfalls zu einem größeren Differenzierungs- und Abstrahierungsgrad in der Philosophie führte oder, wenn wir uns den Definitionen Feng Youlans anschließen, zum Wiedererscheinen der chinesischen Philosophie überhaupt, die ja ebenfalls in einer Ära der Zersplitterung und der politischen Unsicherheit geboren worden war. Die Kompromittierung der politischen Ordnung und der vorher in sie eingebunden gewesenen Intelligenzschicht äußerte sich in der gefühlsmäßigen Herauslösung großer Persönlichkeiten aus dieser Ordnung, die sich der Gesellschaft nicht mehr in allen Dingen verpflichtet fühlten, sondern vielfach in die innere Emigration gingen. Soweit sie darin die Billigung oder Bewunderung weiterer Kreise erhielten, entwickelte sich um sie sogar auch eine Art Geniekult. Er förderte indirekt wiederum eine weitere Befreiung des Denkens von den Fesseln aller Zwecke und Verpflichtungen und entließ es in die Richtung auf die „reine" Wahrheit. Der Geniekult besaß seinen Ausgangspunkt und zugleich Höhepunkt in den „Sieben Weisen vom Bambushain", einer Gruppe von mehr oder weniger exzentrischen Gelehrten aus der Mitte des 3. Jahrhunderts, von denen eine Menge Anekdoten überliefert sind. Sie waren teilweise durchaus ernstzunehmende

Philosophen. Da ihre Philosophien jedoch mehr noch als es sonst für die chinesischen Philosophen gilt, fast unlösbar mit ihrer literarischen Präsentation verflochten waren, sollen sie nur als wesentliche Komponenten des geistigen Hintergrunds dieser Periode des 3. und 4. Jahrhunderts, die nach zwei wichtigen Dynastien als Wei-Jin-Zeit bezeichnet wird, erwähnt werden. Ein weiteres wesentliches Moment dieser Zeit, das gleichfalls indirekt mit dem Prestigeverfall der Politik zusammenhing, war die Herausbildung von sogenannten „Reinen Gesprächen" (*qingtan*). Hierunter verstand man eine Art Salongespräche, deren „Reinheit" in der Ausklammerung konkreter – und das hieß eben in der Regel: politischer – Zweckhaftigkeit und in der Betonung von Witz und Geschliffenheit bestand, die aber eben deshalb das Gefühl für die Feinheit und Präzision der Sprache auch auf höheren Abstraktionsebenen schärften und die Behandlung philosophischer Probleme keineswegs ausschlossen. Es ist sicherlich kein Zufall, daß gleichzeitig auch wieder das Interesse an logischen Fragestellungen zunahm, die jetzt unter dem Schlagwort „Begriffe und Prinzipien" (*mingli*) abgehandelt wurden. Schließlich und endlich waren es aber offenbar auch die ersten, noch unterschwelligen Einflüsse des Buddhismus, die eine grundlegende Umgestaltung des Denkens bewirkten. Nach der verbreitetsten legendären Überlieferung soll der Buddhismus etwa kurz nach Christi Geburt in China eingedrungen sein, eine Angabe, die der Wahrheit ziemlich nahe zu kommen scheint. Er wurde anfangs jedoch offenbar gar nicht so sehr als etwas wirklich Fremdes empfunden, sondern eher als eine Spielart des Daoismus, der in der Wei-Jin-Periode allmählich ebenso die Führung im Geistesleben übernahm, wie es in der Han-Zeit der Konfuzianismus getan hatte. Gerade durch dieses Einschleichen erreichte der Buddhismus aber wahrscheinlich um so tiefgreifendere Verschiebungen in der Wahl und Behandlung von Fragestellungen, die allerdings im einzelnen wegen ihres indirekten Charakters nur vermutet und nicht nachgewiesen werden können. Ob sich der Buddhismus nun aber langsam seinen Boden selbst vorbereitete oder ob er bereits einen

Boden vorfand, der ihm von eigenständigen chinesischen Denkern bereitet worden war, ist letzten Endes gleichgültig. Bemerkenswert ist allein, von welcher subtilen Brückenhaftigkeit das Denkgebäude der Wei-Jin-Periode war, das den Übergang zwischen der massiven Denkstruktur der Han-Zeit und der ungeheuer vielfältigen und lebendigen Geistigkeit des buddhistischen Zeitalters in China bildete.

Wang Bi

Die Geistesrichtung, die diesen Übergang bildete, wird im engeren Sinn als „Dunkel-Schule" oder „Mystische Schule" (*Xuanxue*) bezeichnet, im weiteren Sinn aber als Frühphase des „Neodaoismus". Das ist allerdings, zumindest was die zweite Benennung angeht, etwas irreführend; denn die Vertreter der „Dunkel-Schule" sahen in sich selbst viel eher Konfuzianer als Daoisten, oder genauer: Sie hielten Konfuzius für einen größeren Heiligen als Laozi und Zhuangzi. Von Wang Bi, der ersten markanten Figur der „Dunkel-Schule", wird berichtet, daß er auf die Frage, warum der Weise – höchstwahrscheinlich Konfuzius – im Gegensatz zu den beiden daoistischen Meistern nie über das Nichtsein (*wu*) geredet habe, geantwortet haben soll:

> Das lag daran, daß er sich mit dem Nichtsein identifiziert und erkannt hatte, daß es nicht Gegenstand von Unterweisungen sein kann, weswegen er sich denn auch ganz auf das Sein konzentrierte. Laozi und Zhuangzi aber hatten die Sphäre des Seins noch nicht ganz hinter sich gelassen, weswegen sie denn auch dauernd gerade über das sprachen, was ihnen noch fehlte.[63]

Diese Einsicht hinderte Wang Bi freilich nicht daran, sich selbst in seinen philosophischen Schriften fast ausschließlich mit eben diesem Nichtsein auseinanderzusetzen. Wang Bi (226–249) entsprach mit seinem Leben ganz den genialischen Vorstellungen seines Zeitalters; denn obwohl er schon mit 23 Jahren starb, setzte er mit seinem Werk ganz neue Akzente – weniger vielleicht in seinen Erkenntnissen an sich, die großenteils in den älteren daoistischen Schriften bereits angelegt waren, wohl aber in ihrer Präzisierung, mit der zwangsläufig auch eine größere Abstrahierung in dem bereits erwähnten Sinne verbunden war, gleichzeitig aber auch oft eine charakteristische Veränderung. Ganz im Stil des sich äußerlich epigonenhaft gebenden Philosophierens, das seit der Han-Dynastie üblich geworden war, schrieb er fast ausschließlich Kommentare, aber nicht nur zum „Buch der Wandlungen" und zu den „Gesprächen" des Konfuzius, sondern nun eben auch zu einem eindeutig daoistischen Text, dem *Daode jing*, zu dem er überdies (wie übrigens auch zum *Yijing*) auch eine selbständige Zusammenfassung unter dem Titel „Hauptideen des Laozi" (*Laozi zhilüe*) anfertigte. Damit wurden seither in zunehmendem Maße auch daoistische Schriften in den Blickpunkt des Interesses gerückt. Anfangs stand dahinter durchaus noch eher die Absicht, den Daoismus für den Konfuzianismus zu erobern als umgekehrt, obwohl dann am Ende mehr das letztere das Ergebnis war. Diese Entwicklung hatte allerdings schon etwas vor Wang Bi begonnen, denn bei der Kürze seines Lebens ist es nicht erstaunlich, daß er großenteils auf frühere Schriften und auf die Zusammenarbeit mit älteren Gelehrten aufbaute (von denen hier nur He Yan, 209–249, genannt werden soll, von dem ein *Yijing*-Kommentar erhalten ist). Trotzdem markierte das Auftreten Wang Bis einen echten Einschnitt in der chinesischen Geistesgeschichte.

In seinem Kommentar zum *Daode jing* hatte es Wang Bi mit der Schwierigkeit zu tun, daß der Begriff „Nichtsein" *allein*, d.h. ohne daran angefügte und dadurch negierte bzw. nihilierte Wörter wie z.B. *wuming* „Namenlos" oder *wuwei* „Nichttun", kaum auftritt. Er dient fortwährend zur Verneinung von Qualitäten, namentlich solcher des „Weges", kaum jedoch als ein selbständiges Etwas; mit der ständigen Verneinung wird das Denken gewissermaßen gezwungen, sich aus dem Bereich des Seienden, der „Zehntausend Dinge", zurückzuziehen hinauf zu deren noch nicht differenzierten Ursache, dem Sein selbst. Obwohl bei dieser Denkbewegung das Nichtsein dem Sein gegenüber als „vorgängig“ und damit auch in gewisser Weise als „primär“ auftritt, ist es im *Daode jing* eher als eine Art komplementäres Element zum Sein gedacht.

Einer der beiden Abschnitte, in denen das Nichtsein zweifellos als selbständiges Wort auftritt, nämlich Kap. 11, beschreibt zunächst die Offenheit von Fenstern und Türen und die Hohlheit von Gefäßen als Voraussetzung für ihre „Brauchbarkeit“ (*yong*) und faßt die daraus gewonnene Erkenntnis dann in dem Satz zusammen: „Also wird das Sein als Nutzen (*li*) genommen, das Nichtsein [aber] als Brauchbarkeit (*yong*).“[64] Es ist klar, daß der freie Raum für Fenster, Türen und Gefäße die primäre Voraussetzung ist als gewissermaßen ihr Umschlossenes, das dann zu ihrem speziellen „Nutzen“ führt (ausgedrückt mit demselben Terminus übrigens, der im Mittelpunkt von Mo Dis Lehre stand). Trotzdem bilden beide Aspekte noch eine gewisse Balance.

Der andere Abschnitt mit einem selbständigen Nichtsein, Kap. 40, enthält dagegen die etwas einseitigere Aussage: „Die Welt und die Zehntausend Dinge entstehen aus dem Sein, das Sein [aber] entsteht aus dem Nichtsein“[65]; man könnte auch übersetzen: „Die Welt und die Zehntausend Dinge leben aus dem Sein, das Sein [aber] lebt aus dem Nichtsein.“ Bei genau dieser Vorstellung, die aber im *Daode jing* nicht durchgängig nachweisbar ist, setzt Wang Bi an: Er setzt das Nichtsein absolut und hebt es auf eine Höhe, in der sich im *Daode jing* bis dahin allenfalls die beiden je einmal auftauchenden synonymen Begriffe „Gipfelpunkt des Nichtseins“ (*wuji*) und „Gipfelpunkt der Leere“ (*xuji*) befunden hatten, beides Epitheta für das *Dao*, den „Weg“. Bei Wang Bi aber verdrängt die Negativität der für das *Dao* ausmachbaren Qualitäten gewissermaßen den Begriff des *Dao* selbst. Was sich hierin äußert, ist gleichzeitig eine Akzentverschiebung vom Kosmologischen zum Ontologischen, und innerhalb des Ontologischen noch spezieller vom (noch mit einer Zeitvorstellung behafteten) Ontogenetischen zum Ontologischen im engeren Sinn, was in beiden Fällen den Gewinn eines höheren Maßes an Abstraktion bedeutet. Das wird recht deutlich an dem Kommentar

Wang Bis zu dem zuvor zitierten Abschnitt über die Brauchbarkeit und den Nutzen des Nichtseins und des Seins:

Holz, Ton und Mauerwerk sind es, womit die drei [Türen, Fenster und Gefäße] gemacht werden; sie alle haben im Nichtsein ihre Brauchbarkeit. Das besagt: Es ist das Nichtsein, durch das das Sein Nutzen [bringt], es hängt allemal davon ab, daß das Nichtsein Brauchbarkeit [verleiht].[66]

Die Balance, also das komplementäre Verhältnis zwischen Sein und Nichtsein, existiert hier nicht mehr, es wird eindeutig aufgegeben zugunsten eines dominierenden Nichtseins. Bei der Kommentierung des zweiten gerade zitierten Textes des *Daode jing*, wo das ohnehin schon angelegt ist, hat Wang Bi mit seiner Intention natürlich noch weniger Mühe. Hier schreibt er:

Alle Wesen in der Welt betrachten das Sein als ihr Leben. Was [aber] das Sein [selbst] beginnen läßt, hat das Nichtsein als Wurzel. Will man also sein Sein vollenden, so muß man zurückkehren zum Nichtsein.[67]

Die Interpretation des Wang Bi, die das *Daode jing* gewiß nicht vergewaltigt, wohl aber etwas einseitig und enger festlegt, bedeutet auch, daß generell die Beobachtung der Dualität, die an sich das *Daode jing* als Motiv durchzieht, gegenüber der Betonung des einzigartigen Charakters des Nichtseins zurücktritt. Aus diesem Grund war für Wang Bi das schon einmal zitierte, für jegliche Ausdeutung offene Kapitelchen 42, in dem davon die Rede ist, daß das *Dao* die Eins erzeugte, diese die Zwei, die Zwei wiederum die Drei, und diese dann die Zehntausend Dinge, von ganz besonderem Interesse. Was er hier über die „Eins" sagt, ist vor allem deshalb beachtenswert, weil die Hervorbringung des „Einen" durch das *Dao* eigentlich gar nicht weiter beachtet wird, sondern die ganze Konzentration eben auf dem „Einen" liegt, als wäre es mit dem *Dao* praktisch identisch:

Wozu die Zehntausend Dinge, die zehntausend Gestalten zurückkehren, das ist das „Eine". Und von welchem Grund her kommt es zu dem „Einen"? Es hat seinen Grund im Nichtsein. Auf Grund des Nichtseins ist das „Eine", das „Eine" könnte man als Nichtsein bezeichnen, und da man es schon als das „Eine" bezeichnet, wie könnte man da [noch] ohne Worte auskommen? Wenn man also das Wort [für das „Eine"] und das eine [selbst] hat, wie hätte man da nicht [schon] zwei? Und wenn man eine „eins" hat und eine „zwei" hat, so leben sie dann also in einer „drei". [In der Entwicklung] vom Nichtsein zum Sein enden die Zahlen hier. Über diesen Punkt hinaus fließt das *Dao* nicht weiter. Daher kennen wir [auch] das, was das Leben der Zehntausend Dinge beherrscht: Selbst wenn es zehntausend [verschiedene] Gestalten besitzt, ist die quellende Essenz (*chong qi*) in ihnen immer das „Eine".[68]

Die hier geschilderte merkwürdige Selbstentfaltung des „Einen", des Nichtseins, die durch die einfache Benennung in zwei, und dann durch das Zusammensein des dadurch mit sich selbst in Distanz geratenen „Einen" mit seiner ursprünglichen, noch unbenannten Form zu einer Dreiheit erfolgt, erinnert bereits etwas an buddhistische Denkformen, zu denen wir später noch kommen werden. Worauf es hier jedoch zunächst vor allem ankommt, ist die Befolgung des „Einen" als des Nichtseins, das dem Sein nicht eigentlich gegenübersteht, sondern das volle Sein potentiell in sich trägt: Gerade wegen seiner Allqualität hat es überhaupt keine Qualität, gerade wegen seiner Nichtverwirklichung besitzt es die Möglichkeit zu allen Verwirklichungen. Das Verhältnis ist – um ein etwas plattes, aber klares Beispiel zu bringen, das Wang Bi allerdings nicht verwandte – ähnlich wie das zwischen Geld und Ware: Das Geld (namentlich in seiner modernen, über das Papiergeld immer abstrakter gewordenen, jetzt sozusagen nur noch irgendwo als Computerimpuls gespeicherten Form) besitzt „an sich" überhaupt keinen Gebrauchswert, ist aber eben deshalb Möglichkeit *aller* Waren seines Wertes; es ist also alles und nichts zugleich. Diese Zusammenfügung von alles und nichts wird auch an einem Kommentarstück Wang Bis deutlich, das ebenfalls noch zu dem Kapitelchen 42 gehört haben soll, jedoch erst aus einem Zitat in einer etwas späteren Anthologie (dem *Wenxuan*) rekonstruiert werden konnte und sich im übrigen auch gut an Wang Bis Kommentar zum *Yijing* anschließen läßt. Dort heißt es:

Das „Eine" ist der Anfang der Zahlen und der Gipfelpunkt (*ji*) der Dinge. Man bezeichnet es als „keimwunderhaftes Sein" (*miao you*).Will man nämlich von ihm als einem „Sein" sprechen, bei dem doch die Gestalt nicht sichtbar ist, so ist es eben kein „Sein", und darum bezeichnet man es als „keimwunderhaft". Will man [dagegen] von ihm als etwas sprechen, von dem die Dinge ihr Leben empfangen, so ist es eben auch kein „Nichtsein", und darum bezeichnet man es [eben doch] als „Sein". Das „keimwunderhafte Sein" ist also das „Sein im Nichtsein".[69]

Guo Xiang

Die allmähliche Umdeutung daoistischer Texte durch Gelehrte der „Dunkel-Schule", die sich, anfangs wenigstens, in ihrer Selbstdefinition ganz als Konfuzianer sahen, hielt sich bei Wang Bi noch in relativ engen Grenzen. Gut eine Generation später, nämlich bei dem 312 gestorbenen Guo Xiang, kippte sie aber gewissermaßen um und gelangte zu ganz neuen überraschenden Ergebnissen. Auch Guo Xiang war kein isolierter Denker (wie überhaupt das Geistesleben der Wei-Jin-Zeit durch den regen Gedankenaustausch einer relativ kleinen, in enger Beziehung zueinander stehenden Gruppe gekennzeichnet war), sondern er baute wie Wang Bi auf Vorläufer auf. So beschäftigte er sich (genau wie Wang Bi) intensiv mit den „Gesprächen" des Konfuzius. Sein bekanntestes Werk ist aber der Kommentar zum Buch *Zhuangzi*. An ihm hatte sich bereits sein älterer Freund Xiang Xiu (um 250) versucht, der (ebenso wie wiederum Wang Bis Mentor He Yan) großes Interesse am *Yijing* bezeugte. Der heute unter Guo Xiangs Name laufende *Zhuangzi*-Kommentar stammt in einigen, auch in der Tendenz geringfügig abweichenden Teilen von Xiang Xiu, obwohl der, der letzte Hand an ihn legte, eben Guo Xiang war und deshalb zu Recht als der Hauptautor angesehen wird. (Es ist, nebenbei bemerkt, jener Kommentar, von dem der buddhistische Mönch sagte, Zhuangzi habe einen Kommentar zu Guo Xiang geschrieben.)

Guo Xiang wählte das Buch *Zhuangzi* als Ansatzpunkt für seine Philosophie, gerade weil Inhalt und Sprache dieses Werkes – im Gegensatz zum *Daode jing* – äußerst vielschichtig und uneinheitlich, zugleich aber auch relativistischer, individualistischer und genialischer waren, so daß sie für Guo Xiangs Ideen bereits eine gewisse Vorgabe bereithielten. Dabei betrachtete Guo Xiang den Text keineswegs als ein unbezweifelbares Heiligtum, wie es die Konfuzianer natürlich gegenüber den konfuzianischen Klassikern taten, sondern durchaus als in vieler Hinsicht kritikwürdig. In der Einleitung zu seinem Kommentar wirft Guo Xiang dem Zhuangzi (ähnlich wie Wang Bi dem Laozi) vor, daß er sich monoman auf die Erkenntnis des Grundsätzlichen (*ben*) geworfen, dabei aber die Bedeutung der unmittelbaren Realität aus den Augen verloren habe, so daß seine Aussagen zwar nicht unrichtig, aber weitgehend zwecklos geworden seien; deswegen sei sein Werk zwar das beste unter den Philosophen, aber gleichrangig mit den konfuzianischen Klassikern, die eben beide Sphären – die des Grundsätzlichen durch Schweigen, die der Realität durch Reden – behandelt hätten.

Guo Xiangs Kritik am *Zhuangzi* und in dieser Hinsicht letztlich eben am ganzen Daoismus einschließlich seiner früheren Interpretatoren in der „Dunkel-Schule" wie Wang Bi, die aber nicht genannt werden, entzündete sich offenbar zunächst daran, daß der Übergang vom Nichtsein zum Sein in seinem Mechanismus bis dahin ja tatsächlich völlig ungeklärt geblieben war. Bei näherer Betrachtung des Nichtseins aber konnte Guo Xiang in ihm überhaupt nicht mehr diese Potentialität entdecken, die Wang Bi bei seiner Beschreibung des „keimwunderhaften Seins" gesehen hatte. Zu einer *Zhuangzi*-Stelle, die davon spricht, daß das Hineingehen und Herauskommen aus dem „Himmelstor" Sterben und Geborenwerden bedeute, und daß eben dieses Himmelstor das Nichtsein (*wu you*) sei, kommentiert er gegen den Text:

Sterben und Geborenwerden, Herauskommen und Hineingehen verwirklichen sich alle selbst im Nu, sie haben nichts, was sie bewirkt. Freilich gibt es die Prozesse von Zusammenfügen und Auseinanderfallen, von [potentiellem] Versteckstsein und [aktuellem] In-Erscheinung-Treten, und darum hat man denn auch den Ausdruck „Herauskommen und Hineingehen". Es ist aber [tatsächlich] nicht mehr als ein Ausdruck; letztlich gibt es kein „Herauskommen und Hineingehen". Wo soll sich dann ein Tor befinden? Also bezeichnet man denn das „Nichtsein" als das Tor. Wenn man aber das Nichtsein als Tor bezeichnet, dann bedeutet das, daß kein Tor ist.[70]

Hier sind bereits alle Elemente der neuen Erkenntnis Guo Xiangs versammelt, durch die in einer Art Purzelbaum der Daoismus für eine Weile seines eigentlichen Zentralwertes, nämlich des *Dao*, verlustig ging, nachdem es schon bei Wang Bi in den Hintergrund gedrängt worden war. An einer anderen Stelle schreibt Guo Xiang noch viel deutlicher:

Was kann den Dingen vorausgehen? Wir meinen, daß Yin und Yang den Dingen vorausgehen, aber Yin und Yang sind auch nur etwas, was man als „Ding" bezeichnet. Wie geht also den Dingen noch mehr voraus? Wir meinen, das „Von-selber-so-Sein" (*ziran*) gehe ihnen voraus, aber das „Von-selber-so-Sein" ist nur das „Von-selber-so-Sein" (*zi er*) der [einzelnen] Dinge. Wir meinen, das „höchste Dao" (*zhi dao*) gehe ihnen voraus, aber das „höchste Dao" ist das „höchste Nichtsein" (*zhi wu*). Wenn es aber schon für das Nichtsein gehalten wird, wie soll es dann etwas sein, das vorausgeht? Was ist es denn dann [in aller Welt], was den Dingen vorausgeht? Nun es ist so: Es gibt die Dinge und sie haben kein Ende; und es ist klar, daß das „Von-selber-so-Sein" der Dinge nichts besitzt, was sie bewerkstelligt (*ming wu zhi ziran, fei you shiran ye*).[71]

Durch die trockene Konsequenz, mit der Guo Xiang das vielumwölkte Nichtsein hier unversehens als schlichtes Nichts apostrophierte, wurde genaugenommen also das *Dao*, der „Weg", vollständig aus dem Daoismus hinauskatapultiert; denn wenngleich Guo Xiang sich noch mehr als Konfuzianer denn als Daoist betrachtet haben mag, wirkten seine Kommentare viel stärker im daoistischen als im konfuzianischen Milieu (falls man, um das wieder einmal zu betonen, solche klaren Unterscheidungen überhaupt machen kann).

Die Lehrmeinung Guo Xiangs hatte eine ganze Reihe von Folgen für die Vorstellung vom Sein. Die wichtigste war zunächst, daß durch das totale Wegfallen des Nichtseins die Frage nach dem Entstehen des Seins (und natürlich auch nach seinem möglichen Vergehen) gegenstandslos wurde.

Es ist nicht nur unmöglich, daß Nichtsein sich in Sein verwandeln kann, sondern ebenso, daß Sein sich in Nichtsein verwandelt. Das ist der Grund, weswegen das Sein in der Gestalt der Dinge, auch wenn es sich 1000mal verändert, 10000mal umgestaltet, auch nicht ein einziges Mal zu einem Nichtsein zu werden vermag. Da es aber kein einziges Mal zu einem Nichtsein zu werden vermag, hat es seit ewigen Zeiten (*zi gu*) noch nie eine Zeit gegeben, in der es noch kein Sein gab, sondern es hat immer [schon] bestanden.[72]

Der totale Verlust des Nichtseins und des *Dao* ging aber – und das war die zweite wichtige Folge von Guo Xiangs Lehre – nicht ohne eine sehr schwerwiegende Veränderung bei der Einschätzung des Charakters der „Zehntausend Dinge“ vor sich. In ihnen und für sie hinterließ nämlich das *Dao* mit seinem Verschwinden als Modell jene Art seines Wirkens, die vorher eigentlich nur allein auf das *Dao* selbst bezogen gewesen war, nämlich das „Von-selber-so-Sein“, das eben nach Laozi das *Dao* zu seinem Gesetz haben sollte. Dieses Gesetz des „Von-selber-so-Seins“ tragen nach Guo Xiangs Überzeugung *alle* Wesen in sich: „Wir müssen verstehen“, sagt er, „daß alle Gestalten sich aus sich selbst heraus formen. Wenn wir den ganzen Kosmos durchforschen, so werden wir nicht einem einzigen Ding, nicht einmal einem Schatten, begegnen, das sich nicht aus sich selbst verwandelte; alles schafft sich selbst ohne irgendeinen Schöpfer. Und da die Dinge sich selbst schaffen, sind sie auch von nichts abhängig.“[73] Mit dieser Pluralisierung des Begriffes „Von-selber-so-Sein“, der zugleich insofern eine Pluralisierung des Naturbegriffes bedeutete, als eben auch die „große“ Natur, wie wir früher gesehen haben, damit bezeichnet wurde, ging eine Art Atomisierung des gesamten Seins einher. Auch soweit man nun, wie es durchaus geschah, stattdessen dem Himmel (*tian*) eine verbindende Funktion zuzuweisen versuchte, nachdem zuerst das *Dao*, dann das Nichtsein und schließlich auch noch das Sein als Gesamtheit abgewrackt worden war, legte sich Guo Xiang dagegen ins Mittel:

Wer gibt dem Lebenden Leben? Fragte er erst und beantwortete dann diese Frage selbst: Kloßartig bekommen die Lebenden ihr Leben einfach aus sich selbst. Sie bekommen ihr Leben aus sich selbst, sie bekommen es nicht aus einem Ich. Da also das Ich schon kein Leben schaffen kann, kann auch das Leben kein Ich schaffen, das Ich ist vielmehr von-selber-so-seiend. Und da es selbst von-selber-so-seiend ist, nennt man es „[vom-] Himmel-so-seiend" (*tianran*). Es ist also „vom-Himmel-so-seiend" und nicht etwa geschaffen. Wenn man darum den Ausdruck „Himmel" (*tian*) verwendet, um darüber zu sprechen, so darum, um das „Von-selber-so-Sein" [der Dinge] zu verdeutlichen; wie hätte man etwa den blauen Himmel im Sinn! ... Wahrhaftig, der Himmel vermag nicht einmal sich selber zu besitzen, wieviel weniger die Dinge! Deshalb: „Himmel" ist bloß ein Sammelausdruck für die Zehntausend Dinge, keines von ihnen paßt sich an als „himmlisch" (?), wer sollte der Meister sein, der die Dinge in Dienst nimmt? Deshalb: Jedes Ding gebiert sich selber und hat nichts, woraus es hervorgegangen ist. Dies ist das *Dao* des Himmels.[74]

Manches von den Ideen, die wir hier bei Guo Xiang finden, ist schon bei Wang Chong angelegt, bei dem ebenfalls die „Zehntausend Dinge von selber geboren" werden. Dort aber sind sie noch in einem naturalistischen Sinn von den „Lebensessenzen" abhängig, bei Guo Xiang haben sie sich auch noch von ihnen befreit und bilden „kloßartig" jeweils für sich ihren eigenen Kosmos. Aus diesen Gedanken leitete sich ein merkwürdiger Begriff von Freiheit und Individualität ab, wie er bis dahin in China noch nie gedacht worden war, ein Begriff freilich, der sich, gewissermaßen kurzgeschlossen durch die Identifikation des Ich mit seinem eigenen „Von-selber-so-Sein", im gleichen Augenblick ins Unermeßliche steigerte und selbst wieder vernichtete. Es ist viel darüber geschrieben worden, wie sich in dieser Philosophie eine sich selbst aus jeder Verantwortung entlassende gesellschaftliche Eliteschicht in einer *Fin-de-siècle-Atmosphäre* ihre Legitimation zurechtzimmerte. Die Ethik, die sich bei Guo Xiang findet, ist jedoch ganz und gar nicht so von der Libertinage geprägt, wie man eigentlich meinen möchte. Vielmehr stellen sich hier tatsächlich eher Bestrebungen ein, den Daoismus Zhuangzis wieder an konfuzianische Ideale zurückzubinden und beispielsweise den einsiedlerhaften Verweigerer, der bei Zhuangzi gelobt wird, zu tadeln, das „Tun“ als eine Sonderform des „Nichttun“ zu betrachten und analog dazu auch alle Kultur und Kunst als eine besondere „Natürlichkeit“.

Liezi

Es gibt allerdings auch einen äußerst faszinierenden Text, der ebenfalls etwa aus der Mitte dieses 4. Jahrhunderts n. Chr. stammt, obwohl er sich den Anschein gibt, aus dem 4. Jahrhundert *vor* Chr. zu datieren, in dem Guo Xiangs Gedanken wenigstens teilweise (wenngleich prinzipiell sicherlich unabhängig von ihm) auftauchen und eine alles andere als konfuzianische Ethik predigen. Dies ist der Text *Liezi*, der nach dem sagenhaften, auch für den religiösen Daoismus wichtigen daoistischen Heiligen gleichen Namens benannt ist, in seiner ungemein phantasievollen Diktion stark an Zhuangzi erinnert und auch eine ganze Reihe von Passagen mit ihm gemeinsam hat. Im Gegensatz zu Guo Xiangs *Zhuangzi*-Kommentar ist er ein dezidiert daoistischer Text, wenngleich nach unseren Begriffen (die hier aber eigentlich gar nicht passen) eine „Fälschung“, d. h. ein Spiegel der Auffassung vom Daoismus im 4. Jahrhundert, die Guo Xiang letztlich mitgeprägt hatte. Auch in diesem Buch figuriert Konfuzius, dem sogar ein eigener Teil gewidmet ist, noch eindeutig als ein Weiser, wenngleich umgekehrt wie bei Wang Bi und Guo Xiang als einer, der sich erst durch niedrigeres Wissen zu höherem emporgearbeitet hatte und seine dadurch relativierte Bedeutung selbst durchaus erkannte. Es gibt in dem Buch aber auch einen Teil, der mit dem Namen des alten „Egoisten“ Yang Zhu überschrieben ist, der ja angeblich „kein Haar für die Rettung der ganzen Welt herzugeben“ bereit gewesen war – ein Zeichen dafür, wie stark der Gedanke des Individualismus sich in dieser Periode tatsächlich wieder in den Vordergrund geschoben hatte. Am interessantesten ist in dem Buch jedoch jener Teil, der sich mit dem Thema „Mühe und Schicksal" (*li ming*) beschäftigt, d. h. dem Wechselverhältnis zwischen individuellem Streben und fester Bestimmung (von Richard Wilhelm etwas überhöht, aber tendenziell richtig in die Worte „Freiheit und Notwendigkeit" gefaßt), einem Wechselverhältnis, das bei genauerer Betrachtung allerdings in sich zusammenbricht, weil beide Komponenten eigentlich identisch sind. Auch bei dieser Fragestellung lassen sich Verbindungen bis zu Wang Chong zurückverfolgen, der in seinem Buch „Theorienabwägung" (*Lunheng*) ja ebenfalls dem „Schicksal" ein eigenes Kapitel gewidmet hatte. Was bei ihm bereits angedeutet wurde, nämlich das Abrücken von der Idee eines das Leben bestimmenden, aus einer einzigen Quelle fließenden „Schicksals" hin zu einer spontan in jedem Wesen für sich allein angelegten Bestimmtheit, wurde im Buch *Liezi* konsequent zu Ende gedacht. Dabei stellte man sich durchaus gegen die ursprüngliche Bedeutung des Wortes „Schicksal" *ming*, das tatsächlich anfangs ganz einfach „Befehl" (alte Schreibung 命 mit einem knienden Menschen vor einem Mund unter einem Dach [?]) bedeutet hatte und zugleich auch „Leben" im Sinne einer Lebensaufgabe. Das „Schicksal" steht hier viel eher in der Nähe des individuellen „Von-selber-so-Seins", wie es Guo Xiang beschrieben hatte. „Was so ist (*ran*), wie es ist, ohne daß man weiß, warum es so ist, das eben heißt Schicksal"[75], belehrte Yang Zhu in einem der vielen erdachten Gespräche mit seinem Bruder Yang Bu, der sich indirekt darüber beklagt, nicht ebenfalls zu Ruhm gelangt zu sein. Auch in den anderen Gesprächen wird in den verschiedensten Varianten aufgezeigt, daß sich für kein Verhalten feste Regeln aufstellen lassen, daß also, einfach gesagt, es nicht das gleiche ist, wenn zwei das gleiche tun. Alle Weisheit kann letzten Endes nur darin bestehen, das aus einem selbst kommende Schicksal auch anzunehmen. Die Quintessenz dieser Auffassung findet sich in Formulierungen wie den folgenden:

> Wer sich wehrt gegen frühen Tod, weiß nichts vom Schicksal, wer sich wehrt gegen bittere Not, weiß nichts von [der Bestimmung] der Stunde. Leute mit viel Klugheit messen Nutzen und Schaden, grü-

beln über Sein und Nichtsein, berechnen die Lage der Menschheit: Zur Hälfte haben sie Erfolg, zur Hälfte nicht. Leute ohne jede Klugheit messen nicht Nutzen und Schaden, grübeln nicht über Sein und Nichtsein, berechnen nicht die Lage der Menschheit: Und auch sie haben zur Hälfte Erfolg, zur Hälfte nicht. Wo ist da der Unterschied zwischen Messen und Nichtmessen, von Grübeln und Nichtgrübeln, von Berechnen und Nichtberechnen? Nur wer nichts mißt und so nichts ungemessen läßt, umfaßt vollständig alles ohne Fehl. Nicht aber, weil er vollständig alles weiß, noch auch, weil er wüßte, was seinem Wissen mangelt. Sondern das Vollständige ist es aus sich selbst (*zi*) heraus, das Nichts ist es aus sich selbst heraus, und auch das Fehlerhafte ist es aus sich selbst heraus.[76]

Im Buch *Liezi* und auch in seinen Kommentaren, die in diesem Falle fast gleichzeitig mit seiner Entstehung geschrieben wurden, sammelte sich noch einmal auf eine sehr poetische Weise die reiche Gedankenwelt der Wei-Jin-Ära. Es stand aber ebenfalls – wie man nicht zuletzt anhand der teilweise nicht mehr rein chinesischen Metaphern und Geschichten nachgewiesen hat – bereits unter indirektem buddhistischen Einfluß. In denselben Jahren tauchten auch schon die ersten wirklich buddhistischen Texte auf, die ihren fremden Ursprung nicht mehr verhehlten und so den Anfang damit machten, nicht nur das Gesicht der chinesischen Philosophie nun auch äußerlich völlig zu verändern, sondern darüber hinaus China kulturell im großen Stile zu erobern.

X. Das Eindringen des Buddhismus

Begünstigende und hemmende Faktoren

Die breite Halbschattenzone, die wir zwischen den ersten Anzeichen einer leisen buddhistischen Unterwanderung der autochthonen chinesischen Philosophie bis zu ihrer wirklichen „Eroberung" in der zweiten Hälfte des 3. Jahrhunderts n. Chr. feststellen können, ist ein sehr merkwürdiges Phänomen. Es war eben eine so sanfte Eroberung, daß es schwer fällt zu sagen, wann sie eigentlich begann. Liest man die chinesische Philosophiegeschichte von diesem 3. Jahrhundert an, in dem der Buddhismus auch bei den eindeutig rein chinesischen Denkern offen zutage tritt, gewissermaßen rückwärts, um die Wurzeln dieser neuen Strömung aufzufinden, so kommt man erstaunlicherweise weit in die Han-Zeit, d.h. noch bis in das 2. vorchristliche Jahrhundert zurück. Trotz der relativ isolierten geographischen Lage Chinas, über die wir schon früher gesprochen haben, waren die Grenzen zu Indien über Zentralasien ja doch keineswegs hermetisch geschlossen. Das gilt besonders für die Zeit seit der zweiten Hälfte des 2. vorchristlichen Jahrhunderts, als der Han-Kaiser Wudi (reg. 140–86 v. Chr.) das Reich bis weit nach Zentralasien hinein ausgedehnt hatte.

Im religiösen Bereich, der ja immer in den philosophischen hineinspielt (obwohl man in der Darstellung etwas gewaltsam versuchen muß, diese beiden Ebenen zu trennen), sind die Verbindungen vermutlich sogar noch älter. So finden sich beispielsweise im religiösen Daoismus, dessen Wurzeln sicherlich bis in die erste Hälfte des 1. Jahrtausends v. Chr. (und damit vor den philosophischen Daoismus) zurückreichen und strenggenommen gar nicht als bloß „daoistisch" apostrophiert werden können, Meditationsformen und Yogapraktiken, die eine derart große Ähnlichkeit mit entsprechenden Traditionen in Indien aufweisen, daß es kaum möglich ist, sie als völlig unabhängig voneinander entstandene Entwicklungen aufzufassen. Bei philosophischen Schriften sind solche Beziehungen erst sehr viel später nachweisbar und auch weniger eindeutig, weil eben das Medium der Sprache und Schrift schwerer durchdringbar war.

An einigen Stellen des Buches *Zhuangzi* lassen sich jedoch sehr leicht Verknüpfungen zum Buddhismus herstellen, vor allem an solchen, die den späteren Teilen des Buches entstammen. Dieser außerordentlich komplexe Text, der für seine Entstehung ja eine Reihe von Jahrhunderten brauchte (zwischen ca. 400 und 100 v. Chr.), bildete eine natürliche Brücke, über die der Buddhismus in das fremde chinesische Milieu einzudringen vermochte, soweit er eben nicht vielleicht selbst schon in einigen Abschnitten unter buddhistischem Einfluß entstanden war. Allgemeiner gesprochen leistete diese Brückenfunktion aber auch der Daoismus überhaupt. Denn im Gegensatz zu allen anderen ursprünglich chinesischen Weltanschauungen besaß er ja mit der von ihm vertretenen verweigernden quietistischen Haltung, die eine ganze Einsiedlerideologie hervorbrachte, auch einen pessimistischen Zug, an die der Buddhismus anknüpfen konnte. Dieser pessimistische Zug bezog sich freilich bloß auf die Gesellschaft mit ihrer Organisation und Verplanung, nicht auf die Natur als ganze, deren Lebensfülle ja gerade durch diese Verweigerung erschlossen werden sollte – eine alles andere als buddhistische Zielsetzung. Aber er ging doch immerhin so weit, die Herausgehobenheit des Menschen innerhalb der Natur zu leugnen und damit indirekt auch seine besondere, nur ihm eigene Qualität, seine zur Reflexion fähige Ichhaftigkeit: eine Überlegung, die der Buddhismus mühelos aufgreifen und in seinem Sinne weiterentwickeln konnte.

Umgekehrt waren es nicht nur gewisse Vorgaben in der chinesischen Philosophie, die den Erfolg des Buddhismus begünstigten, sondern auch bestimmte Lücken, die sie aufwies. Von den drei auf den Menschen bezogenen philosophischen Grundfragen: „Was kann ich wissen?“, „Was soll ich tun?“, „Was darf ich hoffen?“

hatte die chinesische Philosophie am meisten immer nur die zweite beschäftigt, die sich mit Ethik, Ritual, Staatsführung (oder, im Daoismus, mit seinem Negativabdruck, nämlich mit der Ablehnung aller dieser Zielsetzungen) befaßte. Der Buddhismus mit seiner stark erkenntnistheoretischen und ontologisch-metaphysischen Ausrichtung besaß alle Voraussetzungen, um diese fehlenden oder nur teilweise ausgebildeten philosophischen Bereiche aufzufüllen und zu entwickeln. Solange das Han-Reich in Glanz und Herrlichkeit bestand, mochte das Bedürfnis nach der Beschäftigung mit solchen Fragen noch von sekundärer Bedeutung gewesen sein; nach seinem Untergang und den sich daran anschließenden politischen Wirren trat es aber mehr und mehr in den Vordergrund. Schon die „Dunkel-Schule", die zwar vielfach unter dem Oberbegriff „Neodaoismus" geführt wird, in Wirklichkeit aber eher eine Verbindung von Daoismus und Konfuzianismus darstellte, verdankte diesem Umstand ihre Blüte in nicht geringem Grade. Bei ihr ist darüber hinaus aber auch schon ein direkter buddhistischer Einfluß feststellbar.

Es läßt sich also sagen, daß das Verhältnis des Buddhismus zum eigenständigen chinesischen Denken sowohl durch Parallelen als auch durch Kontraste gekennzeichnet war, die sich beide auf verschiedene Weise begünstigten. Eher hemmend wirkten dagegen zwei äußere Faktoren. Den einen von ihnen bildete zunächst einmal die Fremdsprachigkeit aller buddhistischen Texte. Sie konnte erst sehr allmählich durch eine schier unglaubliche Übersetzungsarbeit halbwegs überwunden werden, ohne daß jedoch wegen der Eigentümlichkeit der chinesischen Sprache und Schrift das Fremdartige in der Terminologie gänzlich beseitigt worden wäre; die Sanskrit-und Pali-Ausdrücke ließen sich nämlich nur dann übersetzen, wenn man ihre Verfälschung im chinesischen Sprachmilieu nicht erkannte oder einfach ignorierte oder sogar kultivierte, was zwar in den früheren Perioden geschah, nicht aber mehr in den späteren.

Das andere Hemmnis stellte die Einrichtung des Mönchstums dar, die sowohl dem familienorientierten Konfuzianismus als auch dem naturnahen Daoismus (dessen Einsiedler ja ursprünglich keineswegs zölibatär lebten) strikt zuwiderlief, zugleich aber seines elitären Charakters wegen den Ansprüchen des Staates. Eine der berühmtesten, sehr hitzigen Debatten während der Frühzeit des Buddhismus in China drehte sich im Jahre 340 um die Frage, ob die Mönche vor dem Herrschenden den Kotau vollziehen müßten oder nicht. Später ging es dann immer öfter auch darum, ob buddhistische Klöster das Recht auf Steuerfreiheit beanspruchen könnten, ein Problem, das wegen der Größe und Verflochtenheit der Klöster mit der übrigen Gesellschaft erheblich zur Entstehung antibuddhistischer Bewegungen beitrug. Beide Faktoren sorgten dafür, daß der Buddhismus innerhalb der chinesischen Kultur immer als eine Art Fremdkörper empfunden wurde. Das spielte zwar in den Perioden der Zersplitterung und Überflutung durch nichtchinesische Völkerschaften zwischen dem 4. und 6. Jahrhundert noch keine Rolle, und zunächst auch nur eine sehr untergeordnete während der äußerst kosmopolitisch eingestellten Tang-Dynastie (618–907). In der Song-Dynastie (960–1280) aber, die auf vielen Gebieten eine Restauration und damit auch eine Wiederherstellung des unverfälscht Chinesischen anstrebte, hatte es der Buddhismus schwer, sich von dem Ruch des Ausländischen zu befreien. Solchermaßen gelangte er unvermeidlich immer mehr ins Abseits.

Neue Fragen

Trotzdem bedeutet das Eindringen des Buddhismus für die gesamte Geschichte der chinesischen Philosophie eine Art Wasserscheide und nicht bloß eine Episode: Während vorher die verschiedenen philosophischen Systeme bei aller Gegensätzlichkeit gewissermaßen „unter sich" gewesen waren, mußten sie von jetzt an auf ein prinzipiell andersgeartetes System reagieren. Ob sie es nun äußerlich akzeptierten und bei der Adaption innerlich veränderten, oder umgekehrt äußerlich ablehnten und sich gerade in der

Abwehr selbst innerlich umorientierten – in beiden Fällen hinterließ die Begegnung ihre Spuren. Schematisch dargestellt würden 1. der sogenannte „Neodaoismus" einschließlich der „Dunkel-Schule", 2. sodann die einzelnen Formen des chinesischen Buddhismus und schließlich 3. der sogenannte „Neokonfuzianismus" in seiner „realistischen" und in seiner „idealistischen" Ausprägung die verschiedenen Formen der Auseinandersetzung mit dem Buddhismus widerspiegeln.

Diese Auseinandersetzung ließe sich aber auch noch anschließen an die zweite Begegnung mit einem fremden Gedankensystem, die China durchgemacht hat: nämlich die mit dem – ganz allgemein gesprochen – europäisch-amerikanischen. Sie begann etwa im 17. Jahrhundert (und zwar weniger durch das Bekanntwerden mit dem Christentum als durch das mit der westlichen Naturwissenschaft, die eben aus chinesischer Sicht in sich durchaus ein eigenes Gedankensystem darstellt). Sie ist natürlich auch heute noch nicht zu Ende. Sie hat aber bereits ganz deutlich zu ähnlichen Verwebungen zwischen chinesischen und nichtchinesischen Richtungen geführt wie vordem die mit dem Buddhismus. Diese neueste Begegnung ist nur insofern noch viel verwickelter, als nicht bloß der ganze Komplex der „westlichen" Philosophie ungleich vielschichtiger ist als der Buddhismus, sondern weil auch in diesem Stadium von chinesischer Seite ja bereits der Buddhismus mit eingebracht wurde: Eine ganze Reihe von modernen chinesischen Philosophen, die sich mit der westlichen Philosophie auseinandersetzten und auf sie reagierten, stand charakteristischerweise dem Buddhismus nahe.

Was entscheidend war bei der Begegnung mit dem Buddhismus, war jedoch – wie wohl bei jedem Zusammentreffen zweier grundsätzlich verschiedener Weltanschauungssysteme – nicht die neue Beantwortung alter Fragen, sondern das plötzliche Auftauchen ganz neuer Fragen. Die Lösung dieser neuen Fragen fiel im Buddhismus vor und nach seinem Eindringen nach China so unterschiedlich aus, daß sie sich, oberflächlich gesehen, in vieler Hinsicht geradezu aufhoben. In Wirklichkeit aber bereicherten sie eben das chinesische Denken doch in unvorstellbarem Maße, und zwar in quantitativem wie im qualitativen Sinne: quantitativ insofern, als sich der gesamte Vorstellungsrahmen mit der Einführung riesiger Dimensionen in Zeit und Raum gewaltig ausweitete; qualitativ deshalb, weil das Denken ein sehr viel höheres Abstraktionsniveau erreichte als es bis dahin je besessen hatte. Die eigentlich bahnbrechenden Leistungen vollbrachten dabei allemal die Übersetzer der indischen Originaltexte, die die sehr schwierigen Gedankengänge aus einer ihnen adäquaten, äußerst differenzierten Sprache in eine andere übertragen mußten, die in ihrer einfacheren, abgeschliffenen Form dafür an sich denkbar ungeeignet war. Viele Texte wurden denn auch mehrfach und teilweise von den berühmtesten buddhistischen Meistern übersetzt; an ihren verschiedenen Versionen läßt sich nicht selten das chinesische Fortschreiten des Verständnisses für den Buddhismus eindrucksvoll ablesen.

Frühe Übersetzungen und Interpretationen

Der Ursprung des Buddhismus in China wird von frommen chinesischen Legenden auf verschiedene Zeitpunkte in der Han-Dynastie festgelegt. Eine sehr späte führt ihn sogar auf die Regierungsperiode Qin Shihuangdis zurück. Am einflußreichsten war jedoch die Erzählung vom Traum des Han-Kaisers Mingdi (reg. 58–75). Er soll nachts ein goldenfarbenes Götterwesen um seinen Palast schweben gesehen haben. Am nächsten Morgen erklärte ihm ein Traumdeuter, hier müsse es sich um jenen überragenden indischen Heiligen handeln, welcher „Buddha" genannt werde, der zu fliegen verstehe und dessen Körper von einem goldenen Schein umhüllt sei. Darauf habe der Kaiser eine Gesandtschaft nach dem Westen geschickt und bei ihrer Rückkehr das berühmte „Sutra in 42 Abschnitten" erhalten, das dann in einem Tempel vor den Toren der Hauptstadt Luoyang niedergelegt worden sei.

Diese Legende sollte allerdings wahrscheinlich bloß das Prestige der buddhistischen Gemeinde in Luoyang aufwerten, die eine der ältesten in China war, aber keineswegs die einzige; andere befanden sich beispielsweise, was Nordchina betrifft, etwas weiter östlich in der Stadt Pengcheng, und in Südchina im Raum des heutigen Kanton. Diese buddhistischen Gemeinden bestanden in der Han-Zeit ursprünglich offenbar vorwiegend aus Nichtchinesen, die aus diesen oder jenen Gründen in China lebten; erst allmählich sprang von ihnen der buddhistische Glaube auch auf die chinesische Bevölkerung über. Aus der Biographie des berühmten buddhistischen Übersetzers Zhi Qian (Zhi Yue, Zhi Gongming), eines Angehörigen des Yuezhi-Volkes, der um die Wende des 2. zum 3. Jahrhundert wirkte, geht hervor, daß damals unter diesen Gemeinden bereits eine Fülle von buddhistischen Texten kursierte. Sie waren jedoch nur zum geringsten Teil übersetzt, und erst nach ihrer zunächst noch sehr laienhaften und auf kurze Abschnitte beschränkten Übertragung begannen sie, auf die chinesische Geistesgeschichte zu wirken. Einen zweiten Zugang fand der Buddhismus offenbar umgekehrt durch Chinesen, die in den zentralasiatischen Garnisonen stationiert waren und dort mit Buddhisten in Berührung kamen. Eine regelrechte Missionierung durch fremde Buddhistenmönche oder auch durch nach dem Westen reisende chinesische Buddhisten stellte erst die letzte, relativ späte Phase dieser lang hingestreckten Entwicklung dar.

Diese besonderen Umstände machen es auch vom Äußeren her verständlich, warum der Buddhismus anfänglich nur auf eine ganz vage Weise in der chinesischen Philosophie in Erscheinung trat und so lange eher als eine Spielart des Daoismus aufgefaßt werden konnte. Die Verstecktheit und Mißverständlichkeit, die hier zum Ausdruck kam, war zu Beginn sicherlich in dem puren Unvermögen der buddhistischen Gläubigen begründet, die buddhistische Lehre klar von der daoistischen abzugrenzen. Schuld daran trug in erster Linie die – aus propagandistischen Gründen sehr wohl verständliche – Übung, alle buddhistischen Termini nicht zu transliterieren, d. h. also als Fremdworte stehenzulassen, sondern ganz und gar zu übersetzen. Dazu dienten notgedrungen vorwiegend daoistische Begriffe, die bei aller Verschiedenheit den buddhistischen noch am nächsten zu kommen schienen. Diese recht fragwürdige Begriffsidentifikation lief unter dem Namen *ge yi* (etwa „Begriffsannäherung"). Sie wurde jedoch im Laufe der Zeit immer mehr als bloßer Notbehelf empfunden und teils durch einen immer noch übersetzten, aber kleineren und schärfer definierten Begriffsapparat ersetzt, teils durch einfache Transliterationen. In manchen Fällen aber griff man doch wieder absichtlich auf die Verwendung der alteingeführten daoistischen Termini zurück, um ein breiteres Publikum anzusprechen, das durch eine allzu enge Fachsprache abgeschreckt worden wäre.

Ein Gegenstück zu diesem listigen Verfahren, allerdings auf einer niederen, populären Ebene lieferten die Daoisten, die etwa um 300 eine Schrift mit dem Titel „[Laozi] bekehrt die Barbaren" (*[Laozi] hua hu jing*) aus der Feder eines Daoistenmeisters namens Wang Fou (*alias* Ji Gong) vorlegten, deren Grundidee schon in einer Eingabe aus dem Jahre 166 auftaucht: daß nämlich Buddha niemand anderer sei als Laozi, der nach seinem von der legendären Biographie beschriebenen Abschied aus China auf der Reise über die Berge nach dem Westen (auf der er ja dann dem Paßtorwächter das *Daode jing* geschenkt haben soll) auch in Indien als Erlöser zu wirken begann.

Alle diese wechselseitigen Finten konnten jedoch auf die Dauer nicht die Erkenntnis verschleiern, daß der Buddhismus eben doch eine Weltanschauung *sui generis* war. Zur Schärfung der hierfür notwendigen Begrifflichkeit trugen nicht zuletzt die schon früher erwähnten, im 3. Jahrhundert in Mode gekommenen „reinen Gespräche" bei, jene geistreichen, ursprünglich auf eine Aperçu-artige Charakterisierung von Persönlichkeiten bezogenen Dialoge, mit denen sich die Oberschicht damals vergnügte. Das Streitgespräch in Form von niedergeschriebenen Dialogen oder ausgetauschten Briefen wurde daher denn auch in der Tat charakteristisch für die Präsentation und Verteidigung der buddhistischen Lehre im chinesischen Milieu (und, nebenbei bemerkt, zu einem gewissen Grade genauso auch für die philosophischen daoistischen Schriften dieser Zeit).

Neu war aber auch die Bildungsschicht, die sich an diesen Diskussionen beteiligte: Waren es bis dahin immer ausschließlich Literaten (und damit zugleich immer auch wirkliche oder verhinderte Beamte) gewesen, so tauchten nun plötzlich auch Mönche auf der Bühne auf: anfangs ausländische, die sich mit der chinesischen Literatur vertraut gemacht hatten, im Laufe der Zeit aber immer öfter auch einheimische chinesische. Damit verbunden war das Hervortreten einer Unterscheidung, die es bis dahin naturgemäß noch nie gegeben hatte: die zwischen Mönchtum und Laientum, in der die Lehre gewissermaßen auf zwei verschiedenen Ebenen vorgelebt, aber letztlich auch vorformuliert wurde. Diese Unterscheidung spielte namentlich im religiösen Bereich eine Rolle. Sie wirkte indirekt vielleicht aber auch insofern auf den philosophischen ein, als sie einerseits die Problematik einer quasi elitären, nämlich primär nur auf die Mönchsgemeinde bezogenen Erlösung wachrief, andererseits den Gedanken einer mehr oder minder vielfältigen Spaltung oder Schichtung der Wahrheit Vorschub leistete. Beide Aspekte besaßen ja im Buddhismus schon früh, auch schon vor seinem Eindringen in China, eine nicht unerhebliche Bedeutung; sie sollten dort aber noch eine ganz besondere Dynamik gewinnen.

Buddhismus – Religion oder Philosophie?

Die soeben getroffene Trennung zwischen einem „religiösen" und einem „philosophischen" Bereich im Buddhismus erfordert allerdings ein paar zusätzliche Überlegungen, die sich an die anschließen sollen, die wir schon früher über das Verhältnis zwischen Philosophie und Religion in China angestellt haben. Wir haben gesehen, daß chinesische Philosophiehistoriker, die in der Regel immer eher dem Konfuzianismus nahestanden, dazu tendierten, die Bedeutung der Religion für die chinesische Philosophie zu minimieren und das Wesen des chinesischen Denkens im allgemeinsten Sinne als vorwiegend menschenbezogen, humanistisch anzusehen; im Gegensatz zum westlichen spielten dort weder naturwissenschaftliche noch metaphysische Gedankensysteme eine besondere Rolle. Diese Behauptung mußte jedoch durch die Feststellung modifiziert werden, daß das religiöse Moment, wenn wir es einmal ganz generell als den Glauben an übernatürliche (nicht unbedingt anthropomorphe) Mächte und ihr Einwirken auf Natur- und Menschenwelt definieren wollen, auch in China zumindest in der Anfangsphase philosophischer Systeme von Bedeutung gewesen und trotz aller Rationalisierungen auch im Laufe der weiteren Entwicklung einflußreich geblieben ist. Davon zeugen selbst im Konfuzianismus noch viele Rituale wie etwa das Opferwesen. Im Daoismus ist es genaugenommen völlig unmöglich, den religiösen Aspekt bei der Behandlung der Philosophie gänzlich auszublenden. So wäre es beispielsweise eigentlich notwendig, im Rahmen der hanzeitlichen Philosophie auch auf die höchstentwickelten daoistischen Methoden zur Lebensverlängerung einzugehen; oder im Rahmen der Wei-Jin-Philosophie des 3. und 4. Jahrhunderts auf den Gelehrten Ge Hong (284–363), der in dem mit seinem Beinamen „Meister, der das Ungekünstelte umfängt" (*Bao pu zi*) überschriebenen Hauptwerk in einem esoterischen Teil die Alchemie sowie die Kunst des Malens von Talismanen begründete und in einem exoterischen u.a. die Philosophie eines gewissermaßen staatsfrommen Eremitentums. In Fällen wie diesen ist es schlechthin undurchführbar, zwischen den „religiösen" und den „philosophischen" Elementen zu trennen. Man kann dementsprechend viele Schriften verschieden lesen, interpretieren und einordnen, religiös eben oder philosophisch, und man hat das auch tatsächlich getan, in China und manchmal später auch im Westen: Laozis *Daode jing* bildet dafür das beste oft geradezu abenteuerliche Beispiel.

Trotz aller dieser Umstände hat die verbreitete Neigung, das religiöse Element in seiner Gesamtheit in China für sekundär zu halten oder bestenfalls für abgesunkenes Kulturgut „Volksreligion", auch eine reale Ursache. Sie liegt wohl darin, daß wir gewöhnt sind, bei Religionen in erster Linie an *Erlösungs*religionen zu denken, die vielleicht so etwas wie Religionen *par excellence* darstellen. Sie aber scheint es, vorsichtig ausgedrückt, ohne von außen kommende Einflüsse in China in der Tat nicht gegeben zu haben.

Das Wesentliche an einer Erlösungsreligion besteht natürlich in der Prämisse, daß eine „Erlösung" überhaupt nötig ist, in der Annahme also, daß die Menschenwelt oder auch die Welt überhaupt einen urbedingten oder erworbenen Fehler aufweise und dementsprechend von Grund auf umgestaltet oder neugestaltet werden müsse. Durch diese Sichtweise, die dem abendländischen Denken außerordentlich vertraut, deshalb aber keineswegs selbstverständlich ist, ergeben sich mit Notwendigkeit zwei Konsequenzen: Auf der einen Seite gewinnt die Vorstellung einer anderen Welt als der, in der wir leben, plötzlich unerhörtes Gewicht. Diese „andere Welt" kann dabei in einem transzendenten Jenseits liegen, hinter oder über den Dingen oder (bzw. zugleich) in einer bestimmbaren oder unbestimmbaren Zukunft; die Zeitvorstellung gewinnt dadurch fast regelmäßig einen Zielpunkt, sie wird fließender, stromlinienförmiger. Auf der anderen Seite erscheint das Dasein hier und jetzt, eben weil es so erlösungsbedürftig ist, aus einer gewissen Distanz. Es hat etwas Vorläufiges und damit nicht selten Unwirkliches an sich, weil eben alles auf die letztlich wahre Welt danach oder dahinter ankommt. Alle Entscheidungen, aber auch alle Erscheinungen haben ihre reale Bedeutung nur im Bezug auf diese wahre Welt, nicht im Bezug auf ihre unmittelbar sichtbare Umgebung.

Eine solche sich vom Diesseits entfernende und einem Jenseits annähernde religiöse Grundhaltung hat es ganz offensichtlich in China aus eigenen Quellen kommend kaum oder gar nicht gegeben. Das bedeutet selbstverständlich nicht, daß das Gegensatzverhältnis zwischen einem Jenseits und einem Diesseits nie gedacht worden wäre, sondern lediglich, daß der Akzent ursprünglich niemals so einseitig auf eine „andere Welt" gelegt wurde. Der vielgepriesene oder vielgetadelte, in jedem Fall aber vielstrapazierte sogenannte chinesische Wirklichkeitssinn äußerte sich also, auf eine Kurzformel gebracht, darin, daß die chinesischen Denker auch im Bereich der Religion keine eigentliche Notwendigkeit oder Möglichkeit sahen, die gesamte Welt zu verändern oder auf ihre Veränderung zu hoffen und zu warten. Sie nahmen sie im wesentlichen so, wie sie ist oder wie sie ihnen zu sein schien. Sie bemühten sich, mit ihr auszukommen – ob es sich nun um den Verkehr mit Menschen und Naturgewalten oder um den mit Göttern und Geistern handelte.

Vor diesem Hintergrund erst wird der tatsächlich so ungeheure Umschwung erkennbar, den der Buddhismus für das gesamte chinesische Geistesleben heraufführte. Durch ihn wurden die altüberkommenen chinesischen Weltanschauungen nicht nur einfach um eine weitere bereichert, sondern es wurde, wenngleich teilweise nur temporär und in gewissen Ausschnitten, die ganze Optik des chinesischen Denkens verändert. Irgendwelche Spuren dieser Veränderung lassen sich fast in allen religiösen und philosophischen Texten seit etwa dem 4. Jahrhundert feststellen oder wenigstens erahnen, auch in solchen, die sich gegen den Buddhismus stemmten. Dabei stellte die generell stärkere Akzentuierung des religiösen Lebens überhaupt eines der hervorstechenden Phänomene dar.

XI. Die buddhistischen Grundlehren

Leiden und Wiedergeburt

Ob der Buddhismus seinem Ursprung nach eher als eine Philosophie oder als eine Religion einzustufen ist, läßt sich allerdings abermals gar nicht so einfach entscheiden. Für die erste Auffassung spricht u.a. sein ganz rationaler Ansatz, für die zweite eben sein Erlösungsanspruch, der insofern eminent wichtig war, als er das Interesse der buddhistischen Philosophie auf dieses Ziel hin begrenzte. Da eine solche Trennung nach Religion und Philosophie (obwohl sehr viel darüber geschrieben wurde) jedoch letzten Endes doch nur von außen herangetragen ist und in keinem Falle alle Spielarten des Buddhismus erfassen könnte, ist sie im Grunde zweitrangig. Auch wie der „ursprüngliche" Buddhismus in dieser Hinsicht zu beurteilen sei, läßt sich nicht sagen; denn ein solcher „ursprünglicher Buddhismus" ist kaum faßbar und von seinen späteren Ausformungen auch nicht abhebbar. Der bekannte Buddhologe Edward Conze schrieb einmal:

> Ich bekenne, daß ich nicht weiß, was die *ursprüngliche Lehre* des Buddhismus überhaupt war. Die ganze spätere Geschichte des Buddhismus aber nur als Entartung seiner *ursprünglichen* Lehre zu betrachten, wäre dasselbe, wie wenn man eine Eiche als eine Entartung einer Eichel ansehen wollte.

Trotzdem läßt sich natürlich ein Kern der buddhistischen Lehre ausmachen, eine Art Same freilich, aus dem, um im eben gebrauchten Bilde zu bleiben, ein Trieb erwuchs, der sich nach den verschiedensten Richtungen hin verzweigte. Diesen Kern bildet, rein historisch gesehen, natürlich die Gestalt des historischen Buddha Gautama selbst, der etwa 560–480 v. Chr. in Nordostindien lebte. Philosophisch gesehen aber waren es die „Vier heiligen

Wahrheiten", die er nach seiner Erleuchtung unter dem Bodhi-Baum erstmals in Benares verkündet haben soll. Der Wortlaut dieser Grundlehre ist folgendermaßen:

1. Was ist Leiden? Die Geburt ist Leiden, das Alter auch, die Krankheit auch, der Tod auch. Auch das Verbundensein mit Nichtliebem und das Getrenntsein von Liebem ist Leiden. Und daß man wünscht und trachtet und nicht erlangt, auch das ist Leiden. Im ganzen also: Die fünf Verzweigungen des Anklammerns an das Irdische sind Leiden. Das ist das Leiden.
2. Was ist die Entstehung des Leidens? Es ist jener Durst, der von Wiedergeburt zu Wiedergeburt führende, von Freude und Leidenschaft begleitete, hier und dort seine Freude findende: der Durst nach Lust, der Durst nach Werden, der Durst nach Aufhören des Werdens. Das ist die Entstehung des Leidens.
3. Was ist die Aufhebung des Leidens? Es ist eben die restlose Unterdrückung und Aufhebung jenes von Wiedergeburt zu Wiedergeburt führenden, von Freude und Leid begleiteten, hier und dort seine Freude findenden, in der Geburt hervortretenden und beim Tode zurückkehrenden Durstes. Das ist die Aufhebung des Leidens.
4. Was ist der zur Aufhebung des Leidens führende Weg? Es ist das der heilige achtteilige Pfad, der da heißt: rechtes Glauben, rechtes Denken, rechtes Reden, rechtes Handeln; rechtes Gedenken, rechtes Streben, rechtes Leben; und rechtes Sichversenken. Das ist der zur Aufhebung des Leidens führende Weg.

Aus diesem grundlegendsten aller buddhistischen Texte gehen bereits zwei typische Eigenschaften der buddhistischen Lehre hervor: zum einen, im Formalen, der stark klassifizierende Charakter, bei dem Zahlen eine herausragende Rolle spielen – eine Eigenschaft, die zwar, wie schon früher einmal erwähnt, auch in der chinesischen Philosophie angelegt war, nicht aber in solchem Maße; sicherlich empfing sie in dieser Hinsicht vom Buddhismus noch eine ganze Reihe von verstärkenden Impulsen. Die andere Eigenschaft betrifft das Inhaltliche und liegt in der beträchtlichen Abhängigkeit von älteren indischen Vorstellungen.

In der Tat entstand der Buddhismus ja nicht in einem luftleeren Raum, sondern er baute auf der altindischen Veden-Philosophie und auf dem sich daran anschließenden Brahmanismus im weiteren Sinne auf. Seine definitive Abwendung von ihm erfolgte eigentlich erst durch die Ablehnung der überkommenen heiligen Schriften, die sicherlich auf die Dauer eine kulturelle Isolierung des Buddhismus in seinem Heimatland bewirkte. Gemeinsam hatten Brahmanismus und Buddhismus aber immerhin so elementare Gedanken wie die Erlösungsidee und die (allerdings stark modifizierte) Vorstellung von der Wiedergeburt. Im einzelnen jedoch erwies sich dann der Buddhismus dennoch als schärfster Gegner des Brahmanismus, indem er seinen Grundideen den Boden zu entziehen versuchte. In Indien selbst folgte seinem anfänglichen Sieg am Ende allerdings die völlige Vertreibung durch den als Hinduismus neuformierten Brahmanismus. Er überlebte bekanntlich danach in verschiedenen Traditionen nur noch in der Fremde: in Sri Lanka und Südostasien; in Tibet und der Mongolei; und schließlich eben auch in China und Japan.

Aus der Perspektive der chinesischen (und überhaupt der ostasiatischen) Philosophie- und Religionsgeschichte ist es jedoch beachtenswert, daß der Buddhismus nicht bloß seine eigenen Lehren in den verschiedensten Variationen nach China brachte, sondern indirekt auch Elemente des altindischen Gedankensystems, das gleichzeitig sein Ahn und sein Widerpart gewesen war. Diese Tatsache besaß insofern weittragende Bedeutung, als (wie wir noch später bei einem Rückblick über die Nachwirkungen des Buddhismus auf die chinesische Philosophie sehen werden) einige vom Buddhismus eigentlich bekämpfte Ideen in China gerade besonders tiefe Wurzeln schlugen; das Mißverständnis wurde in manchen Bereichen ebenso wirksam wie das echte Verständnis. Aber auch sonst, also auch jenseits der an ihm noch haftenden Vorformen, wurde der Buddhismus zum Transporteur fremder westlicher Vorstellungen, die durch das von ihm aufgestoßene Tor ins Land der Mitte eindrangen.

Drei an sich nicht buddhistische, sondern vorbuddhistische Vorstellungen, die jedoch mit dem Buddhismus nach China kamen, erwiesen sich als besonders einflußreich. Bei der ersten handelte es sich um die Idee der Wiedergeburt in Form einer wirklichen „Seelenwanderung“, nach der eine unzerstörbare Seele eine Unzahl von Existenzen auf den verschiedensten Ebenen durchlaufen sollte. Sie hatte sich in der indischen Philosophie weitgehend durchgesetzt. Mit ihr verbunden war der Begriff des Karma *(karman),* also eines durch Ursache und Wirkung bedingten schicksalsmäßigen Erbes aus vorangegangenen Inkarnationen, das nicht zuletzt eine einfache Erklärung für jede ungerechte Lebenssituation bot. Diese Seelenwanderungs- und Wiedervergeltungstheorie erschien aber nicht nur aus diesem Grunde attraktiv – attraktiver jedenfalls als die mitunter anzutreffende konfuzianische Wiedervergeltungsidee, nach der die Sünden der Väter auf die Kinder und Kindeskinder kommen sollten –, sondern auch wegen der grandiosen Konzeption eines sich in den Wiedergeburten gleichsam über Äonen hin ausbreitenden eigenen Ichs. Die zweite Vorstellung betraf die brahmanische Idee, daß *brahman,* die ewige, absolute und unveränderliche, manchmal auch gottartig personifizierte Kraft hinter allem Sein, mit dem Selbst eines jeden Einzelindividuums identisch sei, so daß denn auch die Erkenntnis des eigenen Selbst mit der Erkenntnis des *brahman* zusammenfalle und zu einer Wiedervereinigung beider und damit zugleich zur „Erlösung“ führe. Die dritte Vorstellung entstammt der indischen Sāṃkhya-Schule, die parallel zum monistischen, im engeren Sinn brahmanischen System ein dualistisches entwickelte. Demnach sollte das Sein einerseits aus einer Unzahl von ewigen, unzerstörbaren Seelen (*puruṣa*) bestehen, andererseits ebenso aus einer Unzahl von materiellen und mentalen Elementen (*guṇa*). In allen Menschen finden sich zu Lebzeiten die Seele und diese physisch-psychischen Elemente miteinander verbunden. Ihre Verbindung zerfällt beim Tode, baut sich aber in der Wiedergeburt, bei der die Seele Träger des Karma ist, immer wieder neu auf. Die prinzipiell völlig inaktive Seele ist nicht unmittelbar erkennbar, sondern projiziert sich im Intellekt (der dadurch eine Vermittlerfunktion erhält) nur wie auf einem Bildschirm. Die Erlösung, hier im wahrsten Sinne des Wortes, besteht in der Loslösung der Seele von den physisch-psychischen Elementen, die durch aufsteigende körperlich-geistige Yoga-Übungen (bei denen die Seele nun doch eben in den Blick kommt) erreicht werden kann.

Nicht-Ich und Dharma-Lehre

Die Konzeption eines festen, geschlossenen, sich in der „Seele" manifestierenden Ichs, die allen diesen Vorstellungen gemeinsam ist, war es jedoch gerade, durch deren Ablehnung der Buddhismus sich von allen anderen indischen Gedankensystemen entfernte, die trotz aller inneren Verschiedenheit aufgrund einer schier unendlichen Toleranz immer noch eine gewisse Einheit darstellten. Erst durch diesen Schritt, mit dem notwendigerweise auch die erwähnte Wegwendung von den überkommenen heiligen indischen Schriften (den *Veda* im weitesten Sinne) verbunden war, etablierte sich der Buddhismus als völlig eigene Weltanschauung. Die Lehre von der Nicht-Seele oder vom Nicht-Ich, *anātman,* ist tatsächlich das Zentrum der buddhistischen Philosophie, selbst wenn sie wegen ihrer dem spontanen Gefühl zuwiderlaufenden Schwerverständlichkeit oft in der Hintergrund gedrängt wurde, so daß die soeben umrissenen altindischen Vorstellungen dann doch immer wieder durchschlagen konnten.

Die Lehre von der Nicht-Seele ist jedoch verständlich nur vor dem Hintergrund der Lehre, daß die Welt aus einer Unzahl von Einzelelementen oder Einzelimpulsen (sozusagen Korpuskeln und Wellen in einem) bestehe. Diese Elemente wurden als *dharma* bezeichnet, wobei der Ausdruck *dharma* auch noch eine Reihe von ganz anderen Begriffen einschloß. Die ständige Mehrfachbesetzung von bestimmten sprachlichen Termini mit völlig verschiedenen inhaltlichen Vorstellungen bildet übrigens – wie so oft in der Philosophie – generell eines der größten Hindernisse für das Verständnis des Buddhismus, sie war aber gleichzeitig die Ursache für seine unerhörte Biegsamkeit und Wandlungsfähigkeit. Die *dharma*- und die *anātman*-Lehre sind in gewisser Weise aufeinander bezogen und entstanden in Abhängigkeit voneinander. Um sie kreisten letzten Endes auch alle philosophischen Diskussionen, und bei ihrer Interpretation trennten sich dann auch die Wege der verschiedenen buddhistischen Schulen. Trotzdem läßt sich eine Art Kernidee ausmachen, die als Ausgangspunkt für alle späteren Auffassungen gelten kann. In ihrer Entfaltung von der Physiologie und Psychologie über die Erkenntnistheorie bis hin zur Metaphysik und Erlösungslehre läßt sie sich (wenn wir hier die immer noch unübertroffene Darstellung von Otto Rosenberg „Die Probleme der Buddhistischen Philosophie" zugrunde legen) etwa folgendermaßen darstellen:

Die altindische Philosophie befaßte sich immer schon sehr intensiv mit einer Analyse des Menschen, bei der er – wie wir beispielsweise bei der Erwähnung der Lehre der Sāṃkhya-Schule gesehen haben – in geistige und materielle Bestandteile zerlegt wurde, die gemeinsam dann einer gewissermaßen punktförmigen, nicht mehr weiter zerlegbaren (und auch nicht mehr qualifizierbaren) „Seele" gegenübergestellt wurden. Danach besteht also die materielle Seite des Menschen – und zwar eines jeden Menschen in gleicher oder vergleichbarer Weise – aus einer Kombination von physisch-psychischen Elementen, zu denen sowohl seine einzelnen Körperteile gehören (Beine, Arme etc.) als auch seine Sinnesorgane (Augen, Ohren etc.) als auch schließlich (was, weil es für uns ungewöhnlich ist, besonders betont werden muß) alle Gemütsbewegungen und sonstigen psychischen Vorgänge bis hin selbst zum Bewußtsein; alle psychischen Phänomene werden also, grob gesagt, im Gegensatz zu unseren üblichen, nicht zuletzt durch den Ausdruck „psychisch" festgelegten Vorstellungen, nicht der „Seele", sondern dem Körper zugeschlagen. Trotzdem wurde im Sinne eines naiven Realismus eine klare Trennungslinie gezogen zwischen dem Menschen und der ihn umgebenden Außenwelt, die nur einfach wahrgenommen wurde. Belebte Dinge bestanden eben aus materiellen und geistigen Elementen, unbelebte, wie etwa die Sonne, nur aus materiellen.

In der buddhistischen scholastischen Literatur erfuhr diese Betrachtungsweise nun aber eine entscheidende Drehung, bei der sich auch der Inhalt der gesamten Analyse von Grund auf änderte: Es war nicht mehr „der" Mensch schlechthin, der analysiert wurde, sondern viel enger der jeweils gegebene Mensch, der zu einem jeweils gegebenen Zeitpunkt ein jeweils gegebenes Objekt wahrnimmt. Die Sinnesorgane sind dadurch auch nicht mehr wirkliche Organe wie Augen und Ohren, sondern die Fähigkeiten oder Akte des Sehens und Hörens. Die wesentlichste Folge dieser Drehung bestand darin, daß der Mensch plötzlich in einen Zusammenhang gebracht wurde mit der Welt, die er erlebte, so daß in die vorgängige physisch-psychische Problematik nun auch noch die erkenntnistheoretische eingewoben wurde. Analysiert wurde ausschließlich also etwa der Mensch, der die Sonne anblickt, und nicht Mensch und Sonne separat, wobei zusätzlich angenommen wurde, daß der Vorgang des Anblickens in eine Kette von Augenblicken zerfällt, in denen sich dieses ganze komplizierte Wechselverhältnis ständig neu formiert.

Es ist offensichtlich, daß unter dieser Betrachtungsweise das Ich oder die Seele des Menschen, scheinbar so fest gefügt, in sich zerfiel. Das Ich nahm ein kaleidoskopartiges Wesen an, bei dem sich nicht bloß die Kombinationen der Einzelteile fortwährend neu bildeten, sondern zusätzlich auch noch (anders eben als beim Kaleidoskop) die Einzelteile selbst: Der Mensch stellt jeden Augenblick ein anderes Konglomerat von Einzelelementen dar. An ihnen ist das einzig Feste die Tatsache, daß sie auf eine gesetzmäßige Art und Weise zusammentreten und – was sehr wichtig ist – daß keines der Einzelelemente aus einem Konglomerat ausbrechen und in ein anderes übergehen kann. Trotz aller Zerspaltenheit und Flüchtigkeit gibt also jedes dieser Konglomerate seine spezifische Struktur weiter, jedes wandelt sich diskret auf seine eigene Weise. In ihrer scheinbaren Beständigkeit dagegen sind das Ich ebenso wie die Außendinge nichts als Illusionen.

Otto Rosenberg hat zur Verdeutlichung dieser Theorie ein Beispiel herausgegriffen und weiterentwickelt, das Eduard von Hartmann einmal verwandt hat, um auf simplifizierte Weise die Unterschiede zwischen dem Realismus, dem Idealismus und dem transzendentalen Realismus zu demonstrieren: Wenn in einem Zimmer zwei Menschen einen Tisch sehen, sind da aus der Perspektive des Realismus einfach ein Tisch und zwei Menschen. Aus der Perspektive des Idealismus sind das zwei Tische (als die Vorstellungen der beiden Personen) sowie vier Menschen (nämlich jeweils die Vorstellungen der beiden Personen von sich selber und vom anderen). Aus der Perspektive des transzendentalen Realismus befinden sich da drei Tische (einer als Ding an sich und zwei als Vorstellungen) sowie sechs Menschen (zweimal ebenso jeweils als ein Ding an sich und als die Vorstellungen von sich selber und vom anderen). Vom Standpunkt des Buddhismus aus aber haben wir sechs – buddhistisch gesprochen – „Illusionen" vor uns, die in sich selber wieder unendlich kompliziert zusammengesetzt sind, nämlich je zwei Mensch-Tisch-, Mensch-Anderer- und Mensch-Selbst-Illusionen. Oberflächlich gesehen, meint Rosenberg, könnte man diese Betrachtungsweise als „transzendentalen Idealismus" bezeichnen. Sie läßt sich jedoch bei genauerer Betrachtung deshalb überhaupt nicht als „Idealismus" einordnen, weil für den Idealisten auch die einzelnen Elemente, die für den Tisch typisch sind (also etwa das „Gerade" oder „Harte"), als subjektive Vorstellungen gelten, für den Buddhisten aber (in Form des „Sichtbaren" oder „Fühlbaren") keineswegs auf das Bewußtsein zurückgeführt werden können. Sie sind vielmehr ebenso selbständige Elemente wie das Bewußtsein selbst. Einen in sich geschlossenen Tisch „an sich" gibt es nicht; denn die objektiven Elemente des Tisches können von den subjektiven Elementen des jeweiligen Menschen, der den Tisch sieht, nicht abgelöst werden. Alle diese Elemente bilden gleichwertige Korrelate, die nicht aufeinander zurückführbar sind.

Dharma-Lehre und Erlösung

Die sich hier unausweichlich anschließende Frage nach der Natur der „Elemente" führt unmittelbar auf das Gebiet der Metaphysik. Sie wurde nämlich anfangs offenbar dahingehend beantwortet, daß sie, im Moment geboren, Funktionen von etwas hinter ihnen seien, von etwas Transzendentem, Absoluten, das der Erkenntnis unzugänglich, aber eben deshalb durchaus wahrhaft real ist. Auch von hier aus ist der Buddhismus also nicht von vornherein als „Idealismus" einzuordnen; denn die Wahrnehmung des Tisches, von der wir gerade gesprochen haben, ist zwar eine Illusion, aber keine Halluzination. Sie ist nicht *in toto* ein Produkt des Bewußtseins, sondern hinter ihr steht schon etwas wirklich Reales. Oder, um es in einer buddhistischen Formulierung zu sagen: Wenn ich in der Dunkelheit eine Schlange sehe, die sich später als ein Strick herausstellt, so war doch immerhin der Strick wirklich vorhanden.

Hinsichtlich dieser „wahrhaften Realität" hinter diesen in den einzelnen Momenten zu individuellen Figurationen, zu strukturell geprägten „Wirbeln" zusammengefaßten Elementen gingen die Meinungen der einzelnen buddhistischen Schulen nun allerdings so weit auseinander, daß sich der Begriff der „Realität" weitgehend doch wieder aufzulösen und in sein Gegenteil umzuwandeln begann. Im wesentlichen gab es drei Grundrichtungen, denen wir in einigen Abwandlungen noch im einzelnen begegnen werden. Die ersten beiden sind schon sehr alt, die dritte relativ jung. Nach der ersten, bereits beschriebenen und tatsächlich ursprünglichen Richtung ist jedes einzelne der in den Augenblicken auftauchenden Elemente die Erscheinung eines wirklich realen, jeweils ebenfalls einzelnen, mit ihm fest verbundenen „Trägers", eben seines *„dharma"*. Die Tatsache, daß *dharma* ursprünglich „Träger" heißt (zunächst allerdings offenbar in einem etwas anderen Kontext so benutzt), zeigt eben die Ursprünglichkeit dieser Richtung. Sie ließe sich als realistisch und zugleich pluralistisch bezeichnen. Die zweite folgerte aus der Überlegung, daß die wirkliche Realität hinter den Elementenwirbeln im Grunde nicht erkennbar, sondern tatsächlich so geartet sei, daß „die Worte vor ihr stehen bleiben", auf ihre prinzipielle „Leerheit" *(śūnyatā*, von *śūnya* „leer"). Diese „Leerheit", die sich auch als Attributslosigkeit fassen läßt, schließt auch aus, daß irgend etwas über das Sein oder Nichtsein dieser Elementenwirbel aufgezeigt werden kann, außer, daß sich diese „Leerheit“ auf unerklärliche Weise in der Welt entfaltet hat. Die dritte Richtung vertrat die Auffassung, daß es überhaupt keine realen Träger hinter den Elementenwirbeln – mit anderen Worten also überhaupt keine *dharma* – gebe. Alle Erscheinungselemente seien vielmehr reine Vorstellungen, die einem an der Oberfläche in Unruhe gebrachten Vorstellungsbehältnis entstammten. Dieses Behältnis wurde als „Speicherbewußtsein“ (*ālaya-vijñāna*, Rosenberg: „Bewußtseinsschatzkammer“) bezeichnet. Es kam in spezifischer Form jedem (scheinbar) individuellen Lebewesen zu, griff alle Vorstellungen aber auch wieder in einem gemeinsamen Behältnis zusammen. Diese Richtung läßt sich als idealistisch und in gewissem Sinne auch als monistisch einordnen.

Trotz dieser weit auseinander führenden Grundrichtungen, die sich in Einzelschulen dann noch immer weiter auffaserten, gab es hinsichtlich des immer und überall primären Erlösungsgedankens doch auch sehr viel feste Gemeinsamkeit. Sie bestand in der Überzeugung, daß die Elemente in ihren Figurationen und Wirbeln, gleichgültig, wie sie nun zu erklären seien, den Ausdruck einer tiefgreifenden Unruhe im Sein oder in der Vorstellung darstellten, die in jedem Falle von den Wesen als leidvoll erfahren werde. Diese Unruhe sei zwar nicht – was sehr wichtig ist! – das Ergebnis irgendeines erst von außen hinzugetretenen Fehlers und sie sei somit auch nicht erst irgendwann und irgendwie entstanden, sondern sie sei in dem ganzen System von vornherein angelegt; es gibt also keinen wie immer gearteten „Sündenfall“. Auf der anderen Seite aber ist diese leidvolle Unruhe auch nicht unüberwindbar, sondern sie kann in der Tat beseitigt und damit der Zustand des *nirvāṇa* erreicht werden. Es ist unnötig zu sagen, daß dieses Nirvana an keinem Ort angesiedelt werden kann. Trotzdem sind jene Komplexe des Seins oder der Vorstellung (um hier das Wort „Wesen“ zu vermeiden, da ja immer an der Grundidee des „Nicht-Ich“ festgehalten werden muß), die den Zustand der absoluten Beruhigung erlangt haben, aus der gewöhnlichen Erscheinungswelt herausgehoben und aus ihr in gewissem Sinne ausgeschieden. Dieser Zustand wird, wenn er auf eine einzelne Wesenheit bezogen ist, auch als „Sosein" (*tathatā*) bezeichnet, ein vieldiskutierter Ausdruck, der die Qualitätslosigkeit oder auch Allqualität dieses Zustandes unterstreichen soll. Von ihm abgeleitet ist der Ausdruck *tathāgata*, der wörtlich übersetzt „So seiend Kommender" bedeutet und den höchsten Ehrentitel des Buddha darstellt.

Aus der Vorstellung des Nirvana und des „Soseins" ergibt sich natürlich auch mit Notwendigkeit, daß es nicht nur den einen historischen Buddha Gautama gegeben hat, sondern unzählige andere Buddhas vor ihm, und daß ihm ebenso noch unzählige andere folgen werden; der Ausdruck „Buddha" steht prinzipiell ja eben für jene Menschen, die den Zustand des „Soseins" erreicht haben. Trotzdem gab es da drei verschiedene Abstufungen: 1. die Buddhas im eigentlichen und höchsten Sinn, zu denen auch der historische Buddha gehörte, die nicht nur diesen höchsten Zustand selbständig erreichen, sondern ihn auch anderen lehren; 2. die „Privat-Buddhas" (*pratyeka*-Buddha), die ihn zwar ebenfalls selbständig erreichen, ihre Erkenntnis aber gewissermaßen für sich behalten, und 3. die „Heiligen" *(arhat)*, die ihn bloß durch die Lehrtätigkeit der anderen, höchsten Buddhas erlangen.

Die mit dem Nirvana-Begriff verbundene Überzeugung von einem endgültigen Ausscheiden der Buddhas aus der Erscheinungswelt zog jedoch im *Mahāyāna*, einer gleich näher zu behandelnden Hauptrichtung des Buddhismus, noch eine weitere Unterscheidung nach sich: Da nämlich dieses Verschwinden zumindest vom religiösen Standpunkt aus für die Gläubigen schwer erträglich war, bildete sich eine Lehre heraus, die von „drei Körpern" (*trikāya*) des Buddha sprach. Danach sollte zwar ein Körper des Buddha, der als *dharma*-Körper (*dharma-kāya*) bezeichnet wurde, jene Sphäre des Absoluten erreichen, in der er aus der Erscheinungswelt nicht mehr berührt werden konnte. Dieser Körper geriet so sehr ins Abstrakte und Gigantische, daß er in manchen Ausformungen nahezu mit dem Nirvana selbst identifiziert wurde, ja selbst mit einer Art Weltseele, die mit der Brahman-Weltseele außerordentlich viel Ähnlichkeit besaß. Ein zweiter Körper des Buddha, der als „Glückseligkeitskörper" (*sambhoga-kāya*) bezeichnet wurde, besteht in den höchsten Sphären der Erscheinungswelt wie in den buddhistischen Himmeln und ist dort zu einem Gedankenaustausch mit höchsten Wesenheiten fähig. In einem dritten Körper mit dem Namen „Schattenkörper" *(nirmāṇakāya)* schließlich erscheint Buddha in der gewöhnlichen Welt der Erscheinungen als Lehrer und Vorbild. Dieser Körper, der an sich bloß der Vorstellung der ihm begegnenden Persönlichkeit entspringt und somit tatsächlich bloß so etwas wie einen „Schatten" darstellt, vermag dennoch in dieser Form den Menschen den Weg zum Nirvana zu weisen.

Mahāyāna und Hīnayāna

Das Problem, wie eine Verbindung zwischen der Ebene des Nirvana und der Welt der Erscheinungen hergestellt werden könne und zugleich eine Verbindung zwischen den Buddhas und den Menschen, stand großenteils auch hinter der entscheidenden Spaltung, die sich im Buddhismus bereits im 3. vorchristlichen Jahrhundert noch im indischen Raum anbahnte: die zwischen dem Buddhismus des „Kleinen" (*Hīnayāna*) und des „Großen Fahrzeugs" (*Mahāyāna*). Es gab zwar noch eine dritte, sehr viel spätere Hauptrichtung, die des „Diamantenen Fahrzeugs" (*Vajrayāna*), die starke magische Komponenten besitzt und als „Tantrismus" namentlich in Tibet eine Rolle spielte. Sie gehört aber kaum mehr in das Gebiet der Philosophie im engeren Sinn und hatte auch noch eine viel geringere Größenordnung als *Hīnayāna* und *Mahāyāna*, unter denen sich ja jeweils eine ganze Reihe von Einzelschulen herausbildeten.

Die *Mahāyāna*-Lehre kann als eine Art demokratische, ja in gewisser Weise sogar soziale Bewegung gegenüber der älteren, mehr elitären und egoistischen des *Hīnayāna* angesehen werden.

Sie stellte nämlich der Figur des *arhat,* des „Heiligen", der den Zustand des Nirvana erreicht hat und für sich allein verwirklicht, die des *bodhisattva* gegenüber, der zwar ebenfalls an diesem Zustand angelangt ist, wegen des mit dem Eingehen ins Nirvana jedoch verbundenen Ausscheidens aus der Welt der Erscheinungen auf diesen letzten Schritt, eben das Verschwinden im Nirvana, absichtlich verzichtet, um anderen Lebewesen noch von Hilfe sein zu können. Damit kommt in den Buddhismus ein Element der Wärme, nämlich ein Element der Liebe hinein, das ihm in dieser Form anfangs nicht eigen gewesen war und an sich auch gar nicht so leicht begründbar ist; denn die Loslösung von jeder Form von Bindung, zu der letzten Endes auch jede Form von Zuneigung gehört, stellt ja mit die Grundidee des Buddhismus dar.

Zugleich mit der *bodhisattva*-Idee führte der *Mahāyāna*-Buddhismus aber auch den innerlich damit zusammenhängenden Gedanken ein, daß nicht bloß – wie im ursprünglichen Buddhismus – die Angehörigen der Mönchsgemeinde (*saṅgha*), sondern im Prinzip alle Menschen die Möglichkeit besitzen, das Nirvana zu erreichen – eine Auffassung, die in gewisser Weise natürlich auch eine Abwertung des Mönchswesens und Aufwertung des Laientums bedeutete. Obgleich der Buddhismus in praktisch allen seinen Ausformungen in China und Ostasien eingedrungen ist, waren, insgesamt gesehen, seine *Mahāyāna*-Versionen wesentlich erfolgreicher als die des *Hīnayāna*. Ja man darf vielleicht sogar sagen, daß er sich in der chinesischen Gesellschaft, in der die Familie, Gruppe und Gesellschaft eben eine ungeheure Rolle spielt, in der *Hīnayāna*-Variante mit dem Mönchtum als absolutem Zentrum niemals im gleichen Maße hätte durchsetzen lassen.

Ungeachtet der Aufspaltung des Buddhismus in zwei Richtungen, die schon vor seiner Ausbreitung nach Ostasien erfolgte, wurden *Mahāyāna* und *Hīnayāna* dort im wesentlichen als dieselbe Religion angesehen. Dies war ja auch festgelegt durch die Gemeinsamkeit der elementarsten aller Lehren, nämlich der vom „achtteiligen Pfad", die schon zusammen mit den „Vier heiligen Wahrheiten" verkündet worden war. Trotz seiner Achtgliedrigkeit, innerhalb derer dem „rechten Glauben", dem „rechten Streben" und zuletzt dem „rechten Sichversenken" besondere Bedeutung zukommt, waren es im Grunde zwei Hauptaspekte des Erlösungsweges, die in der Praxis mehr als alles andere hervortraten: die „Erkenntnis" (*prajñā*) und die „Meditation oder Versenkung" (*dhyāna*). Sie gehören zwar unstreitig zusammen, können aber desungeachtet getrennt voneinander betrachtet werden und wurden tatsächlich auch von den einzelnen buddhistischen Schulen verschieden akzentuiert. Beide sind eindeutig aufeinander zurückführbar, jedoch durch eine gegenläufige Denkbewegung: „Erkenntnis" bedeutet das Erkennen der „Vier heiligen Wahrheiten", also der Leidhaftigkeit der Existenz, gleichzeitig aber auch das Erkennen ihrer Ursache, die eben in der Unruhe der Elementenwirbel und ihrem illusionären Charakter begründet ist und auf den Weg zur großen Beruhigung im Nirvana verweist. „Meditation" andererseits ist eine Geisteshaltung und Geistesübung, die unmittelbar der Beruhigung der zum Einzelwesen zusammengefügten Elementenwirbel dient. In ihr wird aber nicht zuletzt auch auf eine unmittelbare, jenseits der sprachlichen Formulierbarkeit liegende Weise die Einsicht in die Struktur und die kausale Verspanntheit der Existenz vermittelt.

Die Grundlehren des Buddhismus, soweit sie sich überhaupt isolieren und fassen lassen, sind natürlich auf eine so knappe und vereinfachte Form, wie sie hier versucht worden ist, nicht völlig in den Blick zu bekommen. Trotzdem ist es wohl sinnvoll, vor der Behandlung der einzelnen buddhistischen Schulen nach ihrem gemeinsamen zentralen Ausgangspunkt zu suchen, von dem aus man die Probleme der buddhistischen Philosophie umrißartig in einem größeren Zusammenhang sehen kann. Diesen Ausgangspunkt bietet unstreitig die *dharma*-Lehre, die wir im Vorangegangenen etwas genauer betrachtet haben. Selbst wenn der Begriff *dharma* auf so gegensätzliche Weise interpretiert worden ist, daß er sich beinahe selber wieder aufhebt, und selbst wenn er, vom Sprachlichen her gesehen, einen unglaublich breiten Bedeutungsfächer aufweist, so kann man umgekehrt aus beidem auch auf die grundlegende Wichtigkeit schließen, die er für die buddhistische Philosophie besessen hat: In der Logik bedeutete *dharma* erstens und ursprünglich „Eigenschaft", „Attribut" oder auch „Prädikat". In der buddhistischen Philosophie wird er dann zweitens zum „Träger seines spezifischen Merkmals". Soweit das Wesen der *dharma* selbst jedoch als unerkennbar (wenn man will: als transzendent) betrachtet wird, werden dann drittens mit *dharma* nicht mehr die *dharma* selbst bezeichnet, sondern bloß die „Erscheinungen der *dharma*" (eigentlich: *dharma-lakṣaṇa*), die den Bewußtseinsstrom bilden. *Dharma* ist hier also eine Art Kurzform von „Erscheinungen der *dharma*", obwohl beide ja gerade *nicht* identisch sind; in diesem Fall lassen sie sich besser mit dem neutralen Begriff „Elemente" übersetzen. Bei den *dharma* selbst bzw. bei ihren Erscheinungen als „Elementen" nimmt weiterhin nun unter dem Aspekt der Erlösung die wichtigste Stelle das *dharma* der „Beruhigung" ein, das als *nirvāṇa-dharma* aufgefaßt werden kann; es ist das *dharma* par excellence, und so taucht *dharma* viertens mitunter auch als Synonym für *nirvāṇa* oder auch fünftens als Synonym für das „Absolute" schlechthin auf (wie etwa beim erwähnten *dharma*-Körper des Buddha). Von dort aus läßt sich dann auch die sehr häufige sechste Bedeutung, nämlich „Lehre Buddhas", ableiten, weil ja eben das *nirvāṇa* das vorzügliche Objekt dieser Lehre darstellt. In einer ganz verwaschenen Form taucht *dharma* dann eigentlich siebtens und letztens auch einfach als Allgemeinausdruck für „Gegenstand", „Objekt" und „Erscheinung" auf.

Zusammenfassend ließe sich sagen, daß in der Vielgestaltigkeit des *dharma*-Begriffes, der für die Philosophie des Buddhismus eine so grundlegende Rolle spielte, auch bereits die Vielgestaltigkeit des Buddhismus selbst angelegt war, der denn auch – bei seinem Triumph in China bereits 800 Jahre alt – nach Ostasien in einer Fülle von verschiedenen Lehrmeinungen übertragen wurde.

XII. Der chinesische Frühbuddhismus

Schulen, Konfessionen und Sekten

Das sachte Eindringen des Buddhismus nach China auf der einen Seite und die Vielfalt seiner einzelnen Strömungen auf der anderen bringt für sein Verständnis, noch mehr aber für seine Darstellung eine Reihe von Schwierigkeiten mit sich. Das gilt insbesondere für die früheste Periode, in der der Buddhismus noch auf eine ganz unsystematische Weise rezipiert wurde und manchmal Buddhismus und Daoismus geradezu ineinander übergingen. Aus den oft nur ganz knappen Angaben läßt sich vielfach nicht mehr genau rekonstruieren, welche Schulmeinung hier im einzelnen vorgetragen wird. Darüber hinaus waren sehr viele Richtungen im Buddhismus ohnehin von vornherein nicht so scharf und eindeutig voneinander abgegrenzt, sondern eher synkretistisch angelegt. Auch verliefen die Polemiken ungleich milder, als wir es etwa im Christentum gewöhnt sind. Das lag nicht zuletzt daran, daß durch die etwa gleichzeitige Übersetzung der buddhistischen Schriften ins Chinesische ihre über lange Zeit gewachsenen Gegensätzlichkeiten nicht mehr so stark ins Auge fielen. Der Unterschied beschränkte sich oft bloß auf die Betonung der einen oder anderen Texte. Außerdem muß man sich bewußt machen, daß die Gegensätze zwischen diesen Richtungen auf verschiedenen Ebenen ausgetragen werden konnten: Soweit sie innerhalb der philosophischen Dogmatik bestanden, die für uns natürlich besonders wichtig ist, muß man sie als „Schulen" bezeichnen; sie berührten aber die große Masse der Gläubigen nur wenig. Umgekehrt gab es auch Unterschiede, die vor allem die religiöse Praxis betrafen, wie etwa die zwischen der mystischen Richtung und jenen, die auf die erlösende Kraft des Wortes vertrauten. Hier kann man eher von

„Konfessionen" reden. Schließlich treffen wir auch auf Nebenströmungen großer Schulen, die wirklich den Namen „Sekten" verdienen, der sonst manchmal zu Unrecht generell auf alle buddhistischen Schulen angewendet wird. Man kann jedoch nur dann von „Sekten" sprechen, wenn es sich um die Abweichung von einer großen „geschlossenen" Glaubenstradition handelt, die es eben nur in sehr begrenztem Maß gegeben hat.

Eine ganz andere Schwierigkeit besteht darin, daß man bei der Behandlung des Buddhismus im Zusammenhang mit der Rolle, die er in China gespielt hat, unmöglich die gesamte vorangegangene Entwicklung des Buddhismus im einzelnen betrachten kann, obwohl sie strenggenommen tatsächlich auch auf alle ihre chinesischen Formen mehr oder weniger mit eingewirkt hat. Feng Youlan traf in seiner kleinen Philosophiegeschichte die kluge Unterscheidung zwischen dem „Buddhismus *in* China", der praktisch vom Buddhismus im allgemeinen Sinne kaum abhebbar ist, weil eben tatsächlich alle Richtungen irgendwie auch in China einmal auftauchten, und dem *„chinesischen* Buddhismus", unter dem nur spezifisch chinesische Entwicklungsformen einschließlich ihrer Wirkkomponenten auf autochthon chinesische Denksysteme zu verstehen seien. Diese Unterscheidung läßt sich praktisch aber doch nur teilweise durchführen. Denn auch bestimmte, in China besonders mächtig gewordene und dort zu ganz neuen Vorstellungen gelangte Schulen werden häufig erst im Gesamtzusammenhang der Entfaltung der buddhistischen Lehre verständlich. Man wird also auch manche für China an sich unbedeutende Richtung kurz erwähnen müssen, wenn sie für das Ganze (z. B. auch für eine starke Gegenrichtung) von Bedeutung war. Das gilt namentlich für die *Hīnayāna*-Schulen, die generell in China eher im Hintergrund standen.

Was schließlich die Reihenfolge der Präsentation angeht, so ist es am besten, für die frühe Periode, die etwa mit dem Beginn des 5. Jahrhunderts endet, in chronologischer Reihenfolge bloß die bedeutendsten Vertreter zu nennen, für die Periode danach dagegen eine systematischere Darstellung der wichtigsten Schulen zu wählen. Das ergibt sich notwendigerweise aus der Verschwommenheit der Berichte über die verschiedenen buddhistischen Schulen vor dieser Trennungslinie sowie aus der Verflochtenheit des frühen chinesischen Buddhismus mit der chinesischen Philosophie auf der einen Seite und mit vielen äußeren Bedingungen – darunter vor allem der Übersetzungsproblematik – auf der anderen. Nicht aus Zufall sind die „frühe" und die „spätere" Geschichte des Buddhismus in China von allen Autoren – chinesischen, japanischen und westlichen – immer getrennt behandelt worden. Der unvermeidliche Nachteil dieses Verfahrens besteht allerdings darin, daß manche Lehren zweimal hintereinander behandelt werden müssen; einmal kurz und oberflächlicher in der sozusagen schattenhaften Form, in der sie im früheren Buddhismus erscheinen, und noch einmal etwas genauer in der schärfer umrissenen Form, in der sie sich später darstellten. Aus diesem doppelten Blickwinkel, bei dem die Aufmerksamkeit dennoch nur den wichtigsten Phänomenen gelten kann, werden allerdings auch manche für China wesentliche Seiten besonders deutlich erkennbar.

Früheste buddhistische Texte

Die früheste Periode des chinesischen Buddhismus war im wesentlichen bestimmt durch die relativ geringe Zahl guter Originalübersetzungen und durch die schon erwähnte Methode, buddhistische Termini ins Chinesisch-Daoistische zu übertragen. Die ersten bedeutenden Übersetzer, die diese Methode verwandten, waren fast regelmäßig Personen, die auf diese oder jene Weise einen zweisprachigen Hintergrund besaßen; in der Regel waren es Ausländer, oft solche der zweiten Generation, die bereits in chinesischem Milieu geboren worden waren oder einen chinesischen Elternteil hatten. Im wesentlichen gab es zwei Hauptzentren der Übersetzungs- und Lehraktivität innerhalb der weit ausgestreuten Plätze, an denen der Buddhismus zu blühen begann: ein ostsüdliches in der Nähe des heutigen Nanking und ein west-nördliches in der Nähe des heutigen Xi'an und etwas südlich davon. Zusammen mit den Übersetzungen entstanden aber bereits originär chinesische buddhistische Texte, die den Buddhismus katechismusartig in klaren Thesen zusammenfaßten und gleichzeitig gegen Einwände verteidigten.

Exemplarisch für diese zwei Texttypen sind die zwei frühesten noch erhaltenen längeren und geschlossenen buddhistischen Texte in chinesischer Sprache: 1. Das in Zusammenhang mit der Legende von der Einführung des Buddhismus nach China durch den Traum des Han-Kaisers Mingdi bereits erwähnte „Sutra in 42 Abschnitten" (*Sishier zhang jing*) und 2. der einem buddhistischen Philosophen namens Mouzi zugeschriebene Traktat „Ordnen von Zweifeln" (*Lihuo lun*). Bei beiden gehen die Meinungen der Gelehrten, wann sie wirklich entstanden sind, beträchtlich auseinander; sie schwanken zwischen dem 2. und 5. Jahrhundert n. Chr., was letztlich darauf hinausläuft, daß die Texte in der heutigen Form eben auch eine ganze Reihe eindeutig späterer Hinzufügungen enthalten. In ihrem Kern sind sie jedoch tatsächlich sehr alt und geben wohl einen Begriff von der in der Frühzeit des chinesischen Buddhismus kursierenden Literatur: Das „Sutra in 42 Abschnitten" gibt sich als eine Übersetzung. Es ist aber unwahrscheinlich, daß dahinter wirklich ein geschlossener Text indischen Ursprungs stand, vielmehr scheint es sich bei ihm um eine Kompilation aus verschiedenen Textexzerpten zu handeln. Dem Inhalt nach konzentriert sich der Text auf die Propagierung asketischer Ideale, wie sie in der Mönchsgemeinde ja tatsächlich verwirklicht wurden. Er besitzt daher auch, vorsichtig ausgedrückt, eine gewisse Nähe zum strengen *Hīnayāna*-Buddhismus. Der Mouzi-Text dagegen ist erklärtermaßen ein in China selbst entstandenes Werk, das sich alle Mühe gibt, die Gegensätze zwischen Buddhismus und chinesischer Überlieferung – sei sie nun konfuzianisch oder daoistisch – möglichst herunterzuspielen, ja sogar teilweise die Begründung buddhistischer Lehren auch in chinesischen Schriften zu suchen. In dieser breiten, ganz deutlich auch auf den Aufbau eines Laienbuddhismus ausgehenden Anlage könnte man ihn wiederum eher der *Mahāyāna*-Tradition zurechnen.

Unter diesen etwas groben, aber doch hilfreichen Oberbegriffen *Hīnayāna* und *Mahāyāna* lassen sich auch die beiden Grundanliegen einordnen, die den Frühbuddhismus bis etwa zum Jahr 400 besonders bewegten (wie sich an den übersetzten Texten ablesen läßt, die die einzig zuverlässige Beurteilungsgrundlage bilden): Meditation und Versenkung auf der einen Seite und Erkenntnis oder Erleuchtung auf der anderen. Beide waren ja, wie wir gesehen haben, miteinander zusammenhängende Aspekte des Erlösungsweges. Sie wurden aber, jedenfalls in der Art, wie sie sich in China verbreiteten, so voneinander abgehoben, daß die Texte, die sich mit der Versenkung beschäftigten, eher der *Hīnayāna*-Tradition entstammten, während diejenigen, die sich auf die Erleuchtung bezogen, auf die Tradition des *Mahāyāna* zurückgingen. Während die Meditationslehren, soweit man sehen kann, vom religiösen Daoismus mit seinen seit der Han-Zeit stark entwickelten makrobiotischen Bemühungen in verschiedenster Form rezipiert wurden, drangen die um das Problem der Erkenntnis gruppierten Ideen direkt in die chinesische Philosophie ein, und zwar vornehmlich in die daoistisch-konfuzianisch gemischte „Dunkel-Schule". Sie sind also für das von uns behandelte Thema, die Philosophie, von vorrangiger Bedeutung.

Der wichtigste Text, oder besser Textkomplex, war das *Prajñāpāramitā*-Sutra, das „Sutra von der Weisheitserkenntnisfähigkeit", nämlich der sechsten höchsten menschlichen Erkenntnisfähigkeit, die den illusionären Charakter der Erscheinungswelt durchschaut. Dieses Sutra wurde in verschiedenen ursprünglich in den beiden ersten Jahrhunderten n. Chr. entstandenen Versionen, die mit ihren unendlichen Wiederholungen bis zu 100000 Zeilen umfaßten, mehrfach übersetzt. Sie machten China auf eine etwas diffuse, aber allmählich immer mehr unter die Haut gehende Weise mit dem Buddhismus mahayanistischer Prägung bekannt. Bei der hierbei entscheidenden Amalgamierung mit Gedanken der „Dunkel-Schule" ist es nahezu unmöglich, festzustellen, in welche Richtung die Beeinflussung primär ging, inwieweit also manche innerhalb dieser Schule entwickelten Ideen einfach Adaptionen des Buddhismus darstellten oder umgekehrt frühe buddhistische Texte völlig von Gedanken der „Dunkel-Schule" überwuchert waren. Die Überlegung, daß die Beeinflussung doch sehr viel mehr vom Buddhismus ausgegangen sein muß als von der chinesischen Tradition, hat jedoch insofern einiges für sich, als eben das fundamental Neue, das sich philosophisch in der „Dunkel-Schule" plötzlich abzeichnet, unübersehbare Parallelen im Buddhismus besitzt, der Buddhismus nun aber natürlich sehr viel älter ist als die „Dunkel-Schule".

Neue Begriffe

Entscheidend bei diesem Prozeß war wohl die einfache sprachliche Übersetzung buddhistischer Begriffe ins Chinesische, durch die die dazu benutzten, meist aus dem Daoismus bzw. der „Dunkel-Schule" stammenden chinesischen Termini eine gewaltige zusätzliche „Ladung" in ihrer Begrifflichkeit erhielten. Diese konnte sich dann in zweierlei Weise äußern: Entweder es wurde der in den Übersetzungen verwendete Begriff völlig überdehnt und dadurch immer nichtssagender oder zumindest so unscharf, daß sich beispielsweise im Einzelfall nicht einmal mehr einwandfrei feststellen ließ, ob es sich noch um eine daoistische oder bereits um eine buddhistische Aussage handelte; oder die Überdehnung führte dazu, daß man, um die neuen buddhistischen Vorstellungen aufzunehmen, auf Parallelworte, also auf Synonyma, auswich, die nicht oder noch nicht so stark philosophisch besetzt waren. In vielen Fällen ging die zweite Folge aus der ersten hervor, d. h. die Parallelworte wurden erst herangezogen, nachdem sich die Überdehnung der ursprünglich benutzten Termini bei der Übersetzung immer störender bemerkbar machte. Dieser Vorgang läßt sich allerdings schon beim Übergang der Han-Philosophie in die Wei-Jin-Philosophie beobachten (also beim Übergang vom 2. zum 3. nachchristlichen Jahrhundert), der aber vermutlich schon unter indirektem buddhistischen Einfluß erfolgte.

Typisch für diese Begriffsverschiebung ist etwa das Schicksal des vielstrapazierten Begriffes *wu* „Nichtsein“ (bzw. „Nichthaben“). Er war im ursprünglichen Daoismus, also bei Zhuangzi und vor allem Laozi, noch als eine Art komplementäres Element zu *you* „Sein“ (bzw. „Haben“) verwendet worden, ein Element allerdings, das dem diesen beiden vorangehenden Urgrund, dem „Weg“ (*dao*) offensichtlich näherstand. Unter den Epitheta, die sich im *Daode jing* für das *Dao* finden, figuriert ja auch der Ausdruck „Gipfelpunkt der Leerheit“ (*xuji*), der dem „Nichtsein“ recht nahe ist. In der Wei-Jin-Philosophie aber ist das Nichtsein bereits zu etwas geworden, das dem Sein eindeutig vorausgeht und sich in dieser Hinsicht an die Stelle des *Dao* geschoben oder sich mit ihm vereinigt hat. Das gilt jedenfalls für die schon behandelte Philosophie des Wang Bi, der in seinem Kommentar zum *Daode jing* den Ausdruck „Gipfelpunkt der Leerheit“ als „Gipfelpunkt der leeren Dinge“ (*xu wu zhi ji*) definiert. In derselben Weise, nämlich mit einer einseitigen Akzentuierung des „Leeren“ als des Wertvollsten, hatte er ja auch Laozis Spruch über den Nutzen der Leerheit von Türen, Fenstern und Krügen kommentiert. Es kommt im Zusammenhang mit der Einführung des Buddhismus jedoch darauf an, daß im *Daode jing* bereits eine Gedankenverbindung Urgrund der Dinge – Nichtsein – Leerheit angelegt gewesen war, die dann von Wang Bi in Richtung auf „ursprüngliches Nichtsein“ (*ben wu*) – Leerheit ausgebaut wurde. Es brauchte nun aber nur noch eines – wenigstens scheinbar – winzigen Schrittes, um diese „Leerheit“ mit jener anderen „Leerheit“ zu identifizieren, die unter dem Sanskrit-Terminus *śūnyatā* die meisten Richtungen des Buddhismus der gesamten Erscheinungswelt und einige sehr einflußreiche Strömungen auch den *dharma* selbst zuerkannten. Als chinesisches Äquivalent für diese buddhistische „Leerheit“ wurde nun allerdings nicht das vom Daoismus bereits besetzte Wort *xu* gewählt, sondern das an sich synonyme, aber eben doch andere Wort *kong*. Die Parallelität und eben auch die gelegentliche Verschmelzung der Gedankengänge des Buddhismus und der „Dunkel-Schule" wurde dadurch aber weder hier noch sonstwo unterbunden. Die Verbindungen lassen sich vielmehr auch zu Guo Xiang, dem anderen großen Vertreter der „Dunkel-Schule" ziehen, der im Nichtsein nicht mehr, wie Wang Bi, den Keim allen Seins gesehen hatte, sondern das reine Nichts und dadurch konsequenterweise, im Gegensatz zu Wang Bi, zu einem pluralistischen Ansatz für alles Seiende gekommen war. Denn die „Leerheit" konnte ja eigentlich auch im Buddhismus nicht auf eine Einheit zurückgeführt werden, sondern viel eher auf eine unendliche Vielheit der „wahren Natur" der einzelnen *dharma*. Allerdings ist auch der Pluralismus des Guo Xiang – analog zur pluralistischen Vorstellung der „Leerheit" im Buddhismus – nicht ohne paradoxe Aspekte, da ja das „Von-selber-so-Sein" (*ziran*) der Dinge, absolut gesetzt, sekundär wieder zu einer alles durchgreifenden Einheit zusammenwachsen konnte.

Die generell feststellbare Tendenz der hanzeitlichen Philosophie zum Konkreten, Diesseitigen, der bis zu einem gewissen Grade auch noch das Denken Guo Xiangs (und des ihm teilweise vorangehenden Wang Chong) folgt, wurde jedoch konterkariert von einem anfangs weniger auffälligen, allmählich aber überhandnehmenden Trend zur Abstraktion, der vielleicht bereits vom Buddhismus gefördert, in jedem Falle aber von ihm als Zugang zum chinesischen Denken benutzt wurde. Aus der Vogelperspektive betrachtet erscheint der Vorgang wie die fortschreitende Polarisierung eines ursprünglich ganzheitlichen Weltbildes, in dem das Sein in zwei gleichzeitig oder hintereinander bestehenden Aggregatzuständen vorgestellt gewesen war – einmal rein potentiell geballt, ein andermal aktuell entfaltet. Die seit dem 2. vorchristlichen Jahrhundert sich abzeichnende Polarisierung brachte es jedoch allmählich mit sich, daß zunächst Kosmos und menschliche Gesellschaft als geradezu gleichartig angesehen wurden, am Ende dann aber auf einmal die Frage diskutiert wurde, ob mit Worten und Begriffen überhaupt Gedanken (*yi*) und „Ideen" (*li*) erfaßt werden könnten. Anders ausgedrückt: Gerade durch die während der Han-Zeit übertriebene Identifikation von menschlichem Handeln und Naturgeschehen, ja sogar von Fakten und Ideen, kam es als Reaktion hierauf zu einer Zerspaltung der Welt in eine Sphäre der unzähligen, netzartig miteinander verbundenen Wesen auf der einen Seite und einer Sphäre des (westlich ausgedrückt) „Absoluten" auf der anderen, die es im chinesischen Denken bis dahin eben gerade *nicht* gegeben hatte.

Charakteristisch dafür ist die Herausbildung des soeben als „Idee" wiedergegebenen Begriffes *li*, der auf der philosophischen Ebene charakteristischerweise den viel umfassenderen Begriff *dao* verdrängte. Er bezeichnete semantisch ursprünglich die Änderung in Edelsteinen, ob kristallin oder nicht. Von hier aus erhielt er die Bedeutung „Ordnungsstruktur", und zwar zunächst durchaus im pluralischen Sinn, insofern als es ja unzählige Ordnungsstrukturen gibt. Im Laufe der Zeit gewann der Begriff dann jedoch die Bedeutung einer einzigen, alles durchgreifenden Ordnungsstruktur von kosmischen oder eben sogar überkosmischen Dimensionen. Ansätze zu dieser Bedeutungserweiterung lassen sich zwar schon in der vor-hanzeitlichen Philosophie finden. Die ungeheure Betonung aber, die der Begriff seit dem Ende der Han-Zeit erfuhr, ist ohne den Buddhismus (genauer: ohne den von ihm hereingebrachten Begriff eines transzendenten Absoluten, wie er sich beispielsweise in dem jenseitigen „Sosein" des Buddha [*tathatā*] niedergeschlagen hat) überhaupt nicht zu verstehen.

Als letzter wichtiger Begriff, der im Kräftefeld des Buddhismus eine Veränderung durchmachte, muß schließlich noch der des „Heiligen" (*shengren*), wörtlich: des „heiligen Menschen", genannt werden. Er verdient in China insofern besondere Beachtung, als die wahrhaftige Verkörperung von Ideen wegen ihrer praktischen Relevanz immer besonders im Zentrum stand. Die humanistische Grundhaltung, die der Konfuzianismus stärker als jede andere chinesische Philosophie vertrat, brachte es mit sich, daß bei der Vorstellung des Heiligen unvermeidlich zunächst von konfuzianischen Kriterien ausgegangen wurde. (Der daoistische Idealmensch, der „wahre Mensch“, *zhenren*, kann strenggenommen nicht einmal als „Mensch“ apostrophiert werden, weil sein „Wahrhaftsein“, sein „Echtsein“ ja gerade in der Aufgabe der ihn von der übrigen Natur isolierenden „Menschlichkeit“ besteht.) So war denn der „Heilige“ einerseits immer auch der heilige *Herrscher*; denn mit seiner Heiligkeit verband sich aus konfuzianischer Sicht stets auch der Anspruch auf Macht. Auf der anderen Seite stand dem Begriff immer auch die Vorstellung von Konfuzius selbst nahe, selbst wenn er diese Macht in einer bösen Zeit zu Unrecht nie erlangt hatte. In daoistischen Traditionen wie z. B. bei Zhuangzi erscheint Konfuzius zwar eher als ein schulmeisterlicher Geselle, der mit seiner Vorliebe für Ethik und Ritual im Propädeutischen steckengeblieben war. Bei den Vertretern der „Dunkel-Schule“, die sich in ihrem Selbstverständnis bei aller Beeinflussung durch daoistische Ideale primär doch als Konfuzianer sahen, wurde dieser Vorwurf jedoch umgedreht. Hatten doch, wie wir gesehen haben, Wang Bi und Guo Xiang an Zhuangzi und Laozi auszusetzen gehabt, daß sie über Unsagbares etwas hätten aussagen wollen im Gegensatz zu Konfuzius, dessen höherer Rang just daran abzulesen sei, daß er über diese letzten Dinge eben *gar nicht* gesprochen habe. Darüber hinaus ist jedoch die Tatsache interessant, daß der Komplex des „Heiligen“ und des „heiligen Herrschers“ in der offensichtlichen Verbindung mit der Figur des Konfuzius überhaupt sozusagen ins Riesenhafte wuchs und gleichzeitig gänzlich abstrakte Formen annahm. Das steht in gewisser Parallele zu der gleichzeitig oder etwas früher im religiösen Daoismus nachweisbaren Umgestaltung des Laozi zu einer geradezu kosmischen Figur, die in historisch regelmäßigen Abständen auftritt, um die Welt zu retten und zu erneuern. Es ist jedoch praktisch undenkbar, daß diese Konzeption vom Daoismus auf den Konfuzianismus übergesprungen ist. Viel eher könnte sich hinter dieser Mischung von Apotheose und Abstraktion die buddhistische Idee des *Tathāgata*, des im absoluten „Sosein Kommenden“ Buddha, verbergen. Hierfür spricht inhaltlich, daß dieser Buddha im Gegensatz zu den gewöhnlichen Menschen, die alle ihre besonderen Einzelqualitäten (*fen*) haben, jene undifferenzierte All- (oder Nicht-) Qualität besitzt, die sich sonst (aber nur andeutungsweise) in daoistischen Schriften findet. Jedenfalls ist es unübersehbar, daß der Begriff des „Heiligen" im Laufe der ersten nachchristlichen Jahrhunderte eine ganz neue Qualität gewann, die in einem eigentümlichen religiös-philosophischen Zwischenbereich ihren Einfluß noch weit über das buddhistische Zeitalter in China hinaus aufrechterhielt, vorher aber eben in dieser Form noch nicht erkennbar gewesen war.

Früheste buddhistische Schulen in China

Ohne die Verflochtenheit buddhistischer und autochthon chinesischer Gedanken und Begriffe im 3. und 4. Jahrhundert zu kennen, wäre es nicht zu verstehen, warum es so schwierig ist, die einzelnen buddhistischen Schulen in dieser Periode deutlich voneinander abzugrenzen. In einem buddhistischen Text aus dem frühen 7. Jahrhundert ist dieser Versuch zwar unternommen worden (und zwar gerade mit der bewußten Absicht, eine Art Abstufung der buddhistischen Lehre vor Augen zu führen). Der Text ist aber so kurz und das von ihm verwendete Vokabular so unpräzise, daß sich nicht allzu viel aus ihm machen läßt. Auf ihn geht jedoch die Vorstellung von „sieben frühen buddhistischen Schulen in China" zurück. In Wirklichkeit gab es ihrer sicherlich sehr viel mehr – oder, wenn man will, auch sehr viel weniger; denn das synkretistische Moment auch innerhalb des Buddhismus selbst (also noch ohne Berücksichtigung der chinesischen Einflüsse) war so stark, daß viele Buddhistenmeister in dieser Periode eher möglichst alle Richtungen kennenlernen und in sich zu vereinigen suchten, als sich voneinander abzugrenzen. Trotzdem ist es lohnend, diese sieben Schulen wenigstens mit den ihnen zugeordneten Schlagworten aufzuzählen, weil sich in ihnen einerseits die teilweise völlig chinesische, d. h. daoistische oder von der „Dunkel-Schule" konzipierte Terminologie ablesen läßt, andererseits die Vorgeprägtheit mancher später wirklich als „Schulen" auftretender Lehrmeinungen:

1. Die Schule vom „ursprünglichen Nichtsein" (*ben wu*) des berühmten Meisters Dao'an (312–385), der, wie der Text offenbar zu erklären versucht, die logische Vorgeordnetheit des „Nichtseins" und der „Leerheit" vor der Erscheinungswelt behauptete.

2. Die Schule gleichen Namens in der Tradition des Mönches Fashen (d.i. Zhu Daoqian, 286–374), der diese Vorgeordnetheit eher zeitlich verstand.

3. Die Schule von der „Materie als solcher" (*ji se*), die die Zweiteilung in etwas Vorgeordnetes und Nachgeordnetes ablehnte. Von ihr gab es zwei Lehrmeinungen: a) die des anonymen „Lehrers innerhalb des Passes", nach der die materiellen Bestandteile des Menschen (*rūpa, se,* der „körperlichsten" der fünf Bestandteile, *skandha,* des Menschen) zwar in ihrer jeweiligen aktualisierten Ausformung „leer" seien, nicht aber „an sich" in ihrer eigentlichen Natur; b) die des berühmten Meisters Zhi Daolin (d. i. Zhidun, 314–366), nach dem die Materie in *jeder* Form „leer" sei.

4. Die Schule vom „Nichtsein des Sinnes" (*wu xin*) (man könnte auch sagen: des auf eine Absicht gerichteten Denkens, engl. „mind") in der Auffassung des Mönches Wen, die aber in Variationen offenbar von einer ganzen Reihe anderer Meister wie Zhi Mindu (um 310–330) oder Daoheng (gest. 417) vertreten wurde. Bei ihnen erscheint die „Leere" weniger als eine ontologische Qualität der Erscheinungswelt als vielmehr als eine solche des „Heiligen" in seiner Einstellung gegenüber dieser Welt.

5. Die Schule von der „Aufbewahrung der Vorstellungen" (*shi han*) des Meisters Yu Fakai (ca. 310–370), nach der die gesamte Erscheinungswelt nur das Produkt eines Vorstellungsbehältnisses ist und damit nur eine Art einziger Traum.

6. Die Schule von der „illusionären Gestaltung" (*huan hua*) des Meisters Daoyi (gest. ca. 400), nach der auch die *dharma* selbst, nicht bloß ihre Erscheinungen, illusionär sind.

7. Die Schule der „Kausalzusammenhänge" (*yuan hui*) des Meisters Yu Daosui, nach der die Erscheinungswelt zusammen mit ihren „weltlichen Wahrheiten" durch Kausalzusammenhänge entsteht, nach der Aufhebung dieser Kausalzusammenhänge aber nur noch das Nichtsein als einzige Wahrheit zurückbleibt.

Die Festlegung auf sieben Schulen ist zwar nicht ganz konsequent, da einerseits die ersten beiden, obwohl sie ja offenbar den gleichen Namen trugen, als zwei gerechnet wurden, andererseits die dritte trotz der in ihr erkennbaren Zerspaltung als eine einzige. Die Reihenfolge, in der sie genannt werden, ist aber insofern recht durchdacht, als sich an ihr der Übergang von noch weitgehend chinesisch beeinflußten Systemen zu wirklich buddhistischen ablesen läßt. Die drei erstgenannten Schulen, die unter dem Namen „ursprüngliches Nichtsein" und „Materie als solche" laufen, lassen sich nämlich (wie der berühmte chinesische Buddhologe Tang Yongtong festgestellt hat) in direkte Parallele setzen zu den Lehren des Wang Bi bzw. des Guo Xiang; denn die beiden ersten scheinen tatsächlich noch auf eine Art singuläres „Nichtsein" vor der Erscheinungswelt hinzuweisen, während die dritte Schule eben die „Materie" in all ihrer „Leerheit" ausdrücklich in sich selbst stehenläßt und keinen Versuch unternimmt, ihre Pluralität irgendwie aufzuheben. Es ist sicherlich auch kein Zufall, daß je ein Vertreter der ersten beiden und der dritten Schule, nämlich Meister Dao'an und Meister Zhi Daolin (= Zhidun), in dem Text besonders positiv bewertet und an einer Stelle ausdrücklich als in wesentlichen Punkten (nämlich hinsichtlich der „Leerheit" der eigentlichen Natur der Erscheinungswelt) miteinander übereinstimmend hervorgehoben werden.

Auch bei der Organisation der buddhistischen Mission spielten Dao'an und Zhi Daolin, die praktisch gleichaltrig waren, eine hervorragende Rolle, wobei Dao'an mehr zu dem buddhistischen Zentrum im Nordwesten, Zhi Daolin zu dem im Südosten gehörte. Vor allem Dao'an war besonders aktiv, sowohl was das

Kennenlernen und Vergleichen der verschiedensten Lehrmeinungen als auch das Sammeln heiliger Texte und Übersetzungsarbeiten (anfangs noch nach dem *ge yi*-Verfahren, später nach differenzierteren Methoden) angeht. Er bereitete damit den Boden für die umfassendere und sich gleichzeitig von der Verflechtung mit chinesischen Vorstellungen vollständig frei machende Ausbildung des Buddhismus, die zu Beginn des 5. Jahrhunderts einsetzte.

XIII. Die buddhistischen Schulen in China

Generelle Tendenzen im chinesischen Buddhismus

Die Teilung des Buddhismus in einen west-nördlichen und einen ost-südlichen Zweig hatte primär nicht religiöse oder philosophische Gründe, sondern politische: Sie beruhte auf der Teilung des Reiches, die im Jahre 317 durch den Verlust des ganzen Nordens an fremde Herrscher zustande gekommen war. Die Grenzen zwischen diesen beiden Hälften, in denen sich relativ kurzlebige Dynastien abwechselten (im Norden war die für den Buddhismus sehr wichtige Wei-Dynastie des türkischen Tuoba-Volkes, 386–535, noch die längste), erwiesen sich freilich nie als völlig undurchlässig. Sie erschwerten aber doch die Herausbildung gemeinsamer Traditionen, die angesichts der Zersplitterung des Buddhismus ohnehin nicht leicht zu gewinnen waren. Das Verdienst, dem Buddhismus trotzdem auf beiden Seiten dieser Grenzen eine feste Grundlage gegeben zu haben, kam schließlich einem nichtchinesischen Mönch namens Kumārajīva (344–413) zu, der in Kucha als Sohn eines aus Indien stammenden Vaters und einer Kucha-Prinzessin geboren worden war. Er kam Anfang 402 nach Changan, und damit in den noch zum Norden gehörenden Teil des Reiches, und organisierte dort eine großangelegte Übersetzungstätigkeit, die in zweierlei Hinsicht wirklich systematisch angelegt war: Erstens bemühte sie sich um eine einheitliche, nun nicht mehr bloß übersetzende, sondern auch transliterierende, d. h. also die Termini unverändert lassende Terminologie, und zweitens versuchte sie, das buddhistische Schrifttum möglichst vollständig zu erfassen. Dazu gehörten die verschiedenen Schulmeinungen ebenso wie die primären heiligen Texte, d. h. die Buddha in den Mund gelegten Predigten (*sūtra*), und die sekundären heiligen Texte, nämlich die Mönchsregeln (*vinaya*) und die Erklärungsschriften (*abhidharma*), die erst zusammen den buddhistischen Kanon ausmachen. Die Erklärungsschriften waren dabei für die Philosophie immer besonders wichtig; sie stellten gewissermaßen die „Kirchenväter" des Buddhismus dar. In diesem Streben nach Vollständigkeit waren Kumārajīva und seine Nachfolger so erfolgreich, daß bis heute unzählige Texte bloß in ihrer chinesischen Version überlebt haben. In China konnte man sich erst nach ihm überhaupt ein genaues Bild davon machen, was der Buddhismus eigentlich war, und vor allem auch, welche Vielfalt er in sich barg.

Die durch Kumārajīva ermöglichte Breite der Information bewirkte jedoch nicht, daß deshalb nun unterschiedslos alle buddhistischen Richtungen zur Geltung gekommen wären. Vielmehr setzte sich ein gewisser Zug zur Vereinfachung, Erweiterung und Praktizierung durch, der vom allzu kompliziert Theoretischen wegführte und sich schon im chinesischen Frühbuddhismus angedeutet hatte. Dieser Zug repräsentierte zugleich die Tendenz vom *Hīnayāna* zum *Mahāyāna*. Es entspricht daher einer Art inneren Logik, bei der Aufzählung der buddhistischen Schulen, die in China eine Rolle gespielt haben, in dieser Reihenfolge zu verfahren, selbst wenn sie nicht unbedingt mit der historischen Entwicklung übereinstimmt. Der berühmte Buddhologe Th. Stcherbatsky unterteilte den Buddhismus von 500 v. bis 1000 n. Chr. in drei Perioden von je 500 Jahren, die vom Pluralismus zum Monismus und von dort zum Idealismus führten, wobei zuerst die Existenz der Individualität, dann die der Einzelelemente (*dharma*) und dann die der ganzen Erscheinungswelt geleugnet wurde. Der ebenso berühmte japanische Buddhologe Takakusu Junjiro (dem die philosophisch glänzende moderne Edition des buddhistischen Kanons zu danken ist) akzeptierte zwar prinzipiell diese Einteilung, schlug aber aus dem Blickwinkel des ostasiatischen Buddhismus eine etwas andere Reihung vor, die sich mit der historischen teilweise überkreuzt. Sie führt vierstufig vom Realismus über Nihilismus und Idealismus zum „Negativismus", wobei die ersten beiden noch als hinayanaistisch, die beiden letzten als mahayanaistisch anzusehen sind. Im Realismus wird die Realität der Individualität abgelehnt, im Nihilismus die Realität von allem, dem Materiellen ebenso wie dem Sinnlichen, und im Idealismus die Realität aller äußeren Dinge; im Negativismus schließlich, der in Ostasien zu besonderer Entfaltung gelangte, wird nicht nur, wie schon im Nihilismus, die Realität von überhaupt allem abgelehnt, sondern darüber hinaus auch diese Aussage selbst, eine paradoxe Negation der Negation, durch die eine – sprachlich dann allerdings nicht mehr ganz faßbare – höhere Erfahrungsebene erreicht werden soll. Diese Anordnung Takakusus gibt die Entwicklungstendenz des Buddhismus in China am besten wieder und empfiehlt sich als Grundlage auch für die folgende Betrachtung.

Realismus und Nihilismus im Hīnayāna: Jushe- und Chengshi-Schule

Die Richtung des Realismus, um mit ihr also zu beginnen, läßt sich prinzipiell in die Hinayana-Tradition einreihen. Innerhalb dieses sehr breiten Rahmens gehörte sie zum Zweig der realistischen Vaibhāṣika-Schule, innerhalb derer die Sarvāstivādins, nämlich die Anhänger der Sarvāstivāda („Doktrin, daß alles existiert") eine sehr starke Gruppe darstellten. Sie existierte in zwei Zentren, in Gandhara und in Kaschmir, und verbreitete sich von dort aus in zwei voneinander abweichenden Lehrmeinungen nach China. Die von Kaschmir ausgehende tauchte hier als Pitan-Schule auf (von dem Begriff *abhidharma*), die von Gandhara ausgehende als Jushe-Schule. Sie trug ihren Namen nach dem von dem großen indischen Buddhisten Vasubandhu (ca. 420–500 n. Chr.) geschriebenen Text *Abhidharma-Kośa*, dessen Titel etwa mit „Sammlung der höheren *dharma*" zu übersetzen wäre, und setzte sich im Laufe der Zeit gegenüber der Pitan-Schule durch. Dieser historische Hintergrund sei nur deshalb erwähnt, um zu zeigen, wie verästelt die einzelnen Schulentwicklungen waren.

Geht man ihnen nach, so zeigen sich richtige Stammbäume mit verschiedenen Zweigen, die sich zeitlich und räumlich nach allen Seiten hin ausbreiten. Die Vaibhāṣika-Richtung, wie man die realistische Richtung vielleicht am allgemeinsten nennen kann, verbreitete sich geographisch weiter als jede andere Richtung: von Indien aus bis nach Persien, Zentralasien, Indonesien und Indochina bis eben nach China und Japan.

Im Zentrum der Jushe-Schule, die demgemäß nur einen – aber den für China eben maßgeblichen – Zweig des realistischen Buddhismus darstellt, steht die Überzeugung, daß die *dharma* tatsächlich real existieren, auch wenn sie jeweils nur in dem punktartigen Moment der Gegenwart in Erscheinung treten und in den anderen beiden Zeiteinheiten, der Vergangenheit und der Zukunft, zurücktreten. Das hierauf bezügliche Schlagwort lautete: „Die drei Zeitperioden sind real existierend, und die *dharma*-Körper existieren durchgehend [in jedem Augenblick]." Die buddhistische Grundlehre von der Nicht-Existenz eines Ichs wurde damit freilich nicht berührt. Denn auch die Jushe-Schule unterstrich das Zusammengesetztsein des Ichs aus einer Unzahl von Einzel*dharma* und brachte das auf die Formel: „Das beständige Ich ist leer, aber die *dharma* sind real". Die Jushe-Schule beschäftigte sich auf dieser Basis, die sie mit dem breiten Strom der realistischen Tradition teilte, vor allem mit drei Themen: 1. mit der Zeit innerhalb ihrer drei Einheiten, die für die Existenz und die Erscheinung der *dharma* von wesentlicher Bedeutung war; 2. mit einer besonderen Atomtheorie, innerhalb derer drei verschiedene Molekül- oder Atomarten auftauchen; und 3. (lose damit verbunden) mit einer komplizierten Systematik der verschiedenen *dharma,* die in 72 „geschaffene" (d.h. also letztlich mit Leid verbundene) und 3 „nichtgeschaffene" zerfallen, nämlich „Raum" (*xukong*), Erlöschen aus geistiger Kraft (Nirvana) und Erlöschen durch einfaches Aufhören des Kausalitätsprozesses.

Das letztgenannte Thema, nämlich die oft in Tabellenform vorgelegte Systematisierung der *dharma,* die die Jushe-Schule natürlich weitgehend bereits von ihren Vorgängern übernahm, wurde in seinen Ergebnissen ansatzweise, jedenfalls was die Klassifizierung anging, auch von anderen, nichtrealistischen buddhistischen Schulen übernommen. Die Problematik, die der Lehre dieser Schule innewohnte, bestand jedoch darin, daß hier mit der Idee der ewig existierenden, wenngleich nur in den im Gegenwartsmoment sich manifestierenden Figurationen und Wirbeln doch auch wieder der Gedanke eines festen Substrates Eingang fand. Die Jushe-Schule und mit ihr die gesamte realistische Richtung bleibt aber dennoch insofern auf dem Boden des Buddhismus, als sie sowohl an der „Zerhackung" der Existenz in eine unendliche Kette von Augenblicken als auch an der Nichtexistenz des Ichs als eines Wirbels von selbständigen *dharma*-Elementen festhält.

Die Jushe-Schule spielte in China keine bedeutende Rolle, sie muß aber erwähnt werden, wenn man den Stellenwert der mächtigeren buddhistischen Richtungen in China richtig würdigen und sich Gedanken darüber machen will, warum gerade sie sich durchsetzten, wo doch die ganze Palette buddhistischen Denkens angeboten wurde. Dasselbe gilt für die nächste Schule, die Chengshi-Schule („Schule der Vollendung der Wahrheit", wörtlich eigentlich eher: „der Wirklichkeit"), die in China tatsächlich nur ein ephemeres Dasein um die Mitte des 5. Jahrhunderts erlebte. Sie erhielt ihren Namen nach der Hauptschrift ihres indischen Gründers Harivarman (ca. 250–350) *Satyasiddhi-śāstra* („Traktat über die Vollendung der Wahrheit / der Lehre Buddhas"). Auch diese Schule läßt sich in eine lange Tradition einreihen, die noch innerhalb der *Hīnayāna*-Richtung (nach manchen allerdings bereits im *Mahāyāna*) anzusiedeln ist, im Gegensatz zu der soeben behandelten Jushe-Schule aber einer nihilistischen Lehrmeinung zugehörte, die sich mit dem Namen Sautrāntikavāda verbindet. Entscheidend ist für die Chengshi-Schule, die in vielem auf der Jushe-Schule aufbaut und sie doch gleichzeitig negiert, daß wir hier mit einer doppelten Wahrheit (*er di*) konfrontiert werden: Auf der einen Seite werden nämlich die *dharma* zumindest in ihrem gegenwärtigen Auftauchen als reale Erscheinungen anerkannt und auf eine ganz ähnliche Weise in Arten (allerdings in 84 statt in 75) eingeteilt wie in der Jushe-Schule; auf der anderen Seite aber wird von ihnen auf einer höheren Ebene behauptet, daß sie allesamt irreal oder leer seien. Analog dazu wird auch die Atomlehre der Jushe-Schule aufgegriffen und umgestaltet, indem man bei der Betrachtung der Moleküle und Atome zu immer kleineren Einheiten fortschreitet, bis man mit einem plötzlich qualitativen Sprung bei der „totalen Leere" (*yiqie kong*) angelangt ist. In den Neigungen oder „Sinnen" (*xin*) muß man sich stufenweise von drei Formen befreien: von der Neigung zu falschen Namen, der Neigung zum *dharma* und schließlich von der Neigung zur Leere (*jia ming xin, fa xin, kong xin*), denn erst hinter ihr eröffnet sich das Nirvana.

Mahayanistische Kritiker dieser Schule bemängelten an dieser Auffassung der „Leere", die ja auch im *Mahāyāna* eine entscheidende Rolle spielt, daß sie erst aus einer Art Reduktionsprozeß hervorgehe und daher einfach wie eine Negation des Realen, sozusagen wie das Überbleibsel der abgezogenen Realität wirke; es fehle ihr völlig die eigenständige transzendente Natur. In der Tat war die Chengshi-Schule offenbar zu sehr auf die Jushe-Schule als auf ihr Gegenteil bezogen (ebenso wie allgemeiner die Sautrāntikavādins auf die Sarvāstivādins), als daß sie einen anderen Begriff der „Leere" hätte entwickeln können. Dieser Begriff „Leere" hatte aber prinzipiell – wessen man sich immer bewußt bleiben muß – stets einen janusköpfigen Charakter: Bezeichnete er im negativen Sinne doch das Illusionäre im Sein, was immer im Einzelfall darunter verstanden sein mochte, im positiven Sinne aber mit einem plötzlichen Überschlag gerade das Absolute, das als einziges eben keinen illusionären Charakter besitzt. Die Desillusionierung konnte also tatsächlich zu so etwas wie der Leere in Form des Nichts führen, aber ebensosehr zum Gewahrwerden einer ganz neuen reichen Erkenntnisebene – ein Umstand, dem wir seit der Beschäftigung mit der „Dunkel-Schule" nun schon in den verschiedensten Variationen begegnet sind.

Die Welt als Vorstellung: Die Weishi-Schule

Zwischen der realistischen und der nihilistischen Schule anzusiedeln ist als dritte die Weishi-Schule („Nur-Vorstellungen") oder Faxiang-Schule („*dharma*-Erscheinungen"), die von Takakusu als „quasi-mahayanistisch" bezeichnet wird. Sie führt die Existenz der ganzen äußeren Welt auf innere Vorstellungen zurück; sie allein sind wirklich real, nichts aber sonst, was außerhalb von ihnen zu existieren scheint. Die Richtung läßt sich auf die indische auf Selbstkonzentration gerichtete Yogācāra-Schule oder Vijñānavāda zurückführen, im engeren Sinn aber auf den Meister Asaṅga. Er war ein älterer Bruder des Vasubandhu, den wir als den Gründer der hinayanistischen und realistischen Jushe-Schule bereits kennengelernt haben. Es soll ihm gelungen sein, diesen Vasubandhu vom *Hīnayāna* zum *Mahāyāna* zu bekehren, so daß Vasubandhu, der dann zusammen mit seinem Bruder eben auch mahayanistische Schriften verfaßte, als eine Art Drehscheibe zwischen diesen beiden buddhistischen Hauptrichtungen gelten kann. Der Haupttext der Weishi-Schule, das *Mahāyāna-saṁgraha* („Kompendium des Mahayana"), wurde von Asanga verfaßt und von Vasubandhu kommentiert. In China verbreitete sich die Schule trotz einiger früherer Anzeichen offenbar erst durch das Wirken des berühmten chinesischen Indienpilgers Xuanzang (602–664) und seines Hauptschülers Kuiji; seit deren Tätigkeit wurde auch ein älterer Name der Schule, nämlich Shelun („Schule der gesammelten Erklärungen [*śāstra*]"), verdrängt.

Die Theorie von der allumfassenden Schöpferkraft der Vorstellung macht die allgemeine Lehre von den *dharma* in ihren unzähligen Konfigurationen nicht gegenstandslos, sondern gibt ihr nur insofern eine andere Drehung, als die *dharma* nun nicht mehr eigentlich selbständig existieren, sondern von der Vorstellung oder dem Bewußtsein abhängig werden. Unter diesem Aspekt werden sie als „*dharma*-Erscheinungen" (auch „*dharma*-

Merkmale") (*faxiang*) apostrophiert, ein Ausdruck, der der Schule ja auch ihren Alternativnamen verlieh. Die Systematisierung der verkürzt dann aber doch einfach als „*dharma*" bezeichneten Vorstellungselemente fiel allerdings grundsätzlich auch nicht viel anders aus als bei den anderen Schulen, nur war sie mit 100 Arten besonders ausführlich. Das lag vor allem daran, daß der „Sinn" (*xin*), der in den anderen Tabellen nur eine einzige Einheit dargestellt hatte, in der Weishi-Schule sowohl hinsichtlich seiner einzelnen Bewußtseins- und Vorstellungsformen als auch hinsichtlich seiner Funktionen beträchtlich aufgespalten wurde. An Bewußtseinsformen (*vijñāna*), die hier besonders wichtig sind, wurden acht festgestellt: zunächst die fünf Sinne, dann 6. das „Bewußtsein" im eigentlichen übergreifenden Sinn, 7. eine Art ichhaftes Unterbewußtsein, als *manas* (und als einziges nicht mit dem Epitheton *vijñāna*) bezeichnet, in dem alle von den sechs Bewußtseinsformen gesammelten Informationen geordnet werden, und schließlich 8. und am wichtigsten das (schon einmal erwähnte) „Speicherbewußtsein", *ālaya-vijñāna*, in dem sämtliche Bewußtseinsimpulse ein- und ausgehen. Es gibt viele, aber ähnliche Behältnisse, was auch erklärt, weshalb verschiedene Personen von einer scheinbaren Außenwelt gleiche Vorstellungen haben können.

Vor diesem Hintergrund stellt sich das Leben mit seiner ganzen realen Innenwelt und seiner irrealen, vorgestellten Außenwelt dar als ein ständiges Hin und Her zwischen den verschiedenen Bewußtseinsformen und dem „Speicherbewußtsein" mit dem *manas*-Unterbewußtsein als dem Vermittler: Immer aufs neue werden sogenannte „Samen" in das „Speicherbewußtsein" gebracht, das darauf mit „Erscheinungen" reagiert, die wiederum neue „Samen" auf bestimmte Weise konditionieren oder (wie der Fachterminus heißt) „parfümieren". Solchermaßen wird ein unablässiger innerer Kreislauf der Unruhe in Gang gehalten – vergleichbar einem aufgewühlten Meer, nur daß es (um in dem hier allerdings nicht mehr tragenden Bilde zu bleiben) mit seinen Wellen umgekehrt auch wieder Stürme zu bewirken vermag. Die

Erlösung jedoch kann erfolgen einmal durch das allmähliche Einführen von „reinen" Samen, die keine Manifestationen mehr hervorrufen und zum anderen im grundsätzlicheren Sinn durch die im *manas*-Unterbewußtsein aufkeimende Erkenntnis, daß der Kontrast zwischen einer ichhaften Innenwelt und einer scheinbaren Außenwelt nichts ist als Illusion. Erst dann kann der verhängnisvolle Kreislauf der Unruhe unterbrochen werden, und das aufgewühlte Meer beruhigt sich allmählich, bis es still und unbewegt daliegt – bis also der Zustand des Nirvana in der inneren Vorstellung Einkehr gehalten hat.

Die Mitte der Gegensätze: Die Sanlun-Schule

Die drei bisher behandelten Schulen, vor allem die beiden ersten, erlangten in China nur eine relativ geringe Bedeutung. Sehr viel einflußreicher dagegen war eine vierte Schule, die unter dem Namen Sanlun („Drei Traktate") lief. Sie bildete den chinesischen Zweig der indischen Madhyamaka-Richtung, der „Lehre von dem Mittleren Pfad" (chin. *Zhongdao*), die nach ihrem Inhalt auch als Sarvanśūyavāda oder Śūnyatāvāda („Lehre vom ‚Alles ist leer'" oder „Lehre von der Leerheit") bezeichnet wurde. Die drei Traktate, nach denen sie ihren üblichsten chinesischen Namen erhielt, sind tatsächlich drei Schriften, zwei aus der Hand des frühindischen Buddhisten Nāgārjuna (ca. 100–200 n. Chr.), eine aus der Hand seiner Schüler. Sie setzen sich alle drei kritisch mit anderen Lehren auseinander, und zwar aufsteigend mit solchen des (wie schon erwähnt, hinter dem Buddhismus stehenden) Brahmanismus, solchen des *Hīnayāna* und schließlich solchen des Mahāyāna. Der prinzipiell negierende Charakter der Schule ist damit bereits angedeutet; sie wurde von Takakusu denn auch „negativistisch" eingeordnet. Sie steht jedoch nicht der „nihilistischen" Chengshi-Schule nahe, sondern eher der idealistischen Weishi-Schule, die sich in Indien allerdings erst nach der Mādhyamika und in gewisser Weise als Reaktion auf sie herausbildete; Vasubandhu, der Mitbegründer der indischen, idealistischen Vijñānavāda-Schule, lebte ja auch erst etwa drei Jahrhunderte nach Nāgārjuna.

In China wurde die Lehre durch Kumārajīva bekannt, was in diesem Falle nicht nur wegen seiner Übersetzungsleistungen gilt, sondern auch deshalb, weil er der Lehre selbst besonders nahestand. Sein bekanntester chinesischer Schüler Seng Zhao (374–414) kann, wenn nicht schon als der früheste chinesische Vertreter der Schule, so doch sicherlich zumindest als ihr unmittelbarer Vorläufer und Wegbereiter angesehen werden. Sein Verdienst bestand nicht zuletzt darin, daß er sie in glänzendem, wenngleich oft noch stark an der daoistischen Terminologie orientierten Stil der chinesischen Intelligenz nahezubringen wußte. Seine drei Hauptschriften tragen die Titel: 1. „Die Dinge verändern sich nicht" (*Wu bu qian lun*), 2. „Das Nichtwirkliche ist leer" (*Buzhen kong lun*), 3. „Weisheit (*prajñā*) besitzt kein Wissen" (*Banruo wu zhi lun*). In der ersten legt er dar – ganz im Sinne der ursprünglichen, nur ein augenblickhaftes Aufscheinen der *dharma* zulassenden buddhistischen Doktrin, aber im schärfsten Gegensatz zu der traditionell chinesischen Auffassung von einer sich unablässig wandelnden Welt –, daß kein Ding und keine Erscheinung sich bewege oder verändere, sondern daß jedes Ding (wie etwa das Einzelbild eines Filmstreifens) starr an seinen Zeitpunkt gekettet sei. Damit werde aber auch, was außerordentlich wichtig ist, die Vorstellung der „Nichtveränderung", obwohl in der Überschrift des Artikels auftauchend, gegenstandslos, weil sie ja nur als Gegenteil von wirklich realer „Veränderung" denkbar sei. Die Dinge seien also strenggenommen weder in Veränderung noch in Nichtveränderung begriffen, sondern völlig außerhalb derartiger Bestimmungen. In der zweiten Schrift beschäftigt sich Seng Zhao analog dazu mit der „Leerheit". Er weist darauf hin, daß die Dinge unwirklich und daher leer seien, daß sie aber durch das Zusammenwirken von Kausalitäten dennoch eine momentane illusionäre, einer magischen Erscheinung ähnelnde Existenz besäßen. Deshalb könne man von ihnen weder sagen, daß sie existierten, noch auch, daß sie nicht existierten. In der dritten Schrift schließlich wird dargelegt, daß (im Gegensatz zum gewöhnlichen Wissen, das immer ein Objekt und damit eine Beschränkung besitzt) das höchste, auf die absolute Wahrheit gerichtete Wissen, das unter *prajñā* zu verstehen sei, eben ein Allwissen und darum gleichzeitig ein totales Nichtwissen darstelle. Allwissen und Einzelwissen stünden aber doch in gewisser Beziehung zueinander. Und so habe auch der Heilige (*sheng*), dessen Verhalten hier besondere Aufmerksamkeit geschenkt wird, insoweit er *prajñā* repräsentiere, eine Art doppelte, beiderseitig negierte Existenz: Obwohl materiell (oder: „wirklich", *shi*), sei er nicht existierend; obwohl immateriell (oder: „leer", *xu*), sei er nicht nicht-existierend. Sein *prajñā*, leer wie es sei, spiegele (das ganze Universum) und bleibe, indem es dieses spiegele, dennoch leer.

Diese negativistisch instrumentierte *coincidentia oppositorum*, diese Zusammengreifung aller Gegensätze, die im Chinesischen als „Zusammenfallen von Kausalitäten" *(Yuanhui)* bezeichnet wurde, machte nun aber auch den Kern der Sanlun-Schule aus und erklärt die Bezeichnung Madhyamaka „Mittlerer Pfad". Diese Argumentationen, die durch die sich ständig gewissermaßen gegenseitig spiegelnden Reduktionen das Denken in eine immer höhere Sphäre zu zwingen suchen, waren jedoch nicht auf die drei von Seng Zhao herausgegriffenen Bereiche beschränkt, sondern sie wurden später auf alle nur vorstellbaren Bereiche ausgedehnt, verfeinert und zum Prinzip erhoben, wobei man auf die in dieser Hinsicht bereits voll ausgereiften Ideen Nāgārjunas zurückgreifen konnte. Diese basierten bereits auf der altbuddhistischen Überlegung, daß es auf alle Fragen vier Typen von Antworten geben könne: 1. positive (ja), 2. negative (nein), 3. relative (je nachdem ja oder nein), 4. ablehnende, und damit die Frageebene verlassende (weder ja noch nein). Die Madhyamaka-Lehre und mit ihr die Sanlun-Schule konzentrierten sich nun ausschließlich auf diese vierte Form der Antwort. Sie erfanden immer neue, paradox anmutende, einander scheinbar ausschließende Doppelverneinungen wie z. B. die „Achtfache Negation", welche in den chinesischen Schriften formuliert wurde als: „Kein Entstehen, kein Vergehen; keine Vernichtung, keine Dauer; keine Einheit, keine Vielheit; kein Kommen, kein Gehen."

Die allmähliche Verdrängung von Denken und Vorstellung aus der weltlichen Sphäre der Gegensätze durch fortschreitende Negation wurde in der Sanlun-Schule als außerordentlich komplexer Prozeß aufgefaßt, der eine Reihe von Zwischenstufen benötigte. Darin eingeschlossen war deshalb mit einer bestimmten Notwendigkeit die Vorstellung einer „doppelten Wahrheit" (*er di*). Einem solchen Begriff sind wir schon bei der Schilderung der „nihilistischen" Chengshi-Schule begegnet, wo die *dharma* auf einer niedrigeren Erkenntnisstufe in ihrem momentanen Auftauchen zwar noch als „real" bezeichnet wurden, auf einer höheren aber dennoch als „leer"; der Begriff einer „doppelten Wahrheit" lag wahrscheinlich nahe in einer Weltanschauung, die gewissermaßen mit zwei Arten von Menschen, nämlich mit Mönchen und Laien zu rechnen gewohnt war. In der Sanlun-Schule jedoch wurde die „doppelte Wahrheit" ganz allgemein zum Prinzip erhoben, und zwar nicht bloß auf einer einzigen Ebene, sondern aufsteigend gleich auf deren drei. Der nach Seng Zhao berühmteste Vertreter der Schule, der Mönch Jizang (549–623), verfaßte über die „doppelte Wahrheit" einen kurzen, aber sehr einflußreichen Artikel, in dem er die stufenförmige Destruktion des gewöhnlichen Denkens auf eine feste Formel brachte. Danach nimmt die „Dialektik der Negation" folgenden Verlauf: Auf der ersten Stufe wird die weltliche Wahrheit der naiven Affirmation des Seins durch die höhere Wahrheit der Affirmation des Nichtseins aufgehoben. Auf der zweiten Stufe wird die (dadurch bereits gesteigerte) weltliche Wahrheit der Affirmation von Sein und Nichtsein durch die höhere Wahrheit der Leugnung von Sein *und* Nichtsein aufgehoben. Und auf der dritten und höchsten Stufe wird die abermals bereits gesteigerte, aber immer noch weltliche Wahrheit der – je nach dem Zusammenhang – auf Affirmation oder Leugnung von Sein und Nichtsein festgelegte Einstellung durch eine Einstellung aufgehoben, die Sein und Nichtsein *weder* bestätigt *noch* leugnet. Erst auf dieser letzten Stufe wird die Erkenntnis zur Erleuchtung, die den Zustand des Nirvana wachruft. Erst auf dieser Stufe wird auch die „Leerheit" aller *dharma* offenbar. In der Retrospektive aber werden die verschiedenen Stufen und Formen der Wahrheit, einschließlich der letzten und höchsten, als reine Methoden erkennbar. Sie sind selbst nicht Ziel und Inhalt der Bemühung, sondern sie sind nur bloße Mittel zu einem Zweck, der sich freilich, da jede Formulierung ja wieder an einen Rest von Affirmation gebunden wäre, nicht mehr in Worte fassen läßt.

XIV. Die buddhistischen Schulen chinesischen Ursprungs

Die Gleichheit von Absolutheit und Erscheinung: Die Tiantai-Schule

Die Sanlun-Schule gehört zu jenen buddhistischen Schulen in China, die – wie die Existenz von Seng Zhao beweist – offenbar schon zu einem frühen Zeitpunkt den chinesischen Geist zu einer kreativen Weiterentwicklung anregten, die sich auch später noch fortsetzte. Das hing sicherlich damit zusammen, daß die Negation zumindest als heuristisches Prinzip in den verschiedensten, ursprünglich chinesischen Lehren bis zu einem gewissen Grade ja bereits angelegt war. So ist das Zusammenfallen der Gegensätze schon im Daoismus, vor allem im *Daode jing*, vorgeprägt; und die dialektische Denkweise in den um das „Buch der Wandlungen" und die Yin-Yang gruppierten Theorien. Trotzdem wurzelte die Sanlun-Schule mit ihrem ganzen System in Doktrinen, die bereits in Indien voll ausgearbeitet worden waren und bereits eine beträchtliche Entwicklung hinter sich hatten, als sie schließlich nach China eindrangen.

Es gab jedoch auch Schulen, die insofern als völlig oder vorwiegend chinesische Neuschöpfungen angesprochen werden können, als sie entweder ganz frische Ideen hinzufügten oder einen Gedanken, der in dem geradezu ungehemmt wuchernden buddhistischen Schriftentum ursprünglich nur einen eher nebensächlichen oder gar von der Grundlehre nicht mehr abgedeckten Platz einnahm, ganz plötzlich in den Mittelpunkt stellten. Es ist nur natürlich, daß gerade diese Schulen in China besondere Verbreitung fanden, und nicht minder, daß sie zunächst eher etwas langsam wuchsen, dafür aber auch länger blühten als die, die sich bereits in Indien völlig ausgebildet hatten.

Eine der bedeutendsten dieser Schulen ist die Tiantai-Schule, die von Takakusu wegen der Akzente, die sie auf die Erscheinungen legt, als phänomenologisch bezeichnet wird. Sie erhielt ihren Namen nach dem Berg Tiantai in der heutigen Südostprovinz Zhejiang, die seit frühester Zeit eines der Zentren des ost-südlichen Buddhismus in China gewesen war. Dort lehrte der Buddhistenmeister Zhiyi (auch Zhigai, 538–597), der dem offiziellen Gründer der Schule, dem Mönch Huiwen (550–577), den Weg bereitete. Der Haupttext der Schule (und wohl der in China einflußreichste buddhistische Text überhaupt), nämlich das *Saddharma-puṇḍarīka* („Der Lotos des Guten Dharma", kurz „Lotos Sutra"), war jedoch in Teilen schon seit etwa 300 n. Chr. verbreitet gewesen, 406 von Kumārajīva vollständig übersetzt und seither immer wieder kommentiert worden, vor allem eben in der ost-südlichen Region, die deshalb zurecht der Schule den Namen gab. Ein anderer, ebenso berechtigter Name war „Lotos-Schule".

Ähnlich wie die Sanlun-Schule in Seng Zhao, so besaß auch die Tiantai-Schule einen Vorläufer, nämlich den Buddhistenmeister Daosheng (gest. 434). An sich gehörte er einer kleineren Schule an, die einen anderen Text, nämlich das *Nirvāṇa-Sūtra* in einer mahayanistischen Version, ins Zentrum rückte. In diesem Sutra wurde überraschenderweise eine so personale und optimistische Auffassung der letzten Ziele des Buddhismus gepredigt, daß es beinahe schon nicht mehr in den Rahmen des Buddhismus zu passen schien.

Leben und Tod sind ohne Selbst, aber der Tathāgata (d. h. der Buddha in seiner erlösten Form) ist das Selbst. Die Śrāvakas (Schüler Buddhas), die Heiligen und die Pratyeka-Buddhas (nur sich selbst erlösenden Buddhas) sind endlich, der Dharmakāya (der Buddha-Körper im Nirvana) aber ist immerwährend.

Der innerhalb des Buddhismus revolutionäre Gedanke, um den es hier geht, bestand darin, daß die Auflösung des Ichs, die ja eine der buddhistischen Kernideen bildete, nun auf einmal so gedreht wurde, daß das Individuum zwar tatsächlich kein Selbst besitze, daß aber das Eingehen ins Nirvana gerade erst die Gewinnung des wirklichen Selbst bedeute, das mit der Buddha-Natur identisch sei. Diese Buddha-Natur aber sei von jeher zutiefst bereits in jedem Menschen angelegt. Damit wurde die Lehre vom Nicht-Ich nahezu auf den Kopf gestellt. Auf der anderen Seite aber wurde das bis dahin im Unklaren gelassene (oder zumindest psychologisch unbefriedigend behandelte) Problem gelöst, welches Etwas nun eigentlich in den Genuß des Erlösungszustands des Nirvana gelangen sollte. Die hier vorgetragene Auffassung übte eine ungeheure Anziehungskraft auf all jene aus, die sich von der Erlösung nicht bloß eine quasi-suizidale Erlösung vom Leiden, sondern wirkliche Wonnen erhofften.

Mit dieser Botschaft des *Nirvāṇa-Sūtra,* die Daosheng vertrat, war indirekt die logische Folgerung verbunden, daß nicht nur eine ausgewählte Schar von Menschen, sondern prinzipiell alle die Möglichkeit besitzen, die Erlösung zu erlangen. Selbst die sogenannten Icchantikas, nämlich die allein der Befriedigung ihrer Lüste lebenden Menschen, trügen die Buddha-Natur keimartig in sich. Diese Erweiterung der Heilserwartung war zwar ganz generell charakteristisch für die *Mahāyāna*-Richtung, sie wurde aber nicht immer auch so entschieden proklamiert. So hatte beispielsweise die idealistische Weishi-Schule, die gewöhnlich als mahayanaistisch eingeordnet wird (von Takakusu allerdings bloß als „quasi-mahayanaistisch"), durchaus noch an dem Konzept der gewissermaßen auf ewig verdammten Icchantikas festgehalten. Das „Lotos-Sutra" allerdings hatte auf seine Weise ebenfalls bereits die Erlösungsmöglichkeit für alle Menschen betont.

Aus dem Gedanken der in jedem Menschen ruhenden Buddha-Natur und seiner Identifikation mit einer Art ausdehnungslosem Ich-Punkt in der Person ergab sich jedoch noch eine weitere Konsequenz, die allerdings zunächst nur Daosheng gezogen zu haben scheint, die aber für die Praxis des chinesischen Buddhismus auf die Dauer von größter Bedeutung werden sollte: nämlich die Möglichkeit einer plötzlichen und vollständigen Erleuchtung und Erlösung. Denn im Gegensatz zu der ursprünglichen, hinayanistischen Auffassung, nach der das Nirvana, bildlich gesprochen, unendlich weit entfernt zu sein schien und nur über unendlich viele Stufen erreicht werden konnte, lag es jetzt tatsächlich im Zentrum des Menschen, näher als alles andere. Daoshengs Lehre traf in dieser Beziehung zu seiner Zeit freilich auf fast einhellige Ablehnung, obwohl es Ansätze zu ihr schon vorher (nämlich bei Zhidun) gegeben hatte. Auch kennen wir Daoshengs Argumentation nur indirekt aus fremden Berichten über seine Theorie. Es kann aber, insgesamt gesehen, kaum bestritten werden, daß er in dieser Weise bereits Gedanken des Chan-(Zen) Buddhismus vorgedacht hat, ebenso wie in anderer Weise eben Gedanken der Tiantai-Schule.

Unmittelbar schloß die Tiantai-Schule allerdings weder an Daosheng noch an das *Nirvāṇa-Sūtra* an, sondern eher gerade an die zuvor behandelte negativistische Sanlun-Schule. Sie übernahm von ihr die Idee der „zwei Wahrheiten", faßte diese aber etwas anders und erweiterte sie um eine dritte. Diese „drei Wahrheiten" umfaßten bei ihr: 1. die „Wahrheit des Scheins" (eigentlich „Falsch-Wahrheit", „Irreale Wahrheit" *jia di*), die sich auf die augenblickhafte Realität der *dharma* bezieht; diese Wahrheit entspricht in etwa der niederen „weltlichen" Wahrheit der Chengshi- und der Sanlun-Schule; 2. die „Wahrheit der Leerheit" (*kong di*), die die Chengshi-Schule absolut gesetzt und die Sanlun-Schule mit ihren Negationen als Erkenntnismittel benutzt hatte; und 3. die „Wahrheit der Mitte" (*zhong di*) zwischen den beiden ersten Wahrheiten, die die Sanlun-Schule erarbeitet, aber absichtlich nicht als eigene – positive – Bestimmung formuliert hatte.

Diese dritte Wahrheit, die die Scheinwahrheit der Erscheinungswelt und die eigentliche „Wahrheit der Leerheit" umgreift, bildete aber gerade den springenden Punkt in der Tiantai-Schule. Denn sie war Ausdruck nicht nur der Verbundenheit, sondern der wirklichen Identität der beiden ersten, einander nur scheinbar ausschließenden Wahrheiten. Das hatte entscheidende Konsequenzen. Denn es bedeutete im Kleinen, daß in dem momenthaften Aufblitzen eines jeden *dharma* in der Erscheinungswelt immer auch seine wahre, „leere" Natur zum Zuge komme, und im Großen, daß es zwischen dem wahren und dem empirischen Sein oder, technisch ausgedrückt, zwischen Nirvana und Saṃsāra, der Welt der Erscheinungen hier und jetzt, überhaupt keinen Unterschied gebe, sondern daß beide Sphären gewissermaßen ineinander stehen. Für den einzelnen Menschen aber erhielt damit die schon von Daosheng formulierte Idee der Buddha-Natur auf der Tiefe der Person ihre theoretische Grundlage. Sie veränderte schließlich das Erleben des buddhistischen Glaubens in kaum vorstellbarem Maße.

Die Identität von Nirvana und Saṃsāra wurde in der Tiantai-Schule durch eine Reihe von Einzellehren untermauert, so etwa der von einer zehnstufigen Welt, in deren oberen vier Bereichen die Buddhas und Bodhisattvas residieren, während die unteren sechs für die Götter, Menschen, Tiere und die verschiedenen bösen Geister reserviert sind. All diese Sphären sind jedoch ebensowenig voneinander isolierbar wie es generell die „drei Wahrheiten" sind. Vielmehr sind in jeder einzelnen auch alle anderen mit enthalten, ja das gleiche gilt gewissermaßen monadenhaft auch noch für jedes noch so kleine Partikel in jeder von ihnen. So lautete denn eines der berühmtesten Schlagworte der Tiantai-Schule:

> In jedem Staubkorn, in jedem Augenblicksgedanken sind alle dreitausend Welten enthalten.[77]

Diese ins Gigantische gesteigerte Identifikation auch der kleinsten Elemente mit dem ganzen All, eine Identifikation, die sich zudem quer über alle Sphären hin erstreckte, führte mit Notwendigkeit auch zur Konzeption eines alles tragenden gemeinsamen Absoluten, das eben seit jeher und für immer zwei Seiten besitzt: eine reine, nicht entfaltete, sich selbst ewig gleiche, in der alles das enthalten ist, was als „Buddha-Natur" (*tathatā*) umschrieben wird; und eine unreine, auf geheimnisvolle Weise in den Erscheinungen entfaltete und sich ständig wandelnde, die uns als empirische Welt vor Augen steht. Mit dieser Idee, die in China nicht nur für den Buddhismus, sondern mehr noch für den an ihn anknüpfenden Neokonfuzianismus sehr folgenreich sein sollte, war aber endgültig eine Wendung vollzogen, die von dem ursprünglichen buddhistischen Denkansatz, der ja gerade in jeder Hinsicht pluralistisch gewesen war, wieder zurück zu monistischen Vorstellungen führte, die eher vorbuddhistischen, brahmanischen Weltanschauungen angehörten. Die sich indirekt abzeichnende Vorstellung von so etwas wie einem tiefsten Seelengrund im Individuum, der Buddha-Natur, die wiederum identisch ist mit einem alles umgreifenden Absoluten, läßt sich nur schwer mit den alten buddhistischen Gedanken, wohl aber mit dem Verhältnis zwischen der Weltseele *brahman* und den *puruṣa*-Einzelseelen des Brahmanismus in Einklag bringen. Es ist ein faszinierendes, wenngleich ein wenig verwirrendes Phänomen, daß der Buddhismus in China sich gerade in einer Form am erfolgreichsten durchsetzte, in der er auf ihm vorangehende Ideen zurückgriff, aus deren Ablehnung er anfänglich überhaupt erst entstanden war.

Die große Synthese: Die Huayan-Schule

Der Zug zur Synthese und damit gleichzeitig zur Vereinheitlichung gilt auch für die letzte im philosophischen Bereich wichtige Schule. Sie trug ihren Namen nach dem von ihr besonders verehrten Haupttext, dem *Avataṁśaka-sūtra* (chin. *Huayan*), das in der Sanskrit-Version etwa als „Blütenkranz-Sutra", in der chinesischen Übersetzung als „Blütenglanz-Sutra" wiederzugeben wäre. Es soll vom historischen Buddha angeblich unmittelbar nach seiner Erleuchtung gepredigt, von niemandem aber voll verstanden worden sein. Offiziell von dem Mönch Fashun (Du Shun, 557–640) gegründet, praktisch aber erst von dem Mönch Fazang (643–712) bekannt gemacht, erscheint die Schule fast in jeder Hinsicht als eine Weiterführung der Tiantai-Schule, die sie somit eher ergänzte, als daß sie mit ihr in Konkurrenz getreten wäre. Die Huayan-Schule war – abgesehen von der auf einer ganz anderen Ebene angesiedelten Chan-Schule – die größte und mächtigste buddhistische Richtung in China überhaupt.

Zentral in ihrem Lehrgebäude ist (ähnlich wie in der Tiantai-Schule) die Vorstellung von einem alles umfassenden Absoluten, für das ein schon älterer Ausdruck, nämlich *dharma-dhātu*, chin. *fa-jie*, etwa „*dharma*-Welt", gefunden wurde. Dieses Absolute existiert gleichzeitig in zwei Formen, die in etwa als Potentialität und Aktualität oder als Idee und Erscheinung aufgefaßt werden können und im Chinesischen mit dem Begriff *li* „Struktur" einerseits und dem Begriff *shi* „Geschehnis" andererseits bezeichnet wurden. Über die schon von der Tiantai-Schule vertretene Meinung hinaus, daß dadurch jedes Einzelphänomen immer auch das Ganze in sich trage, unterstrich die Huayan-Schule aber auch die unmittelbare (also nicht bloß die über das eine Absolute laufende) Beziehung aller Seinselemente miteinander. Der Mönch Fazang hatte größte Schwierigkeiten, seinen Schülern die verschiedenen Arten zu erklären, nach denen zunächst einmal die potentielle und die aktuelle Form des Absoluten ineinandergestellt, darüber hinaus aber eben auch alle Einzelphänomene sowohl mit diesem Absoluten identisch, als auch mit jedem anderen Einzelphänomen verflochten sein sollten. Es sind von ihm zwei bildstarke Gleichnisse bekannt, durch die er das zuwege zu bringen versuchte:

Als er im Jahre 704 mit der berühmt berüchtigten Kaiserin der Tang-Dynastie Wu Zetian (reg. 684–705), die dem Buddhismus sympathisch gegenüberstand, das *Avataṁsaka*-sūtra besprach, deutete er schließlich auf einen goldenen Löwen, der im Palast seinen Platz hatte, und exemplifizierte an ihm diese verschlungenen Beziehungen: Da ist zunächst das Wechselverhältnis von Gold und Löwengestalt. Das Gold entspricht dabei (nebenbei bemerkt, umgekehrt, als wir es vielleicht annehmen würden) der *li*-Form, also der „potentiellen" Form des Absoluten, während die Löwengestalt die *shi*-Form, also die Aktualisierung, symbolisiert. In diesem Wechselverhältnis sind Reales und „Leeres" unlösbar miteinander vereinigt. Denn es existiert zwar das Gold real als Materie, aber seine momentane Löwengestalt ist dafür alles andere als typisch und insofern „leer". Auf der anderen Seite zeichnet die Löwengestalt tatsächlich einen Löwen nach, sie kann aber beim Betrachter bestenfalls die Illusion eines wirklichen Löwen aus Fleisch und Blut hervorbringen, und insofern ist sie ebenfalls wieder „leer". (Diese doppelte „Leerheit" tritt hervor, wenn man – was Fazang nicht tat – die Aussage „der Löwe ist aus Gold" umdreht und sagt: „Das Gold ist aus Löwe".) Von dem Bild des goldenen Löwen läßt sich aber auch die Interdependenz aller seiner Einzelelemente ableiten. Denn jedes seiner Teile, etwa seine Ohren, seine Mähne oder sein Schwanz erfordern ja auch alle seine anderen Teile, und zwar nicht nur bei einem Löwen, sondern bei allen, ob sie nun aus Fleisch und Blut sind oder aus Gold. Mit dem Auftauchen eines von ihnen sind auch alle anderen bereits vorgegeben.

Fazangs oft kommentierter Essay über den goldenen Löwen (*Jin shizi zhang*), in dem alle diese Aspekte eingehend analysiert und in allen ihren Schichten vor Augen geführt werden, bildete, gerade eben wegen seiner schriftlichen Ausarbeitung, einen der Zentraltexte der Huayan-Schule. Noch stärker als Bild aber (wenngleich eben deshalb kaum weiter interpretierbar) ist vielleicht die andere Demonstration der Grundidee der Schule, die Fazang nachgesagt wird: Er soll für seine Schüler zehn Spiegel so angeordnet haben, daß sie sich nach den Acht Kardinalpunkten sowie oben und unten exakt gegenüberstanden. Dann setzte er genau in den Fokus all dieser Spiegel eine kleine Buddhafigur, die er mit einer Kerze erleuchtete. Die unendlich vielen Widerspiegelungen dieser Figur, die in sich das Absolute symbolisierte, gleichzeitig aber auch die unendlich vielen Widerspiegelungen der Leere selbst, gewährten auf unnachahmliche Weise ein direktes, schlagendes Verständnis der Grundlehren, wie es mit Worten, die auf dieser Ebene letztlich immer überfordert sind, niemals hätte erreicht werden können.

Das Bemühen der Huayan-Schule, sowohl das Eine im Alles und das Alles im Einen zu finden, als auch quer dazu jedes eine Einzelne mit jedem anderen einen Einzelnen zu verbinden, hat ihr generell das Attribut „totalistisch" eingetragen. Diese Beziehung trifft aber auch in anderer Weise auf die Schule zu: nämlich insofern, als sie auch in ganz konkreter Weise versuchte, alle anderen buddhistischen Schulen in sich zu integrieren. Ansätze dazu, die verwirrende Vielzahl divergierender Lehrmeinungen und Traditionen irgendwie in einen sinnvollen Zusammenhang zueinander zu bringen, lassen sich in China schon relativ früh nachweisen; sie hängen sicherlich mit dem schon früher hervorgehobenen Umstand zusammen, daß der Buddhismus eben mit allen seinen in nahezu acht Jahrhunderten entstandenen Entwicklungsformen mehr oder weniger gleichzeitig nach China eindrang. Eine regelrechte Strukturierung der buddhistischen Lehre nach Schulen mit Doktrinen von niedrigerem oder höherem Wahrheitsgehalt scheint jedoch erst möglich geworden zu sein, als sich die Vorstellung von einer doppelten oder mehrfachen Wahrheit auch in einzelnen Lehrmeinungen selbst durchgesetzt hatte.

In ausgeprägter Art finden wir daher eine solche Staffelung der buddhistischen Schulen folgerichtigerweise erst bei der Tiantai-Schule, die ja auch den Gedanken einer mehrfachen Wahrheit erstmalig voll ausgebildet hatte. Nach ihr sollte die Staffelung bis auf die Staffelung der Predigten des historischen Buddha selbst zurückgehen, und zwar dergestalt, daß Buddha absichtlich auf niedrigeren, sozusagen propädeutischen Stufen einfachere Wahrheiten lehrte, die auf höheren Stufen dann immer wieder aufgehoben und fortschreitend zu immer größerer „Rundheit" gestaltet wurden. Die Huayan-Schule arbeitete nun dieses Schema, das in der Tiantai-Schule bereits fünf Stufen umfaßt hatte, noch weiter aus und verfeinerte es bis zu insgesamt zehn Graden, denen jeweils eine buddhistische Lehre oder Lehrmeinung entsprach. Dabei wurde in etwa die Reihenfolge vollzogen, die wir im Vorangehenden bei der Betrachtung der buddhistischen Schulen eingehalten haben, d. h. generell gesprochen, der allmähliche Übergang vom *Hīnayāna* zum *Mahāyāna,* von der mehr realistischen zur immer idealistischeren Betrachtungsweise im Ontologischen und in der Erlösungslehre von der Vorstellung eines schmalen Pfades für wenige Auserwählte zu der einer breiten Straße für die gesamte Menschheit. Insofern schmückte sich die Huayan-Schule, in der sich diese Gedanken am höchsten vollendeten, zu Recht mit dem Epitheton der „Rundheit". Denn in der Tat entwickelte sie nicht bloß ihre eigenen neuen Gedanken, sondern nahm in sich auch die aller ihrer Gegner und Konkurrenten auf, wenngleich sie sie natürlich so anordnete, daß sie alle letztlich auf die Huayan-Schule als Höhepunkt zuzustreben schienen.

Die Schulen des religiösen Buddhismus in China: Jingtu und Chan (Zen)

Betrachtet man die Entwicklung, die der Buddhismus als geistige Bewegung im allgemeinen und in China im besonderen genommen hat, so stellt sie sich als ein Prozeß der Verallgemeinerung, der Vereinfachung, aber auch der Liberalisierung dar, durch den der Buddhismus in manchem auch wieder zu seinen Ausgangspunkten zurückkehrte, die ja ebenfalls relativ einfach gewesen waren. Hierzu gehörte aber auch, daß zunehmend Komponenten, die jenseits des Bereichs der Philosophie lagen, zum Zuge kommen konnten. Das bedeutete nicht, daß das Ideal der „Erkenntnis" oder der „Erleuchtung", das ja neben dem der „Beruhigung" immer im Zentrum stand, grundsätzlich an Wert eingebüßt hätte, sondern lediglich, daß die Erkenntnis als etwas begriffen wurde, das eigentlich noch außerhalb des verbal Faßbaren lag. Diese Bereiche konnten gewissermaßen diesseits oder jenseits des Bereichs der Intellektualität angesiedelt sein, in beiden Fällen aber ließen sie sich eigentlich nicht mehr in die Philosophie einordnen. Konkret handelte es sich bei ihnen um den reinen Glauben auf der einen und die reine Lebenshaltung (ein besseres Wort ist schwer zu finden) auf der anderen Seite. Auch sie waren noch vom Buddhismus besetzt und bewiesen damit eine erstaunliche Lebenskraft und Wandlungsfähigkeit. Die eine Sphäre, die des Glaubens, war durch die buddhistische „Schule vom Reinen Lande" (*Jingtu,* jap. *Jōdo)* repräsentiert, die andere durch die „Meditationsschule" (*Chan*, jap. *Zen*). Ein altes chinesisches Sprichwort sagte, daß die Theorie des chinesischen Buddhismus in den Lehren der Tiantai- und der Huayan-Schule enthalten sei, seine Praxis aber in denen der Jingtu- und der Chan-Schule. Obwohl solchermaßen die beiden letztgenannten eigentlich aus unserem Betrachtungskreis herausfallen, verdienen sie – nicht zuletzt wegen der großen Bedeutung, die die „Praxis" in allen chinesischen philosophischen Systemen besessen hat – einige Worte der Erwähnung.

Im Zentrum der „Schule vom Reinen Lande" steht die Hoffnung auf die Wiedergeburt im Sukhāvatī-Paradies, über das Buddha Amitābha herrscht. Er, der „Buddha des Unendlichen Lichtes", ist ein eigener Buddha, der mit dem historischen nicht identisch ist, sondern eher eine Verkörperung der reinen Erleuchtung im wahrsten Wortsinne darstellt. Das Sukhāvatī-Paradies, das „Reine Land", konnte nach dem buddhistischen Urglauben, der natürlich auch hier noch weiterhin Geltung besaß, nur eine Vorstufe zum Nirvana sein, aber doch eine so farbige und verlockende, daß sie das Nirvana selbst unmittelbar überstrahlte. Entscheidend war jedoch, daß die Erlösung in der Vorstellung dieser Schule weder durch eigene Geistesbemühung noch durch gute Taten erreichbar sein sollte, sondern allein durch den Glauben und die Anrufung des Buddha Amitābha (chin. Amito, Ami, Mito; Wuliang, Wuliang guang). Dieser Gedanke setzte natürlich unendliche Energien im Bereich des Gebetes und der sonstigen praktischen Religionsausübung frei. Da er einerseits keine besonderen Ansprüche an geistige Leistung und Lebensführung stellte, andererseits ein attraktives, leicht faßliches Ziel vor Augen führte, verbreitete sich diese Ausformung des Buddhismus vor allem im Volke. Sie konnte sich wie die anderen Schulen auf zahlreiche Traditionslinien berufen, ja im Grunde sogar auf noch mehr. So soll sowohl Vasubandhu, der ja innerhalb der realistischen wie innerhalb der idealistischen Richtung eine tragende Rolle spielt, für den Amitābha-Buddhismus eingetreten sein als auch Nāgārjuna, den wir als den Ahnvater der Madhyamaka-Schule bzw. der negativistischen Sanlun-Schule kennengelernt haben; auch wurde das Haupt-Sutra der Schule, das „Sutra vom Reinen Land" (*Sukhāvatī-vyūha*), das in seiner langen und in seiner kurzen Version eine Beschreibung des Paradieses enthält, zwischen 147 und 713 nicht weniger als zwölfmal übersetzt. Die prägende Kraft, die jedenfalls von der Schule vom reinen Lande auf das öffentliche Leben ausging, war ungeheuer, quantitativ umfassender als die jeder anderen Schule. Bis auf den heutigen Tag nimmt die Verehrung des Buddha Amitābha und damit die Jingtu-Schule im gesamten buddhistischen Kult, zu dem nicht zuletzt auch das ganze Tempelwesen zählt, eine zentrale Stelle ein.

Eine ebenso tragende Rolle wie die Jingtu-Schule im Volke spielte nun der Chan-Buddhismus in der Bildungsschicht. Auf den ersten Blick mag das überraschend sein. Denn gerade er machte es sich zum Grundsatz, keinen heiligen Text, kein Sutra in den Mittelpunkt seiner Verkündigung zu stellen, also sich „nicht auf Worte und Schrift zu stützen", sondern die Lehre unmittelbar, „von Sinn zu Sinn", zu überliefern. Natürlich gibt es trotzdem auch zahlreiche Chan-Texte, aber sie sind relativ spät und keineswegs von entscheidender Bedeutung. Diese Distanz zu jeglicher verbaler Festlegung bedeutete genaugenommen auch eine Distanz zum Buddhismus selbst, soweit er ja anfangs immerhin eine Botschaft zu vermitteln gehabt hatte. Sie erlaubte aber auch ein schier unbegrenztes Maß an Freiheit und Anpassungsfähigkeit an die verschiedensten Kulturbedingungen. So ist es kein Wunder, daß der Chan-Buddhismus in seiner japanischen Anverwandlung als *Zen* sich von allen buddhistischen Schulen am stärksten auch im Westen einen gewissen Platz erobert hat und ihn selbst in einer modernen hochindustrialisierten Umgebung, die inzwischen ja auch Japan selbst besitzt, erfolgreich behaupten konnte. Das Fehlen von verbindlichen schriftlichen Überlieferungen hieß allerdings nicht, daß die Schule ohne innere Disziplin gewesen wäre; sie spielte vielmehr in dem direkten Verhältnis zwischen Lehrer und Schüler eine eminent wichtige Rolle, gerade weil eben die Vermittlung nur auf diesem direkten Wege verlief.

Die Einführung des Chan-Buddhismus in China ist, soweit man von einem solchen klar umschriebenen Ereignis überhaupt sprechen kann, von vielen Legenden umgeben. In ihrem Zentrum steht der Meister Bodhidharma, Sohn eines südindischen Königs, der trotz mancher diesbezüglich geäußerter Zweifel eine historische Figur gewesen zu sein scheint. Etwa im Jahr 520 begegnete er dem großen Protektor des Buddhismus in China, dem Kaiser Wudi der Liang-Dynastie. Als der ihn fragte, welche Verdienste er sich wohl durch die Gründung zahlreicher Klöster, das Kopieren unzähliger heiliger Schriften und seine sonstigen Bemühungen um die Religion erworben habe, erwiderte Bodhidharma kalt: „Gar keine." Darauf fragte der Kaiser, was die höchste „Edle Wahrheit" sei. Trocken entgegnete Bodhidharma: „Sie ist leer, es gibt sie gar nicht." Und als der Kaiser schließlich erstaunt fragte, wer denn überhaupt sein Gegenüber sei, erhielt er die Antwort: „Ich weiß es nicht, Majestät." Bodhidharma zog darauf nordwärts weiter und gründete seine Schule am Wutai-Berg im heutigen Nord-Shanxi. Im 7. Jahrhundert spaltete sich dann die Schule in einen nördlichen Zweig, der dem Prinzip der allmählichen Erleuchtung in der Meditation anhing und von Meister Shenxiu (605–706) repräsentiert ist, und einen südlichen, der die plötzliche Erleuchtung anstrebte, die schon der frühe Buddhistenmeister Daosheng gepredigt hatte. Der südliche Zweig wurde von Meister Huineng (638–713) gegründet. Die Südschule setzte sich schließlich sehr rasch im Chan durch, und in dieser Form breitete sich auch der Chan-Buddhismus in Japan aus.

Die Meditation stand selbstverständlich auch in allen anderen buddhistischen Schulen an hervorragender Stelle; ihre Besonderheit in der Chan-Schule besteht lediglich darin, daß sie dort mangels anderer Erweckungsmethoden eben eine ganz zentrale Position einnahm. Die Meditationsform scheint noch auf die der schon einmal erwähnten vorbuddhistischen Sāṃkhya-Schule in Indien zurückzugehen, die mit ihrer Hilfe versuchte, die ewige, unzerstörbare Seele (*puruṣa*), die dem vergänglichen Komplex physisch-psychischer Elemente (*guṇa*) gegenüberstand, in den

Blick zu bekommen. Im Chan-Buddhismus, der natürlich keinen Seelenbegriff kannte, wurde die Meditation allerdings eher umgekehrt dazu benutzt, die „Leerheit“ – dieses janusköpfige, zwischen Nichts und All angesiedelte Phänomen – existentiell unmittelbar zu erleben. Ihr Ziel war daher nicht so sehr, wie in anderen buddhistischen Meditationsformen, die beruhigende Konzentrierung der Gedanken und Gefühle, die zur Erkenntnis führen sollte, sondern die Aufhebung, die *Nichtung* aller Gedanken und Gefühle. Die Chan-Schule schuf damit im Praktischen das Gegenstück zu dem „mittleren Weg“, den die Sanlun-Schule mit ihrer dreistufigen, gleichzeitigen Nichtung der Affirmation und der Negation im Intellektuellen vorgezeichnet und auch für die Tiantai- und die Huayan-Schule verbindlich gemacht hatte. Ebenso wie dort durch progressive Reduktion des Denkens das Zusammenfallen von Erscheinungswelt und wahrer Welt, von *saṃsāra* und *nirvāṇa*, verstandesmäßig begreifbar gemacht werden sollte, so sollte dies hier durch die Empfindung geschehen. Dieses Erlebnis wurde als jenseits der Worte liegend angesehen und zudem nach der Vorstellung der maßgeblichen Südschule als ein ganz plötzliches Ereignis, bei dem gewissermaßen die künstliche Wand zwischen beiden Bereichen unvermittelt zusammenbrach. Das hatte zur Folge, daß neben der Meditation nicht bloß mündliche Unterweisungen, sondern auch alle möglichen anderen Methoden der Erweckung angewendet wurden. Sie haben wegen ihrer Drastik die Chan-Schule besonders bekanntgemacht, gehörten zu ihnen doch z. B. Augenzwinkern oder ein scheinbar sinnloses Lachen des Meisters ebenso wie unvermittelte Wutausbrüche und nicht zuletzt Schläge. Worauf es bei all dem ankam, war die Vermittlung eines Schocks, der eine Art Umknicken der Gesamtpersönlichkeit bewirken sollte. Gerade das Brechen der verschiedensten Tabus, das sogar das Beschimpfen und Verunglimpfen von Buddha und seiner Lehre selbst mit einschließen konnte, schien dafür besonders geeignet.

Geschichten, in denen von solchen zum Durchbruch führenden Dialogen und Aktionen berühmter Chan-Meister berichtet wurde, trugen den Namen „öffentliche Fälle" (*gong'an*, jap. *kōan*). Sie erfreuten und erfreuen sich, aus dem Chinesischen oder Japanischen übersetzt, auch im Westen einer modischen Beliebtheit, die oft eben allein auf dem Reiz des Absurden beruht und nicht in dem Aufblitzen einer höheren „leeren" Wahrheit. Von genuinem Ursprung aber sind die folgenden drei *gong'an*, die von zwei Meistern aus dem 9. Jahrhundert (das erste von Yixuan, das zweite und dritte von Benji vom Caoshan, 840–901) stammen:

Ein Mönch fragte: „Meister, welcher Überlieferung gehört Ihr an?" Der Meister erwiderte: „Als ich noch Schüler von Huangbo war, stellte ich ihm diese Frage dreimal und wurde dreimal von ihm geschlagen." Der Mönch war unschlüssig, was er dazu sagen sollte. Da schrie ihn der Meister plötzlich an, gab ihm Hiebe und rief: „Nagle keinen Stock in den leeren Raum!"[78]

Ein Mönch beklagte sich beim Meister und sagte: „Ich fühle mich todkrank, ach bitte heilt mich doch!" „Nein", erwiderte der Meister, „ich werde dich nicht heilen." „Und warum nicht?" fragte der Mönch. Der Meister antwortete: „Damit du weder lebst noch stirbst."[79]

Ein Mönch fragte: „Wie kann man Schweigen ausdrücken?" Der Meister entgegnete: „Ich will es hier gar nicht ausdrücken." „Ja, und wo wollt Ihr es denn dann ausdrücken?" fragte der Mönch. Da sprach der Meister: „Vorige Nacht verlor ich um Mitternacht an meinem Bett drei Pfennige."[80]

Die Chan-Schule, die ihre volle Blüte erst relativ spät erlebte, eben etwa im 8. und im 9. Jahrhundert, aus dem die hier zitierten Geschichten stammen, stellte auf eine interessante Weise gleichzeitig den Höhepunkt und die Selbstaufhebung des Buddhismus in China dar. In ihr hatte der Buddhismus so viel von seinem fremden Ursprung abgestreift wie in keiner anderen buddhistischen Schule auf chinesischem Boden. Er vermochte dadurch denn auch bei der chinesischen Bildungsschicht in tiefste Schichten einzudringen. Das hatte nicht zuletzt zur Folge, daß der Buddhismus, obwohl die Chan-Schule ja eigentlich gar keine philosophische Richtung vertrat, sondern in dieser Beziehung bewußt völlig neutral war, gerade über sie am meisten in die chinesische Philosophie einsickerte. Das gilt nahezu für alle buddhistischen Spuren, die sich in der chinesischen Philosophie der nachbuddhistischen Zeit seit etwa dem 10. Jahrhundert nachweisen lassen, auch wenn sie strenggenommen eigentlich ganz anderen Schulen zuzurechnen sind. Die eminente Wirkung, die die Chan-Schule besaß, bestand also gerade darin, daß sich in ihr eine Art unbuddhistischer Buddhismus manifestiert hatte, der – nicht ohne innerhalb einer wirklich buddhistischen Konsequenz zu bleiben – eine eigentliche „Lehre", eine „Doktrin" transzendierte und unmittelbar zur Praxis überging, die auf China ja immer schon besondere Anziehungskraft ausübte.

XV. Die konfuzianische Erneuerung

Die Verdrängung des Buddhismus

Überblicken wir die knapp eintausendjährige Geschichte der ideologischen Vorherrschaft des Buddhismus in China, so läßt sie sich grob und damit auch etwas schematisch in drei Perioden einteilen: die des Frühbuddhismus vom 1. bis zum 3. Jahrhundert, in der er mehr und mehr die autochthon chinesische Philosophie unterwanderte und am Ende von innen eroberte; dann die der buddhistischen Hochblüte zwischen dem 4. und 7. Jahrhundert, in der praktisch das gesamte Geistesleben vom Buddhismus geprägt war; und schließlich die Periode des Spätbuddhismus, in der der Buddhismus äußerlich zunehmend bekämpft und innerlich selbst von chinesischen Gedankensystemen unterwandert wurde. Im ganzen läßt sich also auch ein fortschreitender Prozeß der Sinisierung feststellen, an dessen Ende zwar nicht die totale Vernichtung der Lehre, wohl aber ihre Verflachung und Schwächung stand, die sich nicht zuletzt auch in einer Art Versöhnung mit den anderen beiden Hauptweltanschauungen, dem Konfuzianismus und dem Daoismus, in der Bildungselite äußerte, ebenso wie auch in der gleichzeitigen Verdrängung der religiösen Komponenten in die unteren Volksschichten.

Dieser allmähliche Umschwung kam nicht von ungefähr, sondern er war an sich bereits in den buddhistischen Grundlehren vorprogrammiert, die eben eine völlig pessimistische Weltsicht besaßen und daher nur relativ schwer und sehr indirekt im chinesischen Staatsgefüge eine wirklich begründbare Position einnehmen konnten. Es ist deshalb auch nur folgerichtig, daß die Blütezeit des Buddhismus in eine Epoche fiel, die *zwischen* zwei Dynastien lag, zwischen denen der Han (206 v. – 220 n. Chr.) und der Tang (618–906), als das Reich völlig zersplittert war: Mehr als die Hälfte des Landes, und zwar gerade die alten Kerngebiete im Norden, war verlorengegangen. In diesen nördlichen Regionen, nicht weniger aber auch in den noch chinesischen im Süden, wechselten sich in hektischer Folge zahlreiche Dynastien ab, die mit ihren Streitigkeiten gleichfalls das Land verheerten und nur mit Mühe den Gedanken aufkommen ließen, daß die Welt hier und jetzt eine Stätte der Beständigkeit und des Glücks sei. Schließlich aber stand die Staatsgewalt auch dort, wo sie überhaupt noch zu herrschen vermochte, ständig in Konkurrenz zu anderen, ihrer Kontrolle weitgehend entzogenen Mächten: ausländischen Hilfstruppen, Adelscliquen und Klöstern, um nur die wichtigsten zu nennen. Das galt selbst noch für die Tang-Dynastie, unter der sich aber im 9. Jahrhundert Widerstand gegen den Buddhismus als vermeintlicher oder tatsächlicher Quelle des Übels zu regen begann – ein Kraftakt, der sich aber erst in der wenig später nachfolgenden Song-Dynastie (960–1280) auswirken sollte.

Der Buddhismus in China gedieh also, etwas überspitzt ausgedrückt, gerade auf dem Boden der Erfahrung des Leidens und des Pluralismus, jener beiden Vorstellungen also, die auch im Zentrum der buddhistischen Lehre standen. Die Gegenbewegung gegen den Buddhismus, die teilweise zwar auch vom Daoismus ausging, im wesentlichen dann aber vom Konfuzianismus getragen wurde (und, nebenbei bemerkt, bei dieser Gelegenheit gleich auch den Daoismus selbst noch mit dem Buddhismus in Beziehung setzen und so zu bekämpfen versuchte), diese Gegenbewegung ging deshalb konsequenterweise von eben den gegenteiligen Konzepten aus: nämlich einerseits von der Bemühung um eine konkrete Daseinsbewältigung, andererseits von dem Ideal der „Einheit" auf allen nur vorstellbaren Gebieten – mochte es im Großen nun die räumliche Einigung des Reiches und die zeitliche Festlegung des Beamten auf einen einzigen Herrscher oder die Treue einer Frau zu einem einzigen Ehemann („keusche Witwe") sein. In der Praxis wurde der Kampf gegen den Buddhismus einerseits sehr direkt geführt, nämlich durch Verfolgungen, die sich hauptsächlich gegen die Klöster richteten und im Jahre 845, in der zweiten Hälfte der Tang-Dynastie, ihren Höhepunkt erreichten. Nicht weniger als 4600 Klöster und 40000 Schreine wurden damals zerstört und 260000 Mönche und Nonnen gewaltsam in den Laienstand zurückversetzt. Andererseits wurden aber auch die antibuddhistischen Kräfte unterstützt, nämlich durch den fortschreitenden Ausbau des staatlichen Prüfungssystems und durch die Einrichtung von Akademien, die den Klöstern allmählich den Rang als Zentren geistiger Bildung streitig machten. In diesem Zusammenhang muß auch der ersten Drucklegung der Klassiker („Neun Klassiker") im Jahr 932 gedacht werden. Sie erfolgte erstaunlich spät – vor allem, wenn man bedenkt, daß die Erfindung des Buchdrucks in China immerhin schon auf das 8. Jahrhundert zurückgeht und bis dahin vorwiegend dem Buddhismus zugute gekommen war, ja im Grunde sogar durch ihn überhaupt erst zustande kam: nämlich durch das Versprechen einer Verbesserung des Karma bei der Vervielfältigung heiliger Schriften. Die Drucklegung der konfuzianischen Klassiker kam aber in dieser Periode immer noch früh genug, um die konfuzianische Gegenbewegung wirkungsvoll zu fördern.

Bleibende Wirkungen des Buddhismus

Die Wiedereroberung Chinas durch eine chinesische Weltanschauung bildete also einen langwierigen Prozeß, dessen Dauer dem Ausmaß dieser Umstellung durchaus angemessen war. Hatte im 3. Jahrhundert das chinesische Denken, wie sich namentlich an den Lehren der „Dunkelschule" ablesen läßt, allmählich immer mehr an Abstraktionskraft gewonnen (in gleichem Maße allerdings auch an Anschaulichkeit und Anwendbarkeit auf Staat und Gesellschaft verloren), bis dann in der eigentlichen buddhistischen Periode die reale Welt fast völlig aus dem Blick verschwunden und nur noch ihre Aufhebung von Interesse geblieben war, so wendete sich das alles nun in die entgegengesetzte Richtung: Die Fragen des sozialen Lebens rückten wieder mehr ins Zentrum, das historische Argument gewann wieder mehr an Gewicht in der Beweisführung, und auch die Sprache wurde wieder einfacher und knapper – kurz: All die typischen, je nach Einstellung positiv oder negativ zu bewertenden Merkmale der chinesischen Philosophie, die wir schon früher einmal geschildert haben, kamen langsam wieder zum Vorschein.

Das bedeutete indessen nicht, daß das Denken damit einfach wieder zu dem Punkt zurückgekehrt wäre, den es beim Eindringen des Buddhismus erreicht hatte. Der merkwürdige Ausflug in eine andere – nämlich in eine von der indischen Kultur geprägte – Welt, der zugleich ein Ausflug aus der Welt des Hier und Jetzt hinaus gewesen war, hatte das chinesische Denken, so sehr es sich nun auch auf seine eigentlichen Wurzeln zu besinnen versuchte, durchaus nicht unberührt gelassen. Er hatte ihm einen Gutteil seiner Einfachheit und Unbefangenheit geraubt, dafür aber viel an Schärfe und Unterscheidungskraft geschenkt. Die nachbuddhistische chinesische Philosophie läßt sich in Inhalt und Methodik weitgehend als ein Kompromiß zwischen diesen beiden Tendenzen beschreiben. Aus diesem Grunde finden sich denn auch direkte Einflüsse des Buddhismus neben indirekt-kontradiktorischen, d.h. solchen, die aus einer Gegenreaktion gegen ihn entstanden waren. Zu diesen letztgenannten gehörte vor allem die schon erwähnte Tendenz zur Idealisierung der Einheit und Einheitlichkeit, die wohl aus dem jahrhundertelangen Trauma der politischen, geistigen und eben auch ideologischen Zersplitterung geboren wurde, die sich selbst noch innerhalb des Buddhismus mit seinen unzähligen Schulen weiterzufressen schien. Es gehört dazu aber auch ein gewisses Mißtrauen gegenüber allzu großen Dimensionen in Zeit und Raum, mit denen der Buddhismus ja immer verschwenderisch umgegangen war, aber auch gegenüber solchen unüberblickbaren Dimensionen im Gedanklichen – eine Neigung, die der chinesischen Philosophie seither nicht selten das Verharren in engen Bahnen aufprägte und – zusammen mit der

Vorliebe für Vereinheitlichung und Gleichsetzung – damit auch eine gewisse Disponiertheit zu Simplifizierung und Verknöcherung, unter der die chinesische Intelligenz seit dem 17. Jahrhundert dann immer stärker zu leiden begann.

Was die direkten Einflüsse des Buddhismus anlangt, so sind sie außerordentlich vielfältig, gleichzeitig aber schwer isolierbar. Sie äußern sich beispielsweise in einer gegenüber früher stark gewandelten Art des Vortrags, in dem das Dialogische oft besondere Betonung erfährt, sowie in einem – trotz der generellen Rückwendung zur praktischen Anwendung der Philosophie – beträchtlich gesteigerten Theoretisierungsvermögen und auch in einer größeren Theoretisierungsfreude. Im Inhaltlichen läßt sich die buddhistische Einwirkung nahezu überall irgendwie nachweisen. Besonders hervorzuheben wären hier jedoch u.a. zwei Momente: 1. die Neukonzeption oder zumindest Neuakzentuierung eines Wechselverhältnisses zwischen einer ideellen Ebene der Prinzipien und einer konkreten Ebene der Realitäten, das in manchem wie ein Widerhall der buddhistischen *dharma*-Theorie anmutet; und 2. die Überzeugung von einer unbedingten Identität zwischen dem Urgrund des Ichs und dem Urgrund des Alls, die nicht nur erkennbar, sondern auch in der Meditation erlebbar ist und in ähnlicher Form vor allem von der Tiantai-Schule, aber auch vom Chan-Buddhismus vertreten wurde. Beide Ideen sollten im Neokonfuzianismus in den verschiedensten Abwandlungen eine tragende Rolle spielen.

Die „Alt-Stil-Bewegung“

Die Wiedererweckung des Konfuzianismus gestaltete sich zunächst jedoch aus verschiedenen Gründen als eine schier unlösbare Aufgabe. Zum einen war der Konfuzianismus in der Tang-Dynastie als Weltanschauung ja keineswegs klar umrissen, sondern lediglich als Moralkodex der Literatenschicht lebendig, die sonst durchaus buddhistisch orientiert sein konnte. Die konfuzianische Tradition war zum anderen aber auch durchaus uneinheitlich: Da gab es zunächst einmal die Spaltung zwischen der Lehrmeinung des Mengzi und der des Xunzi schon in der Vor-Han-Zeit; sodann die Kontroverse zwischen der Neutext- und der Alttext-Schule während der Han-Zeit und unmittelbar danach; und schließlich die eigentümliche Verquickung von konfuzianischen, daoistischen und vermutlich auch frühbuddhistischen Elementen in den verschiedenen Ausformungen der „Dunkel-Schule", die sich ja wenigstens nach außen hin noch als konfuzianisch begriff. Zum dritten hatte aber auch die wissenschaftliche Sprache, die sich (vergleichbar dem Latein) von der gesprochenen Sprache schon seit etwa Christi Geburt getrennt hatte – oder besser gesagt: hinter ihr zurückgeblieben war –, direkt und indirekt so viel vom Buddhismus aufgenommen, daß es schwerfiel, in ihr überhaupt noch die konfuzianischen Grundideen auszudrücken. Es ging also darum, den Konfuzianismus erstens als umfassende Philosophie überhaupt wieder zu etablieren, zweitens ihm eine eindeutige Richtung zu verleihen, was praktisch auf die Auswahl von kanonischen Werken hinauslief, die die maßgebliche Überlieferung repräsentierten, und drittens eine Sprache zu finden oder wiederzufinden, in der sich die konfuzianischen Maximen zum Ausdruck bringen ließen.

Die antibuddhistische Richtung begann nicht ohne innere Logik bei der letzten der drei hier genannten Aufgaben, bei der Veränderung der geschriebenen Sprache. Sie hatte – zumindest teilweise unter buddhistischem, d. h. indischem und zentralasiatischem Einfluß – einen wortreichen, flamboyanten Charakter angenommen, der u. a. ständig mit Parallelsätzen arbeitete, zweifellos oft einen hohen künstlerischen Rang besaß, sich aber häufig auch bloß in seine eigenen pretiösen Formulierungen verliebte. Es war eher der Stil der Poeten als der der Verwaltungsbeamten, unter denen die Konfuzianer noch am ehesten die Szene beherrschten. Um die Mitte des 8. Jahrhunderts, also noch rund ein Jahrhundert vor der großen Buddhistenverfolgung, zeichnete sich nun aber die Tendenz unter den Intellektuellen ab, den herrschenden eleganten Schriftstil abzulehnen und durch einen sehr viel schlichteren, weniger poetischen und zugleich stärker grammatikalisch durchgeformten Stil zu ersetzen. Diese Bestrebungen liefen unter dem Namen „Alt-Stil-Bewegung" (*guwen*), was insofern eine Berechtigung hatte, als man bei der Wahl dieses einfacheren Stils auf die Sprache des 1. bis 4. vorchristlichen Jahrhunderts zurückgriff. Mit dieser Rückwendung zur längst vergangenen vorbuddhistischen Zeit war augenblicklich aber auch die Rückwendung zur autochthon chinesischen, vorbuddhistischen Philosophie und Ideologie verbunden. Eine solche Verknüpfung, ja besser sogar Identität von sprachlich-literarischen und ideologisch-politischen Bewegungen scheint übrigens typisch für China zu sein. Sie wiederholte sich mehrmals auch in moderner Zeit, so vor allem 1917 bei der sogenannten „Literarischen Revolution", in der schließlich die altertümliche „Schriftsprache" durch die geschriebene Umgangssprache ersetzt wurde, erklärtermaßen nicht zuletzt mit dem Ziel, einen totalen Umsturz des konfuzianischen Wertesystems zu erreichen. Gegen Ende der Tang-Dynastie gingen jedenfalls die Forderungen nach einer Renaissance des alten, sozusagen unverfälschten und unverwechselbaren literarischen Stils mit den Forderungen nach einer Wiedererweckung alter chinesischer Ideale und der Ausrottung aller fremden Einflüsse Hand in Hand.

Han Yu

Die tragende Figur in diesem anhebenden Ringen, das am Ende auch die gesamte chinesische Philosophie veränderte, war Han Yu (768–824). Er war eher Politiker und Literat als Philosoph. In seiner Position als Zensor, die Kritik an den höchsten Staatsvertretern, ja selbst am Kaiser verlangte und daher immer eine lebensgefährliche Anstellung darstellte, mußte er sich naturgemäß auch mit ideologischen Fragen auseinandersetzen, und er erfüllte diese Pflicht mit ausnehmender Unerschrockenheit. Seine berühmteste

Schrift, die zugleich in ihrer Formulierung ein leuchtendes Beispiel für den „Alt-Stil“ wurde und in dieser Eigenschaft in allen einschlägigen Anthologien auftaucht, war ein Memorandum an den Kaiser, indem er diesen scharf dafür kritisierte, daß er von seiner Empore aus der feierlichen Prozession anläßlich der Umbettung einer Reliquie, nämlich eines Knochen Buddhas, beigewohnt habe, die zur Verehrung sogar in den Palast gebracht worden war. In diesem Schreiben, das Han Yu beinahe den Kopf kostete und ihm immerhin den Verlust seines Amtes und eine langjährige Verbannung eintrug, sind bereits die wichtigsten Einwände gegen den Buddhismus enthalten, die auch später gegen ihn vorgebracht wurden: die Entfremdung von der eigenen Kultur und die Abwendung von der Welt, die sich in klösterlicher Muße, Familienverweigerung, ja sogar in Selbstverstümmelung äußere. Eine Passage in dem Memorandum lautete folgendermaßen:

Buddha war ein Barbar, der nicht Chinesisch sprach und Gewänder von anderem Zuschnitt trug. So befaßten sich seine Worte auch nicht mit der Art unserer alten Könige, und sein Kleiderstil entsprach auch nicht deren Anweisungen. Er verstand weder etwas von den Pflichten zwischen Herrscher und Untertan, noch von den Gefühlen zwischen Vater und Sohn. Wenn er heute noch am Leben wäre und, von seinem Herrscher geschickt, an unseren Hof käme, so würden sich Ew. Majestät wohl dazu herablassen, ihn zu empfangen, aber nicht mehr als zu einer einzigen Audienz in der Xuanzheng-Halle, zu einem Bankett in der Gästehalle und zur Überreichung eines Gewandes. Dann würden Sie ihn an die Grenze zurück eskortieren lassen, niemals aber erlauben, daß er das Volk betöre. Wie in aller Welt kommt es dann, daß jetzt, wo er schon seit langem tot ist, sein verrottetes Gebein in allen Ehren Zugang zum Palast erhält? Hat nicht Konfuzius gesagt: „Respektiert Geister und Dämonen, aber haltet Euch fern von ihnen“? … Nun aber haben Ew. Majestät es unverständlicherweise sogar selbst veranlaßt, daß dieses ekelhafte Ding herbeigebracht wurde und Sie haben es mit eigenen Augen betrachtet. … Euer Diener ist tief beschämt darüber und bittet darum, daß dieser Knochen den zuständigen Behörden übergeben und in Feuer und Wasser geworfen werde, auf daß das Übel verschwinde und die Welt sich von der Verblendung befreie. … Sollte Buddha aber tatsächlich übernatürliche Kräfte besitzen und einen Fluch aussenden können, so möge er auf mich, Euern Diener, fallen, der den Himmel in der Höhe zum Zeugen dafür anruft, daß er keines seiner Worte bereut![81]

Während dieses Memorandum gegen den Buddhaknochen noch mehr den Charakter eines politischen Pamphlets besitzt, lassen andere Schriften Han Yus, die ebenfalls im „Alt-Stil" abgefaßt sind, bereits eher eine philosophische Distanz und damit die Bemühung erkennen, dem Konfuzianismus tatsächlich so etwas wie einen neuen Inhalt und eine feste Tradition zu verleihen. In seiner Schrift über die „Grundlegung des Weges" (*Yuan dao*) polemisiert er nicht nur gegen den Buddhismus, sondern auch gegen den Daoismus, wobei er in ihm ebenfalls etwas dem Chinesischen Fremdes wiederzuerkennen glaubt; in der Tat hatte der Daoismus in den Konkurrenzstreitigkeiten mit dem Buddhismus kaum je das nationale Argument benutzt, sondern eher umgekehrt (wie wir an der früher einmal erwähnten Schrift „Laozi bekehrt die Barbaren" ablesen können) den Buddhismus von der eigenen Lehre abzuleiten gesucht. Han Yu dagegen unternahm es, in seiner Wendung gegen den Buddhismus daoistische Begriffe gewissermaßen zu erobern, aber gleichzeitig auch zu relativieren und dadurch der Prägung des Konfuzianismus eine breitere Basis zu verleihen. In den ersten Sätzen seines Aufsatzes schreibt Han Yu:

Umfassend lieben, heißt „Menschlichkeit" (*ren*), in seinen Taten das Rechte tun, heißt „Rechtlichkeit" (*yi*). Aufgrund einer Maxime vorzugehen, heißt „Weg" (*dao*), sich selbst genug zu sein und nicht von etwas Äußerem abzuhängen, heißt „Lebenskraft" (*de*). „Menschlichkeit" und „Rechtlichkeit" sind also feste Begriffe, „Weg" und „Lebenskraft" dagegen leere Positionen. So gibt es den „Weg" des „Edlen" ebenso wie den „Weg" des „Gemeinen"; und „Lebenskraft" [kann] ebenso Unheilvolles enthalten wie Glückhaftes.[82]

Han Yu bemüht sich nun, diese seines Erachtens prinzipiell „leeren", d. h. relativen Ausdrücke „Weg" und „Lebenskraft" neu mit konfuzianischen Inhalten aufzufüllen und von ihren daoistischen Besetzungen zu befreien. Dabei gelangt er am Ende auch zu einer Beschreibung des schlichten und geregelten Wertsystems des Altertums, das Konfuzius zu seinem eigenen gemacht hatte:

Das ist es, was ich den „Weg" nenne, nicht das, was die Daoisten und Buddhisten den „Weg" nennen. [Der heilige] Yao lehrte ihn dem [heiligen] Shun, der wiederum dem [heiligen] Yu, der dem König Tang, und der endlich den Königen Wen und Wu und dem Herzog von Zhou. Diese Männer lehrten ihn dem Meister Konfuzius, und dieser dem Meister Menzius. Als aber Menzius starb, wurde er nicht mehr weiterüberliefert. Xunzi und Yang Xiong verstanden zwar Teile von ihm, aber es fehlte ihnen an Verständnistiefe. ... Was also ist zu tun? Ich behaupte: Ehe nicht [Daoismus und Buddhismus] unterdrückt sind, wird der „Weg" seine Herrschaft nicht antreten [können].[83]

Das Auffallende an diesem Text ist nicht zuletzt die Traditionslinie, die in der Hervorhebung von Menzius und der Herabsetzung von Xunzi und Yang Xiong bereits deutlich ausgesprochen ist – wird hier doch die, etwas verkürzt ausgedrückt, „idealistische" Richtung des Konfuzianismus gegenüber der „naturalistischen" eindeutig bevorzugt. Diese Tendenz läßt sich auch an dem großen Interesse ablesen, das Han Yu der Frage der menschlichen Natur (*xing*) entgegenbrachte, an der sich ja die Meinungen von Menzius und Xunzi geschieden hatten; war Menzius doch der Ansicht gewesen, daß der Mensch von Grund auf gut sei, während Xunzi das Gegenteil behauptete. Han Yu nimmt in einem Essay über dieses Thema eine Mittelposition ein, nicht in der (seinerzeit übrigens von Yang Xiong vertretenen) Weise, daß der Mensch nach beiden Seiten hin völlig offen sei, sondern in der Weise, daß es von Geburt an gute, mittlere und schlechte Menschen gebe, je nachdem, wie die fünf Grundtugenden Menschlichkeit, Sittlichkeit, Aufrichtigkeit, Rechtlichkeit und Weisheit ausgebildet und miteinander in Harmonie gebracht seien.

Li Ao

Bei der Diskussion dieses Wechselverhältnisses, das letztlich der Erklärung der Ursprünge des Schlechten dient, ist wiederholt von der „Verschmutzung" dieser Grundtugenden die Rede und in dieser Hinsicht von dem verderblichen Einfluß der „Gefühle",

Formulierungen, die gelegentlich an buddhistisches Gedankengut erinnern. Sie tauchen aber auch bei einem berühmten, ungleich philosophischeren Schüler Han Yus auf, nämlich bei Li Ao (um 798), der ebenfalls als Vorläufer des Neokonfuzianismus wirkte. In seinen Schriften wird das Wesen der menschlichen Natur noch eingehender untersucht als bei Han Yu. Ganz im Sinne des Menzius erkennt er dieser Natur eine absolut gute Grunddisposition zu. Er sieht sie aber im Streit mit den sogenannten „Gefühlen" oder Affekten (*qing*), die von Lust oder Gier (*tan*) geprägt sind und so die an sich gute Natur zu verderben vermögen. Diese negative Einordnung der Lust klingt sehr buddhistisch; sie findet sich aber, wie wir uns erinnern können, bereits in den Spekulationen des früh-hanzeitlichen Philosophen Dong Zhongshu, dessen Anliegen ja die Verbindung von Mensch und Natur, von Ethik und Kosmologie gewesen war. Nach seiner Ansicht bestand der Mensch mit seinem Körper aus der prinzipiell guten Naturanlage *und* der eben häufig zum Bösen neigenden Gefühlsanlage ebenso wie die Natur („Himmel") sowohl das helle Yang als auch das dunkle Yin in sich trägt.

Wenn man nicht die kaum haltbare Meinung vertritt, daß auch schon bei Dhong Zhongshu buddhistische (oder überhaupt indische) Gedankenfetzen mit eingebracht wurden, so ist diese Konzeption also originär chinesisch. Sie wird von Li Ao jedoch in einer Weise interpretiert, die unleugbar buddhistischen Einfluß verrät. Das tritt namentlich dort hervor, wo er das Wesen der Gefühle in ihrer Beziehung zur Naturanlage schildert. Denn worauf es ihm ankommt, ist nicht die Vernichtung, ja nicht einmal die eigentliche Bekämpfung dieser Gefühle, sondern lediglich ihre „Beruhigung", so daß sie die Natur nicht mehr verdunkeln, sondern in voller Klarheit wieder zum Vorschein kommen lassen. Nichtsdestoweniger bedingen sich aber Natur und Gefühle gegenseitig so wie Fluß und Flußbett, wie er in einem dreiteiligen Aufsatz über die „Rückkehr zur [menschlichen] Natur" erläutert; die scheinbare Verschmutzung des Wassers tritt nur dann ein, wenn das Wasser so unruhig fließt, daß es Sand und Schlamm aufwirbelt.

Den Zustand der Beruhigung bezeichnete Li Ao als den Zustand der „Wahrheit" (*cheng*). Dieser Begriff ist uns schon bei der Behandlung der Lehre des Menzius begegnet. Er bezeichnete dort eine Art mystischer Seinsgewißheit, wie sie etwa in dem Ausspruch zum Ausdruck kam: „Alle Dinge sind vollständig in uns selbst gegenwärtig. Kein größeres Entzücken daher, als wenn man bei der Prüfung des eigenen Selbst die ‚Wahrheit' findet."[84] Der Begriff der „Wahrheit" in dieser spezifischen Ausprägung findet sich aber sogar noch etwas früher, und zwar in zwei vielleicht noch aus dem 4. vorchristlichen Jahrhundert stammenden Kapiteln der Ritualklassiker, in denen sehr heterogenes Gedankengut zusammengekommen ist. Diese beiden Kapitel, von denen das eine als die „Große Lehre" (*Da xue*), das andere das „Innehalten der Mitte" (*Zhong yong*) betitelt war, wurden von Han Yu und Li Ao mit den durch die Erfahrung mit dem Buddhismus geschärften Augen buchstäblich neu entdeckt und in der Song-Dynastie dann als selbständige Schriften herausgestellt. Entscheidend aber ist die eingehendere, ohne die Begegnung mit dem Buddhismus – oder genauer wohl: ohne die Begegnung mit dem Chan-Buddhismus – wohl kaum vorstellbare Interpretation dieses Zustandes der „Wahrheit". Er ist mehr als das Erlebnis der harmonischen Einswerdung mit der ganzen Welt, als der er bei Menzius offensichtlich aufgefaßt wurde. Er scheint vielmehr eher jenen Formen der Erleuchtung nahezustehen, die wir in der buddhistischen Meditation finden. In diese Richtung weist jedenfalls eine Stelle in Li Aos Aufsatz über die „Rückkehr zur [menschlichen] Natur", in der es heißt:

> Wenn man im Zustand der Ruhe erkennt, daß kein Gedanke mehr den Sinn einnimmt, so bedeutet das Fasten des Sinnes. Doch wenn man [darüber hinaus] begreift, daß im Ursprung überhaupt kein Gedanke den Sinn einnimmt, sondern daß der Sinn vollkommen frei ist sowohl von Ruhe als auch von Tätigkeit, so bedeutet das [den Zustand] der absoluten Wahrheit, wie es denn auch im Buch über die „Ausübung der Mitte" heißt: „Die Gewinnung der Wahrheit heißt Erleuchtung."[85]

Mit den Lehren von Han Yu und Li Ao war der Neokonfuzianismus in vieler Hinsicht bereits vorgeprägt – nicht zuletzt mit dem Doppelaspekt eines praktisch-politischen Zugangs, für den Han Yu stand, und eines ans Religiöse grenzenden meditativen, den Li Ao betonte. Denn in diesem Doppelaspekt war bis zu einem gewissen Grade schon die Polarisierung enthalten, die für den Neokonfuzianismus letztlich charakteristisch werden sollte.

XVI. Kosmologie und die Wiederentdeckung des Seins

Die Herausbildung des Neokonfuzianismus in der Song-Dynastie

Die antibuddhistische Einstellung, die wir bei Han Yu und Li Ao gefunden haben, war keineswegs persönlich, sondern hatte tiefere Gründe, die mit einer vollständigen Neuorientierung von Kultur und Staat in Zusammenhang standen. Han Yu mußte sich in seinem späteren Leben sogar wiederholt gegenüber Gesinnungsgenossen verteidigen, weil er selbst enge Freunde besaß, die dem Buddhismus anhingen. Es ging ihm also nicht primär um eine Ablehnung der buddhistischen Weltanschauung, sondern um das Ziel, das Reich der Mitte wieder in sich selbst sein Zentrum finden zu lassen. Tatsächlich hatten die kosmopolitische Einstellung der Tang-Dynastie und die ihr vorangehende Fremdherrschaft in Nordchina das Schwergewicht nicht nur im geistigen, sondern auch im politischen Leben an die Ränder des Reiches verlegt und oft darüber hinaus. Das galt vielfach in ganz buchstäblichem Sinne insofern, als die Armeen, die an den Grenzen kämpften, sich großenteils aus nichtchinesischen Völkerschaften rekrutierten. Genauso wie der geistigen Eroberung Chinas durch den Buddhismus im 3. und 4. Jahrhundert sehr bald auch eine militärische gefolgt war (obwohl eine unmittelbare Beziehung zwischen diesen beiden „Eroberungen" natürlich nie bestand), war umgekehrt die geistige Vertreibung des Buddhismus ebenfalls mit einer Rückbesinnung auf alles Chinesische und einer Art Reinigung von allen fremden politischen Einflüssen verbunden. Es sollte sich allerdings am Ende zeigen, daß diese Kompromißlosigkeit in der Rückverlegung der Aufmerksamkeit auf die eigene Mitte nicht nur mit einer erheblichen außenpolitischen Schwächung bezahlt werden mußte, sondern, ganz in der Konsequenz dieses „Alles oder Nichts", am Ende sogar mit dem Verlust des ganzen Reiches: Nachdem nämlich die Song-Dynastie schon bald nach ihrer Gründung 960 sich kaum mehr wirkungsvoll gegen die Fremdvölker im Norden verteidigen, sondern ihnen den Frieden nur noch mit Tributgaben gewissermaßen abkaufen konnte (und damit u.a. auch deren Rüstung bezahlte), verlor sie 1126 zunächst abermals die Nordhälfte des Reiches (und zwar bereits wesentlich mehr als im 4. bis 6. Jahrhundert) und 1280 schließlich mit der Niederlage gegen die Mongolen sogar ihr gesamtes Territorium – ein Schock, von dem sich China, fast möchte man sagen: psychologisch nie wieder ganz erholte.

Vorher aber hatte es eben unter der Song-Dynastie ein beispielloses Wiedererblühen der unter dem Eindruck des Buddhismus und der mit ihm eingeströmten fremden Kultureinflüsse ganz in den Hintergrund getretenen eigenen Kultur erlebt, dem die Bezeichnung „Renaissance" recht gut anstünde. Es war zwar eine Spätblüte, aber sie besaß gerade deshalb einen ganz besonderen, einen herbstlichen Duft. Hatte sich die Tang-Zeit noch vor allem an fremden fernen Ländern und ihren Kuriositäten begeistert, so fesselte die Song-Zeit der Zauber der alten eigenen Kultur. Das äußerte sich beispielsweise in der Kompilierung riesiger Enzyklopädien, in denen man das überkommene Wissen zu speichern versuchte, oder in der sich ausbreitenden Sammlerleidenschaft für Antiquitäten aller nur vorstellbaren Art. Die Rückwendung zur eigenen geistigen Tradition in der Philosophie war also bloß Teil einer viel grundlegenderen Umorientierung, bei der sich unmöglich feststellen läßt, von wo sie ihren eigentlichen Anfang nahm. Der Ausdruck „Neokonfuzianismus", den man in der westlichen Sinologie für das äußerst komplexe Gedankengebäude gefunden hat, das sich seit dem 10. Jahrhundert in China an die Stelle des Buddhismus setzte, hat interessanterweise im Chinesischen keine Entsprechung. Die chinesische Terminologie verwendet stattdessen Worte, die entweder einfach nur die Periode bezeichnen („Song-Lehre", *Songxue*) oder ganz allgemein formuliert sind

(„Lehre vom Weg", *Daoxue*), oder aber durch Hervorhebung eines Begriffs eine bestimmte Richtung innerhalb des Neokonfuzianismus benennen, etwa „Lehre vom Prinzip", *Lixue*, „Lehre vom Sinn (Herz, Bewußtsein)", *Xinxue*, oder „Lehre vom Wesen und Prinzip", *Xingli xue*. Die letztgenannten sind insofern beachtenswert, als sie verdeutlichen, daß alte Begriffe, die in der vorbuddhistischen Zeit aber nur eine sekundäre Rolle gespielt hatten, im Neokonfuzianismus in den Vordergrund drängten. Für die Darstellung in einer westlichen Sprache ist jedoch der Sammelausdruck „Neokonfuzianismus", solange man sich nur seiner Einschränkungen bewußt bleibt, recht angenehm und gut verwendbar.

Zhou Dunyi und die grenzenlose Grenze

Es ist selbstverständlich, daß in der Philosophie bei diesem Weg zurück in die Vergangenheit die Philosophie der Han-Zeit wieder auftauchte, und zwar die der Früheren Han-Zeit, also des 2. bis 1. vorchristlichen Jahrhunderts, die den Interpreten des 19. Jahrhunderts zufolge im Gegensatz zu der seit etwa Christi Geburt aufkommenden „Alttext-Schule" eine religiöse oder das Religiöse mit einschließende Interpretation des Konfuzianismus vertreten hatte. Das Religiöse hatte dabei nicht nur darin bestanden, daß Konfuzius in ihr als eine Art Welterlöser von einmaligen Dimensionen erschien, sondern vor allem auch in der engen Verbindung von Mensch und Kosmos. Sie stand an sich im Widerspruch zur ursprünglichen Lehre des Konfuzius, der eher das Feld des Humanen genau bestimmen, sichern und gegen Einbrüche des Nichtmenschlichen (einschließlich des sozusagen Übermenschlichen der Geister und Dämonen) abzuschirmen suchte. Sie konnte sich aber dennoch insofern auch wieder zu Recht auf den konfuzianischen Humanismus berufen, als sie in gewisser Weise dem Menschheitlichen plötzlich kosmische Maßstäbe zuerkannte: Sollte doch zwischen Mensch und Natur ein festes Beziehungssystem herrschen, das den Menschen zwar die Reaktionen der Natur auf seine Handlungen oftmals sehr peinlich spüren ließ, das ihm aber vermöge seiner Erkenntnis auch die Chance gab, das Naturgeschehen, den „Himmel", zu beeinflussen, um nicht zu sagen zu manipulieren. Es ist sicher, daß in dieses Gedankensystem, das sich hauptsächlich mit dem Namen Dong Zhongshu (179–104 v. Chr.) verbindet, auch viele daoistische Einflüsse mit eingegangen sind, selbst wenn die Texte, auf die es sich stützte, hauptsächlich das „Buch der Wandlungen" und die Konfuzius zugeschriebenen „Frühlings- und Herbstannalen" waren. Der Erfolg, den es errang, hing zweifellos nicht zuletzt damit zusammen, daß es eben auch die Natur, die an sich die Domäne des Daoismus war, einbezog. Diese Doppelrolle, die der früh-hanzeitliche Konfuzianismus gespielt hatte, machte ihn nun aber auch als ein vorläufiges Modell für den sich wieder formierenden Konfuzianismus der Song-Dynastie attraktiv, der ja gegen den ebenfalls ganz in kosmischen Maßstäben denkenden (wenngleich im eigentlichen Sinne nur auf die Erlösung des Menschen bedachten) Buddhismus antreten mußte. In der Tat ist daher das besondere kosmologische Interesse ein eindeutiges Charakteristikum des frühen Neokonfuzianismus, ebenso wie die damit verbundene Nähe zu daoistischen Lehren. Erst allmählich verschob sich danach die Aufmerksamkeit wieder auf ontologische Fragen: Es wiederholte sich also auf einer höheren Ebene der gleiche Prozeß, den wir schon in der Han-Zeit und kurz danach feststellen können.

Der erste Neokonfuzianer, auf den diese Bestimmung des kosmologischen Interesses und der daoistischen Beeinflussung voll zutrifft, war der Gelehrte Zhou Dunyi (1017–1073). Er wurde daher etwas übertrieben gelegentlich auch als der „Begründer" des Neokonfuzianismus bezeichnet. Wie alle frühen Neokonfuzianer ging er aber eher von der Natur auf den Menschen zu als vom Menschen auf die Natur, wie es ehemals Dong Zhongshu getan hatte. Und so ist es eine nicht nur liebenswürdige, sondern auch eine sinnvolle Arabeske in seiner Biographie, daß dort von seiner ungewöhnlichen Naturliebe gesprochen wird, die sich darin geäußert haben soll, daß er die Wiese, die im Blickfeld seines Studierzimmerfensters lag, niemals habe mähen lassen.

Den Kern seiner Lehre bildet keine Schrift, sondern ein Diagramm, das er in seiner früheren Zeit, als er sich noch für den Daoismus interessierte, von einem daoistischen Priester geschenkt bekommen haben soll. In der daoistischen Version aus der ersten Hälfte des 8. Jahrhunderts ist es noch im daoistischen Kanon erhalten. Der religiöse Daoismus arbeitet ja (und zwar bis auf den heutigen Tag) sehr viel mit „Diagrammen", die zugleich transverbale Erkenntnisse vermitteln und als Talismane dienen können. Solche Diagramme aber waren, wie wir ja schon früher bei der Erwähnung der sogenannten „Tafeln" der Flüsse Huanghe und Le gesehen haben, sehr typisch für die früh-hanzeitliche Philosophie; es kommen hier also alle Einflüsse zusammen. Auch Zhou Dunyis Diagramm nennt sich „Tafel", und zwar „Tafel der höchsten Grenze" (wörtlich: des „Höchsten Gipfels", *taiji tu*). Dieser Begriff ist uns schon einmal bei der Behandlung der Kommentare begegnet, die im 2. und 1. Jahrhundert v. Chr. zum „Buch der Wandlungen" verfaßt worden waren. In ihnen war an einer Stelle das, was (logisch oder chronologisch) den Kräften Yin und Yang vorausgehen sollte, als „Höchster Gipfel" bezeichnet worden. Zhou Dunyi fügte nun diesen Diagrammen einen erklärenden Text bei (*Taiji tu shuo*), welcher folgendermaßen beginnt:

> Das Grenzenlose (*wuji*) und dennoch die Höchste Grenze (*taiji*)! Durch Bewegung schafft es das Yang, und hat diese Bewegung ihren Höhepunkt erreicht, so folgt darauf die Ruhe; und durch [seine] Ruhe schafft es das Yin, und hat diese Ruhe wiederum ihren Höhepunkt erreicht, so kehrt es zur Bewegung zurück. So bringen Ruhe und Bewegung sich nacheinander gegenseitig hervor.[86]

Das Entscheidende an diesem Text ist die Gleichung ganz am Anfang. Denn das „Grenzen*lose*" ist ja eindeutig ein daoistischer Begriff, der (wahrscheinlich als ein Epitheton des „Weges") schon im *Daode jing* auftaucht. Dadurch wurde nicht nur auf einfache Weise ein daoistischer Grundbegriff okkupiert, sondern auch überhaupt dem Nichtsein, mit dem – auf völlig verschiedene

Weise – erst die Daoisten und dann die Buddhisten gegen die Konfuzianer (oder allgemeiner gesprochen: gegen die diesseitige, humanistische und gesellschaftsbewußte Hauptströmung des chinesischen Denkens) angegangen waren, seine Bedrohlichkeit genommen. Gleichzeitig erhielt diese Diesseitigkeit aber auch eine andere, sehr viel differenziertere Note.

Das drückt sich auch darin aus, daß die beiden Grundkräfte Yin und Yang, die übrigens (wie auch die ja ebenfalls in dem Diagramm und in der Erklärung dazu auftauchenden Fünf Elemente) als „Fluida", „Wirkkräfte" (*qi*) apostrophiert sind, mit „Bewegung" und „Ruhe" identifiziert werden – eine Gleichsetzung, die sich zwar aus dem „Buch der Wandlungen" ableiten läßt, dort aber keineswegs im selben Maße betont worden war. Daß neben dem daoistischen Gedankengut hier vielleicht auch buddhistisches eingeflossen ist, läßt sich daran ablesen, daß der Zustand der Ruhe gegenüber dem der Bewegung eindeutig den Vorzug erhält, jedenfalls was den Menschen betrifft. Nachdem nämlich in den Erläuterungen zu dem Diagramm der Mensch zunächst aufgrund seiner Intelligenz und seines Bewußtseins als das höchste Lebewesen festgestellt worden ist, sagt der Text über den Heiligen, der die höchste Ausformung des Menschen darstellt, folgendes aus:

> Der Heilige ordnet sich nach Mitte und Geradheit, nach Menschlichkeit und Rechtlichkeit, und er wählt [den Zustand der] Ruhe zu seinem Prinzip, womit er den höchsten Maßstab für die Menschheit setzt. Und so ist [wie das Buch der Wandlungen in seinen Kommentaren sagt] seine Tugend eins mit Himmel und Erde, seine Strahlkraft vergleichbar mit Sonne und Mond, sein Wirken im Einklang mit den Vier Jahreszeiten und seine Beziehung zu Glück und Unglück in Harmonie mit den Geistern.[87]

Der „Zustand der Ruhe" wird von Zhou Dunyi noch eigens als ein Zustand „ohne Verlangen" (*wu si*) charakterisiert. Diese Feststellung muß allerdings noch keineswegs buddhistisch getönt sein; denn seit Dong Zhongshu in der Früheren Han-Dynastie die „Gefühle" (*qing*) als die Ursache der Verschattung der ursprünglich guten menschlichen Natur ausgemacht hatte, hatten sie und die mit ihnen verbundene „Begehrlichkeit" ja einen schlechten Klang. Eindeutig buddhistisch dagegen klingt der von Zhou Dunyi eingeführte Begriff *ji*, der vielleicht mit „Bewegungskeim" übersetzt werden könnte. Diese Art Keime sind dafür verantwortlich, daß der Zustand der Ruhe, der auch bei Zhou als der Zustand der „Wahrheit" (*cheng*) bezeichnet wird, sich immer wieder in Unruhe auflöst. Die Parallele zu den „Samen" in der buddhistischen Weishi-Schule, die das „Speicherbewußtsein" (*ālaya-vijñāna*) immer wieder in Unruhe versetzen sollte, ist hier unübersehbar.

Shao Yong und die Welt der Zahlen

Führt man sich Zhou Dunyis Lehre in ihrer Gesamtheit vor Augen, so wird man sich vielleicht fragen, inwiefern sie eigentlich als „konfuzianisch" zu definieren sei. Wenn wir einmal davon absehen, daß die Begriffe „konfuzianisch", „daoistisch" etc. ohnehin so ungemein grob sind, daß sie allenfalls eine gewisse Grundrichtung angeben können, so liegt die Antwort darin, daß man zwischen dem Inhalt einer Lehre und ihrer Begründung unterscheiden muß. Das Entscheidende bei den frühen Neokonfuzianern war, daß sie – so sehr sie auch von daoistischen und buddhistischen Ideen mitgeprägt worden sein mögen – bei ihren Argumentationen auf klassische Schriften zurückgriffen, die schon seit frühesten Zeiten der Konfuzianismus für sich in Anspruch genommen hatte, wobei dem „Buch der Wandlungen" und seinen im 2. und 1. vorchristlichen Jahrhundert entstandenen Kommentaren besonderes Gewicht zukam.

Alles das gilt auch für den zweiten früh-neokonfuzianischen Philosophen, der sich ebenfalls mit kosmologischen Fragen beschäftigte und ein unmittelbarer Zeitgenosse Zhou Dunyis war, für Shao Yong (1011–1077). Seine numerologischen Spekulationen über den Aufbau des Kosmos sollten für den Daoismus, speziell für die daoistische Wahrsagekunst, mindestens ebenso wichtig werden wie für die konfuzianische Naturvorstellung; er wurde bis auf den heutigen Tag von einer Unzahl von Schriften, die sich auf diesem Gebiet bewegten, als vorgeblicher Autor oder zumindest als geistiger Ahnherr okkupiert. Der moderne chinesische Philosoph und Politiker Carsun Chang hat ihn dagegen als den „Pythagoras Chinas" tituliert, was sicherlich manches für sich hat; nur muß man sich dessen bewußt sein, daß der Begriff „Zahl" (*shu*) in China schon seit früher Zeit und vielleicht mehr als im Westen auch das „berechenbare Schicksal" bedeutete. Bei Shao Yong jedenfalls stand dieser Gedanke eindeutig im Vordergrund. Legitimerweise spielte deshalb das „Buch der Wandlungen" in seiner Lehre eine noch hervorragendere Rolle als in der des Zhou Dunyi. Während für Zhou dabei jedoch der Urgrund des Alls, den er eben mit der Identifikation von „Höchster Grenze" und „Grenzenlosigkeit" erkannt zu haben glaubte, letztlich im Zentrum des Interesses stand, war es für Shao Yong (sehr viel diesseitiger) die Entfaltung und das Pulsieren des Alls selbst. Und während Zhou Dunyi sich mehr auf den Text und vor allem die Kommentare des „Buchs der Wandlungen" konzentrierte, faszinierte Shao Yong das in den Hexagrammen und Trigrammen angelegte numerologische System.

Mit diesem Anliegen konnte allerdings auch er auf ähnliche Spekulationen der Frühen Han-Zeit im allgemeinen und auf die Dong Zhongshus im besonderen zurückgreifen. Er veränderte sie jedoch beträchtlich und verlieh ihnen im ganzen einen sehr viel größeren Zuschnitt. Unter den vielen numerologischen Systemen, die Shao Yong (häufig in Form von Tafeln und unter Einbeziehung der Hexagramme selbst) aufgestellt hat, eignen sich zwei besonders gut, um das aufzuzeigen: Das eine beschäftigt sich mit der Entstehung des Kosmos, das andere mit der Berechnung des Weltzeitalters.

In den früh-hanzeitlichen Kommentaren zum „Buch der Wandlungen" war der Übergang von der Ein-Strich-Gegenüberstellung von Yin und Yang über die vier Zwei-Strich-Kombinationen, die mit den Vier Jahreszeiten identifiziert wurden, hin zu den acht Drei-Strich-Kombinationen, den Acht Trigrammen, die man wiederum mit den Grundfigurationen Himmel, Erde, Donner, Wasser, Berg, Wind, Feuer und See gleichsetzte, bereits eingehend behandelt worden. Shao Yong griff nun diesen Gedanken auf, führte ihn aber entschieden weiter, nämlich durch weitere Verdoppelungen bis hin zu den 64 Hexagrammen; er stellte sich aber vor, daß sie (sozusagen im Sinne einer Zellteilung) selbst darüber noch weit hinaus laufen. Gleichzeitig veränderte er die Identifizierungen für die einzelnen Strichkombinationen. Dabei war entscheidend, daß er die Kräfte Yin und Yang von ihrer primären Position direkt nach dem „Höchsten Gipfel" verdrängte und an ihrer Stelle – was sich schon bei Zhou Dunyi angedeutet hatte – das Gegensatzpaar „Ruhe" (*jing*) und „Bewegung" (*dong*) setzte. Yin und Yang tauchen dann erst auf der nächsten Stufe auf, nämlich als Grundkräfte, die für die Entstehung der Himmelsphänomene verantwortlich sind, während parallel zu ihnen die Grundkräfte „Weichheit" und „Härte" die Gestalten der Erde hervorbringen. So ergibt sich folgendes Schema:

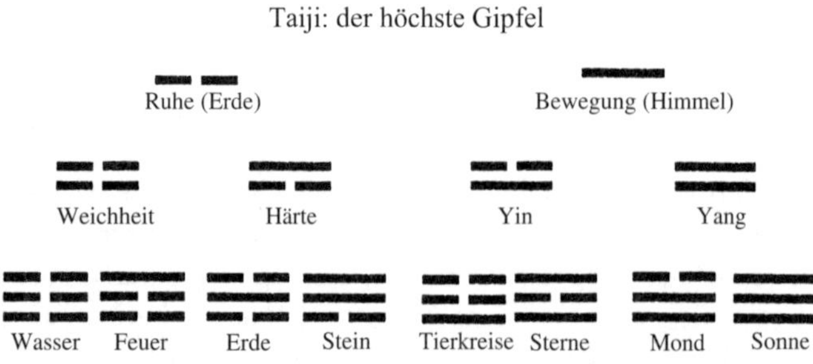

Die Auffaltung des „Höchsten Gipfels" in einen tätigen und einen ruhenden Aspekt war sicherlich in vieler Hinsicht befriedigender, weil eben besser vorstellbar, als die ursprüngliche Auffaltung in die sehr viel abstrakteren Kräfte Yin und Yang. Die Orientierung des Menschen bzw. seiner Idealfigur, des Heiligen, an der „Ruhe", die sich auch bei Shao Yong findet, erhielt durch die Zuordnung der „Ruhe" zur Erde, dem Lebensbereich des Menschen, mit einem Male auch ihre theoretische Begründung.

Bei der Berechnung der Weltzeitalter, dem anderen wichtigen Konzept, stützte sich Shao Yong auf ein Schema, das die hanzeitlichen Kommentatoren anhand der Struktur von 12 ausgewählten Hexagrammen für den Jahresablauf durch die 12 Monate hindurch konstruiert hatten. Der Gedanke, analog dazu den Ablauf eines Weltzeitalters zu berechnen, basiert zweifellos auf buddhistischen Vorstellungen, selbst wenn die buddhistischen *kalpa* noch ungleich größere Dimensionen besaßen als die, die Shao Yong sich ausdachte. Die beiden Zahlenelemente, auf denen Shao Yong seine Berechnungen aufbaute, waren die Zahlen 12 und 30. Die 12 ist natürlich von den 12 Monaten des Jahres abgeleitet, die 30 von den Tagen des Monats. Nach Shao Yongs Vorstellungen waren nun drei Zyklen von 12 mal 30, angefangen von dem einfachen Jahreszyklus, ineinander zu schieben und miteinander zu multiplizieren, um die Länge eines Weltzeitalters zu bestimmen, und zwar auf folgende Weise: 1 „Sonnenperiode" – wie er ein volles Weltzeitalter nannte – besteht aus 12 „Mondperioden" mit je 30 „Sternperioden"; 1 „Sternperiode" wiederum besteht aus 12 „Tierkreisperioden" mit je 30 Jahren, und 1 Jahr eben aus 12 Monaten mit je 30 Tagen. Wir kommen so also zu der Rechnung: (12x30) x (12x30) = 129600 Jahre (bzw. (12x30) x (12x30) x (12x30) = 46656000 Tage). Die 12 Mondperioden (mit je 10800 Jahren), aus denen sich eine Sonnenperiode oder ein Weltzeitalter zusammensetzen sollte, wurde nun durch folgende, in der Han-Zeit bereits für den Jahresablauf benutzte Hexagramme symbolisiert:

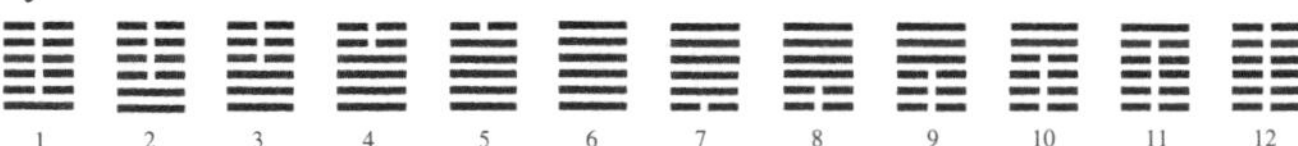

In der ersten Mondperiode (die umgerechnet 67017 v. Chr. begonnen haben sollte) entstand der Himmel, in der zweiten die Erde, in der Mitte der dritten (also etwa 40000 Jahre v. Chr.) die

Lebewesen. In der sechsten, die mit der vollen Yang-Strichzahl den Höhepunkt des Zyklus markiert, regierte der heilige Kaiser Yao; in der siebten leben wir selbst. Das Ende der Lebewesen ist in der Mitte der elften Mondperiode (also etwa 46999 n. Chr.) zu erwarten, das Ende der Welt am Ende der zwölften, nämlich 62583 n. Chr.

Die Tatsache, daß dieses Weltzeitalter (das seiner ganzen Anlage nach offensichtlich nicht als ein einmaliges Ereignis gedacht war) gerade in der Regierungszeit des Kaisers Yao zentriert war, zeigt, daß trotz der scheinbar menschheitsfernen kosmologischen Berechnung der Mensch in den Mittelpunkt des Alls gestellt wurde, und zwar der Mensch als Heiliger. Auch hierzu hat Shao Yong noch Berechnungen angestellt, die nach einem Dezimalsystem (das er auch sonst für allerlei Spekulationen verwandte) darauf hinauszulaufen scheinen, daß ein Mensch so viel wert sei wie 10000 gewöhnliche Wesen und ein Heiliger wiederum so viel wie 10000 Menschen. Obwohl also die Verzahnung zwischen menschlicher und kosmischer Ordnung nicht mehr so mechanistisch gesehen wurde wie in der Han-Dynastie, trat der Mensch keineswegs hinter das Naturgeschehen zurück.

Zhang Zai und der Ätherstoff

Den Übergang von einer mehr kosmologischen zu einer eher ontologischen Form des Philosophierens, in dem dann gleichzeitig auch der Mensch noch mehr zum Schwerpunkt des Interesses wurde, ebnete jedoch ein dritter Philosoph, der ebenfalls dieser Generation angehörte, Zhang Zai (Beiname Hengqu, 1020–1077). An seinem Leben ist bemerkenswert, daß er am Ende unter einer politischen Richtung sehr zu leiden hatte (er verlor alle seine z. T. hohen Ämter), die die von den Konfuzianern seit Han Yu gegen den Buddhismus und auch Daoismus angewandte praktische Argumentation nun auch gegen bestimmte Akzentsetzungen innerhalb des Konfuzianismus gebrauchte. Diese Richtung, die sich mit dem Namen des Wang Anshi (1021–1086) verbindet, konnte sich schließlich zwar doch nicht durchsetzen (nach Meinung der Mehrzahl moderner chinesischer Historiker sehr zum Schaden einer dynamischen Entwicklung Chinas nach dieser Periode), sie bewirkte aber noch lange nach Wang Anshis Tod ein zähes Ringen zwischen den Parteien. Für den Zusammenhang hier ist die Tatsache von Bedeutung, daß es also schon zu diesem frühen Zeitpunkt durchaus Konfuzianer gab – Wang Anshi betrachtete sich unstreitig als einen solchen –, die wenigstens unausgesprochen den Kompromiß erkannten, den der Neokonfuzianismus mit dem Buddhismus und Daoismus eingegangen war (wie der früh-hanzeitliche Konfuzianismus auf der gemeinsamen Basis des „Buchs der Wandlungen" bereits mit dem Daoismus). Gegenüber Zhang Zai, der sich anfangs mit dem Buddhismus und Daoismus genauso beschäftigt hatte wie mit dem Konfuzianismus, war diese Reserve Wang Anshis also vielleicht ebenso gerechtfertigt wie gegenüber Zhou Dunyi und Shao Yong, von denen ja das gleiche festzustellen gewesen war. Trotzdem erfreute sich Zhang Zai im China des 20. Jahrhunderts einer besonderen Wertschätzung, weil er aus dem Schatten der pseudowissenschaftlichen Spekulationen, die noch die kosmologischen Theorien Zhou Dunyis und vor allem Shao Yongs bestimmt hatten, mit einem ausgearbeiteten philosophischen System heraustrat, gleichzeitig ihnen aber noch nahe genug stand, daß es sich als „materialistisches" Denken einordnen ließ.

Diese Charakterisierung verdankt Zhang Zai der Herausarbeitung eines Begriffs, der die chinesische Philosophie schon seit langem begleitet hatte (und nicht nur sie, sondern auch die Religion, Psychologie und Naturwissenschaft im weitesten Sinne, bis hin zur Medizin). Es handelt sich um den Begriff *qi*, der uns schon ein paarmal begegnet ist und verschiedene Übersetzungen erforderte. So war es z. B., mit einem Attribut versehen, die „flutende Lebenskraft" (*haoran zhi qi*) bei Menzius und, wie wir bei Zhou Dunyi gesehen haben, die Sammelbezeichnung für die Grundkräfte Yin und Yang sowie die Fünf Elemente. Das Wort wird mit einem Zeichen geschrieben, dessen älterer, ursprünglich alleinstehender Bestandteil noch die Zeichnung einer Wolke erkennen läßt (气) und auf die Grundbedeutung „Atem", „Dampf" verweist. Das Wort entwickelte sich jedoch als *terminus technicus* von recht unterschiedlicher Art weiter. Diesem Vorgang versuchte die Schrift (wie regelmäßig ja auch bei anderen Wortentwicklungen) durch die Hinzufügung differenzierender „Klassenzeichen" gerecht zu werden, nämlich für die Verwendung des Wortes in der älteren, konkreteren Bedeutung durch das Hinzutreten des Zeichens „Wasser" 水, für die technischere Bedeutung durch die Anfügung des Zeichens „Reis" 米. Das verhinderte aber nicht, daß das Wort weiterhin eine ganze Palette von Bedeutungen in sich trug: von „Atem", „Fluidum", „Äther" über „Grundkraft", „Wirkkraft" bis hin zu „Stoff" oder „Materie". Bei Dong Zhongshu wird *qi* beispielsweise als eine durchsichtige farblose Substanz beschrieben, die den Menschen im Universum ebenso umgebe wie das Wasser den Fisch – eine Bedeutung, die sich mit anderen wiederum schwer vereinbaren läßt.

Bei Zhang Zai aber gewinnt *qi*, der „Ätherstoff" (wie man das Wort bei ihm vielleicht übersetzen muß, um einen möglichst weiten Bedeutungskreis zu erfassen), plötzlich eine allumfassende Konnotation. Er setzte diesen Ätherstoff mit all jenen Begriffen gleich, die bis dahin, in welcher Spielart auch immer, die höchste Entität, immanent oder transzendent, bezeichnet hatten: mit „Höchster Leere" (*taixu*), mit „Weg" (*dao*) oder am unverwechselbarsten mit „Höchstem Gipfel" (*taiji*). Noch entschiedener als bei Zhou Dunyi und Shao Yong verschwindet bei ihm aber die Vorstellung des Nichtseins, die bei Zhou Dunyi ja immerhin noch in der Verwendung des Epitheton „das Grenzenlose" für den „Höchsten Gipfel" zum Ausdruck kam und bei Shao Yong indirekt durch die Beschreibung eines vorprogrammierten Entstehens und Vergehens der Welt. Für Zhang Zai dagegen gibt es kein Entstehen des Seins und daher auch nicht die so schwierige Vermittlung zwischen Nichtsein und Sein. Stattdessen postuliert er lediglich, daß das All unabänderlich, aber in zwei Aggregatzuständen existiere: in einem der Formlosigkeit, den er als die „Höchste Leere" bezeichnet, und in einem der Geformtheit, nämlich der sichtbaren Welt. Er verdeutlicht das an einem Bild, welches beweist, daß er dabei tatsächlich an so etwas wie den Wechsel eines Aggregatzustandes dachte. Er schrieb:

> Das Kondensieren des Ätherstoffes aus dem Zustand der „Höchsten Leere" und sein Sich-Wiederauflösen in ihn hinein gleicht dem Gefrieren des Eises und seinem Wegschmelzen zu Wasser. Sobald wir erkennen, daß die „Höchste Leere" nichts anderes darstellt als den sichtbaren Ätherstoff, [werden wir verstehen,] daß es kein Nichtsein gibt.[88]

Diese Feststellung, die sich noch primär im kosmologischen Bereich bewegt, ist aus diesem Grunde nicht identisch mit den Ansichten über das Nichtsein, die Xiang Xiu und Guo Xiang in der „Dunkel-Schule" um die Wende des 2. und 3. Jahrhunderts formuliert hatten. Es ergeben sich aber Parallelen: Obwohl das Sein als Substanz unendlich viele Verwandlungen und Umgestaltungen durchlaufen kann, hatten sie gesagt, daß es doch niemals zum Nichtsein werde. Aber selbst im Buch *Zhuangzi*, das sie kommentierten, wird an einer Stelle ein imaginärer „Schöpfer der Dinge" als ein Eisengießer gesehen, der die von ihm gegossenen und geschmiedeten Dinge immer wieder einschmilzt, um neue zu schaffen. Wie fast alle Gedanken des Neokonfuzianismus ist also auch der des Ätherstoffes und der konsequenten Ausklammerung des Nichtseins nicht prinzipiell neu, sondern neu nur in seiner Akzentuierung und Verknüpfung. Hierzu gehörte insbesondere, daß das Umschlagen des Aggregatzustandes von Zhang Zai nicht als regellos vorgestellt wurde, sondern nach einer dem Ätherstoff selbst innewohnenden, festen Gesetzmäßigkeit bestimmt, über die sehr bald bei der weiteren Behandlung des Neokonfuzianismus noch zu reden sein wird.

Die Vorstellung eines das gesamte All in seinen unzähligen Konfigurationen schaffenden Ätherstoffes hatte auf die Situation des Menschen in der Welt tiefgreifende Wirkungen. Sie verband ihn, ja identifizierte ihn sogar mit dem ganzen übrigen Kosmos, mit dem er einen Fleisches und Blutes war. Aus dieser Erkenntnis erwuchs eine kleine Schrift (genaugenommen ein Abschnitt in einem längeren Werk), in dem Zhang Zai die Quintessenz seiner Lehre für das einzelne Individuum in Worte faßte. Auch hier kann man vielleicht buddhistische oder brahmanische Einflüsse vermuten. Die Schrift, die als „Westinschrift" bekannt ist, ist aber dennoch so unverkennbar chinesisch gefaßt, daß sie gerade wegen der ihr innewohnenden Wärme zu den berühmtesten Texten der chinesischen Literatur wurde. Die ersten und die letzten, und zugleich entscheidenden Sätze lauten:

Der Himmel ist mein Vater, und die Erde meine Mutter, und selbst solch ein kleines Wesen wie ich findet einen traulichen Platz in ihrer Mitte. Deswegen betrachte ich [alles], was den Kosmos durchzieht, als meinen eigenen Körper, und [alles], was den Kosmos lenkt, als meine eigene Natur. Alle Menschen sind meine Geschwister und alle Dinge meine Gefährten. ... Besitz, Ehre und Glück dienen der Bereicherung meines Lebens, Armut, niedrige Stellung und Unglück seiner Vollendung. Im Leben will ich [Himmel und Erde] nachfolgen und dienen, im Tode werde ich meinen Frieden finden.[89]

XVII. Polarisierungstendenzen im Neokonfuzianismus und die Synthese des Zhu Xi

Li, das „Prinzip"

Mit Zhang Zais „Westinschrift" war also der Mensch wieder gänzlich ins Zentrum der Philosophie gerückt, gleichzeitig aber auch die Betrachtungsweise von der quasi naturwissenschaftlichen des Zhou Dunyi und des Shao Yong wieder in eine mehr philosophische, ja stellenweise sogar beinahe religiös anmutende überführt worden. Diese Tendenz setzte sich deutlich in der nächsten Generation von Neukonfuzianern weiter fort. Sie wird repräsentiert durch ein berühmtes Brüderpaar namens Cheng Hao (1032–1085) und Cheng Yi (1033–1108), in dessen Lehren sich trotz einer breiten gemeinsamen Grundlage bereits die Keime einer Polarisierung des Neokonfuzianismus angelegt fanden. Ihre Beziehung zu den drei frühen Neokonfuzianern war außerordentlich eng und, wie so oft in der chinesischen Geistesgeschichte, sehr konkret: Zhou Dunyi war ihr direkter Lehrer, Zhang Zai ihr Onkel und Shao Yong ihr älterer Freund. Auch sie hatten ursprünglich stark unter buddhistischem und daoistischem Einfluß gestanden, und Cheng Hao, der – im Gegensatz zu seinem Bruder Cheng Yi – eine höhere Beamtenkarriere eingeschlagen und es 1069 zum Zensor gebracht hatte, scheiterte genau wie sein Onkel Zhang Zai an Wang Anshi.

Das Reizvolle und zugleich Vertrackte an der Philosophie der Brüder Cheng besteht nicht zuletzt darin, daß ihre Schriften gemeinsam überliefert worden sind, und zwar in der Weise, daß nicht immer ganz klar erkennbar ist, welche Aussage von welchem der beiden Brüder stammt. Dazu trug auch bei, daß Cheng Yi seinen um ein Jahr älteren Bruder um volle 23 Jahre überlebte und auch seine wissenschaftliche Hinterlassenschaft – und damit zugleich vielleicht sein eigenes Frühwerk – redigierte, daß also, anders ausgedrückt, der Unterschied zwischen den Auffassungen der beiden Brüder einfach eine konzeptionelle Weiterentwicklung widerspiegelt, die Cheng Yi vergönnt war, nicht aber seinem früh verstorbenen Bruder.

Die Differenzierung zwischen beiden Lehren wird aber auch dadurch erschwert, daß die wichtigsten philosophischen Äußerungen ganz unsystematisch angelegt sind. Das gilt übrigens erstaunlicherweise für viele Neokonfuzianer, und zwar gerade für ihre bedeutendsten Vertreter, deren philosophische Meinungen mit Vorliebe in locker zusammengefügten Ausspruchsammlungen überliefert wurden (oft mit dem Titel „Niederschrift von Worten" *yulu*, demselben Titel, den man in den sechziger Jahren für das „rote Büchlein" mit den „Worten des Vorsitzenden Mao", *Mao zhuxi yulu*, fand). Aus derartigen Quellen kann man, wenn man ein festes philosophisches System aus ihnen destillieren will, je nach Temperament sehr viel oder sehr wenig machen. Man muß aber in jedem Falle von vornherein offenbaren, daß man es hier fast noch mehr als bei den alten chinesischen Philosophen häufig mit Puzzles zu tun hat, die so oder so zusammengesetzt werden können und ihren Einfluß manchmal nicht zum wenigsten ihrer Mehrdeutigkeit zu verdanken scheinen.

Trotz dieser grundsätzlichen Schwierigkeiten ist es ganz eindeutig das gemeinsame Verdienst der Brüder Cheng, daß sie dem Begriff *li* „Ordnungsprinzip" zum Durchbruch im Neokonfuzianismus verhalfen, wo er alsbald zum wichtigsten Begriff überhaupt werden sollte. Ebenso wie bei dem Begriff *qi*, den Zhang Zai herausgestellt hatte, handelte es sich nicht um eine Neu-, sondern um eine Wiederentdeckung. Das Wort, das mit dem Kategorienzeichen „Jade" und einem phonetischen Element geschrieben wird, hatte ursprünglich die Bedeutung „Linien" oder „Schlieren" im Jade und dann übertragen auch die Bedeutung „Struktur" etwa im Sinne eines Kristallgitters, das das immaterielle Ordnungsprinzip einer bestimmten Materie darstellt. Der Begriff geht als philosophischer Terminus wieder einmal auf die frühhanzeitlichen Kommentare des „Buchs der Wandlungen" zurück. Dort finden wir beispielsweise die Stelle:

Der Heilige lotet das „Ordnungsprinzip" bis in seine tiefsten Tiefen aus und erschließt so die Natur, um solchermaßen das Schicksal begreifen zu lernen.[90]

Innerhalb der „Dunkelschule" des 3. nachchristlichen Jahrhunderts gewinnt dieses „Prinzip" dann immer mehr an Gestalt und Wichtigkeit. Wang Bi (226–249) beispielsweise, der neben dem *Daode jing* auch das „Buch der Wandlungen" kommentiert und das „Nichtsein" zum kreativen, potentiellen Sein hochstilisiert hatte und deshalb ein besonderes Interesse für alle immateriellen Spuren im Materiellen besaß, äußerte sich folgendermaßen:

Daß die Dinge so sind, wie sie sind, liegt nicht in ihrer eigenen Macht, sondern sie müssen dem ihnen eigenen „Prinzip" folgen.[91]

Daß sich hier die Grenzen zu den Begriffen der „Natur" im Sinne des „Von-selber-so-Seins" (*ziran*) und im Sinne der „menschlichen Natur" (*xing*) berühren und in mancher Hinsicht auch fortwährend überschneiden, liegt auf der Hand; nur deshalb blieb der Begriff *li* wohl, durch andere Begriffe überlagert und weitgehend ersetzbar, lange Zeit noch im Hintergrund, bis er dann im Neokonfuzianismus, noch wenig verbraucht und nicht so sehr mit daoistischen Gedankengängen verquickt, seine Blüte erlebte.

Das deutet sich schon bei den frühen Neokonfuzianern an: Zhou Dunyi benutzt den Begriff einmal, ohne ihn weiter zu entwickeln, Shao Yong verwendet ihn etwa in der Weise von Wang Bi, und bei Zhang Zai schließlich bezeichnet er die bereits erwähnte, dem „Ätherstoff" innewohnende „Ordnung", nach der die Dinge gleichsam gefrieren, wenn sie aus dem Aggregatzustand der „Höchsten Leere" in den der sichtbaren Gestaltwelt übergehen. Der schon öfters erwähnte moderne chinesische Philosophiehistoriker Feng Youlan hat den Begriff *li* mit den platonischen Ideen verglichen und eine Parallele zwischen den ihnen beiderseits vorangehenden Zahlentheorien des Pythagoras in Griechenland und des Shao Yong in China gezogen, was allerdings angesichts der schon lange vor Shao Yong erfolgten Konzipierung des Prinzip-Begriffes ein wenig gewagt ist. Wichtig ist jedoch der sich davon ableitende Hinweis, daß *li* „Prinzip" ebenso wie *ziran* „Natur" und *xing* „menschliche Natur" sowohl im Plural als auch im Singular verstanden werden können, daß also sowohl jedes Ding oder Wesen sein besonderes, nur ihm eigenes „Prinzip" besitzt als auch gleichzeitig das Sein als Ganzes ein einziges, allübergreifendes „Prinzip" hat, das den Wesensgrund des Seins bildet.

Die Betonung dieser Erweiterung und die gleichzeitige Verabsolutierung des Begriffs, der bei Zhang Zai noch ganz in die Selbstentwicklung des „Ätherstoffes" eingebunden gewesen war, stellte die Leistung der Brüder Cheng dar. In der noch etwas schattenhaften Beschreibung des „Ordnungsprinzips" weichen Cheng Hao und Cheng Yi, soweit man ihnen einzelne Schriften überhaupt mit Sicherheit getrennt zuordnen kann, kaum voneinander ab. Über das „Prinzip" in seiner pluralischen Form heißt es bei ihnen beispielsweise an einer Stelle, an der sie einen Satz in den klassischen „Ritualaufzeichnungen" (*Liji*) kommentieren, in denen der Begriff tatsächlich schon einmal auftaucht, folgendermaßen:

> [Lesen wir den Satz:] „Die himmlischen Prinzipien gehen zugrunde, wenn man sich nicht selbst zu erforschen vermag", [so verstehen wir,] daß die himmlischen Prinzipien ausnahmslos in sich selbst vollendet sind und keinerlei Mangel aufweisen. Daher erreicht man in der Selbsterforschung den Stand der „Wahrheit" (*cheng*).[92]

Über das „Ordnungsprinzip" in seiner übergreifenden, singulären Form lesen wir an einer anderen Stelle, die an einen hanzeitlichen Kommentar anschließt:

> In der ganzen Welt gibt es nur ein einziges „Ordnungsprinzip"; obgleich es sich über alles hin erstreckt, was zwischen den Vier Meeren liegt, bleibt es doch immer das Gleiche.[93] … Der von Menschlichkeit Durchdrungene nennt es „Menschlichkeit", der von Weisheit geprägte „Weisheit", und die einfachen Leute bedienen sich seiner Tag für Tag, ohne sich seiner bewußt zu sein.[94]

„Menschliche Natur" und „Liebe"

Diese wenigen Zitate genügen bereits, um zu demonstrieren, daß das „Ordnungsprinzip" nicht nur als ein kosmologisches und ontologisches, sondern – in dieser Hinsicht durchaus im Einklang mit den hanzeitlichen Auffassungen – auch als ein moralisches Prinzip aufgefaßt wurde. In dieser Verwendung fiel es mehr oder weniger zusammen mit der konfuzianischen Auffassung des vielstrapazierten Begriffes *dao* „Weg". Auch *dao* war ja in pluralistischer und in singulärer Form gebräuchlich gewesen, nur hatte es, schon wegen seiner Grundbedeutung, einen etwas dynamischeren, beweglicheren Charakter besessen als der etwas starrere Ausdruck *li*. Die Akzentverschiebung von *dao* zu *li* ist also in gewisser Hinsicht symptomatisch für das Rigiderwerden des Konfuzianismus überhaupt.

Durch die Einbeziehung moralischer Kategorien bei der Definition des „Ordnungsprinzips" tauchte natürlich sofort das Problem auf, welche Beziehungen zwischen ihm und der „menschlichen Natur", dem „menschlichen Wesen" (*xing*), bestünden und was der Mensch tun müsse, um das in ihm liegende „Prinzip" zu entdecken und zu entwickeln. Bei der Ausdeutung dieser Fragen lassen sich nun wirklich gewisse Unterschiede in den Cheng Hao und Cheng Yi zugeschriebenen Auffassungen feststellen.

Cheng Hao vertritt offensichtlich die Überzeugung, daß in der uralten Problematik, ob die menschliche Natur gut oder böse sei, eine offene Position eingenommen werden müsse. Für ihn kann sie beides sein, ja er kommt sogar zu der überraschenden Behauptung, daß selbst das „Ordnungsprinzip" (das er hier, wie öfters sonst auch, als „himmlisches" oder „natürliches Ordnungsprinzip" (*tianli*) tituliert) zugleich gut und böse sein kann. Er schränkt diese Feststellung allerdings sofort dadurch ein, daß das Böse dort nicht „ursprünglich böse" (*ben e*) sei, also nur scheinbar oder oberflächlich böse. Bei der menschlichen Natur aber begegnen wir tatsächlich beiden Komponenten. Sie hängen weitgehend mit dem

„Ätherstoff“ zusammen, den Cheng Hao von Zhang Zai übernimmt und in seiner wichtigen Position beläßt, die der des „Ordnungsprinzips“ mindestens ebenbürtig ist. Für ihn ist also, um ein Bild zu gebrauchen, das Material, aus dem eine Statue geschaffen wird (Bronze, Holz, Butter oder Schnee), für ihre Qualität ebenso untrennbar essentiell wie ihre Gestalt. Für die Erklärung des Zusammenwirkens von „Ätherstoff“ und „Ordnungsprinzip“ wählt Cheng Hao allerdings geradezu halsbrecherische Formulierungen, die ganz offensichtlich darauf abzielen, überkommene Meinungen von gänzlich verschiedener Herkunft und Aussage mit Gewalt auf einen Nenner zu bringen: Was bei Geburt vorliegt, heißt „menschliche Natur“, sagt er z. B., Menzius zitierend, und fährt dann folgendermaßen fort:

Damit ist die Tatsache gemeint, daß die menschliche Natur den Ätherstoff darstellt und umgekehrt. In dem Ätherstoff, den der Mensch nach Maßgabe des Ordnungsprinzips bei seiner Geburt empfängt, befindet sich Gutes und Böses. Gutheit gehört also zweifellos zur menschlichen Natur, aber von der Bösheit kann man auch nicht das Gegenteil behaupten. Was von beiden früher existiert, wenn „der Mensch bei seiner Geburt noch im Zustand der Ruhe ist“, läßt sich nicht bestimmen. … Was Menzius meinte, als er sagte, daß die menschliche Natur gut sei, war, daß sie damit der Natur des Wassers ähnele, nach unten zu fließen. Alles Wasser ist gleich, manches Wasser aber fließt direkt ins Meer, ohne irgendwo stehenzubleiben, … manches aber wird trübe, ehe es noch sehr weit geflossen ist, manches wiederum fließt sehr lange, ehe es trübe zu werden beginnt. So ist das eine Wasser also trüber, das andere weniger trübe, und trotzdem kann man es nicht wegen seiner Trübheit nicht mehr für Wasser halten. Trotzdem sollte der Mensch versuchen, sich so rein wie möglich zu bewahren.[95]

Cheng Hao hat hier zwei völlig verschiedene Bilder ineinander gestellt, die ursprünglich nichts miteinander zu tun hatten: das Bild des immer nach unten fließenden Wassers, das Menzius gebrauchte, um die Grundtendenz der menschlichen Natur zum Guten darzutun, und das Bild des sich durch seine eigene Bewegung in einem Flußbett verunreinigenden Wassers, das Li Ao in Anlehnung an buddhistische Gedankengänge vorgebracht hatte.

Praktisch steht Cheng Hao tatsächlich Li Ao besonders nahe. Er übernimmt von ihm bzw. vom früh-hanzeitlichen Konfuzianismus auch den Begriff der „Gefühle" als eines beunruhigenden und damit eher negativen Elementes, das die prinzipiell gute menschliche Natur verschleiern kann. Aber er montiert dieses Wechselverhältnis auf das grundsätzliche Wechselverhältnis von Ätherstoff und Ordnungsprinzip, wobei er letztlich, Zhang Zai folgend, dem Ätherstoff eher noch eine gewisse Priorität zuerkennt.

Während Cheng Hao solchermaßen die menschliche Natur als eine Funktion dahinter stehender höherer Kräfte begreifbar macht, benutzt er umgekehrt die menschlichste aller Qualitäten, um damit höhere, ja geradezu metaphysische Beziehungen zu benennen. Die geheimnisvolle Verbindung nämlich, die Zhang Zai – vermutlich unter indisch-buddhistischem Einfluß – zwischen allen Wesen und Dingen des Kosmos feststellte und in seiner „Westinschrift" zum Ausdruck brachte, bezeichnet Cheng Hao kühn schlichtweg als „Menschlichkeit". In dieser ursprünglichen Bedeutung ist sie freilich nicht mehr sinnvoll, wohl aber in der etwas spezifischeren von „Liebe" im Sinne von Menschlichkeitsliebe, als die sie im Gegensatz zur strengen, trennenden „Gerechtigkeit" (*yi*) bei Menzius auftaucht. Um diese ins Kosmische gehende Ausweitung des Begriffs zu begründen, bedient er sich eines im Chinesischen angelegten Wortspiels, nämlich des Wortes für „Lähmung", das, wörtlich übersetzt, im Chinesischen „Nicht-Menschlichkeit" (oder „Nicht-Liebe", *bu-ren*) heißt:

In medizinischen Werken wird die Lähmung von Hand oder Fuß als „Nicht-Liebe" beschrieben. Das ist eine hervorragende Definition. Denn ein Mensch mit „Liebe" fühlt sich eins mit Himmel, Erde und allen Wesen. Für ihn gibt es nichts, das nicht auch er selber wäre, und da er doch alles in sich selbst entdeckt, womit könnte er dann nicht verbunden sein? Fehlt ihm aber diese Erkenntnis, so gibt es auch keine Verbindung mehr zwischen ihm [und den Dingen], genauso wie bei Hand und Fuß, die, wenn ihnen die „Liebe" fehlt, nicht mehr vom Ätherstoff durchpulst werden.[96]

Mit dieser Festlegung von „Liebe“ auf eine alles Seiende verbindende Qualität, in der letztlich auch alle anderen Tugenden mit einbegriffen sind, ist auch die Entwicklungsrichtung der Ethik bestimmt. Sie geht eindeutig nach innen, d.h. die Kultivierung der „Liebe“ oder „Menschlichkeit“ in einem selbst führt notwendigerweise zu einer universalen Einswerdung mit dem All im Großen und Kleinen, die jede differenzierte, spezifische Verbindung in sich trägt.

> Der sich Bemühende muß zuerst die Liebe gewinnen. Ein Mensch von Liebe aber ist mit allen anderen Dingen eins. Rechtlichkeit, Sittlichkeit, Weisheit und Zuverlässigkeit, sie alle sind Liebe. Erkennt man diese Wahrheit und pflegt man sie mit Wahrhaftigkeit und Achtsamkeit, so ist damit alles [erreicht]. Es ist dann unnötig, andere Regeln aufzustellen und weitere Untersuchungen anzustellen.[97]

„Material“ und „Achtsamkeit“

Cheng Haos Betrachtungsweise der menschlichen Natur und Selbstkultivierung läßt – am deutlichsten bei seiner akrobatischen Erklärung der menschlichen Natur – die Tendenz erkennen, die große Einheit zu bewahren, die die frühen kosmologischen Neokonfuzianer so stark betont hatten. Daher rührt sein Bestreben, das „Ordnungsprinzip“ noch im „Ätherstoff“ weitgehend versteckt zu halten oder es jedenfalls nicht, oder möglichst wenig, allein auftreten zu lassen. Bei seinem Bruder Cheng Yi emanzipiert sich jedoch das „Ordnungsprinzip“ vollständig vom „Ätherstoff“, ja es wird zu einer Art Widerpart von ihm. Cheng Yi hat daher auch nicht solche Schwierigkeiten wie Cheng Hao, die Entstehung des Bösen zu erklären, weil er auch die Einheit im Persönlichkeitsgrund aufgibt und dadurch ein einfaches Konzept gewinnt, mit dem er die Ursachen von Gut und Böse als getrennt verstehen kann. Für ihn ist, ganz im Sinne von Menzius, die menschliche Natur prinzipiell und ohne Einschränkungen gut; denn sie ist das Produkt des „Ordnungsprinzips“ oder der Ordnungsprinzipien, für die ja das gleiche gilt. Die Bösheit andererseits ist zurückzuführen auf die bei jedem einzelnen Menschen verschiedene „Befähigung“, wörtlich das „Material“ (*cai*), aus dem er gemacht ist. Dieses Material wiederum ist das Produkt des „Ätherstoffes“, der einen im ethischen Sinne zumindest indifferenten, wenn nicht sogar negativen Charakter besitzt und dadurch für die Unvollkommenheiten, als die das Böse sich somit enthüllt, verantwortlich ist.

Die ursprüngliche Bedeutung des Wortes „Befähigung“, „Material“ ist übrigens „Bauholz“ – also tatsächlich Material im ganz gegenständlichen Sinn, das zunächst unabhängig von dem ist, was man daraus machen will. Für Cheng Yi, der betont vom „Ordnungsprinzip“ her dachte, war es für die Konzeption einer Statue grundsätzlich gleichgültig, aus welchem Material sie schließlich hergestellt wird, obwohl es – aber eben erst sekundär – natürlich einen gewaltigen Unterschied macht, ob sie nun in Bronze, Holz, Butter oder Schnee Gestalt gewinnt. Die Fehler oder Anfälligkeiten, die durch die unterschiedliche Materialisation hereinkommen, können jedoch nicht der Urkonzeption angelastet werden. Die entscheidende Passage bei Cheng Yi lautet folgendermaßen:

> Menzius hatte recht mit seiner Feststellung, daß die menschliche Natur gut ist. ... Es gibt nichts in ihr, was nicht gut ist. Alles Nichtgute fällt in den Bereich des „Materials“. Die Natur ist identisch mit dem Ordnungsprinzip. Sie ist einheitlich dieselbe vom heiligen Kaiser Yao bis hinunter zum dümmsten Menschen. Das „Material“ aber stellt eine Vorgabe des Ätherstoffes dar, bei dem es klare und trübe Elemente gibt.[98]

Die Tendenz zur Aufspaltung sowohl der menschlichen Person als auch aller anderen Dinge und Wesen in eine prinzipiell gute Idealform und eine mehr oder weniger geglückte Materialisation gab Cheng Yis Vorstellung von der Erziehung und Kultivierung des Menschen eine völlig andere Richtung als diejenige, die Cheng Hao vertreten hatte. Das rückhaltlose Vertrauen auf die alles verbindende Liebe, die eben in der Menschlichkeit angelegt sein und deshalb über einen Weg nach innen die ganze Welt erreichen sollte, ließ sich in dieser bestechenden Einheitlichkeit nicht mehr aufrechterhalten. Die stetige, totale Differenzierung zwischen „Ordnungsprinzip" und „Ätherstoff" drängte ja in der Konsequenz auch zur Differenzierung beim Umgang mit sich selbst und mit der gesamten Außenwelt und letzten Endes zu einer verstärkten Wendung nach außen. Ein *terminus technicus,* der in diesem Zusammenhang Bedeutung gewinnt, ist der schon bei Cheng Hao anklingende Ausdruck *„jing",* der eigentlich „Ehrfurcht", „Achtung" bedeutet, hier aber auch im Sinne von „achtgeben" oder „ernst nehmen" verstanden wird. Während er bei Cheng Hao mehr die nach innen gerichtete Konzentration meinte, ist er bei Cheng Yi eher die nach außen, nicht zuletzt auch aufs Handeln gerichtete Konzentration, die auf einem Ernstnehmen der in ihrer individuellen Eigenart völlig verschiedenen Dinge und Wesen beruht. Das geht aus der folgenden Textstelle deutlich hervor:

> [Jemand fragte Cheng Yi,] ob die „Erforschung der Dinge" die jeweilige Erforschung der einzelnen Dinge erfordere, oder ob man nicht auch ein einziges Ding erforschen und so zum Verständnis aller Dinge zu gelangen vermöge. [Cheng Yi] antwortete: „Wie sollte man die Dinge alle auf einmal verstehen können?! ... Man muß heute das eine und morgen das nächste untersuchen. Erst wenn man das lange Zeit fortgesetzt hat, gewinnt man ein freies und selbstverständliches Wissen von ihnen allen."[99]

Die neuen kanonischen Schriften

Der Begriff, der hier mit „Erforschung der Dinge" wiedergegeben ist, entstammt dem schon einmal kurz erwähnten Buch „Die Große Lehre", das, ebenso wie das Buch über „Das Innehalten der Mitte", ursprünglich nur ein Kapitel im Ritualklassiker *Liji* gewesen war. Diese beiden kleinen Schriften traten im Laufe der Entwicklung des Neokonfuzianismus immer mehr in den Vordergrund und wurden in der Song-Dynastie zusammen mit dem Buch „Menzius" und den „Gesprächen [des Konfuzius]" zu den sogenannten „Vier kanonischen Büchern" (*Si shu*) erhoben – einer neuen Art von Klassikern, in denen sich nun in der Tat der Konfuzianismus, und zwar genauer der Konfuzianismus in der Interpretation des Menzius, manifestierte. Die ursprünglichen Klassiker waren noch nicht „konfuzianisch" im engeren Sinn gewesen, sondern dokumentierten höchstens die konfuzianische Präferenz gegenüber dem ältesten überlieferten Schrifttum. Während die Aufnahme des Buches „Menzius" in diese Gruppe kanonischer Schriften mehr nach außen hin die Richtung verdeutlichte, die der Konfuzianismus bei seiner Wiederbelebung genommen hatte, gaben die beiden kleinen Schriften „Die Große Lehre" (*Da xue*) und „Das Innehalten der Mitte" (*Zhong yong*) darüber eher aus einer inneren Sicht Auskunft. Gerade die Prägnanz der beiden Schriften sicherte ihnen ihren Einfluß. Ihre wesentlichen Aussagen waren auf wenige Sätze konzentriert bis nahezu auf den heutigen Tag nicht nur Philosophen geläufig. In „der Großen Lehre", die dem Schüler des Konfuzius Zengzi zugeschrieben wurde, sind es die folgenden, in Form eines Kettenarguments gefaßten Passagen:

Jene, die im Altertum die helle Tugend im Reiche (oder: in der Welt) hell zu machen wünschten, ordneten erst ihren Staat. Wünschten sie, ihren Staat zu ordnen, so regelten sie erst ihre Familie. Wünschten sie, ihre Familie zu regeln, so kultivierten sie erst ihre Person. Wünschten sie, ihre Person zu kultivieren, so richteten sie erst ihr Herz gerade. Wünschten sie, ihr Herz gerade zu richten, so machten sie erst ihre Gesinnung aufrichtig. Wünschten sie, ihre Gesinnung aufrichtig zu machen, so vollendeten sie erst ihr Wissen. Die Vollendung des Wissens aber liegt im Erreichen der Dinge (*ge wu*). Erst wenn die Dinge erreicht sind, wird das Wissen vollendet. Erst wenn das Wissen vollendet ist, wird die Gesinnung aufrichtig. Erst wenn die Gesinnung aufrichtig ist, wird das Herz gerade. Erst wenn das Herz gerade ist, wird die Person kultiviert. Erst wenn die Person kultiviert ist, wird die Familie geregelt. Erst wenn die Familie geregelt ist, wird der Staat geordnet. Und erst wenn der Staat geordnet ist, wird das Reich (oder: die Welt) in Frieden sein.[100]

Die entscheidenden Passagen in der Schrift „Das Innehalten der Mitte" sind dagegen eher aneinandergereihte Definitionen. Hier lesen wir folgendes:

Was der Himmel mit dem Schicksal gegeben hat, heißt „menschliche Natur" (*xing*). Sich von dieser „menschlichen Natur" leiten zu lassen, heißt „Weg" (*dao*). Diesen „Weg" zu kultivieren, heißt Belehrung. Dieser „Weg" kann auch nicht für einen einzigen Augenblick verlassen werden; kann er verlassen werden, so ist es nicht der „Weg". Deshalb ist der Edle achtsam bei dem, was er nicht sieht, und furchtsam bei dem, was er nicht hört. Nichts ist sichtbarer als das Verborgene, nichts erkennbarer als das Winzige. Und deshalb gibt der Edle acht auf sein Allein. Was vor der Entstehung von Freude und Zorn, von Kummer und Vergnügen existiert, heißt „Mitte". Was [diese Gefühle], nachdem sie entstanden sind, alle auf die Mitte hin zuordnet, heißt „Harmonie" (*he*). Die „Mitte" ist [also] die „Große Wurzel" (*da ben*) der Welt. Die „Harmonie" ist der „Weg", den sie wandeln [soll]. In der Erreichung von „Mitte" und „Harmonie" finden Himmel und Erde ihren Platz, und die Zehntausend Wesen ihre Versorgung.[101]

Der strenge Aufbau dieser beiden Texte verhinderte nicht, daß sie an ihren entscheidenden Stellen vieldeutig waren und deshalb von den beiden Richtungen des Neokonfuzianismus, die sich allmählich immer deutlicher abzeichneten, in Anspruch genommen werden konnten.

Die eine Richtung, die oft als die „realistische" oder „rationalistische" bezeichnet wird und von Philosophen wie Han Yu und vor allem Cheng Yi vorbereitet wurde, teilweise aber auch von Zhou Dunyi, läßt sich besser mit der „Großen Lehre" verbinden. Die andere Richtung dagegen besitzt eher Beziehungen zur Schrift „Das Innehalten der Mitte". Sie wird meist als „idealistisch" oder „intuitionalistisch" eingeordnet, wurde von Li Ao und Cheng Hao, teilweise aber auch von Zhang Zai grundgelegt und stand offensichtlich stärker unter daoistischem und buddhistischem Einfluß als die „realistische". Trotzdem ließen sich beide vollständig in die eine oder die andere Richtung drehen. In der „Großen Lehre" lag das an der Uneindeutigkeit des Begriffes „Erreichung der Dinge", der mit der „Vollendung des Wissens" gleichgesetzt wird und letztlich den Kern für die sich daran anschließende Kultivierung des Ichs darstellt, die in letzter Konsequenz zur Befriedung der ganzen Welt führen soll. Denn obwohl die „Erreichung der Dinge" leichter im Sinne der realistischen Richtung als ein ganz konkretes Sich-Befassen mit den Dingen interpretiert werden konnte, ließ sich daraus zur Not auch eine sozusagen meditative Annäherung an die Dinge von Innen her herauslesen. Umgekehrt verhält es sich mit dem zentralen und doch ziemlich rätselhaften Begriff „Achtgeben auf das Allein" (*shen du*) in der Schrift „Innehalten der Mitte". Das Wort für „achtgeben auf" (*shen*) ist nämlich im Chinesischen genauso, aber noch viel stärker als im Deutschen doppelsinnig: Es bedeutet „sich in acht nehmen vor" ebenso wie „etwas seine besondere Beachtung schenken". Nach anderen Texten zu urteilen, in denen es ebenfalls auftaucht, könnte es ein alter *terminus technicus* für „Meditation" gewesen sein; das Wort „allein" würde dann die Bedeutung des inneren Selbst annehmen, so daß der Ausdruck etwa mit „sich auf sein inneres Selbst konzentrieren" wiederzugeben wäre. In dieser Auslegung würde er sich gut in den Kontext einpassen, der direkt einige Anklänge an das *Daode jing* enthält, und zugleich eben auch in die „idealistische" Richtung des Neokonfuzianismus überhaupt. Es gab aber auch viel nüchternere Interpretationen der Stelle, die sie einfach in dem Sinne erklärten, daß der Edle besonders vorsichtig sein müsse, wenn er allein sei, also nicht mehr von seiner Umgebung kontrolliert. In dieser Form konnte sie natürlich auch von der realistischen Richtung ohne weiteres akzeptiert werden.

Zhu Xi und die große Synthese

Der wichtigste und machtvollste Vertreter der realistischen Richtung, der tatsächlich dem Inhalt der Schrift „Das Innehalten der Mitte" in seinen Kommentaren diese Ausdeutung gab, im übrigen aber auch alle anderen klassischen kanonischen Bücher, die der Konfuzianismus für sich in Anspruch nahm, mit ausführlichen Kommentaren versah, war der Gelehrte und Politiker Zhu Xi (1130–1200). Er zählt zu den größten Figuren der chinesischen

Geistesgeschichte überhaupt, obwohl – oder vielleicht gerade weil – er in dieser Hinsicht ein wenig mit Konfuzius selbst vergleichbar war und zu dem Gedankengebäude, das er schuf, nicht viele eigene Ideen beisteuerte, sondern nur die bereits existierenden zu einem einheitlichen System zusammenfaßte. Dabei ging auch er nicht eigentlich systematisch, sondern eher umfassend, sozusagen universalistisch vor. Der Umfang und die Vielzahl seiner Werke, von denen manche allerdings von seinen Schülern geschrieben worden sind, ist geradezu überwältigend; es gibt allein 140 (chinesische) Bände von den „Niederschriften seiner Worte", die zumeist in Frage- und Antwortstil gehalten sind. Entscheidend aber waren seine Kommentare, weil sie bis in die Gegenwart hinein den Klassikern ihre autoritativste Auslegung verliehen. Zhu Xi wirkte in diesem Sinne also eher indirekt als direkt; nicht so sehr seine eigenen Schriften wurden gelesen als vielmehr eben die – letztlich durch sein Zutun endgültig um die „Vier Kanonischen Bücher" vermehrten – konfuzianischen Klassiker unter dem von ihm festgelegten Blickwinkel. Während bis zu ihm der Neokonfuzianismus eine eher fließende Struktur besessen hatte, am klarsten manifestiert in den Schriften der Brüder Cheng, nahm er seither immer festere, zuletzt wirklich rigide Formen an. Es mag sein, daß das mit der Tatsache zusammenhing, daß Zhu Xi in einer Zeit geboren wurde, als seit dem Jahr 1127 bereits die Nordhälfte des Reiches an die Nordvölker verlorengegangen war und sich die totale Katastrophe bereits abzeichnete, daß also die Großtat Zhu Xis auf einen gewissen heroischen Trotz zurückzuführen ist, mit dem er der schrumpfenden und sich auflösenden Macht Chinas die Überzeugung von dennoch unvergänglichen ewigen Werten entgegenzusetzen suchte.

Diese Überzeugung wird vor allem in der Ausarbeitung und Erweiterung des Begriffes vom „Ordnungsprinzip" erkennbar. Während Zhu Xi nämlich noch von den Brüdern Cheng die Vorstellung übernehmen konnte, daß einerseits jedes Wesen, ja selbst jedes leblose Ding sein eigenes unverwechselbares „Ordnungsprinzip" besitze, andererseits aber auch der Kosmos als Ganzer ein einziges übergreifendes „Ordnungsprinzip", wurde die endgültige Ablösung des „Ordnungsprinzips" vom „Ätherstoff" und damit zugleich auch seine Verabsolutierung erst durch ihn vollzogen. Er betrachtete die beiden allerdings nicht unter einer zeitlich-kosmologischen, sondern unter einer ontologisch-logischen Perspektive. Die entscheidende Aussage lautet folgendermaßen:

Jemand meinte: Wo „Ordnungsprinzip" ist, ist auch „Ätherstoff". Anscheinend läßt sich nicht sagen, daß das eine vor dem anderen existiert. Zhu Xi meinte dazu: Nein, in Wirklichkeit existiert das „Ordnungsprinzip" vorher. Allerdings können wir nicht behaupten, daß heute das „Ordnungsprinzip" da sei, und morgen der „Ätherstoff", und doch muß eben das eine dem anderen vorausgehen.[102]

Das allumfassende „Ordnungsprinzip", das identisch ist mit dem, was Zhou Dunyi als „Höchste Grenze" oder „Höchsten Gipfel" (*taiji*) bezeichnete, sowie die „Ordnungsprinzipien" für alle Einzeldinge sind metaphysischer Art – „oberhalb der Gestaltungsebene", wie Zhu Xi sich, angelehnt an einen alten Begriff, ausdrückte. Die dazugehörigen Dinge sind dagegen physischer Art, nämlich „unterhalb der Gestaltungsebene". Die Gestaltung selbst erfolgt natürlich durch die Einprägung des jeweiligen „Ordnungsprinzips" im „Ätherstoff", bei dem Ruhe und Bewegung, aus denen Yin und Yang entstehen, selbst auf entsprechende „Ordnungsprinzipien" zurückgehen. Die sichtbare Entstehung der Welt widerspricht also im Prinzip dem „Ordnungsprinzip" keineswegs, trotzdem treten bei dieser Einprägung in den „Ätherstoff" zwangsläufig Unvollkommenheiten auf, die eben durch die Materialisation bedingt sind und so alles Böse und Schlechte entstehen lassen. Das hat aber nichts mit der Tatsache zu tun, daß die „Natur" der Dinge und Wesen, zu denen vor allen anderen auch die „menschliche Natur" zählt, grundsätzlich gut ist, weil sie eben dem ihr zugehörigen „Ordnungsprinzip" entspricht. Diese Eingießung hat einen doppelten Aspekt, der diese Grundgutheit noch unterstreicht: Zugleich mit dem gleichsam individuellen „Ordnungsprinzip", das jedes Ding empfängt, bekommt es nämlich auch ein volles Abbild des großen übergreifenden „Ordnungsprinzips", das sich solchermaßen, um ein Bild Zhu Xis zu gebrauchen (das freilich eigentlich buddhistischen Ursprungs ist), in den unzähligen Wesenheiten ungeteilt wiederfindet, wie der Mond sich ungeteilt in unzähligen Wassern widerspiegeln kann. Hier liegt die prinzipielle, eben in der Vollendung des Guten (einer Art *summum bonum*) begründete Gleichheit aller Dinge und Wesen und damit auch ihr innerer Zusammenhang.

Diese Beziehung zwischen Ideal und Wirklichkeit entdeckt Zhu Xi auch in Politik und Geschichte. Obwohl seines Erachtens seit der Qin-Dynastie, also eigentlich bereits seit der Gründung des chinesischen Kaiserreiches im 3. vorchristlichen Jahrhundert, keine wirklichen – und das heißt eben: heilige – Herrscher mehr regiert haben, sondern nur noch „Gewaltherrscher" (*ba*), hält er daran fest, daß das „Ordnungsprinzip" des heiligen Herrschers und das des Heiligen überhaupt dadurch unberührt geblieben sei. Diese Überzeugung von der Unveränderbarkeit, der Unverletzbarkeit des „Ordnungsprinzips" fügte sich aufs beste in den generellen Zug zur Vereinheitlichung ein, der den Neokonfuzianismus charakterisierte. Er führte mit Zhu Xi auch zu einem besonderen Geschichtsbild und einer besonderen Geschichtsphilosophie, die ein unveränderliches Ordnungsprinzip nun auch hinter der noch so großen Verschlungenheit historischer Ereignisse wahrzunehmen glaubte. Sie führte nicht nur zu entsprechenden weitergehenden Überlegungen bei späteren neokonfuzianischen Philosophen, sondern auch ganz direkt zu einer Akzentverschiebung in der chinesischen Geschichtsschreibung: Hatte nämlich bis dahin das Hauptgewicht auf der Dynastie-Geschichtsschreibung gelegen, die den Gang der Geschichte immerhin in einem pulsierenden Rhythmus, nämlich in dem Auf und Ab der einander ablösenden Herrscherhäuser sah, so trat jetzt allmählich die rein annalistische, durch alle Zeiten hindurchfließende Geschichtsschreibung in den Vordergrund, die in sich selbst zu beweisen schien, daß das „Ordnungsprinzip" unverändert von jeher und für immerdar das Muster abgebe. Diese wie eine „self-fulfilling prophecy" wirkende Vorstellung war in hohem Maße mitverantwortlich für die Einschränkung von Optionsmöglichkeiten und die damit zusammenhängende tatsächliche Verlangsamung in der Entwicklung der chinesischen Gesellschaft. Und sie war darüber hinaus auch bald für das Selbstgefühl der chinesischen Kultur und am Ende auch noch für das westliche Bild von ihr verantwortlich, in dem China, um es in den Worten Leopold von Rankes zu sagen, unter die „Völker des ewigen Stillstandes" eingeordnet wurde.

Die faktische Wirkung von Zhu Xis Philosophie, mochte sie auch noch so sehr von früheren abhängig sein, war also tatsächlich ungeheuer, epochemachend in des Wortes wirklicher Bedeutung, weil China nach ihm tatsächlich ein anderes Bild von sich hatte als vor ihm. Zhu Xi hatte aber auch einen tiefgreifenden Einfluß auf das Erziehungssystem. Die Kultivierung des Menschen beruhte seines Erachtens sowohl auf der in der „Großen Lehre" betonten „Erreichung der Dinge", unter der er wie Cheng Yi ein konkretes Erforschen eines jeden Einzelphänomens verstand, als auch auf der ebenfalls von Cheng Yi hervorgehobenen „Achtsamkeit" (*jing*), die gewissermaßen das gefühlsmäßige Pendant zu der intellektuellen Wissensvermehrung darstellte. Den Umstand, daß er trotz der Priorität des „Ordnungsprinzips" oder der „Ordnungsprinzipien" vom Studium der konkreten Dinge ausging und nicht vom Studium der „Ordnungsprinzipien" selbst, begründete er nicht nur mit der „Großen Lehre", sondern auch mit eigenen Worten:

> Der Grund, weswegen die „Große Lehre" von der „Erreichung der Dinge" und nicht von der „Erreichung der Prinzipien" spricht, liegt darin, daß letzteres so wäre, als wollte man die Leerheit zu packen suchen, die sich eben nicht fassen läßt. ... Wir sollten daher das, was über der Gestaltebene liegt, durch das zu erkennen versuchen, was unter der Gestaltebene liegt.[103]

In der Praxis freilich wurde das Studium der konkreten Dinge doch auf eine äußerst abstrakte Weise vorgenommen, nämlich mit Vorliebe durch das Studium der Klassiker und ihrer Kommentare, die die Wirklichkeit in einmaliger, unübertroffener

Weise eingefangen zu haben versprachen. Die allmähliche Anhäufung von Wissen, die letztlich zur Vollendung der Person und zum Frieden in der Welt führen sollte, war also am Ende doch nur die Anhäufung von Buchwissen, das von der Wirklichkeit – entgegen dem, was Zhu Xi anfangs vielleicht gemeint haben mochte – eher wegführte, als daß es sie dem Geiste tatsächlich erschloß.

XVIII. Der Rückzug nach innen

Das „Gemütsbewußtsein“ (xin)

So erfolgreich Zhu Xi mit seiner Interpretation des Konfuzianismus war, es gab doch auch eine ganze Reihe von Denkern, die ihm widersprachen. Das läßt sich schon an seinen Werken selbst ablesen. Die „Gespräche“ enthalten nicht nur einseitige Belehrungen, sondern durchaus auch Gegenpositionen, die gut ausgeführt sind; auch in den übrigen Schriften, etwa den Briefen, muß sich Zhu Xi nicht ohne Mühe mit Einwänden auseinandersetzen. Unter seinen Gegnern wäre beispielsweise Chen Liang (1143–1194) zu nennen, der sich gegen die Verurteilung der gesamten Geschichte der vorhergehenden eineinhalb Jahrtausende wandte sowie überhaupt gegen die rigorose Trennung zwischen einer metaphysischen und einer psychischen Ebene. Zhu Xi empfand ihn deswegen als zu pragmatisch und rubrizierte ihn als einen späten Anhänger des Mo Di. Die wirkungsvolleren Einwände kamen jedoch eher von der entgegengesetzten Seite, bei der Zhu Xi – nicht ganz zu Unrecht – noch die Überbleibsel buddhistischen Einflusses erkannte. Auch sie nahmen Anstoß an diesem allzu starken Zerfallen der Welt in Ideal und Wirklichkeit, versuchten aber, die Einheit von einer idealistischen Position aus wiederzugewinnen.

Zum Schlüsselbegriff bei dieser Auseinandersetzung wurde der Ausdruck *xin*, der uns schon wiederholt, aber eher in untergeordneter Position, begegnet ist und je nachdem mit „Herz“, „Sinn“ oder „Bewußtsein“ wiedergegeben werden mußte. In dem alten, zu dem Begriff gehörigen Schriftzeichen ist noch eindeutig und ganz real das „Herz im Leibe“ erkennbar: 心. Es ist aber andererseits an unzähligen Stellen schon lange vor der Entstehung des Neokonfuzianismus ablesbar, daß darunter im übertragenen Sinn nicht bloß Gemüt, sondern tatsächlich auch das Bewußtsein verstanden wurde, das aber in dieser Vorstellung eben nicht nur den Geist, sondern auch das Gefühl umfaßte und deshalb hilfsweise mit dem Ausdruck „Gemütsbewußtsein" übersetzbar wäre. Von hier aus betrachtet war es also absolut richtig, wenn Zhu Xi dieses Gemütsbewußtsein wie so unendlich viele andere Dinge und Wesen und deren Komponenten als Produkt des Zusammenwirkens von „Ordnungsprinzip" und „Ätherstoff" ansah. Zwei Antworten Zhu Xis machen das ganz deutlich:

Jemand wandte sich [an Zhu Xi] mit der Frage: „Sind die geistig-seelischen Fähigkeiten identisch mit dem Gemütsbewußtsein oder mit der Natur?" [Zhu Xi] antwortete: „Sie sind nur mit dem Gemütsbewußtsein identisch, nicht mit der Natur; [denn] nur die Natur ist [wiederum] identisch mit dem Ordnungsprinzip."[104]
[Ein anderer] fragte: „Ist die Erkenntnis so etwas wie ein seelisches Vermögen des Gemütsbewußtseins, oder ist sie etwas, was der Ätherstoff bewirkt?" [Zhu Xi] antwortete: „Sie ist nicht ausschließlich [eine Sache] des Ätherstoffes. Vielmehr gibt es zunächst das „Ordnungsprinzip" der Erkenntnis, aber dieses Ordnungsprinzip vermag noch nicht zu erkennen, [sondern erst,] wenn es in der Kondensation des Ätherstoffes Gestalt angenommen hat. Erst wenn Ordnungsprinzip und Ätherstoff zusammenkommen, vermag also Erkenntnis zu entstehen. Es ist wie bei der Kerze hier: Wenn die Flamme viel Wachs aufnehmen kann, kann sie hell brennen."[105]

Gerade gegen diese Zerspaltung, die nun im wahrsten Sinne des Wortes ins Herz der menschlichen Person traf, wandten sich aber die Vertreter der gegen Zhu Xi antretenden Richtung. Der Ansatzpunkt war nicht schlecht gewählt. Denn wenn überhaupt etwas, so schien das „Herz", so komplex es in sich auch sein mochte, am ehesten geeignet, als Ausgangspunkt zu dienen, um einer monistischen Grundkonzeption gegenüber der dualistischen des Zhu Xi wieder Geltung zu verschaffen. Die sogenannte „idealistische" Schule innerhalb des Neokonfuzianismus ist daher mit gutem Grund als „Herz-Schule" (*xinxue*) bezeichnet worden, die von Zhu Xi begründete „realistische" als „Prinzip-Schule" (*lixue*), was nicht ganz so klar ist, als wenn man sie „Ordnungsprinzip-Ätherstoff-Schule" (oder einfacher „Prinzip-Materie-Schule") genannt hätte.

Lu Jiuyuan

Der erste große Gelehrte innerhalb der „idealistischen Richtung" war ein direkter Zeitgenosse Zhu Xis, nämlich Lu Jiuyuan (Beiname: Lu Xiangshan, 1139–1193). Auch er besaß eine große Schülerschar und maß sich mit Zhu Xi, mit dem er persönlich bekannt war und auch korrespondierte, in mündlichem und schriftlichem Gedankenaustausch. Sein Werk ist jedoch viel weniger umfangreich und inhaltlich auch etwas lockerer angelegt. Es macht indessen hinreichend deutlich, daß eben diese besondere Art der auf bestimmte Züge der Lehre des Cheng Hao zurückgehenden Opposition gegen Zhu Xis Lehre auch in den Zeiten seines Triumphes noch durchaus lebendig war, bis sie dann im 16. Jahrhundert die Führerschaft im Neokonfuzianismus übernahm.

Im Zentrum der Lehre Lu Jiuyuans steht eine Erkenntnis, die er durch eine Art meditatives Schlüsselerlebnis erlangt zu haben scheint. Als ihm jemand die Bedeutung des chinesischen Begriffs für „Kosmos" *yuzhou* erläuterte, der ein zusammengesetztes Wort darstellt, und darauf hinwies, daß der erste Teil das Kontinuum innerhalb der Vier Himmelsrichtungen, der zweite das zwischen Vergangenheit und Zukunft zum Ausdruck bringe (also etwa im Sinne von „Weltraum-Weltzeit"), sah er sich offenbar in die Mitte des damit angedeuteten Achsenkreuzes gestellt und rief aus: „So hat also alles, das in der Welt geschieht, direkt mit mir zu tun!" Er arbeitete diesen Gedanken später aus, indem er schrieb:

Die Vier Himmelsrichtungen sowie Unten und Oben sind *yu*, was aus dem Altertum kommt und vom Jetzt [in die Zukunft] geht, ist *zhou*. So ist der Kosmos *yuzhou*, mein „Herz", und mein „Herz" der Kosmos. Tausendmal zehntausend Generationen lang sind früher schon Heilige aufgetreten und sie waren eins mit diesem Herz, waren eins (*tong*) mit diesem Prinzip. Tausendmal zehntausend Generationen lang werden später einmal Heilige auftreten und sie werden eins sein mit diesem Herz, werden eins sein mit diesem Prinzip. Und auch auf allen Kontinenten in den Vier Himmelsrichtungen, überall treten

Heilige auf, welche eins sind mit diesem Herz und eins sind mit diesem Prinzip.[106]

Dieser Glaube an die Zusammenfassung von Zeit und Raum im jeweiligen winzigen „Herzen" des einzelnen, wo sie sich wie in einem Brennglas mit all ihrer Stärke versammeln: er ist die eigentliche Botschaft Lu Jiuyuans. Die Teilhabe des einzelnen am Sein als Ganzem erfolgt also nicht mehr bloß über die im Grunde sehr abstrakte „menschliche Natur", die durch die Eingießung in den Ätherstoff mehr oder weniger deformiert wurde, sondern direkt durch das individuell spürbare „Herz", in dem Zhu Xi noch eine Mischung von „Ordnungsprinzip" und „Ätherstoff" gesehen hatte. Dadurch gewann auch der Gedanke der Einheit an Gewicht, denn obgleich beide neokonfuzianische Strömungen den Gedanken der „Einheit" auf allen Ebenen propagierten, ist er bei ihnen doch verschieden akzentuiert. Die „realistische" Richtung, wie sie am machtvollsten durch Zhu Xi vertreten wurde, betonte mehr die Unveränderbarkeit von Ordnungsprinzip und Ordnungsprinzipien, also mehr den zeitlich-historischen Aspekt, gab im übrigen aber der Überlegung, daß die reale Welt durch die Einprägung der Prinzipien in den Ätherstoff letztlich eben doch zweigeteilt sei, ziemlich viel Raum. Die „idealistische" Richtung dagegen betonte viel stärker die tatsächliche Vereintheit aller Dinge und Wesen im Universum und damit den räumlich-kosmischen Aspekt, der natürlich – da er sich ja ständig ereignete – auch den zeitlich-historischen mit einschloß und somit insgesamt viel grundsätzlicher wirkte als in der realistischen Richtung. Unter den vielen Stellen in Lu Jiuyuans Schriften, in denen die „Einheit" schlechthin verherrlicht wird, sei nur die folgende zitiert, die ziemlich am Anfang seiner gesammelten Werke steht und schon dadurch in ihrer Wichtigkeit hervorgehoben ist:

> Das Herz ist ein einziges Herz, das Ordnungsprinzip ist ein einziges Ordnungsprinzip. Höchste Stimmigkeit geht zurück auf ein Einziges, feinste Richtigkeit kennt keine Zweiheit. Deswegen bekannte ja auch Konfuzius: „Mein Weg ist durch ein Einziges zusammengehalten", und auch Menzius sagte: „Der Weg ist Eines und sonst nichts."[107]

Wang Shouren

Es liegt eine gewisse Ironie darin, die vielleicht nicht nur zufallsbedingt war, daß gerade in dieser Periode, als Zhu Xi die Unveränderlichkeit des „Ordnungsprinzips“ und Lu Jiuyuan seine alles vereinende Kraft betonte, die chinesische Welt selbst geteilt und in die schlimmsten Wirren gestürzt war: Die Nordhälfte lebte seit 1127 unter der Herrschaft des Nordvolkes der Dschurdschen; die noch von Chinesen regierte Südhälfte war, trotz eines ungemein entwickelten, aber fast überfeinerten Kulturlebens, äußerlich schwach und wurde 1280 eine Beute der Mongolen, die vorher auch schon den Norden unter den Dschurdschen erobert hatten. So fand denn die Verwirklichung der Einheit in der Realität unter recht makabren Umständen statt. Als die Mongolen knapp 90 Jahre später wieder vertrieben wurden und 1368 eine neue chinesische Dynastie gegründet wurde, nämlich die der Ming (1368–1644), hatte sich das intellektuelle Klima gegenüber der Zeit vor diesem traumatischen Erlebnis doch beträchtlich verändert. Außenpolitisch war und blieb die Dynastie erstaunlich schwach; innenpolitisch entwickelte sie von der Staatsspitze, also vom Kaiserhof aus, bis dahin kaum gekannte despotische Züge. Dies läßt sich durchaus als eine Umsetzung des Ideals der „Einheit“ ins Politische deuten, und die Dynastie wurde damit auch nicht selten gerechtfertigt. In der Praxis bewirkte es aber ein verbreitetes Mißtrauen gegenüber dem Herrschaftsanspruch des Hofes, der mit seinen unzähligen Intrigen, bei denen die Eunuchen und die hinter ihnen stehenden Familien eine zunehmende Rolle spielten, immer mehr an Bedeutung gewann. Es gab verschiedene Möglichkeiten, darauf zu reagieren, Möglichkeiten, die – da die Philosophie eben stets einen nahen Praxisbezug besaß – auch auf Entwicklungen in der Geistesgeschichte durchschlugen. So konnte man, um nur zwei zu nennen, entweder den Rückzug ins eigene Selbst antreten, sich also auf stille oder auch auf provokante Weise verweigern; oder man konnte sich auf einen festen, unbeugsamen, gleichsam stoischen Widerstand einstellen, der in der Konsequenz ein hohes Maß an Heroismus erforderte. Beide Haltungen kann man an der Bildungs- und Führungsschicht der Ming-Dynastie beobachten. Die erste aber, die auf die idealistische Ausformung des Neokonfuzianismus zurückgriff, gewann fast während der ganzen Ming-Dynastie die Oberhand. Sie war es daher, die die drei Jahrhunderte zwischen der Mitte des 14. und des 17. Jahrhunderts ebenso prägte wie der realistische Neokonfuzianismus die drei Jahrhunderte davor.

Der Gelehrte und Politiker Wang Shouren (Beiname: Wang Yangming, 1472–1529), der für diese zweite Periode des Neokonfuzianismus als der eigentliche Repräsentant gilt, ebenso wie Zhu Xi für die erste, führte allerdings keineswegs bloß ein in sich gekehrtes Leben. Seine Erziehung war zwar auch buddhistisch beeinflußt und daher beispielsweise durch Meditationsübungen nicht unerheblich geprägt. Das verhinderte aber nicht, daß Wang Shouren hohe und höchste Staatsämter bekleidete und sich ausgerechnet durch seine Erfolge als Armeeführer Prestige erwarb. Das ist allerdings weniger erstaunlich, wenn man sich die enge Beziehung vergegenwärtigt, die zumindest zwischen Daoismus und Kriegskunst bestand – eine Beziehung, die über den daoistisch beeinflußten Chan-Buddhismus bis zu einem gewissen Grade auch noch den Neokonfuzianismus in seiner idealistischen Ausprägung erreichte. Und es ist andererseits recht charakteristisch, daß Wang Shouren seine militärischen Siege nicht im Kampf gegen äußere Gegner (von denen es an sich genug gab) errang, sondern im Kampf gegen Aufstände im Inneren des Reiches, so daß er auch damit also, wenn man will, zur „Einheit" beitrug. Ähnlich wie bei Lu Jiuyuan die Grundkonzeption seiner Lehre anekdotenhaft auf eine plötzliche Erkenntnis zurückgeführt wird, die als ein Schlüsselerlebnis, als eine „Erleuchtung" wirkte, so soll ein solches Schlüsselerlebnis, das in dieser Weise natürlich durchaus chan-buddhistische Züge trägt, auch bei Wang Shouren die entscheidende Rolle gespielt haben. Nachdem er nämlich jahrelang erfolglos versucht hatte, die neokonfuzianische Grundübung der „Erforschung“ oder „Erreichung der Dinge“ im Zhu Xischen Sinne durch ein additives Betrachten äußerer Dinge zu vollziehen, wie etwa durch das intensive Betrachten des Bambus, kam ihm auf einmal blitzartig die entscheidende Erkenntnis:

Ohne zu wissen, was er tat, schrie er [eines Nachts] mit lauter Stimme und tanzte herum, so daß die Dienerschaft erschreckt zusammenlief. Denn zum ersten Male war ihm aufgegangen, daß für den Weg des Heiligen die eigene Natur allein ausreicht, und daß es falsch ist, nach dem „Prinzip“ außerhalb des eigenen Selbst, nach den Geschehnissen und Dingen draußen zu suchen.[108]

Bei diesem Ereignis ging es, wie man leicht sieht, allerdings weniger um eine wirklich neue Erkenntnis als vielmehr um ihr tatsächliches Durchleben und Durchfühlen. Denn die Erkenntnis der Identität des Persönlichkeitsgrundes des Individuums mit dem Urgrund des Universums – um es sehr allgemein auszudrücken – war als solche ja spätestens seit Cheng Hao im Konfuzianismus verankert. Wang Shouren übernahm sie in seiner breiteren Auslegung von Lu Jiuyuan, indem er wie dieser, nicht nur das „Wesen“ (*xing*), sondern auch das „Herz“ (*xin*) mit dem „Ordnungsprinzip“ (*li*) identifizierte. Analog dazu übernahm er auch die Auffassung von *ren* „Menschlichkeit“ im Sinne einer alle Wesen und Dinge miteinander verbindenden „Liebe“, wie sie bereits Cheng Hao gepredigt hatte. Er setzte aber diese Vorstellungen, die bis dahin etwas isoliert dagestanden hatten, miteinander in Beziehung und ergänzte sie noch durch einzelne wichtige Aussagen.

Wesentlich war hier zunächst die Feststellung, daß die zwischen dem „Herzen“ oder „Gemütsbewußtsein“ und dem Universum bestehende Einheit tatsächlich so zu verstehen sei, daß die Außenwelt im eigentlichen Sinne erst durch das Erkennen des Menschen Gestalt gewinne. Das „angeborene Wissen“ (*liang zhi*) – ein Begriff, der zuerst bei Menzius, dort aber noch nicht an zentraler Stelle auftaucht – spielt bei Wang Shouren daher eine eminent wichtige Rolle. Dabei vermischen sich bei ihm auf sehr interessante Weise erkenntnistheoretische und ethische Aspekte.

Auf der einen Seite nämlich gewinnen nach seiner hier tatsächlich völlig idealistischen Ansicht die Dinge ihre wirkliche Existenz erst durch die Betrachtung des Menschen. Wang Shouren verteidigte diese Auffassung immer wieder mit großer Vehemenz. Als ihm beispielsweise auf einer Wanderung ein Freund einen blühenden Baum zeigte und dabei bezweifelte, daß der Baum in seiner Blüte irgend etwas mit dem menschlichen Gemütsbewußtsein zu tun habe, antwortete Wang:

> Bevor du diese Blüten betrachtet hattest, befanden sich sowohl sie als auch dein Herz in einem Zustand der stummen Leere. Erst in dem Augenblick, als du sie ansahest, leuchteten sie plötzlich auf in ihren Farben und gewannen ihre klare Gestalt. Daraus kannst du ersehen, daß sie außerhalb deines Herzens überhaupt nicht existieren.[109]

Bei einer anderen Gelegenheit erklärte Wang Shouren:

> Ohne das „angeborene Wissen" im Menschen könnte es keine Pflanzen und Bäume, keine Ziegel und Steine geben. Das gilt nicht nur für diese Dinge, selbst Himmel und Erde vermöchten nicht zu existieren ohne dieses „angeborene Wissen" im Menschen. Denn in ihrem Grunde bilden Himmel, Erde, die Zehntausend Wesen und der Mensch eine Einheit. Wo sich diese Einheit aber in ihrer feinsten und besten Form manifestiert, ist eben klare Einsicht des menschlichen Gemütsbewußtseins. So formen Wind, Regen und Tau, Donner, Sonne, Mond und Sterne, Tiere und Pflanzen, Berge, Flüsse, Boden und Steine mit dem Menschen einen einzigen Körper. Nur deshalb können Körner und Tiere ihn ernähren, nur deshalb Kräuter und Mineralien ihn heilen.[110]

Die ethische Bedeutung, die das „angeborene Wissen" auf der anderen Seite besitzt, äußert sich nicht nur darin, daß es – wie schon bei Menzius – die Funktion eines „Gewissens" im christlichen Sinne erfüllt, also eines natürlichen, tief eingesenkten Wissens um Gut und Böse, sondern darüber hinaus auch in einem zwangsläufig damit verbundenen guten Handeln. Einen gewissen Übergang bildet bei Wang Shouren hier die Behauptung, daß das Pietätsgefühl gegenüber den Eltern ja nicht von der Art oder dem Verhalten der Eltern abhänge, sondern bereits im menschlichen Herzen angelegt sei und auf eine entsprechende Verwirklichung dränge. Er sieht diese gleichsam selbstverständliche Erkenntnis des Guten und seine automatische Beeinflussung des Handelns aber auch auf allen anderen Gebieten des menschlichen Lebens und erweitert sie schließlich auch auf Bereiche, die über den der Ethik hinausreichen. Die Untrennbarkeit, die seines Erachtens beispielsweise im Ästhetischen zwischen dem Erkennen des Schönen und dem Lieben des Schönen besteht, erfüllt für ihn umgekehrt sogar den Beweis für die Postulierung einer analogen Untrennbarkeit auch im ethischen Bereich. Die Einheit von Wissen oder Erkennen und Handeln wurde für Wang Shouren somit zum Prüfstein dafür, ob ein Erkennen tatsächlich die Qualität eines „angeborenen Wissens" besaß oder nicht: Dort, wo auch nur Zweifel daran aufzutauchen vermochten, konnte es sich seines Erachtens nicht darum handeln. Das „angeborene Wissen", in dem die Distanz zwischen Wissen und Tun gelöscht erscheint, hatte also nach seiner Auffassung etwas geradezu Instinkthaftes. Trotzdem wurde die Diskussion über das Wechselverhältnis zwischen Wissen und Tun jenseits der Konzeption des Begriffs vom „angeborenen Wissen", in dem es ja eben aufgehoben sein sollte, seit Wang Shouren immer wieder zu einem zentralen Thema – eine Tatsache, die auf den Grundcharakter der chinesischen Philosophie überhaupt ein sehr bezeichnendes Licht wirft. Bis in die neueste Zeit hinein schieden sich die Geister an der scheinbar so simplen Frage, ob das Wissen oder die Praxis vorgängiger und wichtiger sei.

Die wörtliche Übersetzung des Begriffes *liang zhi*, den wir mit „angeborenem Wissen" wiedergegeben haben, lautet eigentlich „gutes Wissen". In der Tat gründete ja nach Wang Shourens oft geäußerter Ansicht der unvergleichliche Wert dieses spontanen Erkennens und Handelns auf seiner Verwurzeltheit in der „menschlichen Natur" (*xing*), die ihrerseits bei Wang Shouren (wie auch bei den Neokonfuzianern der realistischen Richtung) durch das „Ordnungsprinzip" bestimmt und daher gut sein sollte. Bei der Frage, wie unter diesen Umständen das Böse in der Welt zu erklären sei, griff Wang Shouren indessen nicht wie Zhu Xi auf den „Ätherstoff" als den Grund für alle Unvollkommenheiten zurück, sondern er folgte ganz offensichtlich Cheng Hao, der auf eine etwas rätselhafte Weise festgestellt hatte, daß die „menschliche Natur", ja selbst das hinter ihr stehende „Ordnungsprinzip", gut und böse zugleich sei, daß das „Böse" daran aber nicht „ursprünglich" oder nicht „eigentlich" böse sei. Den Grund für die Veränderung des ursprünglich Guten sieht er in der aufwühlenden und damit eben verderblichen Kraft von Wunsch und Willen. (Auch hier ist er ganz im Einklang mit Cheng Hao, der ja das Doppelbild von dem nach unten gleichsam zum Guten hin fließenden Wasser kreiert hatte, das sich dennoch in dieser Bewegung selbst zu verschmutzen vermöge.) Gelinge es dem Menschen jedoch, Wunsch und Willen zu beruhigen, so werde nicht bloß das Wasser wieder klar, sondern es habe dann (um in Cheng Haos Bilde zu bleiben, das Wang Shouren in dieser Form allerdings nicht benutzte) auch den Punkt erreicht, wo es nicht mehr zu fließen brauche. Auf dieser ursprünglichen Stufe, die ganz der Ebene entspricht, auf der auch das „angeborene" oder eben „gute" Wissen zum Tragen kommt, seien aber Unterscheidungen wie „gut" und „böse" gegenstandslos. Ebenso sei bei einem ruhig daliegenden See die Frage unentscheidbar, ob das Wasser nun nach oben oder nach unten fließe und wie es sich in seiner Bewegung verschmutze. Wang Shouren hat diesen Gedanken wiederholt sehr klar formuliert: Bei einer Gelegenheit klagte ihm ein Schüler, der gerade ein Blumenbeet von Unkraut befreite, wie schwer es sei, das Gute zu pflegen und das Schlechte zu beseitigen. Wang Shouren machte ihn darauf aufmerksam, daß das sehr persönliche Standpunkte seien und daß im Unkraut die im Prinzip ja gute Lebenskraft von Himmel und Erde geradeso zum Ausdruck komme wie in den Blumen:

Gibt es denn also, fragte der Schüler, überhaupt keinen Unterschied zwischen „gut" und „böse"? Wang Shouren erwiderte: Der Zustand jenseits von „gut" und „böse" ist der Ruhezustand des Ordnungsprinzips. „Gut" und „böse" erscheinen erst, wenn die Lebenskraft in Unruhe versetzt wird. Ist sie nicht in Unruhe, so gibt es weder „gut" noch „böse", und das ist dann der Zustand des Höchsten Guten. Die Buddhisten, versetzte darauf der Schüler, leugnen ja ebenfalls die Unterscheidung von „gut" und „böse". Läßt sich ihre Meinung von der Euren trennen? Wang Shouren sagte: In ihrer Festgelegtheit auf eine Nichtunterscheidung von „gut" und „böse" vernachlässigen die Buddhisten alles und sind daher unfähig, die Welt zu regieren. Der Heilige dagegen hält sich bei seiner Nichtunterscheidung von „gut" und „böse" nur von jeder besonderen Zuneigung oder Abneigung fern. Wenn das Unkraut also nicht böse ist, so sollte man es nicht jäten, meinte darauf der Schüler. Genau das, versetzte darauf Wang Shouren, wäre der Standpunkt der Buddhisten und Daoisten. Wenn das Unkraut stört, warum sollte man es dann nicht ausreißen? Was heißt dann also „keine besondere Zuneigung oder Abneigung" haben, fragte schließlich der Schüler. Worauf Wang Shouren zur Antwort gab: Keine besondere Zuneigung oder Abneigung zu haben, bedeutet nicht, überhaupt keine Zuneigung oder Abneigung zu haben. Ein Mensch, der sich so verhalten würde, besäße keinerlei Bewußtsein. Es handelt sich also bloß darum, daß die Zuneigung oder Abneigung völlig dem Himmlischen Prinzip entspricht und daß man im jeweiligen Einzelfall auch nicht dem kleinsten eigensüchtigen Gedanken Raum geben darf.[111]

Die Aufsplitterung der Schule Wang Shourens

Diese Diskussion (die übrigens typisch ist für die Schriften Wang Shourens, die in ihrer äußeren Form als Niederschriften von Dialogen und gesammelten Briefen u. ä. denen Zhu Xis recht ähnlich sehen) verdient besondere Beachtung, da sie nicht nur die Herausgehobenheit des Zustandes von gut und böse veranschaulicht, sondern auch einen Vergleich mit dem Buddhismus und Daoismus enthält. Die Abgrenzung, die Wang Shouren hierbei vornimmt, ist zwar letzten Endes plausibel, aber doch etwas bemüht. Man merkt ihr an, wie viel buddhistische und (indirekt über den Chan-Buddhismus) daoistische Grundgedanken gerade hier eben doch in den Neokonfuzianismus Wang Shourens eingeflossen waren. Nicht zufällig war es denn auch die riskante Lehre von diesem höchsten, aus dem ethischen Bestimmungsfeld des Konfuzianismus herausfallenden Bereich jenseits von gut und böse, von wo aus die Wege in der Nachfolgerschaft Wang Shourens auseinandergingen. Eine Gruppe gelangte von ihr aus schließlich zu Überzeugungen und Verhaltensweisen, die ihr den Spitznamen „wilder Chan-Buddhismus" einbrachten.

Diese Entwicklung deutete sich bereits zu Lebzeiten Wang Shourens an. Das zeigt eine berühmte Diskussion zwischen zweien seiner Schüler aus dem Jahr 1527, die als die Debatte an der „Himmelsquell-Brücke" (in der Provinz Guangxi) in die Geschichte eingegangen ist. Streitpunkt war eben dieser spezielle Aspekt der Lehre Wang Shourens, den die beiden Schüler zunächst aperçuhaft in der Formel memorierten: „Was kein gut und kein böse hat, ist die Substanz (*ti*, „Körper") des Herzens, was gut und böse hat, ist die Bewegung des Willens (*yi*, „Gedankenwünsche")."[112] Der eine Schüler, Qian Dehong (1496–1574), erklärte die Sätze noch ganz im orthodoxen Sinn in der Weise, daß eben die ursprünglich noch nicht polarisierte menschliche Natur durch üble „Gewohnheiten" (*xi*) und Wünsche in gut und böse zerspalten werde und erst durch einen stufenförmigen Selbstkultivierungsprozeß, wie ihn die Schrift „Die Große Lehre" aufzeigt, wieder in diese sozusagen paradiesische Ursprünglichkeit zurückgeführt werden könne. Der andere Schüler namens Wang Ji (Beiname Longxi, 1498–1583) nahm einen ungleich kühneren, radikaleren Standpunkt ein:

> Mit dieser Aussage des Meisters [über die moralisch nicht mehr qualifizierbare Wesensart der Substanz des Herzens] dürfte die letzte Konsequenz dieser Beobachtung noch gar nicht ausgesprochen sein. Denn wenn man sagt, daß die Substanz des Herzens weder gut noch böse sei, so ist auch im Bereich des Willens nichts Gutes oder Böses mehr und ebensowenig im Bereich der Erkenntnis und im Bereich der Dinge.

Diese unterschiedliche Interpretation versuchte Wang Shouren, wenn man der Niederschrift glauben darf, an der Himmelsquell-Brücke noch am gleichen Abend, an dem er sich dann auch von diesen Schülern für immer verabschiedete (er starb zwei Jahre später), salomonisch auf einen Nenner zu bringen. Er meinte, daß es sich hier um zwei zwar verschiedene, aber einander ergänzende Auffassungen handele, denen zwei verschiedene Menschentypen entsprechen: Auf der einen Seite seien da eben die „Tiefschürfenden" (chin. *ligen* „scharf[sinnig]-wurzelhaft", ein an sich buddhistischer Ausdruck), die in einem einzigen Augenblick von einer Erfassung der Substanz des Herzens ausgehend bereits alle Erkenntnis bis in die letzten Konsequenzen hinein gewönnen; auf der anderen Seite aber seien da auch gewissermaßen gewöhnliche Menschen, bei denen die Substanz des Herzens durch die Gewohnheit so verstellt sei, daß es eben einer langen, schrittweisen Bemühung bedürfe, bis sie zu dieser Erfassung der Substanz des Herzens vorgedrungen seien. Für Menschen der ersten Art gelte die Aussage Wang Jis, der von einer völligen Abwesenheit moralischer Kategorien auf sämtlichen Erkenntnis- und Seinsebenen, nicht nur auf der allerhöchsten, gesprochen hatte; für Menschen der zweiten Art gelte dagegen die Aussage Qian Dehongs, dem ein allmählicher Selbstkultivierungsprozeß vor Augen gestanden hatte.

In diesem Bescheid, den Wang Shouren seinen Schülern gab, lebt die Idee einer doppelten Wahrheit wieder auf, die ja so typisch für den Buddhismus gewesen war. Für Qian Dehong ist zunächst nur die niedrigere Stufe erkennbar, die durch ethisches Bemühen gekennzeichnet ist, für Wang Ji bereits die höhere Stufe, auf der sich ein solches Bemühen als gegenstandslos enthüllt. Wang Shouren verbindet diese Feststellung aber noch zusätzlich mit der Unterscheidung eines plötzlichen und eines allmählichen Erkenntnisvorgangs – eine Unterscheidung, die ja ebenfalls im Buddhismus, namentlich im Chan-Buddhismus, von grundlegender Bedeutung ist und in China die buddhistische Diskussion desto mehr bestimmte, je mehr er überhaupt chinesische Gestalt annahm. Anders ausgedrückt: Der Gegensatz zwischen Gradualismus und Subitismus in der Erkenntnis oder Erlösung (um es auf eine griffigere Form zu bringen) brach in China zwar erst mit dem Buddhismus auf, und auch als er in der Schule Wang Shourens wieder in Erscheinung trat, besaß er unverwechselbar buddhistische Züge. Auf der anderen Seite war er aber vom Buddhismus her betrachtet ein typisch chinesisches Phänomen. Insofern liegt es nahe, ihn nicht als etwas direkt Fremdes, sondern bloß als eine eigene chinesische Reaktion auf etwas Fremdes zu verstehen. Diese Vermutung bestätigt sich dadurch, daß wir analoge Reaktionen dann auch später bei der Auseinandersetzung Chinas mit westlichen Gedankensystemen feststellen können.

Für die Nachfolgeschaft von Wang Shouren war jedenfalls durch die Diskussion an der „Himmelsquell"-Brücke, die durch den Meister selbst ja nicht eigentlich gelöst, sondern festgeschrieben wurde, eine Spaltung bereits vorprogrammiert, die sich in der Folge tatsächlich ereignen und immer weiter fortsetzen sollte. Die verschiedensten Denkrichtungen und die unterschiedlichsten Philosophen führten ihren Ursprung auf Wang Shouren zurück. Dieses Phänomen, das ähnlich gewiß auch schon früher oft vorhanden war, bekommen wir in diesem Falle wahrscheinlich nur deshalb so genau in den Blick, weil sich in China seit dem 17. Jahrhundert tatsächlich so etwas wie eine Philosophiegeschichte (wenngleich nur in Anthologienform) herausbildete, die sich mit besonderem Interesse gerade der jüngsten Vergangenheit (und das war eben das 16. Jahrhundert) annahm und damit manche Namen bewahrte, die sonst vielleicht in Vergessenheit geraten wären. In der berühmtesten dieser philosophiehistorischen Textsammlungen mit dem Titel „Darstellung der Gelehrsamkeit der Ming-Konfuzianer" (*Ming ru xuean*) des Philosophen Huang Zongxi (1610–1695) werden acht Schulen aufgeführt, die von Wang Shouren ausgingen. Sie sind aber – für China nicht uncharakteristisch – eher nach ihrem Wirkungsbereich in einzelnen Provinzen als nach ihrem Inhalt aufgeteilt und lassen daher ein systematisches Bild nicht ganz deutlich hervortreten. Etwas vereinfacht lassen sich nämlich eindeutig drei Richtungen erkennen:

Zum einen war das der breite Strom von Gelehrten, die etwa die Meinung Qian Dehongs vertraten (ohne daß dieser irgendwie ihr Führer gewesen wäre). Sie versuchten, eine gewisse Balance zwischen der nach innen gerichteten Selbstkultivierung und den äußeren Verpflichtungen gegenüber Staat und Gesellschaft zu gewinnen. Sie hielten auch den Kontakt zum realistischen Flügel des Neokonfuzianismus aufrecht, der in der Ming-Zeit keineswegs verschwunden, sondern bloß etwas in den Hintergrund getreten war. Zum anderen gab es die stark zum Chan-Buddhismus hinneigende und am Ende nahezu völlig mit ihm verschwimmende Richtung, die von Qiang Dehongs Gesprächspartner Wang Ji repräsentiert wurde. Sie verbindet sich mit dem Namen Longxi („Drachenstrom"), nach dem Beinamen, den Wang Ji trug. Wang Jis Denken näherte sich im Laufe der Zeit immer mehr buddhistischen Modellen und läßt sich eher in die Spätphase des chinesischen Buddhismus als in den Neokonfuzianismus einordnen. Er selbst machte daraus auch gar keinen Hehl, sondern unterstrich ausdrücklich, daß aus seiner Sicht Konfuzianismus, Buddhismus und Daoismus eigentlich ein und dasselbe seien – eine Auffassung übrigens, die sich in den folgenden Jahrhunderten in großem Stil und auf eine sehr flache und verflachende Weise durchsetzen sollte, freilich ohne Bezug auf Wang Ji und seine buddhistische Haltung. Bei Wang findet die Vereinigung nämlich noch eindeutig auf einer buddhistischen Ebene und ohne jeden Anflug von Laxheit statt. Er schrieb:

Die Lehren dieser Drei Schulen (Konfuzianismus, Daoismus, Buddhismus) haben einen gemeinsamen Ausgangspunkt. Der Daoismus spricht von der „Leerheit" (*xu*), aber die Vorstellung vom [konfuzianischen] Heiligen nimmt gleichfalls auf die „Leerheit" Bezug. Der Buddhismus wiederum spricht von „Ruhe" (*ji*), aber die Vorstellung vom [konfuzianischen] Heiligen nimmt wiederum ebenfalls auf die „Ruhe" Bezug. Wer in aller Welt soll demnach zwischen [diesen Drei Schulen] unterscheiden? Die heutigen Anhänger des Konfuzianismus freilich, die den [gemeinsamen] Ausgangspunkt der Drei Schulen nicht begriffen haben, betrachten gewöhnlich die beiden anderen Schulen als heterodox, beweisen damit aber lediglich ihre Unfähigkeit zu einem richtigen Urteil.[113]

Die dritte Richtung schließlich trug äußerlich ebenfalls chanbuddhistische Züge, war innerlich aber auf ganz andere Ziele ausgerichtet. Sie lief weitgehend unter dem Namen Taizhou-Schule, was auf den in Jiangsu gelegenen Herkunftsort ihres Gründers Wang Gen (1483–1540) zurückgeht. Wang Gen war bei genauerer Betrachtung eigentlich, wie schon sein Alter zeigt (er war nur elf Jahre jünger als der Meister), gar kein wirklicher Schüler Wang Shourens, sondern der Gründer seiner eigenen Schule, der sich erst spät in seinem Leben Wang Shouren unterstellte und mit ihm, wie verschiedene Anekdoten berichten, auch immer wieder in Konflikt geriet. Er entstammte der Familie eines fliegenden Händlers, der seine Bildung sozusagen auf der Straße aufgeschnappt hatte, und dementsprechend hatte auch die Schule, die sein Sohn gründete, etwas Naiv-Volkstümliches, um nicht zu sagen Marktschreierisches an sich: Wan Gen trug Kleider von besonderem Zuschnitt und fuhr eine Kutsche von eigentümlicher Machart – beides, wie man aus einigen Bemerkungen schließen kann, offenbar dem Lebensstil des Konfuzius nachempfunden, wie ihn Wang Gen sich eben vorstellte. Bei seiner Lehre bevorzugte er einen sehr handfesten Zugriff: Sein Hauptinteresse galt, wie schon so vielen anderen Neokonfuzianern vor ihm, dem Begriff *gewu*, welcher bei Zhu Xi als die „Untersuchung der Dinge" und bei Wang Shouren als die „Annäherung an die Dinge" über das eigene Selbst interpretiert worden war. Bei Wang Gen, der den Begriff *ge* als „Maßstab" versteht, wird daraus aber das „Abmessen der Dinge", wobei das Ich zwar den Maßstab abgeben soll, aber doch wieder auf die Dinge der Außenwelt, und zwar speziell auf Kaiser und Staat, bezogen wird. Unter diesem Blickpunkt erhielt auch der etwas wunderliche Aufzug, den Wang Gen bevorzugte, seine praktische Bedeutung: Das sichtbare Auftreten in der Welt einschließlich Gebaren und Kleidung waren für ihn Teil dieser gegenseitigen Anmessung von Individuum und Außenwelt, durch die sich, ganz im Sinne der alten konfuzianischen Ritualvorstellungen, der einzelne und die Gesellschaft und in der Konsequenz die ganze Welt zum Besseren verändern sollten.

Die Lehre Wang Gens hatte daher, verhalten zwar, aber doch unübersehbar, neben dem Individualistischen auch etwas Sozialkritisches an sich. Sie stand in dieser Hinsicht in schroffem Gegensatz zu der Wang Shourens, eines Mannes, der ja auch gesellschaftlich aus den höchsten Schichten stammte und, wie eine Anekdote recht farbig berichtete, dem neuen Schüler offensichtlich etwas verirrt entgegentrat, als der in seiner merkwürdigen Kostümierung bei ihm eintraf. Dieses bei Wang Gen unter Wang Shourens Einfluß gemilderte, etwas rebellische Element verstärkte sich dort, wo es in der Taizhou-Schule später zu Berührungen mit der zuvor erwähnten, chan-buddhistisch geprägten Longxi-Schule kam. Der berühmteste Exponent dieser Verbindung war der Philosoph Li Zhi (1527–1602), der der Taizhou-Schule zugerechnet wird und nur noch mit Mühe als ein Enkelschüler Wang Shourens bezeichnet werden kann. Während in der idealistischen Richtung des Neokonfuzianismus bis dahin höchstens eine gewisse Zurückhaltung gegenüber der äußeren Tradition des Konfuzianismus festzustellen gewesen war (die sich allerdings bis zu einer gewissen Mißachtung der Klassiker steigern konnte, erkennbar bereits am Ausspruch Lu Jiuyuans, daß die Klassiker nur noch Marginalien darstellten, wenn man die Grundwahrheiten erfaßt hätte), griff Li Zhi den Konfuzianismus frontal an:

> Wenn jemand auf die Welt kommt, ist er sich selbst genug und braucht nicht unbedingt von Konfuzius zu lernen – wie hätten sonst die Menschen vor Konfuzius leben sollen?[114]

Li Zhi predigte einen ziemlich ungehemmten Naturalismus und Egalitarismus sowie Spontaneität und Subjektivismus und ließ, ähnlich wie schon im 3. Jahrhundert am Vorabend des Buddhismus einzelne Geistesgrößen, die der „Dunkelschule" nahestanden, keine Gelegenheit aus, um Staat und Gesellschaft zu provozieren. Mit 58 Jahren zog er sich schließlich in ein kleines Chan-Kloster zurück, nachdem er sich vorher von seiner Frau getrennt hatte. Seine völlig ungebundene Lebensweise trug ihm immer mehr Verfolgung ein, sein Kloster wurde zerstört und er selbst am Ende wegen Irrglaubens und Verderbens der Jugend ins Gefängnis geworfen, wo er 74jährig Selbstmord beging.

Mit Li Zhi, der im traditionellen China noch als eine Art Monster galt, im modernen freilich als Held gefeiert wurde, hatte der Neokonfuzianismus begonnen, sich in seinen letzten idealistischen Ausläufern gewissermaßen selbst zu bekämpfen und damit eine fast tragische Note gewonnen. Die Kräfte, die für Li Zhis Tod verantwortlich waren, gehörten selbst dem Neokonfuzianismus an, nur eben der realistischen Richtung Zhu Xis. Mit ihnen wurde ein Rückzug auf immer frühere Formen des Konfuzianismus eingeleitet, der in der Neuzeit bei der völligen Auflösung des Konfuzianismus enden sollte.

XIX. Die Selbstauflösung des Konfuzianismus

Die Donglin-Akademie

Der Tod Li Zhis, der noch im Namen eines strengeren, nicht in subjektivistischen Ideen versunkenen Konfuzianismus herbeigeführt wurde, bedeutete nicht, daß diese strengere Ausformung des Konfuzianismus selbst in dieser Periode unangefochten geherrscht hätte. Ihre eigentlichen und gefährlicheren Feinde rekrutierten sich jedoch nicht aus den Vertretern der späten letzten Ausläufer der idealistischen Tradition des Neokonfuzianismus, zu denen Li Zhi gerechnet werden kann, sondern aus den Vertretern des zentralistischen Kaiserhofes. Auch sie waren allerdings indirekt Produkte des Neokonfuzianismus insofern nämlich, als eben die eindeutige Machtkonzentration beim Hof selbst eine Folge der Tendenz zur Zurückführung möglichst aller Phänomene auf ein Einziges darstellte, wie wir sie beim Neokonfuzianismus generell auf allen Ebenen beobachten konnten. Konkret wirkte sich das aber so aus, daß nicht immer der Kaiser selbst, sondern – vor allem bei schwächeren Herrschern – die Höflinge, und das bedeutete hier praktisch: die Eunuchen, das Zentrum repräsentierten und zu einer ungeahnten Machtfülle gelangten. Die konfuzianische Beamtenschaft wurde von ihnen immer mehr an die Wand gedrückt oder zumindest aufs ärgste herausgefordert. Diese Entwicklung zeichnete sich immer deutlicher ab, je älter die Ming-Dynastie wurde. Das späte 16. und das frühe 17. Jahrhundert waren denn auch durch den erbitterten Kampf dieser beiden so völlig verschiedenen Kräfte gekennzeichnet, die sich ideologisch dennoch in gewisser Weise beide auf den Neokonfuzianismus zurückführen ließen. Dieser Kampf fand politisch seinen Höhepunkt und inhaltlich seinen Kristallisationspunkt in der Auseinandersetzung zwischen dem allmächtigen Eunuchen Wei Zhongxian (1568–1627) und der 1604 in Wuxi (am unteren Yangzi) gegründeten Donglin-Akademie („Ostwald"), die über ihre prominente Mitgliedschaft hinaus großen Einfluß auf die konfuzianische Bildungsschicht überhaupt ausübte. Viele Mitglieder und Anhänger der Akademie mußten ihre Opposition gegen die Cliquenwirtschaft bei Hofe, die natürlich von den Höflingen stets als Insubordination und Hochverrat interpretiert wurde, mit ihrem Leben bezahlen.

Der Gründer der Akademie Gu Xiancheng (1550–1612) und ihre führenden Mitglieder, unter denen der Gelehrte Gao Panlong (1562–1626) besonders erwähnenswert ist, waren dem Neokonfuzianismus im allgemeinen, ja selbst dem Neokonfuzianismus in der idealistischen Ausprägung Wang Shourens, noch keineswegs abgeneigt. Die Meditation beispielsweise spielte bei ihnen eine zentrale Rolle. Sie wandten sich aber gegen die Entwicklungstendenzen, die von Wang Jis Position in der Diskussion bei der „Himmelsquell-Brücke" ausgegangen und von der Taizhou- und Longxi-Schule ausgearbeitet worden waren. Die Donglin-Akademie setzte dagegen eher auf die Position Qian Dehongs, also auf die systematische, allmählich fortschreitende Selbstkultivierung. Sie bezog kritisch Stellung namentlich gegenüber der gefährlichen Weginterpretation des Unterschiedes zwischen gut und böse, die Wang Ji zustande gebracht hatte. Ihrer Meinung nach hatte gerade diese genialische Ausdeutung die Legitimation für den totalen Zusammenbruch des gesamten ethischen Wertsystems geliefert, der sich in seinen letzten Konsequenzen in der blutigen Herrschaft der Hofschranzen manifestierte. Die Donglin-Akademie ging aber noch einen Schritt weiter, einen Schritt, der nun nicht nur auf Zhu Xi, sondern in gewisser Hinsicht auf die Anfänge des Neokonfuzianismus, also auf Zhang Zai und sogar noch früher auf Dong Zhongshu, zurückführte: Einige ihrer führenden Vertreter wandten sich immer entschiedener gegen den von Zhu Xi am klarsten ausgesprochenen Gedanken, daß „Ordnungsprinzip" und „Ätherstoff" von verschiedener Art sein sollten, und, spezieller, vor allem gegen den dazu analogen Gedanken, daß die „menschliche Natur“ gut, die während des Lebens erworbenen „Gewohnheiten“ aber, wenn nicht unmittelbar böse, so doch die Ursache des Bösen sein sollten. So äußerte eines der Mitglieder der Donglin-Akademie, ein gewisser Qian Yiben (1539–1606):

Wir wissen, daß das „Wesen“ (*xing*) mit der Geburt verliehen wird. Aber wissen wir auch, ob das, was ihr Tag für Tag zuwächst, auch noch zurecht als „Wesen“ bezeichnet werden kann? Wenn man jedoch das, was mit der Geburt verliehen wird, zu verstehen sucht, sich aber nicht um das, was ihr Tag für Tag zuwächst, also um die „Gewohnheiten“, kümmert, so reduziert man den Menschen eigentlich auf das Niveau eines Tieres.

Der Körper des Menschen wie auch das Stoffliche überhaupt traten also allmählich wieder in den Vordergrund. Die Einheit zwischen Innenwelt und Außenwelt, die Wang Shouren von innen, nämlich von der Vorstellung her gedacht hatte, wurde nun ansatzweise wieder von außen, von einer Aufwertung der „Gewohnheiten“ (wörtlich: des „Gelernten“ *xi*) her konzipiert. Hatte Wang Shouren im Erkennen immer auch das dazugehörige Handeln mit einbegriffen, so wurde aus dieser neuen Optik umgekehrt nun im Handeln die einzige und eigentliche Möglichkeit zum Erkennen gesehen. Die Auseinandersetzung besaß, um sie in ihrer Brisanz zu verdeutlichen, eine entfernte Ähnlichkeit mit der uns eher geläufigen Frage, ob biologische Anlage oder Umwelterfahrung für das Wesen des Menschen entscheidender seien. Die späten Anhänger der idealistischen Richtung des Neokonfuzianismus hätten, um bei dieser Analogie zu bleiben, die erstere Ansicht vertreten, die Anhänger der Donglin-Akademie die letztere.

In dieser Gedankenverdrehung, die die Donglin-Akademie vornahm, deutete sich aber bereits eine Umkehr der Entwicklungsrichtung des Konfuzianismus an, die von ganz grundsätzlicher Art war. Sicherlich läßt sich sagen, daß der Rückgriff auf ältere Gedanken ein Charakteristikum des Konfuzianismus überhaupt darstellte. Dieser Rückgriff beruhte aber (und zwar auch schon bei Konfuzius) nicht auf dem ernstlichen Versuch, früheren Gedanken nachzugehen, sondern mehr auf der Ansicht, frühere Verhältnisse wiederherzustellen, was etwas ganz anderes ist. Diese Tendenz ist auch bei der Donglin-Akademie noch sehr stark. Bei ihr wird aber darüber hinaus noch eine andere bemerkbar, die tatsächlich das, was früher *gedacht* worden war, wiederzufinden suchte. Daß bei dieser Bemühung durchaus auch herauskommen konnte, daß diese alten Gedanken nicht mehr in die neue Zeit paßten, war kein Widerspruch, sondern in vieler Hinsicht eine fast unausweichliche Konsequenz. Der Zwiespalt zwischen der Sehnsucht, zur wirklichen Lebenseinstellung der alten Heiligen zurückzufinden, und den immer stärker aufkeimenden Zweifeln an einer zuverlässigen Überlieferung und einer wirklichen Übertragbarkeit dieser alten Lebenseinstellung prägte jedenfalls den Konfuzianismus seit dem Ende des 17. Jahrhunderts in hohem Maße, und mit ihm im wesentlichen die chinesische Philosophie insgesamt.

Außerordentlich einflußreich für die folgende Entwicklung war jedoch ein weiteres, ebenfalls rein politisches Ereignis, das sich fast unmittelbar an den zermürbenden Kampf zwischen der Donglin-Akademie und der Hofclique anschloß: die Eroberung des Reiches durch die Mandschu im Jahre 1644. Mehr noch als nach der Unterwerfung durch die Mongolen 1280 stürzte sie die gesamte geistige Elite, zu der natürlich die verschiedenen Vertreter des Konfuzianismus in allererster Linie gehörten, in einen tiefen inneren Konflikt. Auf der einen Seite verabscheuten sie die Fremdherrschaft zutiefst und reagierten auf sie mit einer inneren Emigration, die bis zum Selbstmord gehen konnte. Auf der anderen Seite machte sich bei vielen von ihnen – sehr im Gegensatz zum Selbstgefühl im 13. Jahrhundert – aber auch der peinigende Eindruck breit, durch den moralischen Niedergang, wie ihn z. B. ein Mann wie Li Zhi zu repräsentieren schien, selbst die Katastrophe herbeigeführt zu haben. Das war vielleicht nicht einmal so abwegig. Denn anders als die Mongolen stellten die Mandschu keine kontinentale Großmacht dar, und sie wurden von der chinesischen Führung selbst zur Niederschlagung eines Aufstandes ins Land gerufen. Auch hielten sich die Mandschu-Herrscher nicht wie die Mongolen von der chinesischen Weltanschauung fern. Sie waren vielmehr selbst glühende Verehrer des Konfuzianismus, und zwar der Zhu Xischen Richtung, und empfanden sich durchaus als Erneuerer des in Schwäche und Korruption versunkenen Reiches. Die innere Situation der chinesischen Intelligenz- und Führungsschicht stellte sich also nicht weniger verzweifelt dar als ihre äußere. Exemplarisch für ihr Selbstgefühl ist der Politiker und Philosoph Liu Zongzhou (1578–1645), der der Donglin-Akademie nahestand und die eine Hälfte des Tages in Meditation, die andere Hälfte aktiv im Staatsdienst verbrachte. Nach dem Sieg der Mandschu aber nahm er, alten Vorbildern folgend, keine Nahrung mehr zu sich, um nicht das Brot illegitimer Herrscher zu essen, und hungerte sich so zu Tode. Er hatte vorher übrigens, ganz im Sinne der Rückbesinnung der Donglin-Akademie, einen festen Kodex zur Selbstkultivierung aufgestellt, der regelrechte Gewissensforschungen und Beichten mit einschloß. Sie gingen auf ähnliche Übungen in Wang Shourens Schule und damit letztlich auf den Buddhismus zurück, teilweise aber vielleicht auch schon auf das Christentum, das seit dem Ende des 16. Jahrhunderts am chinesischen Kaiserhof Fuß gefaßt hatte (Matteo Ricci, 1552–1610, kam 1583 nach Peking) und von Liu Zongzhou – wenngleich mit Mißtrauen – immerhin zur Kenntnis genommen wurde.

Nationalismus und Rassismus

Es gab allerdings auch weniger passive Widerstandsformen gegen die Mandschu, als Liu Zongzhou sie vorlebte. Einer seiner Schüler, Huang Zongxi (1610–1695), derselbe, den wir schon als den profiliertesten Verfasser einer neuen Disziplin, nämlich der Philosophiegeschichte, kennengelernt haben, versuchte sich erst als Guerillakämpfer, ehe er allmählich die Aussichtslosigkeit seiner Unternehmungen einsah und auf den geistigen Widerstandskampf zu setzen begann. Dazu gehörte nicht zuletzt eben die Philosophiegeschichte, die er von der Gegenwart rückwärts in die Vergangenheit erforschte, um solchermaßen den Quellen des politisch-ideologischen Niedergangs nachzuspüren, der zum Verlust des Reiches an die Barbaren geführt hatte. Huang Zongxis Hauptwerk ist jedoch ein anderes Buch, nämlich das *Mingyi dai fang lu*. Der Titel bedeutet, wörtlich übersetzt, „Warten auf eine Auskunft [nach der] Verfinsterung des Lichtes". Da *ming* „hell" aber auch der Name der gestürzten Ming-Dynastie war und *yi* nicht nur „Verfinsterung" bedeutet, sondern auch „Barbaren" oder „Barbarisierung", läßt er sich auch lesen als „Warten auf eine Auskunft [nach der Verdrängung der] Ming-Dynastie durch die Barbaren". Das Buch enthält eine äußerst kritische systematische Bestandsaufnahme des gesamten überkommenen Staatsapparats vom Kaiser bis hinunter zum Examens- und Steuersystem. Der Tenor liegt in der Herausarbeitung des Gedankens, daß in der Politik die ganze chinesische Geschichte hindurch eine stete Verlagerung von der Sorge für das Gemeinwohl auf die Durchsetzung ganz eigensüchtiger Interessen an der Staatsspitze festzustellen sei, daß also, anders ausgedrückt, eine zunehmende Privatisierung der Macht stattgefunden habe, die am Ende mit innerer Konsequenz in die überhaupt nicht mehr legitimierte Übernahme der Herrschaft durch die Barbaren eingemündet sei. Die Geißelung der Regierungsausübung durch die Barbaren, auf vielfältige Weise verklausuliert und wiederholt durch die Zensur verstümmelt, stellt das Grundanliegen der Werke Huang Zongxis dar und hat ihm daher nicht ganz zu Unrecht den Ruf des „Gründers" eines chinesischen Nationalismus eingetragen, obwohl dieser gewisse Vorläufer bereits im 12. Jahrhundert hatte.

Natürlich ist die Frage berechtigt, inwiefern Huang Zongxi, bei aller politischen Bedeutung, im Rahmen der chinesischen Philosophiegeschichte überhaupt erwähnenswert ist. Die Antwort ist, daß mit Huang Zongxi eine eigentümliche geistige Tradition begründet wurde, in der Nationalismus und Sozialkritik eine innige Verbindung miteinander eingingen. Diese Tradition gewann auch deshalb im Rahmen der Philosophie Bedeutung, weil eben seit der mit der Donglin-Akademie einsetzenden Drehung des Denkens zu einer Neuaufwertung der Praxis nun auch das Handeln, zu dem vornehmlich ja gerade auch das politische Handeln zählte, als ausschlaggebend für den Gewinn von Erkenntnis betrachtet wurde. Die nationalistisch-sozialkritische Tendenz entstand anfangs ganz einfach aus der Desavouierung der Monarchie wegen ihrer ärgerlichen Verbindung mit der Fremdherrschaft unter den Mandschu. Sie fraß sich aber im Laufe der Zeit immer tiefer ins Bewußtsein, bis sie im 19. und 20. Jahrhundert als Bewegung gegen das gesamte konfuzianische, ja das gesamte traditionelle chinesische Wertesystem überhaupt, das ja hinter der Monarchie gestanden hatte, hervorbrach.

Diese Radikalisierung läßt sich bereits an einem Philosophen ablesen, der nur neun Jahre jünger war als Huang Zongxi und wie dieser anfangs in einer Privatarmee vergeblich gegen die Mandschu gekämpft hatte, nämlich an Wang Fuzhi (1619–1692). Wenn man Huang Zongxi als den ersten chinesischen Nationalisten bezeichnet hat, so Wang Fuzhi als den ersten chinesischen Rassisten. Diese Rubrizierung ist vielleicht etwas übertrieben, aber sie hat insofern etwas für sich, als das „Barbarische" von Wang Fuzhi tatsächlich nicht mehr kulturell, sondern biologisch definiert wurde – eine unausweichliche Folge des Umstandes, daß die Mandschu eben die konfuzianische Tradition nicht bloß übernommen hatten, sondern sich sogar als konfuzianische Präzeptoren des Reiches aufspielten.

Die Chinesen sind zwar in ihrem Knochenbau, ihren Sinnesorganen und ihrem gesellschaftlichen Zusammengehörigkeitsgefühl nicht anders als die Barbaren, und doch müssen sie von ihnen genauestens unterschieden werden. Warum? [Nun,] wenn die Menschen sich nicht von den leblosen Dingen absetzen, so verletzen sie das Prinzip des Himmels; und wenn die Chinesen sich nicht von Barbaren absetzen, so verletzen sie das Prinzip der Erde. Da aber Himmel und Erde gemeinsam die Menschheit ordnen, indem sie sie [in dieser doppelten Weise strukturieren,] so würde auch das Prinzip des Menschen verletzt, wenn er nicht selbst nach seinen einzelnen Gesellschaftsverbänden Unterscheidungen vornehmen würde.[115]

Selbst Ameisen, so schließt Wang Fuzhi, wehrten sich gegen fremde Eindringlinge, und auch Konfuzius habe seine „Frühlings- und Herbstannalen“ nicht zuletzt deshalb geschrieben, um die Sicherung der chinesischen Grenzen nach außen zu predigen.

Diese Regression auf physische Merkmale bei der Delegitimierung der Mandschu-Herrschaft ging bei Wang Fuzhi mit einer ganz generell gefaßten fortschreitenden Betonung des praktischen Elements in der Philosophie einher. Wang Fuzhi griff daher konsequenterweise auf den frühen Neokonfuzianer Zhang Zai zurück, der den „Ätherstoff“ in den Mittelpunkt seiner Lehre gestellt und seine Strukturierung nach dem „Ordnungsprinzip“ spontan aus ihm selbst hatte hervorgehen lassen. Er gab diesem Gedanken aber doch eine eigene neue Wendung, indem er selbst noch im ontologischen Bereich einen praktischen, zielgerichteten Aspekt zu erkennen glaubte und gleichzeitig dem ganzen Bereich des Nichtseins eine totale Absage erteilte:

Was die Brauchbarkeit der Welt (*tianxia zhi yong*) ausmacht, das ist ihr Sein. Wenn wir von ihrer Brauchbarkeit ausgehen, so erkennen wir [demnach] auch das Sein ihres eigentlichen Körpers (*ti*) – was müßten wir dann noch mit irgendwelchen Unsicherheiten rechnen!

Und an einer anderen Stelle erklärt er noch um vieles klarer:

Die Welt ist nur ein Gerät (*qi*) und sonst nichts. Der „Weg“ (oder „Sinn“, *dao*) ist der Sinn [dieses] Gerätes, man kann nicht umgekehrt behaupten, daß [dieses Gerät] ein Gerät des Sinns sei. Wenn etwas keinen Sinn hat, dann gibt es auch kein Gerät dafür – das vermag jedermann einzusehen. Warum macht man sich dann aber Gedanken darüber, ob dieses Gerät (die Welt), nachdem es schon einmal da ist, keinen Sinn besäße.... Solange es noch nicht Pfeil und Bogen gab, gab es auch keinen „Weg“ des Bogenschießens, und solange es noch nicht Pferd und Wagen gab, gab es auch noch keinen „Weg“ des Wagenlenkens.... Daher ist ein wahres Wort zu sagen: „Wenn es von etwas kein Gerät gibt, so gibt es davon auch keinen Weg“ – nur haben die Menschen gerade darüber noch nie tiefer nachgedacht![116]

Unter diesen Umständen ist es kein Wunder, daß Wang Fuzhi auch den Wert von Gesetz und Gesetzen wiederentdeckt, die seit der Gründung des chinesischen Kaiserreiches unter dem Zeichen des „Legalismus" wenigstens nach außen hin fast 2000 Jahre lang verpönt gewesen waren, schon bei Huang Zongxi aber eine zögernde Aufwertung erfahren hatten. Für Wang Fuzhi, der im „Weg" so etwas wie Bauplan, Funktionsbeschreibung und Gebrauchsanweisung von Sein und Seiendem erblickte, war damit – wie tatsächlich schon bei den alten Legalisten – der Abstand zum „Gesetz" nur noch gering. Und wie die ganze Welt und alles in ihr, so schien offensichtlich auch der Staat ähnlich wie eine Maschine zu funktionieren, die auf eine Bedienung nach bestimmten Gesetzen angewiesen ist.

> Wenn ein Staatswesen regiert werden soll, so muß zuerst einmal ein Führer da sein, der Gesetze und Institutionen festlegt. Selbst wenn sie noch nicht gleich die besten sind, sind sie doch immer noch besser als gar keine Gesetze.[117]

Nicht anders als die alte Legalisten-Schule betonte aber auch Wang Fuzhi, daß Gesetze und Methoden nicht ein für allemal aufgestellt, sondern immer wieder nach den Erfordernissen der Gegenwart und Zukunft reformiert werden müßten. Das Gesetz hat also immer nur für eine begrenzte Zeit Bestand – genauso wie (um ein von Wang Fuzhi so direkt nicht gebrauchtes Bild zu benutzen) die spezifische Kunst des Bogenschießens verschwindet, wenn Pfeil und Bogen aus der Mode kommen.

Wissenschaft und Kritik

Wang Fuzhi ist im ganzen modernen China, und vor allem natürlich seit der Gründung der Volksrepublik, als ein Bannerträger materialistischen und nationalbewußten Denkens gefeiert worden. Seine sehr direkten und stellenweise sehr brisanten Ideen waren jedoch zunächst kaum besonders wirkungsvoll. Viel mehr in die Tiefe gingen dagegen die bereits angesprochenen Bemühungen eines anderen Schlages von Gelehrten, die nicht direkt gegen die Mandschu auftraten und auch nicht an den Grundfesten des konfuzianischen Staates rüttelten, sondern sich still auf die Suche nach den eigentlichen Ursachen der offensichtlichen Schwäche Chinas begaben und Hinweise darauf in einem unmittelbaren, noch nicht durch fremde Kommentare verfälschten Verständnis der alten heiligen Schriften zu finden hofften.

Der erste große Gelehrte, bei dem diese Absicht deutlich erkennbar wird, war Gu Yanwu (1613–1682). Etwa derselben Generation wie Huang Zongxi und Wang Fuzhi angehörend, war auch er von der Eroberung Chinas durch die Mandschu zutiefst verletzt und schloß sich anfangs einem Prinzen der gestürzten Ming-Dynastie an, der in der Gegend von Nanking noch ein Jahr lang Widerstand leistete; seine Pflegemutter hungerte sich zu Tode und nahm ihm das Versprechen ab, niemals unter den Mandschu als Beamter zu dienen, ein Versprechen, das Gu Yanwu zeit seines Lebens hielt. Doch obwohl er sich seinen persönlichen Namen (etwa: „flammendes Kriegertum") erst beim Sturz der Ming-Dynastie als eine Art Wahlspruch selbst verlieh (sein ursprünglicher persönlicher Name war Jiang) und obwohl er ein sehr unstetes und gelegentlich von Verfolgungen beunruhigtes Leben führen mußte, reagierte er letztlich recht maßvoll auf die gewandelten Verhältnisse. Als Lehrer und Berater in einem ausgedehnten Freundeskreis beschäftigte er sich auf praktische Weise mit vielen praktischen Dingen, die er als regulärer Beamter vermutlich nur aus viel größerer Distanz gesehen hätte, so beispielsweise mit der Eröffnung von Bergwerken und der Entwicklung von Privatbanken.

Auf einer ganz ähnlichen Linie lag die Auffassung, die er vom Konfuzianismus besaß. Für ihn bedeutet das „Erreichen der Dinge" (*ge wu*), das für Zhu Xi im wesentlichen das gewissermaßen fromme Nachdenken über die Klassiker und die Außenwelt und für Wang Shouren die Versenkung in sich selbst gewesen war, tatsächlich ein nüchternes, kritisches Herangehen an die Dinge, ein Erforschen eher als ein Sichgefangennehmenlassen. In einem Brief an einen Freund bemerkte er:

Ich bedauere es zutiefst, daß die Gelehrten seit mehr als hundert Jahren ständig über das „Herz" und über die „menschliche Natur" geredet und sich dabei äußerst vage und unverständlich ausgedrückt haben. Dabei hat Konfuzius selbst doch über das „Schicksal" und die „Menschlichkeit" selten gesprochen, und auch über die „menschliche Natur" und den „himmlischen Weg" konnte ihm [sein Schüler Zigong zu seinem Bedauern] nie etwas entlocken. Selbst wenn man in den Kommentaren zum „Buch der Wandlungen" über die Ordnungsprinzipien von „menschlicher Natur" und „Schicksal" geschrieben hat, so hat Konfuzius [selbst] doch nie mit anderen im einzelnen darüber geredet. Als man ihn über [die richtige Einstellung des] Gelehrten befragte, antwortete er: „In seinem persönlichen Betragen besitzt er Schamgefühl", und als man ihn über [die richtige Einstellung zum] Studium befragte, sprach er bloß über die „Liebe zum Altertum" und „eifriges Forschen". ... Wie ist also nach meiner Meinung der Weg des Heiligen beschaffen? Er beruht [einerseits] auf dem „umfassenden Studium im Gesamtbereich der Bildung" und [andererseits] auf dem „Schamgefühl im persönlichen Betragen".[118]

Gu Yanwu versuchte also, das Interesse wieder auf die Einfachheit des frühen Konfuzianismus, ja auf die frühe Einfachheit der Philosophie überhaupt zurückzulenken, die seines Erachtens auf den beiden Säulen der ethischen Grundhaltung und der Wißbegierde aufgebaut gewesen war. Von dort her rührte seine Beschäftigung mit ganz handfesten Themen, zu denen auf der geisteswissenschaftlichen Ebene auch Epigraphik, Phonetik, historische Geographie u. ä. hinzukamen. Daß dahinter teilweise persönliche Erfahrungen und Motive standen (so hatte seine Begeisterung an der historischen Geographie sicherlich etwas mit seinen vielen Reisen und mit seiner Abneigung gegen die Zentrierung der Macht in der Hauptstadt zu tun), ist dabei von geringerer Bedeutung als die Tatsache, daß sich in Gu Yanwus Arbeiten allmählich ein ganz neuer wissenschaftlicher Geist abzeichnete, der – im Gegensatz zu allen vor ihm liegenden Richtungen des Neokonfuzianismus – sozusagen induktiv arbeitete, also durch die Sammlung von vielen Einzelfakten zu neuen Erkenntnissen vorzustoßen suchte. Daß sich diese Methode, in der bald ein ganz neuer Wert in den Vordergrund rückte, nämlich der „Beweis" (*kaozheng*), bei

Gu Yanwu nicht weniger als bei seinen Nachfolgern sehr oft auf die Klassiker und nicht auf die unmittelbare Wirklichkeit bezog, nahm ihr nichts von ihrer brisanten Wirksamkeit. Im Gegenteil: Sie legte ja damit Hand an die heiligen Güter des Konfuzianismus überhaupt, die unter diesem Zugriff lange, aber nicht für immer standhalten konnten.

Dieses Sakrileg wurde allerdings ganz unbewußt, ganz unschuldig begangen, ja sogar aus der aufrichtigen Absicht, hinter dem vermeintlichen Wust von Kommentaren, die der Song-zeitliche Neokonfuzianismus hervorgebracht hatte, zur ursprünglichen konfuzianischen Wahrheit zurückzufinden. Dieser Wunsch war schon bei den Vertretern der Ming-zeitlichen Donglin-Akademie erkennbar gewesen. Er verband sich seit Gu Yanwu nun aber mit einer ganz neuen, eben auf „Beweise" ausgehenden Methodik, die einen völlig anderen Zugang zu den klassischen Schriften erforderte. An die Stelle der Hermeneutik trat die Textkritik, die mit der Durchleuchtung klassischer, aber auch vieler anderer nicht so heilig überkommener Schriften zur eigentlichen Glanzleistung chinesischer Gelehrsamkeit im 18. und 19. Jahrhundert werden sollte. Während die Auslegungen klassischer Texte seit der Han-Zeit jedoch letztlich zu einem stetigen Wachstum des Konfuzianismus beigetragen hatten, auch und gerade, wenn sie an sich fremdes, d. h. vor allem daoistisches und buddhistisches Gedankenmaterial mit einschmolzen, so war nun das Umgekehrte der Fall: Durch das Instrument der Textkritik wurden die unzähligen Schichten, die sich wie Jahresringe um den (an sich ja ziemlich schmalen) Kern der konfuzianischen Grundideen herumgebildet hatten, gewissenhaft nach und nach abgetragen, ohne daß die Initiatoren dieses Abschälungsprozesses erkannten, daß sie damit nicht, wie sie meinten, den „eigentlichen" Baum freilegten, sondern ihn in seiner Gesamtheit systematisch zerstörten.

Auf diesem Weg zurück in die Vergangenheit gelangte man nach der Überwindung des Song-Konfuzianismus sehr rasch zu demjenigen der Han-Dynastie, nachdem ja die Künstlichkeit des

Wei-Jin-zeitlichen Konfuzianismus (soweit er sich selbst als konfuzianisch verstanden hatte) schon in der Song-Zeit enthüllt worden war. Mit Gu Yanwu, der diesen Schritt bereits vollzog, beginnt also das Wirken der „Han-Schule" oder „Han-Lehren-Partei", die sich drei Jahrhunderte lang mit der weiterhin bestehenden Song-Schule, die an Zhu Xi festhielt, ein unentwegtes Ringen liefern sollte. Dabei waren die progressiven Kräfte quantitativ keineswegs stärker, sondern viel schwächer als die konservativen; sie sind lediglich aus der Retrospektive betrachtet ungleich interessanter, da sie eben am Ende tatsächlich die Selbstauflösung des Konfuzianismus bewirkten, während die konservativen diese Entwicklung auf die Dauer gesehen zwar zu verlangsamen, nicht aber aufzuhalten vermochten.

Der Abbau des Konfuzianismus – und mit ihm auch des ganzen traditionellen Gedanken- und Wertsystems, da der Konfuzianismus zuvor ja seine Hauptgegner in einer gewaltigen, zu Überdehnungen führenden Ausweitung in sich selbst aufgenommen hatte –, dieser Abbau begann also genaugenommen schon erstaunlich früh. Daß er nicht schon viel eher in einem totalen Verschwinden des Konfuzianismus endete, sondern bloß in einer Art Vertrocknung, lag an der ungeheuren, in langen Jahrhunderten gewachsenen Kompaktheit seines Organismus und an den vielen retardierenden Phasen. Sein Ausgang war aber – selbst wenn er den jungen chinesischen Intellektuellen zu Anfang unseres Jahrhunderts viel zu lange dauerte – unausweichlich, gerade weil er sich gleichzeitig innerlich und äußerlich vollzog: innerlich in der soeben geschilderten, gleichsam respektlosen Behandlung der Klassiker, äußerlich in der durch das Phänomen der Fremdherrschaft ausgelösten, nicht minder respektlosen Haltung gegenüber der Institution des Kaisertums. Daß beides nicht in einem antikonfuzianischen Geist, sondern gerade im Geiste eines konfuzianischen Fundamentalismus geschah, änderte nichts an der Tatsache, daß das Bohren nach dem Kern des Konfuzianismus am Ende auch seinen Kern selbst zerstörte. Der plötzliche Umschlag von einer scheinbaren Entdeckung des Urkonfuzianismus zum Antikonfuzianismus, der sich in wenig mehr als einem Jahrzehnt ungefähr um die letzte Jahrhundertwende vollzog, war dafür der unübersehbare, für viele aber schwer verständliche und erschreckende Beweis.

Ohne den Rückgriff auf den politisch-sozialen Hintergrund sind die philosophischen Strömungen der Mandschu-Zeit oder jedenfalls diejenigen, die sich um einen neuen Ansatz bemühten, der gerade von der konkreten Wirklichkeit ausgehen sollte, nicht zu verstehen. Vielleicht ist die Mandschu-Ära unter diesem Aspekt, im Gegensatz zur Song- und Ming-Zeit, tatsächlich als eine Periode zu betrachten, in der generell (wie sich der moderne chinesische Philosophiehistoriker Chan Wing-tsit äußerte) „das Interesse an der Philosophie gering war". Die wieder betonte Verknüpfung von Denken und Praxis war auch ein Zeichen für die Rückbesinnung auf die Wurzeln des chinesischen Philosophierens; sie ist demnach wohl nur dann als „unphilosophisch" einzuordnen, wenn man diesen unbestreitbaren Charakterzug der chinesischen Philosophie als eine grundsätzliche Schwäche betrachtet. Aber selbst dann wird man kaum leugnen können, daß der kritischen Haltung gegenüber dem Kaisertum und gegenüber den klassischen Texten jeweils auch eine klar umrissene philosophische Lehre entsprach, von denen die eine, etwas schematisch betrachtet, von Huang Zongxi und Wang Fuzhi, die andere von Gu Yanwu begründet wurde, die sich aber beide ständig gegenseitig befruchteten und gemeinsam in Opposition zu der weiterhin gepflegten Song-Schule standen.

Kritik und Praxis

In der von Huang Zongxi und Wang Fuzhi herzuleitenden Tradition ragt besonders der Gelehrte Yan Yuan (1635–1704) hervor. Er, wie auch sein nicht minder bekannter Schüler Li Gong (1659–1746), konzipierte vielleicht keine prinzipiell neuen Gedanken, gab aber den von Huang und Wang noch recht allgemein ausgesprochenen Ideen eine klarere Form. Bemerkenswert ist hier zunächst seine Kritik an den oft in der Tat höchst widersprüchlichen Aussagen der Neokonfuzianer, deren Meinung in mancher Hinsicht nur sozusagen statistisch ausgemacht werden kann, d. h. wenn man, grob gesagt, das für ihre eigentliche Lehre hält, was sie öfter und mit mehr Emphase gesagt haben. Yan Yuan nimmt das zum Ausgangspunkt seiner Kritik. Er schreibt dazu folgendes:

Meister Cheng [Hao] sagte: „Wenn man von menschlicher Natur und von Ätherstoff redet, so wäre es falsch, sie als zwei [getrennte Dinge] aufzufassen." Aber er sagte auch: „Wenn die einen [Menschen] von Jugend an gut sind und die anderen von Jugend an böse, so liegt das an dem Ätherstoff, [in den] ihre Anlagen [eingeprägt sind]." Meister Zhu [Xi] wiederum sagte: „Sobald da ein himmelverliehenes Schicksal (*tian ming*) ist, ist auch die materielle [Formung] des Ätherstoffes, man kann beide nicht voneinander trennen." Aber er sagte auch: „Wie läßt sich, da doch das Ordnungsprinzip [allen Dingen ihr Wesen verleiht], das Böse erklären? [Die Antwort ist, daß] das sogenannte Böse [auf dem] Ätherstoff [beruht]." [Wahrhaftig,] man muß es bedauern, daß diese beiden Meister bei all ihrer hohen Intelligenz sich unbewußt von der buddhistischen [Abwertung der sechs Sinne (unsere fünf Sinne sowie das Denken) in der] Lehre von den „Sechs Räubern" so sehr haben durcheinanderbringen lassen, daß sie in einem Atemzug zwei einander widersprechende Aussagen machten, ohne es selber zu merken. Denn wenn man sagt, daß der Ätherstoff böse sei, so ist auch das Ordnungsprinzip böse, und wenn man sagt, daß das Ordnungsprinzip gut sei, so ist auch der Ätherstoff gut. Denn der Ätherstoff ist der Ätherstoff des Ordnungsprinzips, und das Ordnungsprinzip das Ordnungsprinzip des Ätherstoffes. Man kann doch nicht behaupten, das Ordnungsprinzip sei einheitlich gut und der Ätherstoff seiner materiellen Anlage nach zum Bösen hingeneigt! Nehmen wir zum Beispiel das Auge: die Augenhöhle, die Pupille und der Augapfel beruhen auf der stofflichen Materie, der Lichteindruck im [Augen]inneren und die Fähigkeit, Dinge wahrzunehmen aber beruhten auf der menschlichen Natur. Sollten wir nun sagen, daß das Prinzip des Lichteindrucks speziell moralisch korrekte Sinneseindrücke (wörtlich: „Farben") wahrnimmt, Augenhöhle, Pupille und Augapfel [zusammen] aber die moralisch zweifelhaften? [Nein,] ich meine, das Prinzip des Lichteindrucks beruht zwar sicherlich auf dem himmelverliehenen Schicksal, aber das gleiche gilt von Augenhöhle, Augenlid und Augapfel in ihrer Gesamtheit. Man kann bestimmt keine Trennung vornehmen zwischen dem, was nun die Natur des himmelverliehenen Schicksals sein soll und dem, was die Natur des materiellen Stoffes bildet![119]

Die Einheit von „Ordnungsprinzip" und „Ätherstoff", der im Menschen die Einheit von Geist und Körper entspricht, hat Yan Yuan auch in einer Reihe von Diagrammen zu erklären versucht, die, um eben diese Einheit zu beweisen, sehr ineinander geschachtelt und dadurch nicht allzu übersichtlich sind. In ihnen spielen auch „vier Kräfte" (*de*) eine Rolle, die an die Stelle der „Fünf Elemente" (im Chinesischen an sich ja auch fünf „Kräfte", *wu de*) treten und den vier Jahreszeiten entsprechen: Ursprungskraft (*yuan*), Wuchskraft (*heng*), Ertragskraft (*li*) und Bewahrungskraft (*zhen*). Wesentlich ist hier der offensichtliche Rückgriff auf die Frühere Han-Zeit; denn diese „vier Kräfte" tauchen auch schon in den hanzeitlichen Kommentaren zum „Buch der Wandlungen" auf, ebenso wie natürlich auch die Diagramme als Darstellungsmittel.

Die postulierte Einheit von Geist und Körper im Menschen brachte Yan Yuan, ebenso wie ansatzweise schon Wang Fuzhi, zu einer sehr praktischen Auffassung der Ethik. Der immer wieder und auch hier diskutierte Begriff des „Erreichens der Dinge" (*ge wu*) wurde von ihm nicht bloß als ein objektives Untersuchen der Dinge interpretiert, sondern als ein wirkliches Herangehen, als ein unmittelbares Praktizieren. Die Ausübung von Fertigkeiten, nicht nur ihr Verstehen, schien ihm entscheidend selbst für das Erschließen von Ordnungsprinzip und Ordnungsprinzipien. Aus diesem Grunde betätigte er sich als Arzt, pflügte mit seinen Studenten die Äcker und unterrichtete sie in allen möglichen Künsten, angefangen beim Bogenschießen und Gewichtheben bis hin zu Musik und Tanz. Die Betonung des praktischen, körperlichen Moments führte bei ihm aber auch zur Wiederaufwertung der Gefühle, Emotionen und instinktiven Wünsche, die im Neokonfuzianismus der Song-Zeit, nicht zuletzt unter buddhistischem Einfluß, ja durchweg negativ besetzt gewesen waren. Yan Yuan führte demgegenüber aus, daß nicht die Gefühle und Wünsche an sich, sondern nur gewisse Defekte an ihnen, wie vor allem der Egoismus, abgelehnt werden müßten.

Der gleiche Gedanke wurde auch, und zwar noch um vieles vehementer, von dem knapp ein Jahrhundert später lebenden Gelehrten Dai Zhen (1724–1777) vertreten, der als der bedeutendste Repräsentant der auf Gu Yanwu zurückzuführenden Traditionslinie gilt, in der ein neuer kritischer Wissenschaftsgeist gepflegt wurde. Die Frage nach „Beweisen" für alle Aussagen, die sich bereits bei Gu angedeutet hatte, rückte bei Dai Zhen nun wirklich in den Mittelpunkt. Sie stand indirekt in Zusammenhang mit der Herausarbeitung des Begriffes *li* „Ordnungsprinzip" als eines wirklichen Prinzips der Ordnung und der Funktion der Materie. Es hat für sich allein überhaupt keinen Bestand und kann daher der Materie nicht als etwas Gleichwertiges gegenübergestellt werden, es repräsentiert aber die in ihr liegenden Gesetzmäßigkeiten. Diese Vorstellung war natürlich nicht neu, sondern läßt sich *mutatis mutandis* auf Wang Fuzhi zurückführen, der sie in der Gegenüberstellung von „Gerät" (gleich Materie) und „Weg" (gleich Ordnungsprinzip) ausgedrückt hatte, oder noch weiter zurück auf Zhang Zai, ja selbst noch bis auf die hanzeitlichen *Yijing*-Kommentare. Bemerkenswert an Dai Zhen war jedoch die Intensität, mit der er diese Vorstellung akzentuierte, und die Bemühung, ein einigermaßen geschlossenes System darauf aufzubauen.

Die Revolte gegen den Neokonfuzianismus der Zhu Xischen Prägung gewann, obwohl sie sich schon seit Beginn der Mandschu-Dynastie formiert hatte, tatsächlich erst mit Dai Zhen ihre eigentliche Gestalt. Die Gelehrten, die sie trugen, stellten aber weiterhin, wie noch einmal betont werden muß, nur eine kleine Minderheit dar, eine Tatsache, die nur durch das eminente Interesse, das sie seit dem Beginn unseres Jahrhunderts in China auf sich zogen, etwas verschleiert wird. Die Wirkung, die Dai Zhen geistesgeschichtlich ausübte, läßt sich demgemäß nur indirekt feststellen. Sie bestand in der Förderung, die er mit seinem Geist den – wir würden sagen: „exakten" – Wissenschaften wie Mathematik, Astronomie, Phonetik im allgemeinen und der Wissenschaft der Textkritik im besonderen zuteil werden ließ. Als Mitarbeiter an einem riesigen Projekt, das theoretisch die Aufnahme der kaiserlichen Palastbibliothek, praktisch aber die Erfassung der gesamten chinesischen Literatur zum Inhalt hatte und in dem berühmten „Kaiserlichen Katalog" (*Siku quanshu zongmu*) des Mandschu-Kaisers Qianlong (reg. 1736–1796) seinen Niederschlag fand, besaß er eine einzigartige Gelegenheit, eine Unzahl von Texten kritisch miteinander zu vergleichen und immer wieder der Fragwürdigkeit der Überlieferung auch bei den heiligsten von ihnen gewahr zu werden.

Das Wiederauftauchen der „Neutext-Schule"

Dai Zhen gehörte wie alle bisher genannten mandschuzeitlichen Vertreter des Konfuzianismus der bereits erwähnten „Han-Schule" oder „Han-Lehren-Partei" an, die ihre Progressivität gerade in ihrer Regression auf die Philosophie der Han-Dynastie unter Beweis stellte. Der Konfuzianismus der Han-Dynastie war nun aber alles andere als einheitlich gewesen. Vielmehr zerfiel er einerseits in den stark religiös gefärbten, früh-hanzeitlichen Konfuzianismus der Neutext-Schule, der auch nichtkonfuzianische Komponenten, vor allem solche der Fünf-Elementen- und der Yin-Yang-Schule, aber auch solche des Daoismus in sich aufgenommen hatte, andererseits in den rationaleren, spät-hanzeitlichen Konfuzianismus der Alttext-Schule, der auf den ursprünglicheren, „eigentlichen" Konfuzianismus des Meisters selbst zurückzugreifen suchte. Mit der Wiederentdeckung des Han-Konfuzianismus tauchte also unabhängig von dem bereits bestehenden Gegensatz zu der konservativen „Song-Lehren-Partei" auch ein Gegensatz innerhalb der „Han-Lehren-Partei" auf, der mit dem Erbe aus der Han-Dynastie zwangsläufig verbunden war. Er wurde um so lebhafter empfunden, als es ja auch bei dem Streit zwischen Alttext- und Neutext-Schule um die Echtheit von heiligen Texten gegangen war – also um ein durchaus aktuelles und besser denn je in seiner Bedeutung verständliches Thema. Somit zeichnete sich allmählich eine Frontstellung ab, bei der auf beiden Seiten zwar mit textkritischen Argumenten gearbeitet wurde, aber mit verschiedenen Ergebnissen und Zielen: Die eine Seite bewegte sich, in der Nachfolge der Neutext-Schule, auf einen Konfuzianismus zu, in dem Konfuzius als Menschheitserlöser und die Geschichte als ein dynamischer, sich auf ein Ende hin bewegender Prozeß aufgefaßt wurde; die andere vertrat eine nüchternere, diesseitigere, rein auf die Gesellschaftsethik ausgerichtete Version des Konfuzianismus, die, wie die Alttext-Schule der Han-Zeit ja auch, noch über die Han-Dynastie zurück in die unmittelbare Lebenszeit des Konfuzianismus vorzustoßen suchte und damit einen absoluten Endpunkt erreichte.

Diese Fronten schienen allerdings nicht immer so klar gezogen, vor allem noch nicht in der frühen Mandschu-Zeit, als sie sich erst allmählich formierten und manche Gelehrten tatsächlich in erster Linie reine Philologen und nicht auch gleichzeitig Philosophen waren, die von vornherein den einen oder anderen von der Gegenrichtung bevorzugten Text als Fälschung zu entlarven suchten. So zeigte beispielsweise der Gelehrte Hu Wei (1633–1714), daß die vielbewunderten „Tafeln" der Neutext-Schule nicht eigentlich konfuzianischen, sondern daoistischen Ursprungs seien, und lieferte damit sehr früh ein Argument gegen die zunächst noch gar nicht voll wieder aufgetauchte Neutext-Schule. Er tat das allerdings vermutlich nur deshalb, weil dieses Argument sich auch gegen den Song-Konfuzianismus richtete, der ja ebenfalls mit alten „Tafeln" gearbeitet hatte.

Der direktere und sehr viel stärkere Angriffsstoß innerhalb der Han-Lehren-Partei richtete sich jedoch gegen die Alttext-Schule, was insofern auch ganz in der Logik der schrittweisen Regression lag, als die Alttext-Schule (entgegen der etwas verwirrenden Benennung) ja später als die Neutext-Schule entstanden war. Den entscheidenden Schritt tat hier bereits Yan Ruoju (1636–1704), der übrigens auch als Mathematiker und Geograph hervortrat. Er argumentierte, daß die Schrift „Große Lehre" (*Da xue*), die ja in der Song-Dynastie zu einem der „Vier klassischen Bücher" und damit zu einer heiligen Schrift erhoben worden war, nicht, wie es die Tradition behauptete, von Zengzi, dem direkten Schüler des Konfuzius, niedergeschrieben worden sein konnte. Damit versetzte er dem Neokonfuzianismus der Zhu Xischen Richtung einen empfindlichen Schlag. Er ging dann aber noch einen Schritt weiter. Indem er darlegte, daß einige wesentliche Teile der noch viel ursprünglicheren „Fünf Klassiker" in der Form, wie die Alttext-Schule sie vertreten hatte, Fälschungen aus der Zeit der illegitimen Xin-Dynastie des Kaisers Wang Mang seien.

An Yan Ruoju schloß sich eine lockere Traditionskette von philologisch interessierten Gelehrten an, die in der gleichen Richtung weiterarbeiteten. Stück für Stück wurde von ihnen die Textbasis – und damit auch die ehemalige Legitimationsbasis – der Alttext-Schule in Frage gestellt. Zunächst vielleicht unbewußt, später aber sicherlich auch bewußt wurden von ihnen dadurch aber parallel dazu auch die Lehren der Neutext-Schule mit all den von ihr bevorzugten Schriften aufgewertet. Zu diesen Schriften gehörten in erster Linie jene beiden früher schon erwähnten hanzeitlichen Kommentare zu den Konfuzius selbst zugeschriebenen „Frühlings- und Herbstannalen" (Gongyang- und Guliang-Kommentar), in denen diese Annalen zu einer Art verschlüsseltem Lehrbuch über den Ursprung und das Ziel der Geschichte hochstilisiert worden waren. Das hier allmählich wieder hervortretende, dynamischere Geschichtsbild stand in denkbar krassem Gegensatz nicht nur zu dem ebenmäßigeren der Alttext-Schule, sondern noch mehr zu dem Zhu Xis, der ja, ausgehend von der Unwandelbarkeit des „Ordnungsprinzips" und der „Ordnungsprinzipien", auch eine innere Unwandelbarkeit der Geschichte erkannt zu haben meinte. Wenn sich also die Han-Lehren-Partei generell bereits gegen den aus der Song-Zeit übernommenen „realistischen" Neokonfuzianismus richtete, so galt das für die in ihr auf die Neutext-Schule setzende Strömung in besonderem Maße.

Genau an dieser Bruchstelle aber lag auch der Punkt, an dem das westliche Denken – zunächst noch ganz sacht, fast unmerklich tröpfelnd, dann aber wie in einer Sturzflut nach einem Deichbruch – in das von jeher ja eher abgeschlossene, nach der Zeit des Buddhismus aber besonders verriegelte chinesische Gedankensystem einzudringen vermochte. Denn in den wiederentdeckten und neuinterpretierten Schriften der Neutext-Schule glaubte man plötzlich eine ähnlich starke, reißende Strömung von Geschichte und Gegenwart zu spüren, wie man sie in der westlichen Weltanschauung, über alle ihre Verschiedenheiten im einzelnen hinweg, generell entdeckt hatte. Sie schienen einen Ausweg zu weisen aus dem sinnlosen Laufen im Kreise, das der Konfuzianismus der Alttext-Schule und noch mehr der Neokonfuzianismus offenbar ausschließlich anzubieten in der Lage waren. Sie schienen auch allem Tun ein letztes Ziel und damit einen höheren Sinn zu verleihen und so China philosophisch einen Weg in die Zukunft zu weisen, der nicht einseitig von fremden westlichen Ideen bestimmt sein mußte.

An dieser merkwürdigen Schwelle, an der einerseits der seit drei Jahrhunderten rückwärts flutende chinesische Gedankenstrom sich nach der Durchmessung der Han-Philosophie im Nichts zu verlieren drohte, andererseits der fremde Gedankenfluß aus dem Westen bereits die Barrieren zu durchbrechen begann, stand als eine Figur von archaischer, aber auch tragischer Größe der Gelehrte und Politiker Kang Youwei (1858–1927). Von beiden Entwicklungen berührt, wurde er mit seiner Auslegung der Neutext-Schule sowohl zum letzten überragenden Exponenten der im 17. Jahrhundert aufgebrochenen Gelehrten, die die Wahrheit mit Hilfe der Textanalyse in der immer früheren Vergangenheit suchten, als auch zum ersten Vertreter einer ganz neuen, von westlichem Fortschrittsglauben inspirierten Intelligenzschicht, die das Heil in einer utopischen Zukunft suchte. Neben seiner Beschäftigung mit den Neutext-Klassikern ist Kang Youwei vor allem durch seine im „Buch von der großen Einheit" (*Datong shu*) niedergelegte Utopie sowie später durch seinen erfolglosen Versuch, den Konfuzianismus als Staatsreligion zu institutionalisieren, hervorgetreten. Doch er scheiterte, denn er war seiner Zeit zunächst voraus und wurde dann von ihr überholt. Kaum jemand wird bezweifeln, daß die traditionelle chinesische Philosophie mit ihm endete und daß die neue – soweit sie ihre Form überhaupt bereits gefunden hat – mit ihm begann. So ist Kang Youwei dem chinesischen Schöpfergott Pangu vergleichbar, der in Stücke zerfiel, nachdem Himmel und Erde sich getrennt hatten, um dann mit seinen einzelnen riesigen Knochen und Adern die Berge und Flüsse der Welt zu bilden.

Anhang

Anmerkungen

I. Wesensmerkmale der chinesischen Philosophie

1 *Shiji* 130:3288 (Sima Qian, *Shi ji*, Peking 1964)
2 Feng Youlan, *A Short History of Chinese Philosophy*, New York 1948, S. 5

III. Konfuzius und der Beginn der chinesischen Philosophie

3 *Lunyu* 7.1
4 *Lunyu* 7.20
5 *Lunyu* 7.5
6 *Lunyu* 2.15
7 *Lunyu* 15.31
8 *Lunyu* 5.20
9 *Lunyu* 6.23
10 *Lunyu* 11.12
11 *Lunyu* 13.18
12 *Lunyu* 3.17
13 *Lunyu* 3.12

IV. Mo Di und seine Nachfolger

14 *Mozi* 17
15 *Mozi* 18
16 *Mozi* 44
17 *Mozi* 40
18 *Mozi* 40
19 *Mozi* 45
20 *Mozi* 18

V. Die Daoisten und ihre Vorläufer

21 *Mengzi* 7A.26
22 *Gongsunlongzi* „Bai malun“
23 *Zhuangzi* 33
24 *Zhuangzi* 33
25 *Zhuangzi* 2
26 *Zhuangzi* 6
27 *Zhuangzi* 6
28 *Zhuangzi* 1

29 *Zhuangzi* 6
30 Bauers Aussage ist im Lichte des 1993 gemachten Textfundes aus Guodian, der 1998 publiziert worden ist, zu revidieren. Die Reihenfolge der einzelnen Kapitel sowie die Anordnung der einzelnen Sinneinheiten divergieren dort erheblich vom überlieferten Text.
31 *Zhuangzi* 33
32 *Daodejing* 25
33 *Daodejing* 1
34 *Daodejing* 40
35 *Daodejing* 42
36 *Daodejing* 38
37 *Daodejing* 19
38 *Daodejing* 5

VI. Polarisierungstendenzen im Konfuzianismus

39 *Mengzi* 2A.6
40 *Mengzi* 6A.4
41 *Mengzi* 2A.2
42 *Xunzi* 23
43 *Xunzi* 23
44 *Xunzi* 9
45 *Xunzi* 16
46 *Xunzi* 5

VII. Die Legalisten und das Ende der Ära der Philosophen

47 *Guanzi* 67
48 *Hanfeizi* 43.1
49 *Shangjunshu* 5
50 *Shangjunshu* 13
51 *Hanfeizi* 50.8
52 *Hanfeizi* 8.6
53 *Hanfeizi* 8.6
54 *Hanfeizi* 8.6

VIII. Der Konfuzianismus als Staatsideologie

55 *Chunqiu fanlu* 55
56 *Yijing* „Xicizhuan xia"
57 *Yijing* „Xicizhuan shang"
58 *Yijing* „Xicizhuan xia"
59 *Taixuanjing* 1
60 *Taixuanjing* 86
61 *Lunheng* 54
62 *Lunheng* 62

IX. Die „Dunkel-Schule"

63 *Shishuo xinyu* 4
64 *Daodejing* 11
65 *Daodejing* 40
66 *Laozi daodejing zhu* 12
67 *Laozi daodejing zhu* 40
68 *Laozi daodejing zhu* 42
69 *Liuchen zhu wenxuan* „You Tiantaishan fu"
70 *Zhuangzi jishi* 23
71 *Zhuangzi jishi* 22
72 *Zhuangzi jishi* 22
73 *Zhuangzi jishi* 2
74 *Zhuangzi jishi* 2
75 *Liezi* 6
76 *Liezi* 6

XIV. Die buddhistischen Schulen in China chinesischen Ursprungs

77 *Jingang pi* (*(Taisho shinshu) Daizokyo*, 55 Bde., Tokyo 1924–1928, 46.782)
78 *Fuzhou Caoshan Benji chanshi yulu* (*(Taisho shinshu) Daizokyo*, 55 Bde., Tokyo 1924–1928, 47.537c)
79 *Fuzhou Caoshan Benji chanshi yulu* (*(Taisho shinshu) Daizokyo*, 55 Bde., Tokyo 1924–1928, 47.538c)
80 *Zhenzhou Linji Huizhao chanshi yulu* (*(Taisho shinshu) Daizokyo*, 55 Bde., Tokyo 1924–1928, 47.496b)

XV. Die konfuzianische Erneuerung

81 *Han Changli ji 39:5a* „Lun fogu biao" *(Han Yu, Han changli ji*, in: *Sibu beiyao*, Shanghai 1936)
82 *Han Changli ji 11:1a* „Yuan dao" *(Han Yu, Han changli ji*, in: *Sibu beiyao*, Shanghai 1936)
83 *Han Changli ji 11:4b* „Yuan dao" *(Han Yu, Han changli ji*, in: *Sibu beiyao*, Shanghai 1936)
84 *Mengzi* 13.4
85 *Li Wengong ji 2:9b* „Fu xing shu" (Li Ao, Li Wengong ji, in: *Sibu congkan chubian suben*, Taibei 1967)

XVI. Kosmologie und die Wiederentdeckung des Seins

86 *Zhou Lianxi xiansheng quan ji* 1: 2a „Taiji tu shuo" (Zhou Dunyi, *Zhou Lianxi xiansheng quan ji*, in: *Sibu congshu*, Taibei 1965)

87 *Zhou Lianxi xiansheng quan ji* 1: 2a „Taiji tu shuo" (Zhou Dunyi, *Zhou Lianxi xiansheng quan ji*, in: *Sibu congshu*, Taibei 1965)
88 *Zhangzi quan shu* 11:12a „Yi shuo xia" (Zhang Zai, *Zhangzi quan shu*, in: *Sibu beiyao*, Shanghai 1936)
89 *Zhangzi quan shu* 1:1a „Xi ming" (Zhang Zai, *Zhangzi quan shu*, in: *Sibu beiyao*, Shanghai 1936)

XVII. Polarisierungstendenzen im Neokonfuzianismus und die Synthese des Zhu Xi

90 *Yijing* „Shuo gua"
91 *Zhouyi lüeli* „Ming zhuan"
92 *Er Cheng yi shu* 2 shang:14b (Cheng Yi, *Er Cheng quan shu*, in: *Sibu beiyao*, Shanghai 1936)
93 *Er Cheng yi shu* 2 shang:19ab (Cheng Yi, *Er Cheng quan shu*, in: *Sibu beiyao*, Shanghai 1936)
94 *Er Cheng yi shu* 2 shang:22a (Cheng Yi, *Er cheng quan shu*, in: *Sibu beiyao*, Shanghai 1936)
95 *Er Cheng yi shu* 1:7b (Cheng Yi, *Er cheng quan shu*, in: *Sibu beiyao*, Shanghai 1936)
96 *Er Cheng yi shu* 2 shang:2a (Cheng Yi, *Er cheng quan shu*, in: *Sibu beiyao*, Shanghai 1936)
97 *Er Cheng yi shu* 2 shang:3a (Cheng Yi, *Er cheng quan shu*, in: *Sibu beiyao*, Shanghai 1936)
98 *Er Cheng yi shu* 18:17b (Cheng Yi, *Er cheng quan shu*, in: *Sibu beiyao*, Shanghai 1936)
99 *Er Cheng yi shu* 18:5b (Cheng Yi, *Er cheng quan shu*, in: *Sibu beiyao*, Shanghai 1936)
100 *Liji* 43 „Daxue"
101 *Liji* 32 „Zhong yong"
102 *Zhuzi yu lei* 1:4 (Zhu Xi, *Zhuzi yu lei*, Peking 1986)
103 *Zhuzi yu lei* 15:289 (Zhu Xi, *Zhuzi yu lei*, Peking 1986)

XVIII. Der Rückzug nach innen

104 *Zhuzi yu lei* 5:85 (Zhu Xi, *Zhuzi yu lei*, Peking 1986)
105 *Zhuzi yu lei* 5:85 (Zhu Xi, *Zhuzi yu lei*, Peking 1986)
106 *Xiangshan quan ji* 1:3b (Lu Jiuyuan, *Xiangshan quan ji*, in: *Sibu beiyao*, Shanghai 1936)
107 *Xiangshan quan ji* 22:5a (Lu Jiuyuan, *Xiangshan quan ji*, in: *Sibu beiyao*, Shanghai 1936)
108 *Yangming quan shu* 32:7a (Wang Shouren, *Yangming quan shu*, in: *Sibu beiyao*, Shanghai 1936)
109 *Yangming quan shu* 3:13b (Wang Shouren, *Yangming quan shu*, in: *Sibu beiyao*, Shanghai 1936)

110 *Yangming quan shu* 3:14a (Wang Shouren, *Yangming quan shu*, in: *Sibu beiyao*, Shanghai 1936)
111 *Yangming quan shu* 1:21b (Wang Shouren, *Yangming quan shu*, in: *Sibu beiyao*, Shanghai 1936)
112 *Yangming quan shu* 1:21a (Wang Shouren, *Yangming quan shu*, in: *Sibu beiyao*, Shanghai 1936)
113 *Longxi quan ji* 17
114 *Fen Shu* 1: 16 „Da Geng Zhongcheng" (Li Zhi, *Fen shu; Xu fen Shu*, Peking 1975)

XIX. Die Selbstauflösung des Konfuzianismus

115 *Huang Shu* 1:1 „Yuan ji" (Wang Fuzhi, *Huangshu*, in: *Zhongguo xueshu ming zhu*, Taibei 1962)
116 *Zhouyi wai zhuan* 5:170 (Wang Fuzhi, *Zhouyi wai zhuan*, Peking 1962)
117 *Du tong jian lun* 30:1086 „Wu dai xia: 13" (Wang Fuzhi, *Du tong jian lun*, Peking 1975)
118 *Tinlin shi wen quan ji* 3:1a (Gu Yanwu, *Tinglin shi wen quan ji*, in: *Sibu beiyao*, Shanghai 1936)
119 *Si zun pian* 1:1 „Zun xing pian" (Yan Yuan: *Si zun pian*, Peking 1957)

Literaturhinweise

Allgemeine Werke zur chinesischen Philosophie:

Bauer, W., *China und die Hoffnung auf Glück. Paradiese, Utopien, Idealvorstellungen,* Müchen 1973.

Chan, Wing-tsit, *A Sourcebook in Chinese Philosophy,* Princeton 1963.

Cheng, A., *Histoire de la Pensée Chinoise,* Paris 1997.

De Bary, W. T. (Hg.), *Sources of Chinese Tradition,* 2 Bde., New York 1960 und 1966.

De Bary, W. T. (Hg.), *Sources of Chinese Tradition,* 2 Bde., New York [2]1999.

Forke, A., *Geschichte der alten chinesischen Philosophie,* Hamburg 1927 (Nachdruck, Hamburg 1964).

Forke, A., *Geschichte der mittelalterlichen chinesischen Philosophie,* Hamburg 1934 (Nachdruck, Hamburg 1964).

Forke, A., *Geschichte der neueren chinesischen Philosophie,* Hamburg 1938 (Nachdruck, Hamburg 1964).

Fung, Yulan, *The Spirit of Chinese Philosophy,* London 1947.

Fung, Yulan, *A History of Chinese Philosophy,* übers. von Derk Bodde, 2 Bde., Princeton 1952 und 1953.

Fung, Yulan, *A Short History of Chinese Philosophy,* übers. von Derk Bodde, London 1966.

Geldsetzer, L., Hong Handing, *Grundlagen der chinesischen Philosophie,* Stuttgart 1998.

Vor-Han-Zeit:

Debon, G., *Tao-te-king. Das heilige Buch vom Weg und von der Tugend,* Stuttgart 1964.

Dobson, W. A. C. H., *Mencius. A New Translation,* Toronto 1963.

Duyvendak, J. J. L., *The Book of Lord Shang. A Classic of the Chinese School of Law,* London 1928.

Forke, A., *Me Ti. Des Sozialethikers und seiner Schüler philosophischen Werke,* Berlin 1922.

Graham, A. C., *Later Mohist Logic, Ethics and Science,* Hongkong 1978.

Graham, A. C., *The Book Lieh-tzu. A Classic of the Tao,* New York 1990.

Graham, A. C., *Chuang-tzu. The Seven Inner Chapters and Other Writings from the Book Chuang-tzu,* London 1989.

Graham, A. C., Studies in Chinese Philosophy and Philosophical Literature, Singapore 1986.

Hansen, C., *Language and Logic in Ancient China* (Michigan Studies on China), Ann Arbor 1983.

Hansen, C., *A Daoist Theory of Chinese Thought. A Philosophical Interpretation,* New York 1992.

Hertzer, D., *Das alte und das neue Yijing: die Wandlungen des Buches der Wandlungen,* München 1996.

Hertzer, D., *Das Mawangdui Yijing. Text und Deutung,* München 1996.

Hsiao, Kung-chuan, A History of Chinese Political Thought. From the Beginnings to the Sixth Century A. D., übers. von F. W. Mote, Princeton 1979.

Knoblock, J. H., *Xunzi. A Translation and Study of the Complete Works,* 3 Bde., Stanford 1988, 1990 und 1994.

Köster, H., *Hsün-tzu,* Kaldenkirchen 1967.

Lau, D. C., *Mencius,* 2 Bde., Harmondsworth 1970 (Nachdruck, Hongkong 1979).

Lau, D. C., *Tao Te Ching,* Baltimore 1963 (Nachdruck, Hongkong 1989).

Legge, J., *The Chinese Classics,* 5 Bde., New York 1870 (Nachdruck, Hongkong 1961).

Liao, Wen-kuei, *The Complete Works of Han Fei Tzu. A Classic of Chinese Legalism,* 2 Bde., London 1939 und 1959.

Mair, V. H., *Zhuangzi. Das klassische Buch daoistischer Weisheit,* übers. von Stephan Schumacher, Frankfurt 1998.

Moritz, R., *Die Philosophie im alten China,* Berlin 1990.

Moritz, R., *Gespräche (Lunyü),* Frankfurt 1983.

Schleichert, H., *Klassische Chinesische Philosophie. Eine Einführung,* Frankfurt 1980.

Schmidt-Glintzer, H., *Mo Ti. Von der Liebe des Himmels zu den Menschen,* München 1992.

Schwartz, B. I., *The World of Thought in Ancient China,* Harvard 1985.

Waley, A., *Three Ways of Thought in Ancient China,* London 1953.

Watson, B., *The Complete Works of Chuang Tzu,* New York 1968.

Wilhelm, R., *Mong Dsi (Mong Ko),* Jena 1921.

Wilhelm, R., *I Ging. Das Buch der Wandlungen,* Jena 1924 (zahlreiche Neuauflagen).

Wilhelm, R., *Liä Dsi. Das Wahre Buch vom quellenden Urgrund,* Jena 1911 (zahlreiche Neuauflagen).

Wilhelm, R., *Dschuang Dsi. Das Wahre Buch vom Südlichen Blütenland,* Jena 1923 (zahlreiche Neuauflagen).

Wilhelm, R., *Kungfutse. Gespräche (Lun Yü),* Jena 1910 (zahlreiche Neuauflagen).

Konfuzianismus der Han-Zeit und Dunkelschule der Wei und Jin:

Bergeron, M.-I., *Wang Pi. Philospophe du Non-Avoir*, Taipei 1986.

Chan, A. K. L., *Two Visions of the Way. A Study of the Wang Pi and the Ho-shang Kung Commentaries on the Lao-Tzu*, New York 1991.

Cheng, A., *Étude sur le Confucianisme Han. L'Élaboration d'une Tradition Exégétique sur les Classiques* (Mémoires de l'Institut des Hautes Études Chinoises 26), Paris 1985.

Forke, A., *Lun-heng*, 2 Bde., Leipzig 1907–1911 (Nachdruck New York 1962).

Fung, Yulan, *Chuang-tzu. A New Translation with an Exposition of the Philosophy of Kuo Hsiang*, New York 1964.

Lynn, R., *The Classic of Changes. A New Translation of the I Ching as interpreted by Wang Bi* (Translations from the Asian Classics), New York 1994.

Lynn, R., *The Classic of the Way and Virtue. A New Translation of the Tao-Te Ching of Laozi as Interpreted by Wang Bi*, New York 1999.

Nylan, M., *The Canon of Supreme Mystery. A Translation with the Commentary of the T'ai Hsüan Ching*, New York 1993.

Queen, S. A., *From Chronicle to Canon. The Hermeneutics of the Spring and Autumn, According to Tung Chung-shu*, Cambridge 1996.

Tjan, T. S., *Po Hu T'ung. The Comprehensive Discussions in the White Tiger Hall*, 2 Bde., Leiden 1949 und 1952.

van Ess, H., *Politik und Gelehrsamkeit in der Zeit der Han. Die Alttext/Neutext-Kontroverse*, Wiesbaden 1993.

Wagner, R. G., *The Craft of a Chinese Commentator. Wang Bi on the Laozi* (Suny Series in Chinese Philosophy and Culture), Albany 2000.

Wilhelm, R., *Kungfutse Schulgespräche. Gia-yü*, Düsseldorf/Köln 1961.

Buddhismus und Daoismus:

Ch'en, Kenneth K. S., *Buddhism in China. A Historical Survey*, Princeton 1964.

Conze, E., *Der Buddhismus. Wesen und Entwicklung*, Stuttgart 1953.

Dumoulin, H., *Geschichte des Zen-Buddhismus. Indien und China*, München 1985.

Robinet, I., *Geschichte des Taoismus*, übersetzt von Stephan Stein, München 1995.

Rosenberg, O., *Das Problem der buddhistischen Philosophie*, übers. von E. Rosenberg, Heidelberg 1924.

Scerbatskoj, F. I., *Buddhist Logic*, 2 Bde., Leningrad 1930 (Nachdruck Osnabrück 1970).

Scerbatskoj, F. I, *The Conception of Buddhist Nirvana*, Leningrad 1927 (Nachdruck London 1965).

Stcherbatsky, Th., *The Central Conception of Buddhism*, London 1922.
Takakusu, Junjirō, *The Essentials of Buddhist Philosophy*, hrsg. von Wing-tsit Chan und Charles A. Moore, Nachdruck, Honolulu 1956.
Tang, Yongtong, *Han Wei Liang Jin Nanbeichao fojiao shi*, 2 Bde., Peking 1938 (Neuausgabe Peking 1983).
Tsukamoto, Zenryū, *A History of Early Chinese Buddhism. From its Introduction to the Death of Hui-yüan*, übers. von Leon Hurvitz, 2 Bde., Tokyo 1985.
Weinstein, St., *Buddhism under the T'ang* (Cambridge Studies in Chinese History, Literature and Institutions), Cambridge 1987.
Zürcher, E., *The Buddhist Conquest of China. The Spread and Adaptation of Buddhism in Early Medieval China*, 2 Bde., Leiden 1959.

Neokonfuzianismus:

Barrett, T. H., *Li Ao. Buddhist, Taoist or Neo-Confucian?* (London Oriental Series 39), Oxford 1992.
Bary, W. T. de, *Neo-Confucian Orthodoxy and the Learning of the Mind-and-Heart*, New York 1981.
Billeter, J.-F., *Li Zhi, Philosophe Maudit (1527–1602). Contribution à une Sociologie du Mandarinat Chinois de la Fin de Ming*, Genève 1979.
Bloom, I. *Knowlegde Painfully Acquired. The K'un chih chi*, New York 1987.
Birdwhistell, A. D., *Transition to Neo-Confucianism. Shao Yong on Knowledge and Symbols of Reality*, Stanford 1989.
Bol, P. K., *This Culture of Ours. Intellectual Transitions in T'ang and Sung China*, Stanford 1992.
Chan, Wing-tsit, *Reflections on Things at Hand. The Neoconfucian Anthology, compiled by Chu Hsi and Lü Tsu-ch'ein* (Records of Civilisation Sources and Studies 75), New York 1967.
Chan, Wing-tsit (Hg.), *Chu Hsi and Neo-Confucianism*, Honolulu 1986.
Chan, Wing-tsit (Hg.), *Chu Hsi. New Studies*, Honolulu 1989.
Ching, J., *The Records of Ming Scholars*, Honolulu 1987.
Eichhorn, W., *Chou Tun-I. Ein chinesisches Gelehrtenleben aus dem 11. Jahrhundert* (Abbhandlungen für die Kunde des Morgenlandes XXI; 5), Leipzig 1936.
Emmerich, R., *Li Ao (ca. 772 – ca. 841). Ein chinesisches Gelehrtenleben*, Wiesbaden 1987.
Friedrich, M. / Lackner, M. / Reimann, F. (Hg.), *Rechtes Auflichten. Zheng-Meng* (Philosophische Bibliothek 419), Hamburg 1996.
Gardner, D. K, *Learning to be a Sage. Selections from the Conversations of Master Chu, Arranged Topically*, Berkeley 1990.
Graf, O., *Dschu Xsi: Djin-si lu. Die sungkonfuzianische Summa in dem Kommentar des Yä Tsai (Yeh T'sai)* (Monumenta Nipponica Monographs 12,1–3), Tokyo 1953.

Graham, A. C., *Two Chinese Philosophers. Ch'eng Ming-tao and Ch'eng Yi-ch'uan*, London 1958.
Hartman, Ch., *Han Yü and the T'ang Search for Unity*, Princeton 1986.
Henke, F. G., *The Philosophy of Wang Yang-ming*, New York 1964.
Kasoff, I. E., *The Thought of Chang Tsai (1020–1077)*, Cambridge 1984.
Tillman, H. C., *Confucian Discourse and Chu Hsis Ascendancy*, Honolulu 1992.

Qing allgemein:

Chow, Kaiwing, *The Rise of Confucian Ritualism in Late Imperial China. Ethics, Classics, and Lineage Discourse*, Stanford 1994.
Elman, B. A., *From Philosophy to Philology. Intellectual and Social Aspects of Change in Late Imperial China* (Harvard East Asian Monographs 10), Cambridge, Mass. 1984.
Elman, B. A. (Hg.), *Classicism, Politics and Kinship. The Ch'ang-chou School of New Tect Confucianism in Late Imperial China*, Berkeley 1990.
Elman, B. A., *Cultural History of Civil Examinations in Late Imperial China*, Berkeley 2000.
K'ang, Yu-wei, *Ta T'ung Shu. Das Buch von der Großen Gemeinschaft*, übers. von Horst Kube, Düsseldorf 1974.
Vierheller, E., *Nation und Elite im Denken von Wang Fu-chih (1619–1692)*, Hamburg 1968.

Zeittafel

Epochen	*Philosophie*
11.–5. Jh. v. Chr. Zhou-Zeit	Entstehung großer Teile der Fünf Klassiker
771–481 v. Chr. Frühlings- und Herbstperiode (Chunqiu)	551–479 Konfuzius
480–222 v. Chr. Zeit der Kämpfenden Staaten (Zhanguo)	ca. 470–380 Mo Di
	4. Jh. Laozi-Autor (?)
	338 Tod des Shang Yang
	ca. 289 Tod des Mengzi (Menzius)
	3. Jh. Gongsun Long, Zou Yan, Xunzi, Han Fei zi, Lü Buwei
221–208 v. Chr. Qin-Dynastie	213 Bücherverbrennung
207 v. Chr. – 220 n. Chr. Han Dynastie, unterbrochen durch das Interregnum des Wang Mang 9–23 n. Chr. (Frühere und Spätere Han-Zeit)	140 v. Chr. Machtantritt des Kaisers Wu, „Sieg des Konfuzianismus“
	ca. 180–105 v. Chr. Dong Zhongshu
	Einrichtung von Doktorenämtern für die Fünf Klassiker
	Ende der Früheren Han-Zeit: Yang Xiong, Liu Xin
	1. Jh. n. Chr. Wang Chong (27–97)
	Erste Belege über das Auftreten des Buddhismus in China
	2. Jh. Vergöttlichung des Laozi, Opfer an Buddha
	Erfindung des Papiers durch den Eunuchen Cai Lun

Epochen	*Philosophie*
220–280 Zeit der Drei Reiche (San guo)	3. Jh. Wang Bi und He Yan, Guo Xiang (gest. 312)
280–420 Jin-Zeit	ca. 340 Tod des Ge Hong
	um 400 buddhistischer Mönch Huiyuan, Übersetzungstätigkeit des Kumārajīva, Reise des Faxian nach Indien
420–580 Zeit der Nord-Süd-Teilung (Nanbei chao)	502–549 Kaiser Wu der Liang als erster buddhistischer Kaiser
581–617 Sui-Dynastie	
618–906 Tang-Dynastie	Blüte des Buddhismus, Ausbreitung der buddhistischen Schulen, Xuanzang reist nach Indien, Übersetzungstätigkeit
	Sinisierung des Buddhismus durch Chan (Zen)
	712 Der sechste Patriarch Huineng stirbt
	762 Tod des Chan-Meisters Shenhui
	Beginn des 9. Jhs. Buddhistenverfolgungen, „Wiederbelebung" des Konfuzianismus bei Han Yu (768–824) und Li Ao
907–959 Zeit der Fünf Dynastien (Wudai)	
960–1280 Song-Dynastie, ab 1127 Dschurdschen-Dynastie Jin in Nordchina	11. Jh. Die fünf Meister des Neokonfuzianismus Zhou Dunyi, Shao Yong, Zhang Zai, Cheng Hao und Cheng Yi
	12. Jh. Synthese des Neokonfuzianismus bei Zhu Xi (1130–1200), Gegenspieler Lu Jiuyuan
	13. Jh. Schüler des Zhu Xi

Epochen	*Philosophie*
1280–1367 Yuan-Dynastie (Mongolen)	Marco Polo im Dienst des Kublai Khan (1275–1291)
	Zhu Xis Lehren werden von Staats wegen gefördert
1368–1643 Ming-Dynastie	1472–1529 Wang Yangming
	16. Jh. Schüler des Wang Yangming
	1602 Selbstmord des Li Zhi
	Anfang des 17. Jhs. Donglin-Akademie
1644–1911 Qing-Dynastie (Mandschuren)	1656 Huangshu des Wang Fuzhi
	Yan Yuan, Gu Yanwu
	18. Jh. Beginn der sogenannten „Han-Gelehrsamkeit", die sich gegen das Erbe des Denkens der Song-Dynastie richtet
	19. Jh. Neutextschule, Kang Youwei

Glossar

abhidharma	阿波陀那	Erklärungsschriften
Abhidharma-kośa	阿波陀那俱舍	Sammlung der höheren Dharma
ba bu zhong dao	八不中道	Achtfache Negation
ai	愛	Liebe
ālaya-vijñāna	阿賴耶識	Speicherbewußtsein
Amito (Ami, Mito, Wuliang, Wuliangguang)	阿彌陀(阿彌, 彌陀, 無量, 無量光)	Amitabha
ao-fu-he-bian	奥伏赫變	aufheben
arhat	阿羅漢，應人	Heiliger
Avatamśaka-sūtra	大方廣佛華嚴經	Blütenkranz-Sutra
ba	霸	Gewaltherrscher
ba gua	八卦	acht Trigramme
bawang	霸王	Machtkönige, Reichsprotektoren
Bao pu zi	抱朴子	Meister, der das Ungekünstelte umfängt
ben	本	Grundsätzliches
ben wu	本無	ursprüngliches Nichtsein
ben e	本惡	ursprünglich böse
bianzhe	辯者	Dialektiker
bo	剝	Hexagramm Nr. 23: Zersplitterung
bodhisattva	菩薩菩提埵	
Boruo wu zhi lun	般若無智論	Weisheit besitzt kein Wissen
brahman	梵摩，梵	Weltseele
bu dong xin	不動心	nicht-bewegtes Herz
bu ren ren zhi xin	不認人之心	ein Herz, das anderer Menschen (Leiden) nicht aushält
bu ren	不仁	Nicht-Menschlichkeit, Nicht-Liebe
bu shang bu mie	不生不滅	„Kein Entstehen, kein Vergehen
bu duan bu chang	不斷不常	keine Vernichtung, keine Dauer
bu yi bu yi	不一不異	keine Einheit, keine Vielheit
bu lai bu chu	不來不出	kein Kommen, kein Gehen“

bu shi	不是	definitorisch unrichtig
Buzhen kong lun	不眞空論	Das Nichtwirkliche ist leer
cai	才，材	Material, Befähigung, Bauholz
Caoshan Benji	曹山本寂	Benji vom Caoshan (840–901)
chan	禪	Meditationsschule
Cahn Wing-tsit	陳榮捷	(1901–1994)
Chang'an	長安	
Chen Liang	陳良	(1143–1194)
chenshu	讖書	prognostische Schriften
cheng	誠	Wahrheit (im Reden)
Cheng Hao (Mingdao)	程顥(明道)	(1032–1085)
Cheng Yi (Yichuan)	程頤(伊川)	(1033–1108)
Chengshi zong	成實宗	Schule der Vollendung der Wahrheit
chong qi	沖氣	quellende Essenz
Chu	楚	Staat Chu
Chunqiu	春秋	Frühlings- und Herbstannalen
Chunqiu fanlu	春秋繁露	Üppiger Tau der Frühlings- und Herbstannalen
da ben	大本	große Wurzel
Da xue	大學	Die Große Lehre
Dazhuan	大傳	Großer Kommentar
Dai Zhen	戴震	(1724–1777)
dao	道	Weg
dao	導	führen
Daoan	道安	(312–385)
Daodejing	道德經	Buch vom Weg und von der Tugend
Daoheng	道恒	(gest. 417)
daoshu	道術	Kunst des Weges
daoxue	道學	Lehre vom Weg
Daoyi	道壹	(gest. ca. 400)
de	德	Tugend, Tugendkraft, Kraft
Deng Xizi	鄧析子	(gest. 501 v. Chr.)
dharma	達磨，法	Träger
dharma-dhātu	法界	Dharma-Welt
dharma-kāya	法身	Dharmakörper
dharma-lakṣaṇa	法相	Erscheinung des Dharma
dhyāna	禪那，禪	Meditation, Versenkung
di	帝	vergotteter Ahn
di	第	die Liebe zum älteren Bruder
dong	動	Bewegung
Dong Zhongshu	董仲舒	(179–104 v. Chr.)
Donglin	東林	Ostwald
e	惡	böse
er di	二諦	doppelte Wahrheit
fa	法	Gesetz
fajia	法家	Gesetzesschule

fajie	法界	Dharma-Welt
Fashen (Zhu Daoqian)	法深(竺道潜)	(286–374)
Fashun (Du shun)	法順(杜順)	(557–640)
faxiang	法相	Dharma-Erscheinungen, Dharma-Merkmale
fa xin	法心	Neigung zum Dharma
Fayan	法言	Musterworte
Fazang	法藏	(643–712)
fan ai	氾愛	überfließend lieben
fen	分	Einzelqualitäten
Feng Youlan	馮友蘭	(1895–1990)
fu ming	复名	Doppelbegriff
Fu xing shu	复性書	Rückkehr zur (menschlichen) Natur
Gao Panlong	高攀龍	(1562–1626)
Gaozi	高子	
ge	革	Hexagramm Nr. 49: Umwälzung
Ge Hong	葛洪	(284–363)
ge yi	格意	Begriffsannäherung
ge wu	格物	Abmessen der Dinge, Untersuchung der Dinge
gongan	公案	öffentliche Fälle
Gongsun Long	公孫龍	(ca. 320–250 v. Chr.)
Gongyang Gao	公羊高	(3. Jh.?)
Gongyang zhuan	公羊傳	Gongyang Kommentar
gu	觚	Bronzegefäß
Guliang Chi	穀梁赤	(3. Jh.?)
Guliang zhuan	穀梁傳	Guliang Kommentar
guwen	古文	Alt-Stil-Bewegung
Gu Xiancheng	顧憲成	(1550–1612)
Gu Yanwu (Jiang)	顧炎武(絳)	(1613–1682)
gua	瓜	Kürbis
Guan Zhong	管仲	(gest. 645 v. Chr.)
Guanzi	管子	
Guangdong	廣東	Kanton
Guangxi	廣西	
gui	鬼	Geist, Gespenst
Guicang	歸藏	Hinwendung zum Verborgenen
gui shen	鬼神	Geister und Götter
Guo Xiang	郭象	(gest. 312)
Han Feizi	韓非子	(gest. 233 v. Chr.)
Han Mingdi	漢明帝	Han Kaiser Ming (reg. 58–75)
Han Yu	韓愈	(768–824)
Han Wudi	漢武帝	Han Kaiser Wu (reg. 140–86 v. Chr.)
hanxue	漢學	Han-Lehren-Partei

haoran zhi qi	浩然之氣	flutende Lebensessenz
Harivarman	訶利跋摩	(ca. 250–350)
he	和	Harmonie
he tong yi	合同異	Vereinigung von Gleichem und Verschiedenem
Hetu	河圖	Tafel des Gelben Flusses
He Xiu	何休	(129–182)
He Yan	何晏	(209–249)
heng	亨	Wuchskraft
Hīnayāna	小乘	Kleines Fahrzeug
Hu Shi	胡適	(1891–1962)
Hu Wei	胡渭	(1633–1714)
Hua hu jing	化胡經	s. (Laozi) hua hu jing
Huayan	華嚴	Blütenkranz
Huainanzi	淮南子	Meister von südlich des Huai-Flusses
huan hua	幻化	illusionäre Gestaltung
Huang Zongxi	黃宗羲	(1610–1695)
Huangdi	黃帝	der Gelbe Kaiser
Huanghe	黃河	Gelber Fluß
Huineng	慧能	(638–713)
Hui Shi	惠施	(ca. 380–300 v. Chr.)
Huiwen	慧文	(550–577)
ji	集	Sammlungen
ji	極	Gipfelpunkt
ji	幾	Bewegungskeim
ji	寂	Ruhe
Ji Gong	基公	
jiji	即濟	Hexagramm Nr. 63: Nach der Vollendung
ji ru zai	祭如在	Opfern ist gleich Dasein
ji se zong	即色宗	Schule von der „Materie als solcher"
Jizang	吉藏	(549–623)
jia di	假諦	Wahrheit des Scheins, „Falsch-Wahrheit"
jia ming xin	假名心	Neigung zu falschen Namen
jian	兼	Verknüpfungen
jianai	兼愛	allumfassende Liebe
Jin shizi zhang	金獅子章	Essay über den goldenen Löwen
jing	靜	Ruhe
jing	敬	Achtung, Ehrfurcht, Achtsamkeit
jing	經	Klassiker, Leitfäden
jingqi	精氣	Samenessenzen
Jingtu	淨土	Schule vom Reinen Lande
Jiu jing	九經	Neun Klassiker
jushe	俱舍	Jushe-Schule

juzi	鋸子	Großmann
junzi	君子	Fürstensohn, Edler
kalpa	劫波, 劫	
kaozheng	考證	Beweis
Kang Youwei	康有爲	(1858–1927)
kong	空	Leerheit
kong di	空諦	Die Wahrheit der Leerheit
kong xin	空心	Neigung zur Leere
Kongzi	孔子	Meister Kong
(Laozi) hua hu jing	老子化胡經	Laozi bekehrt die Barbaren
Laozi zhilüe	老子指略	Hauptideen des Laozi
li	吏	Schreiber
li	利	Nutzen, Ertragskraft
li	禮	Ritual, Sitte, Höflichkeit
li	理	Ordnungsprinzip, Prinzip, Struktur, li-Form
Lianshan	連山	Anreihung von Bergen
Liang Wudi	梁武帝	Kaiser Wu der Liang (reg. 502–549)
liang zhi	良知	angeborenes Wissen
Li Ao	李翱	(fl. 798)
li gen	利根	„tiefschürfend", „scharf(-sinnig)-wurzelhaft"
Li Gong	李塨	(1659–1746)
Lihua lun	理惑論	Traktat über das Ordnen von Zweifeln
Liji	禮記	Ritualaufzeichnungen, Ritualklassiker
li ming	力命	Mühe und Schicksal
li qin	利親	den Eltern nützen
Li Si	李斯	(gest. 208 v. Chr.)
lixue	理學	Lehre vom Prinzip, Prinzip-Schule
Li Zhi	李贄	(1527–1602)
Liezi	列子	
Liu An	劉安	(179–122 v. Chr.)
liu jia	六家	Sechs Familien
Liu Xiang	劉向	(79–8 v. Chr.)
Liu Xin	劉歆	(46 v. – 23 n. Chr.)
Liu Zongzhou	劉宗周	(1578–1645)
Lu	魯	Staat Lu
Lu Jiuyuan (Xiangshan)	陸九淵 (象山)	(1139–1193)
Lunheng	論衡	Theorienabwägung
Lunyu	論語	Gespräche
Luo	洛	Luo Fluß
Luoshu	洛書	Schrift des Flusses Luo
Luoyang	洛陽	

Mahāyāna	大乘	Großes Fahrzeug
Mahāyāna-saṁgraha	攝大乘論	Kompendium des Mahayana
manas	意	ichhaftes Unterbewußtsein
Mao Zedong	毛澤東	(1893–1976)
Mao zhuxi yulu	毛主席語錄	Worte des Vorsitzenden Mao
Meng Ke	孟珂	(372–289 v. Chr.)
Mengzi	孟子	
miao you	妙有	keimwunderhaftes Sein
ming	名	Namen, Begriffe
ming	命	Schicksal
ming wu zhi zi ran, fei you shi ran ye	明無之自然 非有使然也	„es ist klar, daß das „Von-selber-so-Sein“ der Dinge nichts besitzt, was sie bewerkstelligt“
mingjia	名家	Begriffs-Schule
ming li	名理	Begriffe und Prinzipien
Mingru xue'an	明儒學安	Forschungsprobleme der Ming-Konfuzianer
Mingyi dai fang lu	明夷待訪錄	„Warten auf eine Auskunft (nach der) Verfinsterung des Lichts“
Mo Di	墨翟	(479–381 v. Chr.)
Mouzi	牟子	(gest. 188)
Nāgārjuna	那伽樹那	(ca. 100–200)
Nanjing	南京	Nanking
nirvāṇakāya	化身	Schattenkörper
Nirvāṇa-Sūtra	涅盤經	
Pangu	盤古	
Pengcheng	彭城	
Pitan-Schule	波達，波陀	
prajñā	般若，慧	Erkenntnis
Prajñāpāramitā Sūtra	大般若 波羅密多經	Sutra von der Weisheitserkenntnisfähigkeit
Pratyeka-Buddha	鉢羅底迦佛，畢之佛	„Privat-Buddha“
puruṣa	布路沙，人	Einzelseele
qi	氣	Atem, Dampf, Lebensessenz, Fluida, Wirkkräfte
qi	器	Gerät
qi zong	七宗	Sieben Schulen
Qian Dehong	錢德洪	(1496–1574)
Qianlong	乾隆	(reg. 1736–1796)
Qian Yiben	錢一本	(1539–1606)
Qin	秦	Staat Qin
Qin Shihuangdi	秦始皇帝	(reg. 221–210 v. Chr.)
qing	情	Gefühl, Gefühlsanlage
qingtan	清談	Reine Gespräche
quan sheng	全生	Unversehrterhalten des Lebens

ran	然	so sein, stimmig, funktionsmäßig stimmen
ren	人	Mensch
rensheng lun	人生論	Menschenlebentheorie
ru	儒	Gelehrte
rupa	色	Materie
Sāddharma-puṇḍarīka-sūtra	妙法蓮華經	Der Lotus des guten Dharma Sutra, Lotus-Sutra
saṃbhoga-kāya	報身	Glückseligkeitskörper
sangha	桑渴耶，僧	Mönchsgemeinde
san di	三諦	drei Wahrheiten
Sanlun	三論	Drei Traktate
Sarvāstivāda	薩婆多部，一切有部	
śāstra	論	Erklärungen
Satyasiddhi-śāstra	誠實論	Traktat über die Vollendung der Wahrheit Buddhas
Sautrantikavāda	經量部	
Seng Zhao	僧肇	(374–414)
Shandong	山東	
Shanxi	山西	
shang	上	oben
shangdi	上帝	Höchster Gott
Shang Yang (Wei Yang, Gongsun Yang)	商鞅 (衛鞅, 公孫鞅)	(gest. 338 v. Chr.)
Shao Yong	邵雍	(1011–1077)
shelun	攝論	Schule der gesammelten Erklärungen
shen	神	Götterwesen
Shen Buhai	申不害	(4. Jh. v. Chr.)
Shen Dao	慎到	(ca. 350–275 v. Chr.)
shen du	慎獨	Achtgeben auf das Allein
shenming	神明	Geist
Shenxiu	神秀	(605–706)
sheng	生	Leben, geboren werden, leben
sheng	聖	heilig
shengren	聖人	Heiliger
shi	實	Realitäten
shi	是	definitorisch richtig, richtig
shi	勢	Lage, Situation, Autorität, Macht
shi	事	Geschäfte, Ereignisse
shi	史	Orakelpriester
shi	史	Geschichts(wissenschaft)
shi	使	Gesandter
shi	事	shi-Form
shi han zong	實含宗	Schule von der „Aufbewahrung der Vorstellungen"

Shiji	史記	Historische Aufzeichnungen
Shijing	詩經	Buch der Lieder
Shi yi	十翼	Zehn Flügel
shu	恕	die herabwirkende Fürsorge des Fürsten
shu	術	Weg, Methode, Kunstgriff, Trick
shu	數	Zahl
Shujing	書經	Buch der Urkunden
shuo	説	Erklärungen
si	思	denken
si hai zhi nei	四海之内	innerhalb der vier Meere
Siku quanshu zongmu	四庫全書總目	
Sima Qian	司馬遷	(145–86 v. Chr.)
Sishier zhang jing	四十二章經	Sutra in 42 Abschnitten
Si shu	四書	die vier kanonischen Bücher
si xiang	四象	vier Abbilder
sixiang	思想	denken
sixiang shi	思想史	Geistesgeschichte
skandha	蘊	Bestandteile des Menschen
songxue	宋學	Song-Lehre
Sukhāvatī-vyūha-sutra	無量壽經	Sutra vom reinen Land
suwang	素王	weiser, reiner König
śūnya	空，虛	leer
śūnyatā	舜若多，空	Leerheit
sūtra	修多羅，經	Buddhas Predigten
tai	泰	Hexagramm Nr. 11: Friede
taiji	太極	Höchster Gipfel, Höchste Grenze, Höchstes Letztes
Taijitu	太極圖	Tafel der höchsten Grenze
Taijitu shuo	太極圖説	Erklärung der Tafel der höchsten Grenze
taixu	太虛	Höchste Leere
Taixuanjing	太玄經	Klassiker vom Höchsten Dunklen
Taizhou	泰州	
tan	貪	Gier
Tang Yongtong	湯用彤	(1893–1964)
tathāgata	多陀阿伽陀，	So seiend Kommender
tathatā	眞如	Sosein
Theravada	上坐部	Lehre der Älteren
ti	體	Körper, Substanz
ti ai	體愛	individuelle Liebe
tian	天	Himmel, göttliches Wesen
tianming	天命	himmelverliehenes Schicksal
tianli	天理	himmlisches Ordnungsprinzip
Tianquan zheng dao ji	天泉証道記	Debatte an der „Himmelsquell-Brücke“

tianran	天然	Vom-Himmel-so-seiend
Tiantai	天台	
tianxia	天下	Reich unter dem Himmel
tianxia zhi yong	天下之用	die Brauchbarkeit der Welt
tong	同	eins
Trikāya	三身	drei Körper
tu	圖	Tafel
Tuoba	拓拔	Toba-Volk
Vaibhāṣika	毘婆沙	
Vajrayāna	金鋼乘	Diamantenes Fahrzeug
vijñāna	毘闍那	Bewußtseinsform
vinaya	毘柰耶，律	Mönchsregeln
wang	王	König
Wang Anshi	王安石	(1021–1086)
Wang Bi	王弼	(226–249)
Wang Chong	王充	(27–97)
Wang Fou	王浮	(2./3. Jh. ?)
Wang Fuzhi	王夫之	(1619–1692)
Wang Gen	王艮	(1483–1540)
Wang Ji (Longxi)	王畿(龍溪)	(1498–1583)
Wang Mang	王莽	(reg. 9–23)
Wang Shouren (Yangming)	王守仁 (陽明)	(1472–1529)
wei	畏	Furcht
Weishi	唯識	„Nur-Vorstellungen“
weishu	緯書	die „apokryphen“ Klassiker, Kettfaden-Bücher
wei wo	爲我	für mich
Wei Zhongxian	魏忠賢	(1568–1627)
Wen wang	文王	König Wen
Wenxuan	文選	
wu	巫	Schamane
wu	舞	Tänzer
wu	無	Nichthaben, Nichtsein
Wu bu qian lun	物不遷論	Die Dinge verändern sich nicht
wu de	五德	fünf Kräfte
wu ji	無極	Gipfelpunkt des Nichtseins, grenzenlos
Wu jing	五經	Fünf Leitfäden, Fünf Klassiker
wu ming	無名	namenlos
wu si	無思	ohne Verlangen
Wutaishan	五台山	Berg Wutai
wutuobang	烏托邦	Utopie
wu wei	無爲	Nichttun
Wuxi	無錫	
wu xin zong	無心宗	Schule vom Nichtsein des Sinnes
wu xing	五行	fünf Elemente

wu you	無有	Nichtsein
Wu Zetian	武則天	(reg. 684–705)
Wu Zhihui	吳稚輝	(1864–1954)
xi	習	Gewohnheiten
Xi'an	西安	
xihe	羲和	Lenker des Sonnenwagens
Ximing	西銘	West-Inschrift
xiang	象	Abbild, Symbol, Emblem
Xiang Xiu	向秀	(fl. 250)
xiao	孝	kindliche Pietät
xiaoren	小人	kleiner Mensch
Xiao qu	小取	Nehmen des Kleinen
xin	信	Zuverlässigkeit, Ehrlichkeit
Xin	新	neu; Xin-Dynastie
xin	心	Herz, Gemütsbewußtsein, Sinn
xinxue	心學	Lehre vom Sinn, Herz-Schule
xing	性	Natur, natürliche Anlage, Naturanlage, menschliche Natur, menschliches Wesen
xing	形	Gestalt
xinglixue	性理學	Lehre vom Wesen und Prinzip
xiuyang lun	修養論	Selbstkultivierungstheorie
xu	虛	Leerheit
xu ji	虛極	Gipfelpunkt der Leerheit
xukong	虛空	Raum
xu wu zhi ji	虛物之極	Gipfelpunkt der leeren Dinge
xuan	玄	Dunkel
xuan xue	玄學	Dunkel-Schule, Lehre des Dunklen, Mystische Schule
Xuanzang	玄奘	(602–664)
xue	學	lernen, studieren
Xun Kuang (Xun Qing)	荀況 (荀卿)	(313–238)
Xunzi	荀子	
Yan Fu	嚴復	(1854–1921)
Yan Ruoju	閻若璩	(1636–1704)
Yan Yuan	顏元	(1635–1704)
yang	陽	
Yang Bu	楊布	Bruder des Yang Zhu
Yang Xiong	楊雄	(53 v. – 18 n. Chr.)
Yang Zhu	楊朱	(4 Jh. v. Chr.)
yao	爻	Hexagrammstrich
yi	異	merkwürdig
yi	易	Wandlung, Wechsel der Mondphasen
yi	義	Rechtlichkeit, Gerechtigkeit, Interpretationen
yi	儀	Urzustände

yi	意	Gedanken, Gedankenwünsche
yi	埶	pflanzen
Yijing	易經	Buch der Wandlungen
yiqie kong	一切空	totale Leere
Yixuan	義玄	(gest. 866)
yin	陰	
yong	用	Brauchbarkeit
you	友	haben
youmo	幽默	Humor
Yu Daosui	于道邃	Mitschüler von Yu Fakai
Yu Fakai	于法開	(ca. 310–370)
yulu	語錄	Niederschrift von Worten
yuzhou	宇宙	Kosmos
yuzhou lun	宇宙論	Welttheorie
yuan	元	Ursprungskraft
Yuan dao	原道	
yuanhui	緣會	Zusammenfallen von Kausalitäten
yuanhui zong	緣會宗	Schule der Kausalzusammenhänge
Yuezhi	月支	
Zengzi	曾子	Schüler des Konfuzius
Zhang Dainian	張岱年	(geb. 1909)
Zhang Zai (Hengqu)	張載(橫渠)	(1020–1077)
zhe	哲	weise
zhe fu	哲夫	ein weiser Mann
zhe fu	哲婦	eine weise Frau
Zhejiang	浙江	
zhexue	哲學	Weisheitslehre, Philosophie
zhen	貞	Bewahrungskraft
zhen	眞	Wahrheit
zhenren	眞人	wahrer Mensch
zheng	正	korrigieren, richtigstellen
zheng ming	正名	Justierung der Begriffe, Richtigstellung der Bezeichnungen
zhengzhi lun	政治論	Politiktheorie
zhi	直	Direktheit, Aufrichtigkeit, Unmittelbarkeit
zhi	指	Finger, zeigen
zhi	志	Wille
zhi	知	Wissen, Wissensfähigkeit
zhi	智	Wissen, Weisheit
zhi dao	至道	höchstes Dao
Zhi Daolin (Zhidun)	支道林(支遁)	(314–366)
Zhi Mindu	支愍度	(fl. 310–330)
Zhi Qian (Zhi Yue, Zhi Gongming)	支謙(支越, 支恭明)	(ca. 2./3. Jh.)
zhi wu	至無	höchstes Nichtsein

Zhi wu lun	指物論	Über Bedeutungen und Dinge
Zhiyi	智顗	(538–597)
zhi zhi	致知	Vollendung des Wissens
zhizhi lun	致知論	Erkenntnistheorie
zhong	忠	die Loyalität zum Fürsten
zhong di	中諦	die Wahrheit der Mitte
Zhong yong	中庸	Das Innehalten der Mitte
Zhong dao	中道	Lehre vom mittleren Pfad
Zhou Dunyi	周敦頤	(1017–1073)
Zhou gong	周公	Herzog von Zhou
Zhou yi	周易	Wandlungen der Zhou
(Zhu) Daosheng	竺道生	(gest. 434)
zhulin qi xian	竹林七賢	die Sieben Weisen vom Bambushain
Zhu Xi	朱熹	(1130–1200)
Zhuxing	竹刑	Bambuskodex
Zhuang Zhou	莊周	(370–300 v. Chr.)
Zhuangzi	莊子	
zi	子	Meister
zi	自	aus sich selbst heraus
zi er	自爾	Von-selber-so-Sein
zi gu	自古	seit ewigen Zeiten
Zilu (Ji lu)	子路(季路)	Schüler des Konfuzius
zi ran	自然	Von-selber-so-Sein, Natur
Zisi (Kong Ji)	子思(孔伋)	Enkel des Konfuzius
Zou Yan	騶衍	(340–260 v. Chr.)
zuo	作	machen/schaffen
Zuo Qiuming	左丘明	Schüler des Konfuzius
zuo wang	坐忘	Sitzen in Vergessenheit
Zuozhuan	左傳	Zuo-Kommentar